Studienreihe Informatik

Herausgegeben von W. Brauer und G. Goos

Herbert Stoyan

Programmiermethoden der Künstlichen Intelligenz

Band 1

Springer-Verlag
Berlin Heidelberg New York
London Paris Tokyo

Herbert Stoyan
Informationswissenschaften
Universität Konstanz
Postfach 5560, 7750 Konstanz

ISBN 978-3-540-19418-7   ISBN 978-3-642-87954-8 (eBook)
DOI 10.1007/978-3-642-87954-8

Vorwort

Dieses Buch führt in die Programmiermethoden der Künstlichen Intelligenz (KI) ein. Es basiert auf der Grundidee, daß dazu das Implementieren von Programmiersprachen gehört. Das erforderliche Wissen hierüber deckt sich nun keineswegs mit dem, das in einem Kurs über Compiler in der konventionellen Informatik gelehrt wird. Auf Fragen der Syntaxanalyse wird hier in der KI-Programmierung gar nicht eingegangen. Dagegen stehen die Probleme der Interpretation, der Transformation der Programmiersprache höherer Ordnung in eine niederer Ordnung, und darüber hinaus der Speicherverwaltung im Mittelpunkt der Betrachtung.

Völlig anders als in der konventionellen Informatik sind die Beziehungen der (KI)-Programmiersprachen auf den verschiedenen Ebenen. Das bekannte Schalenmodell (Problem-orientierte Maschine, Betriebssystem-Maschine, Assembler-Maschine, Microcode-Maschine) geht von einer Hierarchie abstrakter aber strukturell ähnlicher Maschinen aus, die sich in der Mächtigkeit der primitiven Operationen unterscheiden, und bei denen eine Maschine niederen Niveaus zur Realisierung der Maschine des nächsthöheren Niveaus verwendet wird. Diese Maschinen sind strukturell ähnlich, weil alle auf dem von-Neumann-Modell basieren: Sie verarbeiten Ketten von primitiven Operationen über einen Speicher von Datenobjekten. In der KI gibt es keine einzige festgelegte Hierarchie. Je nach Anwendungsproblem wird der Programmierer eine Hierarchie von Maschinen aufbauen, die ihm passend erscheint. Die Maschinen unterscheiden sich dabei fundamental. Die einen beruhen auf der Vereinfachung von Termen, andere verarbeiten Problembeschreibungen, und wieder andere verarbeiten (beweisen) logische Formeln. Zwar können auch konventionelle Informatiker diese abstrakten Maschinen verwenden – und im Falle der Compilerprogrammierung sind sie auch entsprechend vorgegangen – aber in der KI ist diese Methode durchweg und seit Anbeginn anzutreffen. Wer KI-Programmierung studieren will, sollte lernen, die bisher verwendeten Arten abstrakter Maschinen *(Verarbeitungsmodelle)* zu kennen und zu realisieren.

Mit den Mitteln einer abstrakten Maschine wird die hierarchisch nächste realisiert oder ein Anwendungsproblem angegangen. Es ist dabei zu berücksichtigen, daß das Programmieren von abstrakten Maschinen, die sich so sehr von der klassischen von-Neumann-Maschine (und untereinander!) unterscheiden, jeweils ein Umdenken erfordert. Die Denkhaltung beim Programmieren einer von-Neumann-Maschine (etwa mit FORTRAN) ist völlig von der verschieden, die man beim Programmieren einer Beweismaschine (etwa mit PROLOG) einzunehmen hat. Diese Verschiedenheit beruht nicht allein auf der Betonung des Prozeduralen im einen Falle und des Deklarativen im anderen Falle. Es gibt verschiedene Ausprägungen prozeduraler und deklarativer Sprachen, die sich untereinander kaum gleichen. In diesem Buch wird der Versuch unternommen, die bestimmenden Elemente der Programmierstile in den verschiedenen Fällen herauszustellen.

KI-Programmierung kann man nicht durch Lesen allein lernen. Eigene Praxis ist erforderlich. Die verschiedenen Programmierstile werden an Beispielen demonstriert. Um den Vergleich zu ermöglichen, wird eine Aufgabe in allen Kapiteln durchgehend behandelt. Dies kann – wegen des Umfanges des Buches – nur bruchstückhaft erfolgen. Der Leser wird erst dann einen vollen Nutzen durch die Buchlektüre erreichen, wenn er die Beispiele ausbaut und vervollständigt.

Natürlich ist das durchgehende Beispiel auch in gewisser Weise widersinnig. Die verschiedenen Programmierstile sind gewöhnlich für unterschiedliche Anwendungsbereiche besonders günstig, wenn nämlich das Verarbeitungsmodell innere Strukturen des Anwendungsproblems besonders gut widerspiegelt. Eine Lücke im vorliegenden Buch besteht sicher im Aufzeigen dieser angemessenen Anwendungen. Doch macht auch das Fehlen dieser Anwendungsempfehlungen Sinn: Der Programmierer sollte sich vor dem allzu schnellen Festlegen des Programmierformalismus hüten und statt dessen die inneren Charakteristika seines Problems aufspüren.

KI-Programmierung bedeutet ja nicht, unter allen Umständen ein Regelprogramm zu schreiben. Die Mode einer bestimmten Klasse von *Expertensystemen* hat es leider mit sich gebracht, daß schon bei der Problemanalyse nach den Regeln gefragt wird. Der Experte, in den der KI-Programmierer (der sich *Knowledge Engineer* nennen läßt) Regeln hineinprojiziert, obwohl jener vielleicht ganz anders vorgeht oder sich sein Vorgehen bewußt macht, wird stark verunsichert und produziert verfälschtes Wissen.

Nun sind wir beim Thema *Wissensrepräsentation* angelangt. Dieses Buch ist von der Position aus geschrieben, daß die Besonderheiten der KI-Programmierung in den Eigenschaften der verwendeten Denkmodelle liegen, die auf abstrakte Maschinen bezogen sind, und nicht darin, daß Wissen repräsentiert wird. Jeder Programmierer repräsentiert – oder besser: rekonstruiert – Wissen. Der KI-Programmierer macht dies nur anders. Neu ist natürlich auch die Tatsache, daß das in den verschiedenen Programmkomponenten repräsentierte Wissen im Rechner so dargestellt wird, daß es von anderen Programmen als dem Interpreter und Compiler verarbeitet werden kann. Das vorliegende Buch ist demzufolge auch ein Buch über Wissensrepräsentation, wenn man diesen Terminus gar nicht beiseitelegen mag. In den verschiedenen Kapiteln werden WR-Formalismen dargestellt, ihre Verwendung und Verarbeitung aufgezeigt.

Der Umfang des Buches macht deutlich, daß die Aufgabe Platz erfordert. Die Tour durch wesentliche Verarbeitungsmodelle der KI mußte in zwei Etappen aufgeteilt werden. Dieser erste Band stellt neben dem einführenden Material Problemlöser und logische Programmierung dar. Der zweite Band wird Relationenmodelle, Regelmodelle, objekt-orientierte Modelle und einige andere spezielle Modelle darstellen.

Das Manuskript dieses Buches wurde mit LATEX bzw. TEX gesetzt. Nicht jedes Detail ist dabei ideal geworden. Insbesondere mag dies für die vielen Programme gelten. Sie repräsentieren lauffähigen Code, der allerdings – wie ich durch eigene leidvolle Erfahrungen weiß – in den verschiedenen CommonLISP-Dialekten etwas unterschiedlich zu behandeln ist (insbesondere bezüglich der Deklaration der globalen Variablen). Der Code konnte nicht vollständig wiedergegeben werden – manchem Leser wird es schon so zuviel sein. Der interessierte Leser kann auf Anfrage vom Autor eine Diskette mit allen Programmen erhalten.

Wegen der Schreib-, Programmier-, Test- und Setzarbeit hat sich die Fertigstellung des Manuskripts sehr verzögert. Die Ursprünge gehen auf Skripten einer Vorlesung zurück, die ich im Wintersemester 1983/84 in Erlangen gehalten habe. Zwei Kurse auf der KI-Frühjahrsschule halfen der Vervollkommnung.

Die Materialfülle mußte in zwei Bände aufgeteilt werden. Der erste Band enthält neben dem Einführungsteil Problemlöser und Varianten der logik-orientierten Programmierung, der zweite Band wird relationen-orientierte, regel-orientierte und objekt-orientierte Programmierung enthalten, sowie weitere spezielle Modelle (Netze und ATNs).

Eine Reihe von Kollegen hat die Entstehung dieses Buches mit Ermutigung und Ungeduld begleitet. Unter ihnen ist H. Wedekind hervorzuheben. H. Schäfer hat verschiedene Manuskript-Varianten gelesen und viele wichtige Verbesserungsvorschläge gemacht. F. Simon studierte ebenfalls das Manuskript und hat mit Korrekturen und Verbesserungen geholfen. Anregungen kamen auch von G. Görz, F. diPrimio, T. Christaller, C. Beckstein und T. Tielemann. Eine Abschlußdurchsicht wurde freundlicherweise von H. Schneider vorgenommen, so daß die Schreibfehler weitgehend beseitigt sind. Ihnen allen gebührt mein Dank.

Ein kleines Schreibproblem wurde in der Schlußphase der Herstellung des vorliegenden Textes diskutiert: die Schreibweise der Koppelwörter auf *orientiert* bzw. *basiert*. Ich habe mich aus Gründen der Lesbarkeit dafür entschieden, diese mit Bindestrich zu schreiben.

Ich wünsche dem Leser, daß er aus der Lektüre Nutzen ziehen möge. Wenn er beim Konstruieren von KI-Systemen in Zukunft Zwischensprachen benutzt und zugeordnete Verarbeitungsmodelle implementiert, oder wenn er nicht nur in Regeln das wahre Ausdrucksmittel der KI-Programmierung (Wissensrepräsentation) sieht, ist schon viel erreicht.

Konstanz, im März 1988   Herbert Stoyan

Inhaltsverzeichnis Band 1

Inhaltsverzeichnis Band 2

Kapitel 1

Einleitung

1.1 Was sind Methoden der Künstlichen Intelligenz?

Die "Künstliche Intelligenz" (KI) ist eine Wissenschaft, deren Ziel die Simulation intelligenten Verhaltens auf Rechenanlagen ist, d.h. *künstlich erzeugte Intelligenz*. Sie versucht dieses Ziel durch die Entwicklung von Programmen zu erreichen, die auf Eingaben in gewisser Weise intelligent reagieren (intelligent Aufgaben lösen). Dabei ist das Ziel einigermaßen vage: Es gibt keine befriedigende Definition des Terminus *Intelligenz*.

Zur Zeit ist die KI hauptsächlich *experimentelle Wissenschaft*: Menschliches Verhalten wird zum Vorbild genommen und mit mehr oder weniger Kunst werden immer neue Programme geschrieben, die

- natürliche Sprache verstehen,

- lernen und das gelernte Wissen wiedergeben,

- Aktionen planen, wenn sie über Situationen, verfügbare Mittel und Ziele informiert sind

- Bilder bzw. Szenen von Objekten aufnehmen, interpretieren usw.

Mit den Programmen wird ein theoretischer Ansatz auf seine Umsetzbarkeit überprüft. Das bedeutet, daß der experimentelle KI-Wissenschaftler Programme schreibt.

Welcher Methoden bedient er sich dabei?

Diese Frage ist derzeit nur schwer zu beantworten. Es gibt kaum Bücher, in denen Methoden der KI explizit gemacht werden. Nicht viel besser sieht es mit Arbeiten aus, die diesen Zustand diskutieren und Antworten auf die gestellte Frage geben.

Bei der Suche nach Aussagen der Autoritäten haben wir nicht allzu viel Erfolg. Es ist erstaunlich, daß sich bisher keiner der Gründerväter der KI (J.McCarthy, M.Minsky, A.Newell und H.Simon) der KI-Programmiermethoden angenommen hat.

Nur Newell und Simon haben sich überhaupt systematisch mit Methoden im Zusammenhang mit der KI beschäftigt. Unter der Bezeichnung "Methoden der heuristischen Programmierung" diskutierte Newell [36] 1973:

1. Erzeuge und Teste (Generate and Test)

2. Vergleiche (Match)

3. Lokale Optimierung (Hill Climbing)

4. Heuristische Suche (Heuristic Search)

5. Induktion (Induction)

Schon allein die Namen dieser Methoden zeigen uns, daß es sich weder um Forschungs- noch um Programmiermethoden handelt, sondern, daß es um Methodenprodukte (das heißt um von der KI produzierte Methoden) geht, die in KI-Programmen verwendet werden können. Immerhin gibt es die Induktion als anerkannte wissenschaftliche Methode – doch hat NEWELL diese nicht angesprochen (sicher gibt es enge Beziehungen).

R.HALL und D.KIBLER haben sich mit Forschungsperspektiven im Bereich der KI beschäftigt [22] und dabei methodologische Kriterien benutzt. Sie zerlegen die KI in fünf Arbeitsrichtungen:

1. Angewandte KI mit dem Ziel leistungsfähiger Programme,

2. experimentelle (konstruktive) KI mit dem Ziel der experimentellen Entdeckung von Prinzipien der Intelligenz,

3. theoretische (formale) KI mit dem Ziel der allgemeinen Beschreibung von Prinzipien der Intelligenz bzw. Systematisierung und Erforschung ihrer Eigenschaften,

4. spekulative KI mit dem Ziel von Theorien über menschliches intelligentes Verhalten,

5. empirische KI mit dem Ziel der programmtechnischen Modellierung von natürlichen intelligenten Systemen.

Dabei versuchen sie Antworten auf die Fragen zu geben, wie ein KI-Forscher, entsprechend einer dieser Arbeitsrichtungen, sich ein Problem auswählt, wie er dieses Problem methodisch löst (oder zu lösen versucht), und wie er seine (bzw. fremde) Resultate bewertet. Bezogen auf die Methoden stellen die Autoren folgendes fest:

1. In der angewandten KI wird jede Methode oder Technik benutzt, um ein möglichst leistungsfähiges Programm zu erstellen.

2. In der experimentellen KI findet man das iterative Wechselspiel von Programmentwurf und -konstruktion sowie Experimentausführung und -bewertung, das in ähnlicher Weise für jede experimentelle Disziplin gelten mag.

3. In der theoretischen KI finden wir Arbeitsmethoden des Theoretikers aller Disziplinen, in denen ein hoher Grad von Mathematisierung zu verzeichnen ist: Versuch der formalen Definition von allgemeinen Problemen, die Fragestellungen aus der Anwendung reflektieren, Aufstellung von Hypothesen oder Algorithmen, die das Problem lösen, und schließlich den Beweis der Brauchbarkeit der Lösung.

4. In der spekulativen KI scheint es überhaupt keine Methodologie zu geben. Man darf eben, durch Introspektion geleitet, spekulieren, solange man "ökologisch gültige" Behauptungen aufstellt.

5. In der empirischen KI finden wir ein Wechselspiel zwischen Programmentwurf und -konstruktion sowie dem Vergleich mit menschlichem Verhalten.

Wir müssen angesichts der Situation die herausragende Qualität dieser Aussagen[1] feststellen. Dennoch sind wir nicht befriedigt.

Die auch von anderen vertretene Meinung, daß es keine speziellen Methoden der KI geben könne, weil diese jede Methode aufgreife, hilft unseres Erachtens nicht weiter: Die Methode, andere Methoden aufzugreifen, trifft man heute in vielen Wissenschaften an. Darüber hinaus könnte man sogar aus dieser Bemerkung eine Skepsis gegenüber den bisherigen Produkten der KI ableiten.

Angesichts dieser Situation fragen wir uns, was wissenschaftliche Methoden eigentlich sind und wie Wissenschaften die verwendeten Methoden beschreiben. Nach einer ersten Bestandsaufnahme wollen wir von der KI (und ihren Theoretikern) nicht allzuviel erwarten. Vermutlich kann kaum eine Wissenschaft mehr methodologische Klärung aufweisen als die KI, wenn es oft auch anders behauptet wird. Man möge nur einmal nachlesen, was über einzelne als solche allgemein anerkannte Methoden geschrieben wird, etwa die axiomatische, die deduktive, oder gar die dialektische Methode.

Es überrascht uns ein wenig, daß mit "Methode" sehr unterschiedliches bezeichnet wird. Es gibt Autoren, denen die Methoden lediglich allgemeine Prinzipien sind. Andere sprechen vom "planmäßigen Durchforschen eines Wissensgebietes".

So begnügen wir uns hier mit der Aussage, daß *Methoden Mengen von Regeln sind, die zur Erreichung vorgegebener Ziele verwendbar sind.* Eine Methode muß kein Verfahren, kein mit Sicherheit zum Ziele führendes Regelgefüge sein — aber doch mehr als eine vage Empfehlung zum Handeln (Forschen). Die KI muß neben dem Wissen auch die Methoden als Gegenstand angehen und beherrschen lernen. So wird es Zeit, daß auf diesem Gebiet Fortschritte gemacht werden.

Eine Wissenschaft kann Methoden auf zwei Ebenen anwenden: Auf einer *theoretischen* Ebene und auf einer *praktischen* Ebene. Was die theoretische Ebene betrifft — die in vielen Wissenschaften der Induktion und manchmal der Intuition überlassen bleibt —, so bildet die KI Analogien zu Problemlösern in der Natur, insbesondere zum menschlichen Gehirn. Was die praktische Ebene betrifft, so werden durch KI-Wissenschaftler Programme erstellt. Hier werden wir nach Programmiermethoden zu fragen haben. Diese Methoden sind bisher kaum je zusammenhängend dargestellt worden — sie sind der Inhalt dieses Buches.

Gewöhnlich bekommt man als Namen von "Methoden der KI" Begriffe vorgesetzt, mit denen man weder Methoden der theoretischen noch der praktischen Ebene assoziieren kann. Beispiele sind: Das *heuristische Suchen*, die *Alpha-Beta-Methode*, die *Wissensrepräsentation* [43]. Mit diesen "Methoden" hat es

---

[1] Die Autoren bemühen sich um Konstatierung des beobachtbaren Verhaltens, nicht um das Vorschreiben eines wünschenswerten Vorgehens.

eine eigentümliche Bewandtnis: Die KI, als Teilgebiet der Informatik, ist eine Wissenschaft, deren wesentliches Produkt Methoden sind. Diese Methoden sind sehr unterschiedlicher Natur. Teilweise könnten (und werden) sie von Menschen bei der Verfolgung irgendwelcher Ziele verwendet werden. Der größere Anteil dieser Methoden dient aber dazu, als "Philosophie", als Grundüberlegung, für den Entwurf von Programmen eingesetzt zu werden. Kein Mensch wird etwa Schach durch Baumsuche mit der Alpha-Beta-Methode spielen. Wissensrepräsentation ist keine Methode der KI, sondern ein Forschungsziel.

Die Situation wird also dadurch komplizierter – und das erklärt uns die unbefriedigenden Antworten –, daß die KI – wie die meisten Unterdisziplinen der Informatik – kaum je die von ihr erzeugten Methoden selbst verwendet. Im Vergleich wäre es ebenfalls absurd anzunehmen, die auf der Grenze zwischen Mathematik und Informatik anzusiedelnde mathematische Verfahrenstechnik bediene sich der von ihr erzeugten Methoden (zum Beispiel des Newtonschen Iterationsverfahrens), um zu neuen Verfahren zu kommen. Zwar wird von Leuten, die die KI negativ beurteilen, geäußert, die KI liebe (ihrer Auffassung nach) zweifelhafte Methoden, um zum Ziel zu kommen – aber daß es heuristische Suchverfahren sind, daran würden auch diese Spötter nicht glauben.

Arbeitsmethoden der KI müssen also wissenschaftliche Methoden sein – Methoden, die helfen, die wissenschaftlichen Ziele der KI zu erreichen. Diese bestehen, wie wir gesagt haben, in der Erstellung von Programmen, die Intelligenz zeigen, die Intelligenz simulieren.

Da die Hauptaktivität demnach die Programmierung ist, müssen es Programmiermethoden sein. Solche Methoden, wie etwa die strukturierte Programmierung, sind gut bekannt. Es gilt aber als sicher, daß derartige Methoden in der KI nicht angewandt werden. Vielmehr programmiert man "Middle-Out", d.h. im allgemeinen nicht sonderlich diszipliniert. Etablierte Programmiermethoden werden – soweit sichtbar – nicht benutzt.

1.2 Eine Arbeitsmethode für die KI

Wir fühlen uns also etwas allein gelassen, was die Arbeitsmethoden der KI betrifft. Um dennoch zu einer Antwort zu kommen, vergleichen wir Arbeiten, die in der KI als besonders einflußreich gelten.

Beim Aufstellen einer solchen Liste hat man mindestens zu erwähnen:

1. Die Arbeiten von NEWELL, SIMON und C.SHAW (1956 – 1957) an der Logic Theory Machine [37,38].

2. Die Arbeit von H.GELERNTER und seinen Mitarbeitern (1958 – 1959) am Geometry Theorem Prover [17,18].

3. Der Vorschlag MCCARTHY's (von 1958) für einen Advice Taker [31].

4. Die Arbeiten von MCCARTHY (1958 – 1960), die zur Definition und Implementation von LISP führten [30,53].

5. Die Arbeit von D.BOBROW (1961 – 1963) an dem Textaufgaben lösenden Programm STUDENT [6,5].

6. Die Arbeiten von G.ERNST, NEWELL, SHAW und SIMON (1959 – 1966) am allgemeinen Problemlöser GPS [14].

7. Die Arbeiten von C.HEWITT (1967 – 1972) an der Programmiersprache PLANNER (21). Die Implementierung einer Teilmenge (1970 – 72) durch G.SUSSMAN, E.CHARNIAK und D.MCDERMOTT: MicroPLANNER [56].

8. Die Arbeiten von R.BRACHMAN [9], M.QUILLIAN [42], S.SHAPIRO [46], W.WOODS [62] und anderen an "semantischen Netzen" (1967 – 1985). Die damit beginnende systematische Entwicklung, Implementation und Erforschung von "Wissensrepräsentationssprachen" (BOBROW, BRACHMAN, T.WINOGRAD, u.a. [8,10]).

9. Die Entwicklung von Theorembeweisern, angefangen (1957 – 1960) mit D.PRAWITZ' Matrixmethode bis (1963) zu J.ROBINSONs Resolutionsmethode [39,44]. Die Arbeiten von C.GREEN (1968 – 1969) und anderen [2,3,21,28,29] an Theorembeweisern, die auf der Resolutionmethode basieren, und an deren Verwendung. Die Definition von PROLOG als Programmiersprache durch A.COLMERAUER und seine Mitarbeiter [1,4,13] (1970 – 1985).

10. Die Arbeiten von A.KAY, A.GOLDBERG und ihren Mitarbeitern (1972 – 1980) an der objekt-orientierten Programmiersprache SmallTalk [19,20]. Die Arbeiten von HEWITT (1973 – 1980) zur Erweiterung des objekt-orientierten Modells als "Aktor"-Modell [25,23]. Die Arbeiten von SUSSMAN und G.STEELE (1975 – 1976) an der Klärung der Frage, wie Aktoren (Instanzen) als Closures – d.h. mit Hilfe von Begriffen der funktionalen Programmierung – verstanden werden können [49,50].

11. Die Arbeiten von WINOGRAD (1971 – 1972) an SHRDLU, dem natürlichsprachlichen System zur Steuerung eines Manipulators in einer Baukastenwelt, in denen Grammatiken als Programmiersprache verwendet wurden [60,61].

12. Die Arbeiten von NEWELL (1973 – 1979) zur Verwendung von Produktionensystemen und die Bemühungen seiner Schüler (D.WATERMAN, C.FORGY und andere) um die Weiterentwicklung und Implementation dieser Systeme [15,35,59].

13. Die Arbeiten von J.RULIFSON, J.DERKSEN, R.WALDINGER, E.SACERDOTI u.a. an den KI-Sprachen QA4, QLISP usw. Anfang der 70er Jahre [45].

14. Die Arbeiten von E.SHORTLIFFE (1972 – 1976) an MYCIN, die zur Entwicklung einer "regel-orientierten Wissensdarstellung" und ihrer Operationalisierung durch eine "Inferenzmaschine" führten [11,32,47].

15. Die Arbeiten von D.WALTZ [58], U.MONTANARI [34] und E.FREUDER [16] an dem Constraint-Modell zur Verwendung lokaler Ausbreitung von Einschränkungen zur Ermittlung globaler Relationen (1971 – 1976). Die Arbeiten von SUSSMAN und seinen Mitarbeitern J.DE KLEER, R.STALLMAN

und STEELE, die (1975 – 1980) zur Entwicklung von constraint-basierten Sprachen und angemessener Implementierungsideen führten [48,54,55].

16. Die durch die Arbeit [33] von MINSKY über "Frames" ausgelösten Aktivitäten zur Definition, Implementation und Verwendung von "Wissensrepräsentationssprachen", die den MINSKY'schen Framebegriff teilweise verwirklichten. (1975 – 1978)

17. Die seit etwa 1980 aufgenommenen Arbeiten an "hybriden Expertensystemkernen" [7,26,27,40,41,57], die das Programmieren in verschiedenen "Paradigmen" erlauben.

In dieser Aufstellung fehlen alle mehr peripher anzuordnenden Arbeiten gleichgültig wie wirksam sie gewesen sind, zum Beispiel die im Bereich der Anwendung auf dem Gebiet der Verarbeitung gesprochener Sprache, auf dem Gebiet der Szenenanalyse, dem Gebiet der Robotik, oder die im Bereich der Bewältigung von Inferenzproblemen bzw. Effizienzsteigerung von Verarbeitungsprogrammen auf dem Gebiete des Theorembeweisens, des Common Sense Reasoning usw.

Bei der Analyse dieser besonders einflußreichen Arbeiten auf dem Gebiet der KI fällt uns auf, daß sie neue Programmierweisen sichtbar machten, die Verwendung einer solchen Programmierweise in der Form einer neuen Programmiersprache ermöglichten (oder eine existente Sprache erweiterten) und wesentliche Bestandteile des zunächst zu lösenden KI-Anwendungsproblems als Implementationsproblem dieser Sprache zu bewältigen trachteten.

Dies scheint uns eine wichtige wissenschaftliche Methode der KI zu sein [51,52], denn hierbei wird offensichtlich eine Verknüpfung von theoretischer und praktischer Programmierung vorgenommen: *Ein theoretischer kognitiver Apparat wird konzipiert* (etwa durch Studium menschlichen Problemlösens) *und in ein Informationsverarbeitungsmodell umgesetzt, für das dann eine Programmiersprache definiert wird.* Die Tragweite des Modells wird sodann durch Anwendung auf singuläre (Spiel-)Probleme oder praktische Anwendungsprobleme erforscht. Die Ergebnisse dieser Anwendung wird dann zur Verbesserung des ursprünglichen kognitiven Apparats benutzt bzw. zum Entwurf neuer Ansätze fruchtbar gemacht.

Da diese Methode einerseits so oft angewandt wurde, andererseits bisher weder explizit formuliert noch analysiert wurde, wollen wir versuchen, diese Methode in den Mittelpunkt unseres Buches zu stellen. Daraus folgt einerseits ein bestimmtes systematisches Vorgehen in diesem Buch, andererseits, daß nicht alles behandelt werden kann, was zur KI-Programmierung gehört. Der Leser sei auf das ausgezeichnete Buch von CHARNIAK, McDERMOTT und C.RIESBECK, "Artificial Intelligence Programming" [12] von 1980 (2.Aufl. 1987) verwiesen, um die Defizite auszugleichen.

1.3 Literatur

[1] G. Battani, H. Meloni: Interpreteur du language de programmation Prolog. Rapport Interne, Groupe Intelligence Artificielle, Universite Aux-Marseilles II, Sept. 1973

[2] W. Bibel: Prädikatives Programmieren. In: Automata Theory and Formal Languages, LNCS 33, Springer, Berlin etc., 1975, S. 274–283

[3] W. Bibel: An Approach to a Systematic Theorem-Proving Procedure in First–Order Logic. Computing, Vol. 12 (1974), S. 43–55

[4] D.G. Bobrow: If Prolog is the Answer, What is the Question? Or What it Takes to Support AI Programming Paradigms. IEEE Trans. Software Engineering, Vol. SE-11 (1985), No. 11, S. 1401–1408

[5] D.G. Bobrow: Natural Language Input for a Computer Problem Solving System. MIT, Dept. for EE, PhD. Thesis, 1964, in: M. Minsky (Ed.): Semantic Information Processing. MIT Press, Cambridge, 1968

[6] D.G. Bobrow: METEOR – A LISP Interpreter for String Transformations, in: E.C. Berkeley, D.G. Bobrow (Eds.): The Programming Language LISP – Its Operation and Applications. MIT Press, Cambridge, 1964

[7] D.G. Bobrow, M. Stefik: The LOOPS Manual. XEROX PARC, Palo Alto, 1983

[8] D.G. Bobrow, T. Winograd: An Overview of KRL, a Knowledge Representation Language. Cognitive Science, Vol. 1 (1977), No. 1, S. 3–46

[9] R.J. Brachman: On the Epistemological Status of Semantic Networks, in: N. Findler (Ed.): Associative Networks. Academic Press, New York etc., 1979

[10] R.J. Brachman, J.G. Schmolze: An Overview of the KL-ONE Knowledge Representation System. Cognitive Science, Vol. 9 (1985), No. 2

[11] B.G. Buchanan, E.H. Shortliffe (Eds.): Rule-Based Expert Systems. Addison-Wesley, Reading, etc., 1984

[12] E. Charniak, C.K. Riesbeck, D.V. McDermott: Artificial Intelligence Programming. Lawrence Erlbaum Ass. Publ., Hillsdale, 1980

[13] A. Colmerauer: PROLOG II Manuel de Reference et Model Theoretique. Marseilles, März 1982

[14] H. Ernst, A. Newell: GPS – A Case Study in Generalty and Problem Solving. Academic Press, New York etc., 1969

[15] C.L. Forgy: The OPS5 User Manual. Technical Report, Carnegie Mellon University, Dept. of Computer Science, CMU-CS-81-735, 1981

[16] E.C. Freuder: Synthetisizing Constraint Expressions. Comm. ACM, Vol. 21(1978), No. 11, S. 958–966

[17] H. Gelernter, N. Rochester: Realization of a Geometry Theorem Proving Machine. Information Processing, Proc. ICOI Paris 1959, München, 1960

[18] H. Gelernter, J.R. Hansen, C.L. Gerberich: A FORTRAN Compiled List Processing Language. J. ACM, Vol. 7 (1960), No. 2, S. 87–101

[19] A. Goldberg, A. Kay (Eds.): Smalltalk 72. Instruction Manual. XEROX PARC, Palo Alto, 1976

[20] A. Goldberg, D. Robson: Smalltalk 80 – The Language and its Implementation. Addison-Wesley, Reading etc., 1983

[21] C.C. Green: The Application of Theorem Proving to Question-Answering Systems. Stanford University, AI Project, AI Memo 96, Juni 1969

[22] R.P. Hall, D.F. Kibler: Differing Methodological Perspectives in Artificial Intelligence Research. AI Magazine, Vol. 6 (1985), No. 3, S. 166–178

[23] C. Hewitt: Control Structure as Patterns of Passing Messages. Art. Intell., Vol. 8 (1977), S. 323–363

[24] C. Hewitt: Description und Theoretical Analysis (Using Schemata) of PLANNER, a Language for Proving Theorems and Manipulating Models in a Robot. MIT, Dept. EE, PhD Thesis, AI TR 258, Cambridge, 1972

[25] C. Hewitt, P. Bishop, R. Steiger: An Universal Modular ACTOR Formalism for Artificial Intelligence. Adv. Papers 3. IJCAI, Stanford, 1973

[26] KEE Software Development System User Manual. Intellicorp, 1985

[27] Knowledge Craft 3.0 Reference Manual. Carnegie Group, Pittsburgh, 1985

[28] R. Kowalski: Logic for Problem Solving. North-Holland Publ., New York etc., 1979

[29] R. Kowalski: Predicate Logic as a Programming Language. IFIP-74, North Holland Publ., Amsterdam, 1974, S. 569–574

[30] J. McCarthy: Recursive Functions of Symbolic Expressions and Their Computation by Machine, Part I. Comm. ACM, Vol. 3 (1960), No. 3

[31] J. McCarthy: Programs With Common Sense. Symp. on the Mechanization of Thought Processes. Nat. Phys. Lab., Teddington, England, November 1958

[32] W. van Melle: A Domain Independent System That Aids in Constructing Consultation Programs. Rep. No. STAN-CS-80-820, Computer Science Dept., Stanford University, 1980

[33] M. Minsky: A Framework for Representing Knowledge, in: P.H. Winston (Ed.): The Psychology of Computer Vision. McGraw-Hill, New York, 1975

[34] U. Montanari: Networks of Constraints – Fundamental Properties and Applications to Picture Processing. Inf. Sciences, Vol. 7 (1974), S. 95–132

[35] A. Newell: Production Systems – Models of Control Structure, in: W.G.

Chase (Ed.): Visual Information Processing. Academic Press, New York etc., 1973

[36] A. Newell: Heuristic Programming – Ill-structured Problems, in: J.S. Aronofsky (Ed.): Progress in Operations Research. New York, 1973

[37] A. Newell, H.A. Simon: The Logic Theory Machine – A Complex Information Processing System. IRE Trans. Information Theory, Vol. IF-2 (1956), No. 9, S. 61–79

[38] A. Newell, J.C. Shaw, H.A. Simon: Programming the Logic Theory Machine. Proc. WJCC, New York, 1957

[39] D. Prawitz, H. Prawitz, N. Voghera: A Mechanical Proof Procedure and its Realization in an Electronic Computer. J. ACM, Vol. 7(1960), S. 102–128

[40] F. diPrimio et al.: Babylon Referenzhandbuch V 0.0/1, Forschungsgruppe Expertensysteme, GMD, St. Augustin, 1985

[41] F. di Primio, D. Bungers, T. Christaller: BABYLON als Werkzeug zum Aufbau von Expertensystemen, in: W. Brauer, B. Radig (Hrsg.): Wissensbasierte Systeme. IFB 112, Springer, Berlin etc., 1985

[42] M.R. Qullian: Semantic Memory, in: M. Minsky (Ed.): Semantic Information Processing. MIT Press, Cambridge, 1968

[43] J. Retti et al.: Artificial Intelligence – Eine Einführung. Teubner, Stuttgart, 1984

[44] J.A. Robinson: A Machine-Oriented Logic Based on the Resolution Principle. J. ACM, Vol. 12(1965), S. 23–41

[45] J. Rulifson, J.A. Derksen, R.J.Waldinger: QA4 – A Procedural Calculus for Intuitive Reasoning. SRI AIC TR 73, SRI, Menlo Park, 1972

[46] S.C. Shapiro: A New Structure for Semantic Information Storage, Deduction and Retrieval. 2nd IJCAI, London, 1971

[47] E. Shortliffe: Computer-Based Medical Consultations: MYCIN. American Elsevier, New York, etc., 1976

[48] G.L. Steele: The Definition and Implementation of a Computer Programming Language Based on Constraints. MIT AI TR 595, Cambridge, August 1980

[49] G.L. Steele: LAMBDA – The Ultimate Declarative. MIT AI Memo 379, Cambridge, 1976

[50] G.L. Steele, G.J. Sussman: LAMBDA – The Ultimative Imperative. MIT AI Memo 353, Cambridge, 1976

[51] H. Stoyan: Programming Styles in Artificial Intelligence. GWAI-84, IFB 103, Springer, Berlin etc., 1985

[52] H. Stoyan: What is the Benefit of Artificial Intelligence for Robotics? Proc. Intelligent Robots and Computer Vision. Vol. 521, SPIE, Bellingham, 1984

[53] H. Stoyan: Early LISP History. 1984 ACM Symposium on LISP and Functional Programming. S. 299–310

[54] G.J. Sussman, R.M. Stallman: Heuristic Techniques in Computer-Aided Circuit Analysis. IEEE Trans. Circuit and Systems, Vol. CAS-22 (1975), No. 11

[55] G.J. Sussman, G.L. Steele: Constraints – A Language for Expressing Almost Hierarchical Descriptions. Art. Intell., Vol. 14 (1980), S. 1–39

[56] G.J. Sussman, T. Winograd, E. Charniak: MicroPLANNER Reference Manual. MIT, AI Memo 203A, Cambridge, Dez. 1971

[57] S. 1 Reference Manual, Techknowledge, 1985

[58] D.L. Waltz: Understanding Line Drawings of Scenes With Shadows, in: P.H. Winston (Ed.): The Psychology of Computer Vision. McGraw-Hill, New York etc., 1975

[59] D. Waterman: Adaptive Production Systems. Adv. Papers 4th IJCAI, Tbilissi, 1975

[60] T. Winograd: Understanding Natural Language. Academic Press, New York etc., 1972

[61] T. Winograd: Programmar – A Language for Writing Grammars. MIT AI Memo 181, Cambridge, Nov. 1969

[62] W.A. Woods: What is in a Link? – Foundations for Semantic Networks, in: D.G. Bobrow, A. Collins (Eds.): Representation and Understanding. Academic Press, New York etc., 1975

Kapitel 2

Programmierstile – Verarbeitungsmodelle – Programmiersprachen

2.1 Programmiermethoden

Methoden sind Mengen von Regeln, die man systematisch verwenden kann, um ein Ziel zu erreichen. Programmiermethoden leiten uns bei der Programmerstellung. Die bekannte *Methode der Strukturierten Programmierung* etwa besagt, daß man zuerst

> das Programm top-down zu entwerfen habe, bis man auf das Maschinen- (oder Programmiersprachen-) Niveau gelangt ist

> und dann, auf dem Rückwege, die Datenstrukturen synthetisieren muß (indem man die konkreten Datenstrukturen der untersten Ebenen einbringt in die abstrakteren der höheren Ebenen). (R.FLOYD 1979, [5])

Einem fertigen Programm sieht man i.a. die Methode seiner Herstellung nicht an. Was man ihm jedoch ansieht, das ist der Programmierstil, in dem es geschrieben wurde.

Die KI hat sich bisher nicht tief mit Programmiermethoden beschäftigt. C.HEWITT hat wohl das typische Verfahren des KI-Programmierers geschildert, als er schrieb: "Einige Autoren haben eine Programmierung von oben nach unten befürwortet. Wir finden, daß unser eigener Programmierstil (besser wohl: Programmiermethode – H.S.) genauer als 'aus der Mitte' beschrieben werden kann. Typischerweise starten wir mit der Spezifikation für eine große Aufgabe und würden sie gern in ein Programm umsetzen. Wir verfeinern diese Spezifikationen, um ein Programm so schnell wie möglich zu erzeugen. Dieser Anfangsversuch, die Spezifikationen zu befolgen, hat den Effekt, uns zu veranlassen, die Spezifikationen auf zwei Arten zu ändern: erstens, mehr Spezifikationen zur Definition der Aufgabe hinzuzufügen (nämlich Elemente, von denen wir ursprünglich nicht ahnten, daß sie relevant sind) und zweitens, die Spezifikationen zu verallgemeinern und neu zu kombinieren, um eine Aufgabe zu beschreiben, die einfacher implementierbar ist und unseren eigentlichen Bedürfnissen mehr entspricht." [9]

Mit dieser Ansicht wird nicht jeder übereinstimmen können. Die in der Einleitung erwähnten Spötter werden witzeln, gerade solche Aussagen bewiesen die Unseriosität der KI. Es dürfte klar sein, daß hier noch viel zu leisten ist, wenn Ergebnisse der KI angewendet werden sollen.

An anderer Stelle [8] hat HEWITT, bezogen auf die "Aktor Semantik", folgende Methodik (zunächst als "evolutionary behavioral programming methodology", später als "actor programming methodology" bezeichnet) beschrieben:

1. Entscheide über die natürlichen Objektarten, die man im Bereich (engl. domain) haben sollte.

2. Entscheide für jede Art von Objekten, welche Art von Nachrichten sie empfangen sollte.

3. Entscheide für jede Art von Objekten, was sie jeweils tun sollte, wenn sie Nachrichten der verschiedenen Arten erhält.

So für sich genommen, kann dies kaum als Programmiermethode akzeptiert werden. Denn in seiner Aktor-Sprache (vgl. Kap. 16) gibt es den Begriff "Objektart" nicht – so daß die Methode schlicht die Auswahl der Aktoren und die Bestimmung ihrer Funktionalität vorschreibt, Handlungen, die das Programmieren selbst naturgemäß mit sich bringt, und die durch ihre Auflistung allein noch keine Methode konstituieren. Es bestehen aber interessante Verwandtschaften zu H.WEDEKINDs Programmentwicklungsmodell [31]. Dort wird insbesondere versucht, die Frage zu beantworten, auf welche Weise der Programmierer zu den "natürlichen" Objektarten (WEDEKIND spricht von "Objekttypen") kommt.

2.2 Programmierstile

In ihrem Buch [11] über stilvolle FORTRAN-Programmierung verwenden B.KERNIGHAN und P.PLAUGER den Begriff *Programmierstil*, um eine Bewertungskategorie für Programme zu haben. Sie sagen, daß ein Programmierer einen "schlechten Programmierstil" habe, wenn er etwa

- zuviele GOTOs verwendet

oder

- Namen benutzt, die nicht den programmtechnischen Zweck ausdrücken oder keinen Bezug auf den Anwendungsbereich haben.

Ähnliches dekretieren andere Autoren (etwa: [15]). Diese Verwendung des Begriffes Programmierstil scheint uns wenig fruchtbar zu sein.

In der Umgangssprache wird das Wort "Stil" ähnlich verwendet, wenn wir etwa ausdrücken, daß jemand einen schlechten Stil hat, weil er mit den Türen wirft oder üble Nachrede übt hinter dem Rücken der Betroffenen. Im Gegensatz dazu aber verwenden wir das Wort Stil auch, um systematische Verhaltensweisen oder Erscheinungsformen zu klassifizieren. In der Kunst etwa dient der Begriff "Baustil" dazu, Gemeinsamkeiten bei verschiedensten Bauwerken hervorzuheben. Wir sprechen nicht davon, daß eine Kirche in einem schlechten Stil gebaut sei, sondern sagen, sie sei im *gotischen Stil* erbaut. Dies schließt nicht aus, daß Puristen Baustile, die nicht ihrem Lieblingsstil entsprechen, als *schlecht* abtun könnten. Wenn wir einem Bauwerk einen Stil zuordnen, meinen wir keineswegs die Methode der Herstellung – obwohl sicher in dieser Hinsicht auch gewisse Rückwirkungen bestehen – sondern wir verstehen diese Bemerkung so, daß die Kirche sichtbare Anzeichen des betreffenden Stils hat.

Wenn wir den Begriff Programmierstil in diesem Sinne verwenden wollen, dann müssen wir Stilelemente bestimmen, die sich an *fertigen* Programmen nachweisen lassen.

Folgendes Gedankenbeispiel möge dies illustrieren: Selbst in FORTRAN könnte ein Programm weitgehend ohne Zuweisungen geschrieben werden, nur unter Verwendung von Funktionsaufrufen. Wir bezeichnen dies dann als *funktionsorientierten Programmierstil.* (Diese Verfahrensweise geht in FORTRAN allerdings nicht sehr gut, weil Bedingungen nur mit Anweisungen abgefragt und weil nur numerische Datentypen und Zeichenketten als Werte übergeben werden können.) Andererseits kann man auf jede Verschachtelung verzichten und simple Anweisungen, die allenfalls einen arithmetischen Operator enthalten, hintereinander schreiben. Dann gebraucht man FORTRAN als "höhere Assemblersprache" und pflegt den *anweisungs-orientierten Programmierstil* in Reinkultur. D.KNUTH hat 1970 [12] festgestellt, daß dies die vorherrschende Art der FORTRAN-Verwendung ist.

Beide Stilrichtungen können wir leicht an fertigen FORTRAN-Programmen nachweisen, weil die Stilelemente unschwer beschreibbar und abprüfbar sind.

Wir haben nun gar nichts dagegen, daß die Benutzung des Wortes "Stil" eine Unbestimmtheit in dem Sinne ausdrückt, daß die Wahl des Programmierstils in gewisser Weise offen ist: Daß neben objektiven Gründen (die Kirche ist kein Bürgerhaus) auch ein ganz wesentlich subjektiver Antrieb diese Wahl bestimmt. Diese Unbestimmtheit ist vielmehr ganz in unserem Sinne, und wir werden sie durch die Bezeichnungsweise "Stil" betonen.

Wir haben in Bezug auf die Subjektivität zu konstatieren, daß es in der Wissenschaft Moden gibt, wie auch im gesellschaftlichen Leben, daß diese Moden vielfältige Ursachen haben, und daß die Informatik von diesem Wechsel der Moden keineswegs ausgenommen ist. Mußte man Ende der fünfziger Jahre unbedingt einen Compiler "gebaut" haben, so war es kurz darauf die Listenverarbeitung, mit der man die Programmierer hinter dem Ofen hervorlocken konnte. Es folgten die formalen Sprachen, dann die "integrierten Informationssysteme", kurz darauf wurde man nicht mehr akzeptiert, wenn man nicht strukturiert programmierte – dann mußte man unbedingt Programme verifizieren, eine relationale Datenbank verwenden – und heute ist die Reputation vernichtet, wenn man nicht Expertensysteme entwickelt (oder wenigstens "wissensbasierte" Programme).

Nicht viel anders ist es mit den Programmierstilen: Bis mindestens zum Ende der sechziger Jahre war Programmieren gleichbedeutend mit der Planung von sequentiellen Anweisungsfolgen. Man konnte sich schlechterdings nichts anderes vorstellen – das war die naturgegebene Art zu programmieren. Zwar gab es da um 1960 herum einige "irregeleitete" Theoretiker, die meinten, man könne mit Funktionen so programmieren, daß Elemente der Ablaufsteuerung bzw.

Speicherverwaltung nicht mehr auftauchten, aber die wurden zum Ende der sechziger Jahre überwunden, belehrt bzw. ignoriert. "Ketzerische" Ansichten, wie die C.GREENS [7], daß ein Theorembeweiser als Interpreter einer Programmiersprache, des Prädikatenkalküls, anzusehen sei, wurden nicht zur Kenntnis genommen. Die mit LISP [28] oder APL [10] mögliche funktionale (funktionsorientierte) Programmierung war weitgehend bestimmt von Denkweisen der konventionellen Programmierung. HEWITT's Sprache PLANNER [9], die den Zielbegriff in die Programmierung einbrachte, wurde selbst von Insidern als unbrauchbar denunziert: "Was wir brauchen, ist eine Programmiersprache und kein Theorembeweiser" (G.SUSSMAN, 1971 [29]). Im Verlauf der siebziger Jahre wurden dann in – man ist versucht zu sagen, geheimen – abgegrenzten Zirkeln neue Programmierstile begründet: PROLOG wurde definiert [2] und die *logik-orientierte* Programmierung popularisiert [13], SmallTalk wurde entwickelt [6] und *objekt-orientiert* programmiert, die funktions-orientierte Programmierung wurde in LISP neu belebt [30] und wurde populärer (noch nicht zur Mode) durch Backus' Turing Lecture [1], das Expertensystem MYCIN zeigte die Verwendbarkeit einer Mischform von Regeln und Implikationen [22], das Expertensystem R1/XCON [19] machte Produktionsregeln fast zur Mode und heute sind diese Programmierstile verwendbar, ohne daß die "Modepäpste" den auf diese abartige Weise Programmierenden "exkommunizieren" können.

Ja man hat bisweilen den Eindruck, daß es schon zum guten Ton gehört, ein *regel-orientiertes* Programm – unter dem typisch modische Ursachen spiegelnden Namen **Expertensystem** – geschrieben zu haben.

In der KI besteht noch nicht ganz Einigkeit, ob man in diesen Fällen von "Wissensrepräsentation" oder von "Programmierung" sprechen sollte. Letzteres wird sicher weniger oft gemacht: Einerseits des vordergründigen Effekts wegen, den das Wort "Wissensrepräsentation" hat, andererseits deswegen, weil – trotz der langen Erfahrung mit der funktions-orientierten Programmierung auch in diesen Kreisen – Programmieren immer noch mit dem In-Abarbeitungsreihenfolge-Bringen von Aktionen verwechselt wird.

Immerhin sollte aus diesen Anmerkungen klar geworden sein, daß wir mit dem Begriff "Programmierstil" nicht den Prozeß der Programmentwicklung charakterisieren wollen, denn dazu dient bereits der Begriff "Programmiermethoden". Es könnte zwar sein, daß es Stile von Programmiermethoden gibt, aber das soll uns hier nicht weiter beschäftigen.

Wir akzeptieren demgegenüber gerne, daß ein Programmierstil *nur* für oder *vor allem* für *gewisse Phasen* des Programmierprozesses angemessen sein kann. So könnte man sich gut vorstellen, daß funktions-orientierte Programmierung in frühen Etappen der Programmentwicklung sehr geeignet ist, während die Optimierung eines fertigen Programms in Bezug auf einen realen (von-Neumannschen) Rechner durch anweisungs-orientiertes Programmieren zu erledigen ist.

Wenn diese Bemerkungen den Eindruck erweckt haben, daß ein neuer Programmierstil an eine neue Programmiersprache gebunden sein muß, dann erinnern wir an unser Beispiel mit FORTRAN: Es zeigt, *daß man sich mit ein und derselben Sprache ganz unterschiedlich ausdrücken kann.*

LISP ist ein schönes Beispiel für diese Unabhängigkeit der Programmierstile von der Programmiersprache. Konzipiert als Erweiterung von FORTRAN unter Betonung der Funktionen und Terme [18], wurde die Sprache überraschend durch MCCARTHY's Bemühen um einen Formalismus für rekursive Funktionen und S.RUSSELL's Interpreterimplementierung zu einer rein *funktions-basierten* Sprache [16]. Die Programmierer des Jahres 1959 kamen damit nicht zurecht und mißbrauchten bestimmte Sprachelemente (die bedingten Ausdrücke) für die anweisungs-orientierte Programmierung, die damals Mode war, und die sie gewöhnt waren. MCCARTHY bequemte sich, Sprachelemente einzubauen, die, statt zum Mißbrauch, zur Symbiose von Anweisungen und Funktionen (Termen) führten. (Erhellend der Titel des Memos [17] "Programs in LISP", so als seien vorher keine Programme geschrieben worden!) Die Implementation der Datenstrukturen – insbesondere die automatische Verwaltung der Listenobjekte – brachte es mit sich, daß die Variablen nicht mehr als Speicherplätze angesehen wurden, in die Daten zu "transportieren" waren, sondern eher als *Namen* für rechnerinterne Objekte. Die Begrenztheit der Speicher zwang die Programmierer, alte Objekte zu modifizieren. Dies paßte nicht gut in das Funktionsdenkmodell, barg aber in sich die Möglichkeit weiterer Entwicklung. Mindestens einmal hat man angesetzt, durch ein spezielles Speicherverwaltungsschema dies unnötig zu machen. Die Programmierer verwendeten LISP aber für mindestens zehn Jahre als eine Art erweitertes FORTRAN, dachten und programmierten in konventioneller Weise. (Viele tun dies noch heute!)

Nachdem J.WEIZENBAUM [32] und J.MOSES [20] Ende der sechziger Jahre bzw. Anfang der siebziger Jahre auf das *Variablenbindungsproblem* aufmerksam gemacht und E.SANDEWALL[21] die Verwendungsmöglichkeiten einer im Sinne der funktions-orientierten Programmierung korrekten Lösung aufgezeigt hatte, begann ein langsamer Revitalisierungsprozeß der funktions-orientierten Programmierung. Dieser führte zu saubereren LISP-Implementationen bzw. -Dialekten (SUSSMAN's SCHEME [30]) und wurde begleitet von einem in der gesamten Informatik spürbaren Trend zur funktions-orientierten Programmierung. War diese Rückbesinnung auf die mit LISP begründete funktions-orientierte Programmierung noch vorhersagbar, so führte A.KAY's originelle Aufnahme von SIMULA [6] und die dabei mitvollzogene Verwendung von Grundsätzen des Arbeitens mit abstrakten Datentypen, die in der objekt-orientierten Programmierung Gestalt annahm, zu der Entdeckung, daß ähnliche objektorientierte Elemente auch in LISP angelegt waren. Man entwickelte aus den Ansätzen der *daten-gesteuerten* Programmierung den objekt-orientierten Programmierstil auch in LISP, stellte fest, daß – in Gestalt der *Closures* [23,24,30] – ideale Konstrukte für die Implementierung von *Objekten* vorhanden waren und suchte nach einer systematischen Methode, neue *Objektklassen* einzuführen. Diese wurde durch Erweiterung von LISP durch die *Flavors* (in MacLISP) oder durch direkte Übernahme von Grundkonzepten von SmallTalk (in InterLISP) gefunden. Keiner der Lösungsvorschläge kann schon als endgültig gelten, dennoch wird heute in LISP durchaus objekt-orientiert gedacht und programmiert [28].

Wir schließen daraus, daß eine Programmiersprache sich zum Programmieren in verschiedenen Stilen eignet. Vielleicht kann man sogar sagen, daß eine Programmiersprache umso erfolgreicher ist, je mehr Programmierstile sie ermöglicht. Natürlich kann man, wenn man einen neuen Programmierstil im Auge hat, eine ihm besonders angemessene Programmiersprache entwickeln. Wie das aber mit formalen Systemen so ist, kann diese Sprache oft nicht nur in der antizipierten Weise verwendet werden. Je nach Einstellung kann man vom Mißbrauch oder von der schöpferischen Aneignung sprechen. Wir glauben, daß z.B. die Verwendung von PROLOG zur Programmierung von rein sequentiellen Ein-/Ausgabeprogrammen durch FORTRAN-ähnliche Anweisungsfolgen, die man durch die Verwendung des berüchtigten *Cut* erreichen kann, ein Mißbrauch dieser Sprache ist.

Es sollte aber keineswegs verwundern, daß nicht jede Programmiersprache gleich flexibel umgedeutet werden kann. Die Ursachen dieser verschiedenen Grade der Umdeutbarkeit haben gewöhnlich aber wenig mit der Konzentration auf den beabsichtigten Stil zu tun: Hätte FORTRAN ein größeres Spektrum an Datentypen, und könnten diese als Werte von Funktionen übergeben werden, so wäre zum Beispiel objekt-orientierte Programmierung möglich. Die funktions-orientierte Programmierung wäre dann immer noch beeinträchtigt durch den Mangel an *bedingten Ausdrücken*. Die sind wieder in ALGOL-60 vorhanden – dort ist reine funktions-orientierte Programmierung möglich – sogar *rekursive* Funktionen sind erlaubt. (Allerdings können komplexe Datentypen kaum frei verwendet werden.)

2.3 Verarbeitungsmodelle

Die Frage ist nun natürlich, worin das Wesen eines Programmierstils beruht – oder, deutlicher formuliert, welche Überlegungen einen Programmierer zu einem Stil führen. Woran hat man zu denken, wenn man den Programmierstil wechseln will?

Unsere Hauptthese zu dieser Frage ist:

Ein Programmierstil basiert auf einer (möglicherweise spekulativen) Vorstellung von einem "Rechner" (einem "Verarbeitungsmodell"), der die Programme abarbeiten soll.

Dieser "Rechner" kann ein völlig theoretischer (selbst nicht-effektiver) Kalkül (Maschine, Mechanismus, Gerät) sein, der – im Extremfall – prinzipiell nicht realisierbar ist und auch nicht als Basis für ein einsatzfähiges Verarbeitungsmodell (oder eine Algorithmentheorie bzw. eine Theorie berechenbarer Funktionen) dienen kann.

So kann man sich einen universellen Beweiser, das ist ein Pogramm, das jedes Theorem der Prädikatenlogik in vernachlässigbarer Zeit beweisen kann, gut vorstellen – allerdings kann es ein derartiges Programm nicht geben.

Beispiele für solche Modelle sind:

(a) Das *konventionelle* Verarbeitungsmodell (*von-Neumann Maschine*). Es verarbeitet Folgen von intern repräsentierten Anweisungen durch schrittweises Auslösen von Aktionen, die den Maschinenzustand verändern. Die Maschine verfügt über einen Datenspeicher, auf den die Aktionen wirken: Durch Transport, Verknüpfung, Erzeugung, Vernichtung und Vergleich von Daten.

(b) Das allgemeine *funktionale* Verarbeitungsmodell. Es geht vom mathematischen Funktionsbegriff aus. Funktionen in diesem Sinne sind *eindeutige Abbildungen* von einem *Definitionsbereich* in einen *Wertebereich*. Sowohl Definitions- als auch Wertebereich existieren abstrakt – unabhängig davon, in welcher Reihenfolge etwa Paare, die die funktionale Beziehung erfüllen, ausgewählt werden. Der Mathematiker sieht die Funktion extensional, d.h. als Menge aller dieser Paare, abstrakt gegeben an. Dem "Rechner" werden z.B. Funktionsnamen mit Argumenten übermittelt. Er liefert Werte zurück. Die konkrete Realisierung einer derartigen "Funktionsanwendung" ist nicht von Interesse: Im Idealfall ist der Wert unmittelbar gegeben.

Dieses Modell ist nur vorstellbar, solange man sich nicht zu genau in die Einzelheiten einläßt: Der "Rechner" hat sicher in der einen oder anderen Form Beschreibungen von Funktion und Argumenten zu verarbeiten. Nun kann man mit Namen nur abzählbar viele Funktionen ansprechen; nur endlich viele, wenn man den Menschen einbezieht und eine maximale Länge vorgibt. Es gibt aber überabzählbar viele Funktionen. Von dem "Rechner" ist also nur ein kleiner Teil benutzbar – der überaus größte Teil liegt immer brach. Es scheint nicht unpassend, die Kapazität des "Rechners" gleich auf die abzählbar vielen berechenbaren Funktionen einzuschränken.

(c) Das allgemeine *relationale* Verarbeitungsmodell. Es geht vom mathematischen Relationsbegriff aus. *Relationen* in diesem Sinne sind Teilmengen von Produkten aus mehreren Mengen (die natürlich selbst Mengenprodukte sein können), d.h. Mengen von Tupeln. Alle beteiligten Mengen existieren abstrakt – unabhängig davon, in welcher Reihenfolge etwa Tupel, die in der Relation liegen, ausgewählt werden. Der Mathematiker sieht die Relation extensional, d.h. als Menge aller dieser Tupel, abstrakt gegeben an. Dem "Rechner" werden z.B. Relationsnamen mit Argumenten übermittelt. Er liefert einen bestimmten Wert (für den Wahrheitswert "wahr") zurück, wenn das Tupel in der Relation liegt.[1] Eine andere Verwendung besteht in der Übermittlung von Relationsnamen mit nur teilweise spezifizierten Argumenttupeln. In diesem Fall wird nach Tupeln gesucht, die die spezifizierten Argumente enthalten. Gibt es solche, dann werden die in ihnen stehenden weiteren Werte als Werte der freigehaltenen Tupelkomponenten angesehen und eventuell in der einen oder anderen Form ausgegeben.

(d) Das Beweisermodell. Es basiert auf der logischen Deduktion und behandelt logische Formeln. Eine Menge von Formeln werden als Axiome verwendet

---

[1] Prinzipiell müßte dazu die Relation entscheidbar sein; wir wollen aber hier annehmen, daß die fiktive Maschine jede Relation so behandeln kann.

und mit ihnen wird eine weitere Formel, die wir als Theoremkandidat ansehen können, bewiesen oder widerlegt. Wenn die Formel, die ähnlich wie ein Term im Falle des funktionalen Verarbeitungsmodells das Beweisermodell aktiviert, noch freie Variablen enthält – sie stellt dann keine *Aussage* im eigentlichen Sinne dar, sondern ein *Aussagenschema* –, dann werden Werte bestimmt, für die die Formel beweisbar ist. Ähnliches wäre auch denkbar für Formeln mit Existenzquantor, für die konkrete Objekte bestimmt werden könnten, so daß entsprechende Terme, die in die Formel ohne Existenzquantor für die gebundenen Variablen eingesetzt werden, die Formel beweisbar machen.

Wir sehen, daß wir schnell bereits sehr technische Fragen ansprechen, die in der Übersicht eigentlich keinen Platz haben. Soviel sollten wir aber schon anmerken, daß das Beweisermodell nur bei bestimmten Eigenschaften der logischen "Programmier"-Sprache realisierbar ist: Liegt eine Prädikatenlogik erster Stufe vor, so kann es keinen universellen Beweiser geben, der sowohl die Deduzierbarkeit der Theoreme und die Widerlegbarkeit der Formeln, die keine Theoreme sind, bestimmen kann. Auch die Axiomensysteme – d.h. die Programme – haben erheblichen Einfluß auf die Leistungsfähigkeit des Verarbeitungsmodells, wie man seit GÖDEL weiß.

Abgesehen von den prinzipiellen Schranken haben die konkreten Modellrealisierungen unterschiedliche Eigenschaften, die sich z.B. in verschiedener Effizienz bezüglich gleicher Formelmengen (Programme) zeigen.

(e) Der allgemeine *Problemlöser*. Der allgemeine Problemlöser verarbeitet Problemspezifikationen. Ein Problem wird in einer bestimmten Art - die wir hier offenlassen - beschrieben, und der Problemlöser produziert die (oder eine) Lösung. Die in der KI bisher betrachteten Problemlöser akzeptierten Beschreibungen (einfacher) Probleme, die durch Angabe einer *Anfangssituation*, eines *Zielprädikats* und erlaubter *Operatoren* beschrieben wurden.

Man kann gut das gesamte Ziel der KI (oder wenigstens einen guten Teil davon) dadurch zusammenfassend beschreiben, daß man sagt, der KI gehe es um die Realisierung solcher Problemlöser-Verarbeitungsmodelle. Deshalb ist die Vielfalt der in der KI entwickelten Verarbeitungsmodelle nicht zufällig: Sie sind bei der Annäherung an das Problemlösermodell entwickelt worden.

Wie man sieht, besteht ein Unterschied zwischen den Modellen (a) - (c) und (e): Während die ersten mathematische Modelle sind, deren Äquivalenz die mathematische Logik bewiesen hat, handelt es sich bei letzterem nicht unbedingt um ein ähnlich umfassendes Modell. Es ist für unsere Überlegungen immer wichtig, wenn festgehalten werden kann, daß ein Modell universell ist, d.h. alle berechenbaren Funktionen realisiert. Doch sind wir auch an eingeschränkten Verarbeitungsmodellen interessiert, die für einen Anwendungsbereich besonders einfach und angepaßt sind.

Weitere Verarbeitungsmodelle werden in dem vorliegenden Buch besprochen. Viele von ihnen sind mit mathematischen Ansätzen zur Bestimmung des Bereichs der berechenbaren Funktionen verbunden.

2.4 Programmiersprachen

Programmiersprachen sind *formale Systeme* (Kalküle), die ein bestimmtes Verarbeitungsmodell widerspiegeln. Sie bieten *Notationsmittel* für die *Grundelemente* eines Verarbeitungsmodells an, sowie *Mittel zur Komposition* dieser Elemente zu ganzen Programme. Dabei sind diese Programme höchst unterschiedliche Gebilde.

So haben anweisungs-basierte Programmiersprachen, die sich auf das konventionelle Verarbeitungsmodell beziehen, Mittel anzubieten, mit denen Programme als *sequentielle Pläne für Aktionenfolgen* beschrieben werden können. Da solche Rechner zyklische Abarbeitung von Anweisungsstücken ermöglichen, muß die Programmiersprache Ausdrucksmittel dazu bereitstellen. Häufig wiederkehrende Muster von Aktionsfolgen werden zu sog. *Prozeduren* (Unterprogrammen) zusammengefaßt. Diese Zusammenfassung ermöglicht die *Abstraktion* durch Betonung der *Äquivalenz des Ein-/Ausgabeverhaltens* dieser Prozeduren: Verschiedene Prozeduren, die gleiches Ein-/Ausgabeverhalten haben, werden in eine Äquivalenzklasse angeordnet, unabhängig davon, welche konkrete Folge von Anweisungen zur Realisierung dieses Verhaltens dient [28]. Dazu muß die Programmiersprache Ausdrucksmittel enthalten. Die bekannten Programmiersprachen bieten keine Mittel zur Beschreibung der Abstraktion (d.h. der Ein-/Ausgabebedingungen), sondern erlauben nur die Formulierung einer Prozedur aus dieser Klasse. Um dennoch die Zufälligkeit der Auswahl dieser Prozedur (Funktionalität ist wichtig, nicht Implementation) sichtbar zu machen, wählt man gewöhnlich Prozedurnamen, die die geltenden Ein-/Ausgabebedingungen suggerieren.

Weiterhin muß es Zeichenfolgen zum Ansprechen der *primitiven Operationen* geben (Datenmanipulation), zum Einlesen von Daten und Ausgeben der Ergebnisse.

Der sich auf dieses Verarbeitungsmodell beziehende Programmierer benötigt in seiner anweisungs-basierten Programmiersprache

- Sprachelemente für die Grundoperationen, die seine Maschine ausführen kann,

- Mittel zur Beschreibung von Datenstrukturen (Datenabstraktion),

- Mittel zur Kombination der Operationen, d.h. zur Ablaufplanung (Hintereinanderausführung, Zyklen),

- Mittel zur Einführung von Unterprogrammen (Prozedurabstraktion).

Im Falle des funktionalen "Rechners" steht die Frage nach der *Funktionsbeschreibung* im Mittelpunkt. Eine verwendbare Programmiersprache enthält nicht lediglich ein umfängliches Verzeichnis verwendbarer Funktionen (obwohl in einzelnen Fällen 40000 Funktionen und mehr so aufgesucht werden können), sondern Hilfsmittel zur *Konstruktion neuer Funktionsbezeichnungen*. Gewöhnlich versteht der Programmierer dieses Hilfsmittel so, als ob es ihn zur Definition neuer Funktionen befähige. Für Mathematiker dagegen existiert die Funktion jedoch schon immer. So wäre es besser zu sagen, daß nicht neue Funktionen definiert, sondern neue Beschreibungen für gewisse Funktionen konstruiert werden.

Gemäß dem mathematischen Begriff hat dieses Konstruktionshilfsmittel zwei Komponenten zu enthalten: Eine zur Konstruktion von Mengenbeschreibungen und eine zur Erzeugung neuer Vorschriften für Abbildungen. Letztere könnte als Paarmenge beschrieben werden. Angemessener erscheint ein Vorgehen, bei dem man die Abbildungsvorschrift dadurch beschreibt, indem man Grundausdrucksmittel bereitstellt (Namen von gewissen vorgegebenen *Grundfunktionen*) und Konstruktionsmittel (*Termverschachtelung*). Man nimmt gewöhnlich an, daß die beteiligten Mengen (Definitions- und Wertebereich) beim Aufbau der Abbildungsvorschrift implizit mit beschrieben werden.

Oft kann dieselbe Funktion mit verschieden konstruierten Abbildungsvorschriften beschrieben werden. Man möchte jedoch wieder die Äquivalenz des Ein-/Ausgabeverhaltens zur Abstraktion nutzen. Um diese beabsichtigte Abstraktion zu unterstützen, sollte eine funktions-basierte Sprache Ausdrucksmittel bereitstellen. Diese können auch zur Einführung von Kurzbezeichnungen für Konstruktionsvorschriften dienen.

Programme für den funktionalen "Rechner" sind Funktionsbeschreibungen (und eventuell Beschreibungen von Definitions- und Wertebereich). Wenn der Wert einer Funktion für ein bestimmtes Element des Definitionsbereichs ermittelt werden soll, so muß man die Funktion auf dieses Element *anwenden*. Dafür notiert man gewöhnlich *Terme*, d.h. Ausdrücke aus Funktions- und Argumentbeschreibung.

Die durch die Programmiersprache bestimmte Notation für solche Funktionsanwendungen, oft "Ausdruck" (auch "Applikation") genannt, repräsentiert für den in diesem Modell denkenden Programmierer den Wert und **nicht** einen Prozeß, der zur Ermittlung des Wertes führt.

Der diesem Verarbeitungsmodell folgende Programmierer wird konsequent einen Stil verfolgen, in dem die konkrete Reihenfolge der Aktionen, die eine konventionelle Maschine durchführt, um den Wert zu berechnen, keine Rolle spielt. Er benötigt deshalb eine Programmiersprache, die folgendes bereitstellt:

- Grundfunktionen, über die man verfügen kann,

- Mittel zur Beschreibung der Definitions- und Wertebereiche von Funktionen,

- Mittel zur Kombination der Grundfunktionen,

- Mittel zur Einführung neuer (komplexerer) Funktionen.

Dieser "Programmier"-Stil ohne jede Bezugnahme auf Abarbeitung und Operation stellt natürlich einen Extremfall dar. Dennoch läßt sich so programmieren, und es gibt entsprechende Programmiersprachen (J.BACKUS [1], M.BROY [4]).

2.5 Übersicht

Wir verwenden also drei Begriffe aufeinander bezogen: *Programmierstil, Programmiersprache* und *Verarbeitungsmodell*. Dabei begründet die Vorstellung von einem Verarbeitungsmodell den Programmierstil und dieser kann durch Programmiersprachen unterstützt bzw. behindert werden. In der KI wird zur Beschreibung der entsprechenden Zusammenhänge meist der Terminus "Programmierparadigma" [3] (engl. programming paradigm) benutzt. Dieser Terminus hilft aber nicht, die Zusammenhänge zu erklären, er bereichert nicht ..., er bleibt nur an der Oberfläche. Verbunden mit dem T.KUHN'schen Begriff des wissenschaftlichen Paradigmas[2] [14] hat er darüber hinaus auch den Nachteil, daß er die bezeichnete Sache zu einer erstrebenswerten macht: Wer möchte nicht eine wissenschaftliche Revolution auslösen? Es wundert nicht, wenn demzufolge die Paradigmen willkürlich etabliert werden, und wenn ihre Zahl recht groß ist. Dies wiederum ist ein sicheres Anzeichen dafür, daß die Qualität dieser Paradigmen von den von KUHN gemeinten sehr verschieden ist. Eine Bezeichnungsweise, die diese Gefahr vermeidet und deutlich eine besondere Eigenart der Programmierung beschreibt, erscheint hier hilfreich.

Darüber hinaus hat FLOYD in seiner TURING-Lecture [5] den Begriff Programmierparadigma inflationär entwertet, indem er ihn auf alles anwandte, was denkbar (d.h. benennbar) ist. Die Lektüre dieser Arbeit sollte jedermann davon abhalten, den Terminus "Programmierparadigma" zu verwenden. Wir schlagen vor, das Wort "Paradigma" nur dann zu verwenden, wenn wirklich ein einzigartiges Denkmodell – oder ein Gedankenmodell, das eine umfassende wissenschaftliche Problematik spiegelt – gemeint ist.

Wir wollen systematisch bei der Benennung eines Programmierstils das Beiwort *orientiert* verwenden. Dies hat sich einerseits längst eingebürgert und unterstreicht andererseits eine sonst übersehene Eigenart eines Stils: Daß es sich hier immer um Tendenzen, um Annäherungen an ein Optimum, um Leitenlassen zu einem Ideal handelt. Hier kommt auch wieder der schon erwähnte subjektive Charakter ins Spiel. Bei der Benennung der entsprechenden Programmiersprachen und der Verarbeitungsmodelle wollen wir das Beiwort *basiert* einsetzen, um auf die wesentliche Rolle des Konstrukts hinzuweisen, das dem Modell und der Sprache den Namen gibt.

Für die Dreiheit der Begriffe bedienen wir uns immer typischer Elemente oder Konstrukte, deren Verwendung für den Stil bezeichnend ist:

Anweisung – Funktion – Relation – Regel – Objekt – Plan – ...

---

[2] KUHN hat in einer Theorie des Wissenschaftsfortschritts die Auffassung dargelegt, die Wissenschaft folge gewissen Denkmodellen, solange die Autorität der Vertreter dieser Denkmodells groß genug sei, und solange das Denkmodell geeignet erscheint. Im "Untergrund" werde von Konkurrenten der Wortführer ein neues Denkmodell erdacht, vorgeschlagen und erprobt. In einem revolutionären Akt verdränge es das alte Modell, wenn dieses (wissenschaftlich und "politisch") "angeschlagen" ist. Die Wissenschaft schreite so von Revolution zu Revolution.

Nur im Falle von PROLOG und verwandten Sprachen wollen wir die ganze Klasse der Formalismen ansprechen (aus Traditionsgründen). Wir verwenden in diesem Falle die Bezeichnung *logik-basierte Sprache*.

Anweisungs-basierte Sprachen sind alle sog. "algorithmischen" Sprachen.

Funktions-basierte Sprachen sind LISP und APL.

Regel-basierte Sprachen sind die OPS-Sprachen.

Objekt-basierte Sprachen sind SmallTalk, Act-1 und ObjTalk.

Relation-basierte Sprachen liegen den verschiedenen "Constraint"-Systemen zu Grunde.

Wenn wir die Verarbeitungsmodelle entsprechend wachsender Entfernung von der von-Neumann'schen Maschine (d.h. mit kleiner werdendem Einfluß der Ablaufsteuerung) in ein Schaubild bringen, entsteht etwa folgendes Bild:

math. Funktionenkonzept Backus' Modell	math. Relationenkonzept	Prädikaten-Logik (univ. Beweiser) reine Ziel-orient. Modelle		Problemlöser
			Post'sche Produktionen	
Term-Reduktions-Kalküle	Constraint-Systeme	PROLOG (Resolution-Beweiser) PROLOG (prozedur. Modell)	Markov-Algorithmen Produktionen Systeme	GPS

von-Neumann Maschine, (menschl. Rechner) etc.

2.6 Literatur

[1] J. Backus: Can Programming be Liberated from the von Neumann Style? A Functional Style and its Algebra of Programs. Comm. ACM, Vol. 21(1978), No. 8, S. 613–641

[2] G. Battani, H. Meloni: Interpreteur du language de programmation Prolog. Rapport Interne, Groupe Intelligence Artificielle, Universite Aix-Marseilles II, Sept. 1973

[3] D.G. Bobrow: If PROLOG is the Answer, What is the Question? or What it Takes to Support AI Programming Paradigms. IEEE Trans. Software Engineering. Vol. SE-11(1985), No. 11, S. 1401–1408

[4] M. Broy: Funktionales Programmieren – Programmieren mit Funktionalen, in: I. Kupka (ed.): 13. GI Jahrestagung, Informatik Fachberichte 73, Springer, Berlin etc., 1983, S. 24–40

[5] R. Floyd: The Paradigms of Programming. Comm. ACM, Vol. 22 (1979), No. 8

[6] A. Goldberg, A. Kay: Smalltalk 72. Instruction Manual. XEROX PARC, Palo Alto, 1976

[7] C.C. Green: The Application of Theorem Proving to Question-Answering Systems. Stanford University, AI Project, AI Memo 96, Juni 1969

[8] C. Hewitt: How to Use What You Know. 4. IJCAI, Tbilissi, 1975

[9] C. Hewitt: Description und Theoretical Analysis (Using Schemata) of PLANNER, a Language for Proving Theorems and Manipulating Models in a Robot. MIT, Dept. EE, PhD Thesis, AI TR 258, Cambridge, 1972

[10] K. Iverson: A Programming Language. Wiley, New York, 1962

[11] B.W. Kernighan, P.J. Plauger: The Elements of Programming Style. McGraw-Hill, New York etc., 1974

[12] D. Knuth: An Empirical Study of Fortran Programs. Stanford University, STAN-CS-70-186 (AIM-137), Stanford, Nov. 1970

[13] R. Kowalski: Logic for Problem Solving. North-Holland Pub., New York etc., 1979

[14] T. Kuhn: A Theory of Scientific Revolutions. New York, 1969

[15] B. Leavenworth: The Elements of Programming Style in Pascal.

[16] J. McCarthy: Recursive Functions of Symbolic Expressions and Their Computation by Machine, Part I. Comm. ACM, Vol. 3 (1960), No. 3

[17] J. McCarthy: Programs in LISP. MIT AI Memo 12, Cambridge, Mai 1959

[18] J. McCarthy: An Algebraic Language for the Manipulation of Symbolic Expressions. MIT AI Memo 1, Cambridge, September 1958

[19] J. McDermott: R1 – A Rule-based Configurer of Computer Systems. Carnegie Mellon University, Dept. of Computer Science, Rep. CMU-CS-80-119, Pittsburgh, April 1980

[20] J. Moses: The Function of FUNCTION in LISP. MIT AI Memo 199, Cambridge, 1970

[21] E. Sandewall: A Proposed Solution to the FUNARG Problem. 1971

[22] E. Shortliffe: Computer-Based Medical Consultations: MYCIN. American Elsevier, New York etc., 1976

[23] G.L. Steele: LAMBDA – The Ultimate Declarative. MIT AI Memo 379, Cambridge, 1976

[24] G.L. Steele, G.J. Sussman: LAMBDA – The Ultimative Imperative. MIT AI Memo 353, Cambridge, 1976

[25] H. Stoyan: Programming Styles in Artificial Intelligence. GWAI-84, Springer IFB 103, Berlin etc., 1985

[26] H. Stoyan: Early LISP History. 1984 ACM Symposium on LISP and Functional Programming. S. 299–310

[27] H. Stoyan: What is the Benefit of Artificial Intelligence for Robotics? Proc. Intelligent Robots and Computer Vision. Vol. 521, SPIE, Bellingham, 1984

[28] H. Stoyan, G. Görz: LISP – Eine Einführung in die Programmierung. Springer, Berlin etc., 1984

[29] G.J. Sussman, D.V. McDermott: Why Conniving is Better than Planning. MIT AI Memo 255A, Cambridge, April 1972

[30] G.J. Sussman, G.L. Steele: Scheme – An Interpreter for Extended Lambda Calculus. MIT AI Memo 349, Cambridge, 1975

[31] H. Wedekind: Datenbanksysteme I, Wissenschaftsverlag, Bibliographisches Institut, Mannheim, usw., 1981

[32] J. Weizenbaum: The FUNARG Problem Explained. MIT, Cambridge, 1968

Kapitel 3

Ein Beispielproblem:
Krypto-arithmetische Rätsel

Wir wollen in diesem Buch in den verschiedenen Programmierstilen immer wieder Programme für ein und dasselbe Problem schreiben. Dies ermöglicht einen Vergleich der Stile und wird uns mehr lehren als lange Passagen erklärenden Textes – bzw. diese Erklärungen werden so noch verständlicher werden.

Auf der Suche nach einem leicht verständlichen, aber interessanten – und vom Leser weiter ausbaubaren – Problem sind wir auf die in Rätselecken von Illustrierten oder Zeitschriften anzufindenden krypto-arithmetischen Rätsel gestoßen. Einfache Ausgaben dieser Rätsel sind schon von A.NEWELL und H.SIMON [2] betrachtet worden. Wir halten diese Rätsel für interessant, weil zu ihrer schnellen Lösung erhebliches methodisches und Fakten-Spezialwissen erforderlich ist, weil zielgerichtet Information aus der Aufgabenstellung gesammelt werden muß, weil mit Hilfe des Spezialwissens und der gesammelten Information durch Deduktion ein beträchtlicher Teil der Aufgabe gelöst werden kann und weil schließlich doch meist ein Anteil des Probierens, Suchens, Testens übrig bleibt, der dann effizient abgewickelt werden kann, wenn er voraus geplant wurde. Das heißt aber nichts anderes, als daß dieses Problem ein weites Spektrum von Aufgaben in sich einschließt, die bei praktischen Problemen größeren Umfangs ebenfalls auftreten, und mit denen man sich abzugeben hat, wenn man "Expertensysteme" erstellt – also KI anwendet.

Die uns interessierenden Probleme sind krypto-arithmetische Rätsel folgender Art:

```
ABC  :   DA = DE
 -       *    +
F +   DG = AA
--------------
DFH - DHJ = GF
```

Es handelt sich also um sechs miteinander verknüpfte Gleichungen der Form

$$X \; op \; Y = Z.$$

Die in solchen Rätseln zunächst sichtbaren vier verschiedenen Operatoren +, –, * und / können leicht reduziert werden auf + und * (Division durch 0 kann nicht auftreten).

Man sollte dieses Beispielproblem nicht unterschätzen! Es weist erheblich mehr Komplexität auf als die singulären Probleme, auf die vor 20 Jahren die ersten Problemlöser angewandt wurden. Ein Programm, daß solche Rätsel ohne systematisches Probieren in wenigen Schritten lösen kann, ist ohne Bezugnahme auf das Vorgehen von Rätselexperten nicht erstellbar. (Allerdings könnte es sein, daß ein Algorithmus existiert, der ohne Suchen auskommt – wir kennen ihn jedoch nicht.) Kurz, ohne die Übernahme heuristischen Wissens kann ein guter Problemlöser für dieses Problem nicht programmiert werden. Nun wollen wir in diesem Buch nicht auf die Aufgabe des *Wissenserwerbs* (engl. knowledge acquisition) eingehen. Wir entnehmen das Wissen einer systematischen Zusammenstellung der relevanten logischen Zusammenhänge [1].

Wir wollen nun, damit der Leser die in den späteren Kapiteln angebenen Beispiele verstehen und fortführen kann, einen gewissen Anteil dieses "Expertenwissens" für solche Rätsel ausbreiten.

3.1 Einfache Grundtatsachen und methodisches Expertenwissen

Beim Lösen eines krypto-arithmetischen Problems sollte das Probieren immer am Schluß stehen. Die folgende Methode hat sich als sehr erfolgreich erwiesen:

1. Ausnutzen gleicher Ziffern

   (a) Betrachten der vorderen Stellen aller Gleichungen

   (b) Betrachten der hinteren Stellen aller Gleichungen

   (c) Betrachten von mittleren Stellen in Additionsgleichungen.

2. Ausnutzen ungleicher Ziffern

   (a) Betrachten der vorderen Stellen aller Gleichungen

3. Ausnutzen von Größer-Beziehungen

   (a) Sammeln von Größer-Beziehungen zwischen Unbekannten

   (b) Abzählen und Umsetzen in Größer-Beziehungen zu Zahlen

   (c) Ausnutzen von Ungleichheiten

4. Symbolmanipulation

5. Finden der restlichen Ziffern durch Probieren

   (a) Ordnen der Ziffern nach:
   - gegenseitiger Abhängigkeit
   - bekannter Information

   (b) Probeweises Belegen der Variablen gemäß der Ordnung

Von wesentlicher Bedeutung für das Verständnis der Rätselnotation sind dabei die folgenden Voraussetzungen:

(G1) Die führende Stelle in mehrstelligen Zahlen ist niemals 0.

(G2) Zwei verschiedene Ziffernsymbole bezeichnen immer verschiedene Ziffern.

Folgende Sprachregelung sollte beachtet werden: Wir bezeichnen die Stelle einer Zahl, die zur höchsten Zehnerpotenz gehört, als die "führende" Stelle, und die Einer-Stelle als die "erste" Stelle.

3.2 Grundwissen über Additionsgleichungen

Allein aus der Tatsache, daß eine Additionsgleichung eine Summation von nur zwei Zahlen beschreibt, können wir Wichtiges ableiten:

(A1) Der Übertrag von einer Spalte zur nächsten kann nur 0 oder 1 betragen.

(A2) Der (ankommende) Übertrag in der ersten Spalte ist immer 0.

(A3) Der (erzeugte) Übertrag in der führenden Spalte (der Summe) ist immer 0.

(A4) Die Summe kann nur höchstens eine Stelle mehr enthalten als der größere der Summanden.

(A5) Wenn die Summe eine Stelle länger ist als der längste Summand, kann die führende Stelle der Summe nur 1 sein!

3.3 Expertenwissen über Additionsgleichungen

3.3.1 Kombinationen gleicher oder ungleicher Ziffernsymbole

Kombinationen gleicher Ziffernsymbole sind leicht feststellbar und wesentliche Informationsquellen. Insbesondere, wenn die betreffenden Ziffern am Anfang der jeweiligen Zahlen stehen, kann viel (d.h. konkrete Symbolwerte) abgeleitet werden.

Sehen wir uns eine Additionsgleichung an und betrachten folgende Situation:

```
        a1 a2 a3 ...
+    b1 b2 b3 b4 b5 ...
     ------------------
     c1 c2 c3 c4 c5 ...
```

(A6) Wenn ein Summand länger ist als der andere, Summe und (längerer) Summand gleich viele Stellen enthalten, und die Ziffernsymbole in Summand und Summe in der führenden Spalten verschieden sind, dann muß der Wert der führenden Ziffer in der Summe um eins größer sein als der Wert der führenden Ziffer in dem längeren Summanden (d.h. der ankommende Übertrag ist 1).

(A7) Wenn ein Summand länger ist als der andere, und die Ziffernsymbole
im längeren Summand und in der Summe in den Spalten, die der längere
Summand länger ist als der kürzere Summand, zwischen Summand und
Summe verschieden sind, dann müssen alle Ziffernsymbole im längeren
Summand bzw. in der Summe bis auf die Stelle, die der Länge der Summe
entspricht, jeweils gleich sein. Die Ziffernsymbole längeren Summand haben den Wert 9, und die Ziffernsymbole der Summe haben den Wert 0. An
der Stelle, die der führenden des kürzeren Summanden entspricht, entsteht
ein Übertrag 1.

Eine weitere Situation ist:

```
              a1 a2 a3 ...
    +      b1 b2 b3 b4 b5 ...
    ---------------------------
           b1 b2 c3 c4 c5 ...
```

(A8) Wenn ein Summand länger ist als der andere, und die Ziffernsymbole
in Summand und Summe in der Stelle, die gerade vor der führenden des
kürzeren Summanden steht, gleich sind, dann ergibt die Summation in der
führenden Stelle des kürzeren Summanden keinen Übertrag.

Interessant ist auch die Situation:

```
              a1 a2 a3 ...
    +      b1 b2 a1 b4 b5 ...
    --------------------------
           c1 c2 a1 c4 c5 ...
```

(A9) Wenn ein Summand länger ist als der andere, und die die Ziffernsymbole
im längeren Summanden und der Summe in der Stelle vor der führenden
des kürzeren Summanden verschieden sind, dann ergibt sich in der Stelle,
die der führenden des kürzeren Summanden entspricht, ein Übertrag 1.

Gleiche Ziffernsymbole lassen sich in allen Stellen gut ausnutzen:

```
           ... a1 ...
    +      ... b1 ...
    --------------------------
           ... a1 ...
```

(A10) Wenn in einer Stelle in einem Summand und in der Summe ein gleiches
Ziffernsymbol auftritt, dann kann das Ziffernsymbol im anderen Summanden nur 0 oder 9 sein. (Vom Übertrag hängt der Wert ab: Ist er 0, so ist
der Wert 0; ist er 1, so ist der Wert 9.)

Die Überträge sind insbesondere in ersten und führenden Stellen bekannt. Für
die erste Stelle kann man deshalb folgende interessante Umkehrung formulieren:

(A11) Sind in der ersten Stelle alle Ziffern verschieden, so kann keine von ihnen
0 sein.

Weniger kann abgeleitet werden, wenn beide Summanden gleich sind:

(A12) Wenn in der Stelle kein Übertrag entsteht, und die Ziffernsymbole in beiden Summanden gleich sind, dann sind deren Werte kleiner als 5.

(A13) Wenn in der Stelle ein Übertrag entsteht, und die Ziffernsymbole in beiden Summanden gleich sind, dann sind deren Werte größer als 4.

3.3.2 Ungleichungen

Ziemlich offensichtlich ist:

(A14) Entsteht in einer Spalte kein Übertrag (d.h. ist die Summe der Ziffern einschließlich ankommendem Übertrag kleiner als 9), dann ist der Wert der Summenziffer größer (oder allenfalls gleich) als die Werte beider Summandenziffern.

Die Umkehrung ist aber wichtig:

(A15) Entsteht in einer Spalte ein Übertrag (d.h. ist die Summe der Ziffern einschließlich ankommendem Übertrag größer als 9), dann ist der Wert der Summenziffer kleiner (oder allenfalls gleich) als die Werte beider Summandenziffern.

3.3.3 Einbeziehung konkreter Werte

(A16) Wird zu einer Ziffer 9 addiert, und ist das Ziffernsymbol und die Summenziffer verschieden, so ist der Wert der Summenziffer um 1 kleiner als der der Summandenziffer, der ankommende Übertrag gleich 0 und der entstehende Übertrag gleich 1.

(A17) Wird zu einer Ziffer 0 addiert, und ist das Ziffernsymbol und die Summenziffer verschieden, so ist der Wert der Summenziffer um 1 größer als der der Summandenziffer, der ankommende Übertrag gleich 1 und der entstehende Übertrag gleich 0.

3.4 Grundwissen über Multiplikationsgleichungen

Bei der Multiplikation zweier Zahlen kann das Produkt nur eine ganz bestimmte Stellenzahl haben:

(M1) Die Stellenzahl eines Produktes entspricht der Summe der Stellenzahlen der beiden Faktoren, eventuell um 1 vermindert.

(M2) Hat nur einer der beiden Faktoren eine Stelle und ist auch das Resultat einstellig, so müssen Resultat und Faktor aus derselben Ziffer bestehen, deren Wert 0 ist.

(M3) Ist der Wert der ersten Ziffer des Produktes ungerade, so sind auch die Werte der ersten Ziffern der Faktoren ungerade.

(M4) Ist der Wert der ersten Ziffer des Produktes gerade und der der ersten
Ziffer eines der Faktoren ungerade, so ist der Wert der ersten Ziffer des
anderen Faktors gerade.

(M5) Ist der Wert der ersten Ziffer eines der Faktoren gerade, so kann der
Wert der ersten Ziffer des Produktes auch nur eine gerade Zahl sein.

3.5 Expertenwissen über Multiplikationsgleichungen

3.5.1 Kombinationen gleicher oder ungleicher Ziffern

Multiplikationsgleichungen sind weniger durchsichtig und deshalb auch weniger
ausbeutbar. Nur die erste und die führende Stelle erlauben schnelle Ableitungen.

Schnell läßt sich folgende Situation feststellen:

```
            a1 a2 ...
    *       a1 b2 ...
    -----------------------
        a1 c2 ...
```

Dabei sind die Stellenzahlen für den Wert von a1 entscheidend:

(M6) Haben beide Faktoren und das Produkt ein gleiches Ziffernsymbol in der
führenden Stelle, so hängt dessen Wert von der Stellenzahl ab: Ist die Stellenzahl des Produktes gleich der Summe der Stellenzahlen der Faktoren,
so kann das Ziffernsymbol nur 8 oder 9 zum Wert haben. Ist die Stellenzahl des Produktes um 1 kleiner, dann kann der Wert des Ziffernsymbols
nur 1 sein.

(M7) Haben beide Faktoren ein gleiches Ziffernsymbol in der führenden Stelle
und unterscheidet es sich von dem in der führenden Stelle des Produktes, so hängt dessen Wert von der Stellenzahl ab: Ist die Stellenzahl des
Produktes gleich der Summe der Stellenzahlen der Faktoren, so kann das
Ziffernsymbol in den Faktoren nur einen Wert haben, der größer als 2 ist.
Ist die Stellenzahl um 1 kleiner, dann muß der Wert des Ziffernsymbols
in den Faktoren kleiner als 4 sein und der des Ziffernsymbols im Produkt
muß größer als 1 sein.

(M8) Haben ein Faktor und das Produkt ein gleiches Ziffernsymbol in der
führenden Stelle und unterscheidet es sich von dem entsprechenden des
anderen Faktors, so hängt dessen Wert von der Stellenzahl ab: Ist die
Stellenzahl des Produktes gleich der um 1 verminderten Summe der Stellenzahlen der Faktoren, so muß das Ziffernsymbol des anderen Faktors den
Wert 1 haben. Ist die Stellenzahl des Produktes 1 größer, so kann das Ziffernsymbol des anderen Faktors nur zwischen 5 und 9 liegen (die Grenzen
eingeschlossen).

In der ersten Stelle suchen wir nach Kombinationen gleicher Ziffern, d.h. nach
passenden Quadratzahlen:

(M9) Haben beide Faktoren und das Produkt ein gleiches Ziffernsymbol in der ersten Stelle, so kann dessen Wert nur 0, 1, 5 oder 6 sein. Steht darüberhinaus dieses Ziffernsymbol auch an der 2. Stelle des Produkts, dann kann dessen Wert nur noch 0 oder 1 sein.

Recht einfach ist:

(M10) Haben beide Faktoren und das Produkt jeweils nur eine Stelle und sind sie auch in dieser Stelle gleich, so kann der Wert der betreffenden Ziffer nur 0 oder 1 sein.

(M11) Sind ein Faktor und das Produkt identisch, so darf der zweite Faktor nur aus einer Ziffer bestehen und diese hat den Wert 1.

Weiterhin gilt:

(M12) Sind die Ziffernsymbole der ersten Stellen der beiden Faktoren und des Produktes alle (d.h. jeweils paarweise) verschieden, so ist der Wert der entsprechenden Ziffern aus den Faktoren größer als 1 und der Wert der Ziffer des Produktes ist kleiner als 9 und ungleich 5.

3.5.2 Ungleichungen

(M13) Ist die Stellenzahl des Produktes gleich der um 1 verminderten Summe der Stellenzahlen der Faktoren, dann ist der Wert der führenden Ziffer des Produktes größer (oder höchstens gleich) als die Werte der führenden Ziffern in den Faktoren.

(M14) Ist die Stellenzahl des Produktes gleich der Stellenzahl der Faktoren, dann ist der Wert der führenden Ziffer des Produktes kleiner (oder höchstens gleich) als die Werte der führenden Ziffern der Faktoren.

3.5.3 Ausnutzen spezieller Werte

(M15) Haben beide Faktoren und das Produkt ein gleiches Ziffernsymbol in der ersten Stelle und ist dessen Wert 5, dann ist der Wert des zweiten Ziffernsymbols im Produkt 2 oder 7. Ist der Wert dagegen 6, so ist der Wert des zweiten Ziffernsymbols eine ungerade Zahl.

(M16) Ist der Wert des ersten Ziffernsymbols des Produktes 0 und sind die ersten Ziffernsymbole beider Faktoren verschieden von jenem, dann hat eines dieser Faktorenziffernsymbole den Wert 5 und das andere muß gerade sein (d.h. 2, 4, 6 oder 8).

(M17) Ist der Wert des ersten Ziffernsymbols des Produktes 1 und sind die ersten Ziffernsymbole beider Faktoren verschieden von jenem, dann hat eines dieser Faktorenziffernsymbole den Wert 3 und das andere den Wert 7.

(M18) Ist der Wert des ersten Ziffernsymbols des Produktes 3 und sind die ersten Ziffernsymbole beider Faktoren verschieden von jenem, dann hat

eines dieser Faktorenziffernsymbole den Wert 7 und das andere den Wert
9.

(M19) Ist der Wert des ersten Ziffernsymbols des Produktes 7 und sind die
ersten Ziffernsymbole beider Faktoren verschieden von jenem, dann hat
eines dieser Faktorenziffernsymbole den Wert 3 und das andere den Wert
9.

(M20) Ist die Stellenzahl des Produktes gleich der um 1 verminderten Summe
der Stellenzahlen der Faktoren, und können die Werte der Ziffernsymbole
in den führenden Stellen nicht 1 sein, dann müssen sie Werte zwischen 2
und 4 annehmen.

3.6 Ein Beispiel

Zu lösen sei:

```
ABC/ DA=DE
  -   * +
 F+ DG=AA
 ----------
 DFH-DHJ=GF
```

Wir setzen bei Gleichung 1 an: DA*DE=ABC

> (S1) D und A dürfen nicht 0 sein. (mit (G1))
> (S2) D<4, A>1.   (mit (M7))

Wir betrachten nun Gleichung 2: F+DG=AA
> (S3) F darf nicht 0 sein.   (mit (A11))
> (S4) A=D+1, F+G=10+A.   (mit (A6))
> (S5) F>A, G>A.   (mit (A15))

Jetzt müssen wir uns Gleichung 3 zuwenden: GF+DHJ=DFH
> (S6) G darf nicht 0 sein.   (mit (G1))
> (S7) GF+HJ=FH.   (mit (A8))
> (S8) F>G, F>H.   (mit (A14))

Gleichung 3 ist ausgeschöpft – wir fahren mit Gleichung 4 fort:
F+DFH=ABC

> (S9) F=9, B=0, F+H=10+C.   (mit (A7))
> (S10) H=C+1.   (mit (A16) oder (S9))
> (S11) G=A+1.   (mit (S9), (S4))
> (S12) F+J>10, G+H+1=9.   (mit (S9), (S7))

Implizit gilt nun natürlich, daß alle noch nicht bestimmten Ziffern
größer als 0 und kleiner als 9 sein müssen.

Wir betrachten jetzt Gleichung 5: DA*DG=DHJ

(S13) D=1.	(mit (M6))
(S14) A=2.	(mit (S13), (S4))
(S15) G=3.	(mit (S14), (S11))
(S16) H=5.	(mit (S15), (S12))
(S17) C=4.	(mit (S16), (S10))
(S18) xJ=A*G, J=6.	(mit (S14), (S15))

Wir betrachten nun Gleichung 6: DE+AA=GF (1E+22=39)

(S19) E=7.   (mit (S14), (S9))

Die Lösung ist: A=2, B=0, C=4, D=1, E=7, F=9, G=3, H=5, J=6.

Hätten wir eine geschicktere Gleichungsauswahl getroffen, wären wir mit weniger Schritten ausgekommen.

3.7 Übungsaufgaben

U3.1 Schreibe ein Programm – mit den Dir bekannten Mitteln – das kryptoarithmetische Rätsel löst! (Achte auch auf die "Oberfläche", d.h. sorge für natürliche Eingabe der Aufgaben und Ausgabe der Resultate.)
Verwendbare Testfälle sind:

```
AB+CDE=FGHD | ABC: DC= BD | ABC: BD= CC | AB*CD=EBFG
  *    :   - |  +   *    + |  +   *    + |  +    -    +
FG* HA= HAG | DE+ FA= GF | BE+ CF= EE | AH-GC=   EA
----------- | ----------- | ----------- | -----------
ABG+ ED= ADD | AGE-HGC=ICE | AGF-HCF=DDF | HI*GI=EBHI


ABA+CDE=FGH | AB+CD= EFF | ABC:DC= AB | ABC+DAE=BFB
  -    :   - |  *   -    + |  +   *    * |  -    :    -
ED*  G=JEI | DG*FH=EIJG | EB: B= DB | CD* FG=HAI
----------- | ----------- | ----------- | -----------
AJJ- HF=EBH | EHAG+DF=EHCF | FGB+BC=HDB | AGB- EI=FBF


AAB-CDE=FGE | AAB-CDD=EFG | ABC+DCE=CFF | ABCD: E=FGG
  -    +   - |  -   +    : |  -   -    - |  -    +    -
HGC+IJF=GGA | GGA-GGH=   A | GF+HDG=HIE | AHH+ B=AHE
----------- | ----------- | ----------- | -----------
EDG-DEI= AH | IIF-EDB= IJ | AIH+HIF=FJC | AGDI:HH=AHI
```

```
ABC+BA=AAA  |  ABC:CA= DE  |  HOSE+HEMD=JACKE
 :  *   :   |   -   +   +  |    *     *       *
BD: D=  E   |  AC* E=FGA   |    J*    J=      J
----------  |  ----------  |  ----------------
BF+GC= HF   |  FCG+HF=FAF  |  HOSE+HEMD=JACKE


   GIVE+MORE=MONEY
     *    *      *
    M *   M=     M
   ----------------
   GIVE+MORE=MONEY
```

U3.2 Formuliere weiteres krypto-arithmetisches Expertenwissen!

3.8 Literatur

[1] D. Bartsch: Entwicklung eines Regelsystems zur Lösung krypto-arithmetischer Gleichungssysteme. Studienarbeit, Universität Erlangen, 1985

[2] A. Newell, H. Simon: Human Problem Solving. Prentice Hall, Englewood Cliffs, 1972

[3] A. Newell: Studies in Problem Solving – Subject 3 on the Crypt-arithmetic Task DONALD+GERALD=ROBERT. Computer Science Dept., Carnegie Mellon University, 1967

Kapitel 4

Funktionale Programmierung –
Der funktions-orientierte Programmierstil

4.1 Programmieren mit Funktionen

In vielen Einführungen in die Programmierung wird naiv angenommen, daß
Programme aus Ketten von Befehlen bestehen, mit denen ein Algorithmus realisiert wird. Programmieren als das Planen von sequentiell ablaufenden Aktionen
gilt als der Inbegriff dessen, was zur Steuerung einer Rechenanlage unternommen werden muß.

Das vorliegende Buch soll zeigen, daß diese Sicht nicht sinnvoll ist, daß
vielmehr verschiedenste Aktivitäten als "Programmieren" zu bezeichnen sind.
Für diese Auffassung stellt die funktionale – oder wie wir sagen wollen, die
funktions-orientierte – Programmierung ein wesentliches Beispiel dar. Diese
Art zu programmieren, indem Aktionen völlig ignoriert werden und statt dessen Werte beschrieben werden, zwingt zu einer Verallgemeinerung der Begriffe
Programmierung und *Programm* und läßt auch andere ähnliche Aktivitäten
(unter ihnen das Spezifizieren) in Sichtweite geraten.

Aus diesem Grunde beginnen wir mit der Behandlung des funktions-orientierten Programmierens.

4.2 Verarbeitungsmodelle, Programmierstile, Programmiersprachen

4.2.1 Funktionale Verarbeitungsmodelle

Von J.MCCARTHY stammt die Idee, mit funktionalen Termen (statt mit Anweisungen) zu programmieren. Es kann als ziemlich sicher gelten, daß er sich
als Maschinenmodell lange Zeit eine FORTRAN-Maschine vorstellte. Er wurde
jedoch zum funktions-orientierten Stil durch die ihm gewohnte *algebraische*
Notationsweise der Mathematik (die er in FORTRAN wiederfand) motiviert.
Diese Zusammenführung von zwei scheinbar so unterschiedlichen Ideenkreisen
darf uns nicht wundern. In der Tat sind mindestens drei recht verschiedene Ma-
schinenmodelle mögliche Grundlagen für den funktions-orientierten Programmierstil:

1. ein *konventionelles* Modell, im dem der Term als *Aufruf* einer *Funktions-routine* nach Berechnung der Argumente aufgefaßt wird,

2. ein *Reduktionsmodell*, in dem *Terme* durch eine Folge von Reduktions-schritten ausgewertet werden (Anwendung von *Reduktionsregeln*). Dieses Modell ist eng verwandt mit mathematischen Kalkülen,

3. ein *abstraktes mathematisches* (gewissermaßen "platonisches") Modell, in dem Funktionen extensional als *Mengen von Paaren* gegeben sind und mit der Notation eines Termes unmittelbar das entsprechende Paar aus einer gewissen Menge angesprochen wird.

Weitere Modelle sind entwickelt worden, die wir hier nicht weiter betrachten – z.B. die *Datenflußmaschine* [18,29,57].

4.2.1.1 Das konventionelle Verarbeitungsmodell

In diesem Modell sind Funktionen kompakte *Codebereiche*, die bei *Abarbeitung* des *Funktionaufrufs angesprungen* werden. *Nach* der Abarbeitung des *Funkti-onskörpers* wird zu dem *Ort hinter* dem Funktionsaufruf *zurückgesprungen* und ein *Wert* in einem *Wertregister übergeben*. Dieser kann dann in einem Ausdruck weiter verarbeitet werden. Die Abarbeitung des Funktionsaufrufs schließt die *Übergabe* der (in dem speziellen Funktionsaufruf angegebenen – oft "aktuell" genannten) Parameter ein. Hierfür gibt es eine Reihe von Techniken (*call-by-value, call-by-name, call-by-reference*).

Aus einer Funktion *heraus* kann eine andere angesprungen werden. In diesem Fall muß der *Zugriff* auf lokale Variablen (dies sind der Funktion zugeordnete Speicherbereiche) organisiert werden. Mit Funktionen läßt sich besonders viel erledigen, wenn *Rekursivität* erlaubt ist. Eine Funktion ist dann rekursiv, wenn sie in ihrem Körper einen Aufruf von sich selbst enthält, bzw. von einer Funk-tion, über die mittels der in ihr aufgerufenen Funktionen sich indirekt eine Kette von Aufrufen ergibt, die schließlich in der zur Debatte stehenden Funk-tion endet. Die Verwaltung der lokalen Variablen und der Kontrollinformation erfordert dann einen *Kellerspeicher*.

Der Keller dient dazu, daß die Werte in die jeweils richtige Aufrufumgebungen zurückgegeben werden. *Tail-rekursive* Funktionen sind solche, bei denen kein zusätzlicher Kellerplatz beim Übergang in höhere Rekursionsebenen benötigt wird. Deshalb kann bei diesem rekursiven Aufruf schon der aktuelle Kellerbe-reich (das "Frame") freigegeben und erneut verwendet werden.

Gleichzeitige Abarbeitung einer Funktion durch mehrere Prozessoren ist mög-lich, wenn die Funktionen *reentrant* (ablauf-invariant) geschrieben sind. Dies bedeutet, daß der Codebereich gemeinsam mit den lokalen Konstanten als un-veränderbar behandelt werden muß und die lokalen Variablen für jede *Aktivie-rung* getrennt existieren. Die Kombination von unveränderbarem Programm und extra gehaltenem Variablenbereich wird auch *Inkarnation* ("Instanz") der Funktion genannt.

4.2.1.2 Reduktionsmodelle

Der bekannteste Prototyp für ein Verarbeitungsmodell der 2. Art ist der λ-*Kalkül* von A.CHURCH [6,15,27]. Die Grundidee beruht auf der schrittweisen *Vereinfachung (Normalisierung, Reduktion, Auswertung)* einer Datenstruktur (üblicherweise eine Zeichenkette), die als "Term" bezeichnet wird. Eine Komponente des Terms bezeichnet die Funktion, eine andere das *Argument* – oder mehrere Argumente. Der Funktionswert wird gewonnen durch diese Vereinfachung des Terms. Insofern ist die Redeweise verständlich, "der Term beschreibe den Wert" (P.LANDIN).

Im λ-Kalkül haben die Terme folgende Struktur (Syntax):

(T1) entweder sie sind *Variablen* (notierbar als einfache Bezeichner wie in allen Programmiersprachen);

(T2) oder sie sind λ-*Funktionen* $(\lambda x.T)$ – x ist eine Variable und T ist ein Term;

(T3) oder sie sind Applikationen (MN) – M und N sind Terme.

Funktionen $(\lambda x_1.\ (\lambda x_2.\ \cdots\ (\lambda x_n.\ M))\ldots)$ können abgekürzt werden als $(\lambda x_1\ x_2 \cdots x_n.M)$

Die in einem Term des λ-Kalkül auftretenden Variablen werden klassifiziert in *freie* und *gebundene*:

Wir schreiben $FV(T)$ bzw. $BV(T)$ für die Funktionen, die einen Term in eine Menge von freien bzw. gebundenen Variablen abbilden:

$$
\begin{aligned}
FV(x) &= \{x\} &&\text{– für Variable,}\\
FV((\lambda x.T)) &= FV(T) \setminus \{x\} &&\text{– für Funktionen,}\\
FV((MN)) &= FV(M) \cup FV(N) &&\text{– für Applikationen,}\\
BV(x) &= \emptyset &&\text{– für Variable,}\\
BV((\lambda x.T)) &= BV(T) \cup \{x\} &&\text{– für Funktionen,}\\
BV((MN)) &= BV(M) \cup BV(N) &&\text{– für Applikationen.}
\end{aligned}
$$

Wenn ein Term **T** keine freien Variablen enthält, so heißt er "geschlossen".

Rückgrat der Reduktion im λ-Kalkül ist die *Substitution*.

1. Bei der Substitution $sub(x,N,t)$ von N für x in der Variablen t entsteht N, falls $t = x$; sonst t [1].

2. Bei der Substitution $sub(x,N,(FA))$ von N für x in (FA) entsteht $(sub(x,N,F)\ sub(x,N,A))$ – d.h. ein Term, dessen erster Teil das Resultat der Substitution in den alten ersten Teil, und dessen zweiter Teil das Resultat der Substitution in den alten zweiten Teil ist.

3. Bei der Substitution $sub(x,N,(\lambda v.T))$ von N für x in $(\lambda v.T)$ entsteht $(\lambda v.sub(x,N,T))$, falls x ungleich v ist und v nicht frei in N vorkommt. Andernfalls (wenn v frei in N oder x gleich v) entsteht $(\lambda z.sub(x,N,sub(v,z,T)))$ für ein gewisses z ($z \neq v$, nicht frei in T und N).

---

[1] Mit $=$ ist hier syntaktische Gleichheit gemeint und nicht die später noch einzuführende Gleichheit von λ-Termen.

Wir sehen also, daß geschlossene Terme, die an einer beliebigen Stelle in einen Term substituiert werden, in keinerlei Wechselwirkung mit ihrer Umgebung stehen. Aus diesem Grunde kann man für geschlossene Terme gefahrlos Abkürzungen erfinden und diese frei verwenden.

Der λ-Kalkül enthält nun drei Umformungsregeln:

Regel I: Ersetze einen Subterm $(\lambda x.M)$ eines Terms durch $(\lambda y.sub(x,y,M))$, falls y in M nicht frei vorkommt.

Regel II: Ersetze einen Subterm $((\lambda x.M)N)$ durch $sub(x,N,M)$, falls alle gebundenen Variablen in M von x und den in N auftretenden freien Variablen verschieden sind.

Regel III: Ersetze einen Subterm M, der als das Resultat einer Substitution $sub(x,N,M')$ gedacht werden kann, durch den Term $((\lambda x.M')N)$, falls der entstehende Term wohlgeformt ist und die gebundenen Variablen in M' verschieden sind sowohl von x als auch von den freien Variablen in N.

Unter *Reduktion* eines Terms verstehen wir zunächst naiv eine Verminderung der Anzahl der Zeichen, die zur Darstellung eines Terms erforderlich sind. Doch können zwei Terme, die sich nur in den Variablennamen unterscheiden, nicht als unterschiedlich reduziert gelten. Bei genauerer Analyse wird man daher Variable nur als ein Zeichen rechnen wollen und sich statt der Zeichenzahl auf die Zahl der λ-Zeichen beziehen wollen bzw. auf die *Verschachtelungstiefe*. Auch diese Sicht ist nicht unproblematisch. So bezieht man sich schlicht auf die Regel II. *"Reduktion" heißt "Anwendung von Regel II"*.

Reduktion eines Terms T ist immer möglich, wenn der Term Teilterme enthält, die Anwendungsfälle für die Regel II (d.h. Teilterme der Form $((\lambda x.\ M)\ N)$ sind, die man "Redexe" nennt). Enthält ein Term solche Teilterme nicht, so ist er *irreduzibel*; man sagt: "Er ist in der *Normalform*". Ein Term *hat* eine Normalform, wenn er über Anwendungen der Regeln I und II in einen Term überführt werden kann, der eine Normalform ist. Man kann eine Äquivalenzrelation der Terme einführen, die von der gleichen Normalform abhängt. (Zwei Terme sind "gleich", wenn sie die gleiche Normalform haben.) **Es gibt aber Terme ohne Normalform!**

Beispiel: $((\lambda.x(x\ x))(\lambda.x(x\ x)))$

Für Terme ohne Normalform endet die Reduktion nicht. **Es ist nicht entscheidbar, ob ein Term eine Normalform hat.**

Wenn ein Term T über Reduktionen mittels Regel I und Regel II in zwei Terme T' bzw. T'' überführt werden kann, dann gibt es immer einen Term $T*$, in den diese Terme durch weitere Anwendungen der Regeln I und II überführt werden können (CHURCH-ROSSER-Theorem). Wegen dieser *Church-Rosser-Eigenschaft* hat man einige Freiheit bei der Abfolge der Reduktionen. Dies macht den λ-Kalkül als Modellmaschine besonders interessant: Der Programmierer kann nicht gar zu viel über die Abarbeitungfolge voraussetzen und in seinem Programm berücksichtigen.

Der λ-Kalkül ist Spezialfall von Maschinenmodellen, die mit sogenannten "Rewrite Rules" beschrieben werden. Diese können also als Grundlage der funktions-orientierten Programmierung angesehen werden, und man verwendet sie zur Programmierung von Interpretern bzw. Compilern. Das Programmieren mit Rewrite Rules ist von grundsätzlich anderer Qualität (*regel-orientierte Programmierung*, s. Kap. 13).

Andere Reduktionsmodelle basieren auf der *kombinatorischen Logik* – sie repräsentieren Funktionen mit Termen **ohne Variablen** [16,4,27].

4.2.1.3 Die "platonische" Maschine (Das Verarbeitungsmodell 3. Art)

Wir könnten uns eine hypothetische "Maschine" vorstellen, die jede Funktion berechnen kann. (Es tut nicht viel zur Sache, wenn wir dieses Gerät auf die *berechenbaren* Funktionen beschränken, selbst wenn wir es dadurch als leichter realisierbar ansehen mögen.) Dieser Maschine wären *Funktionsbezeichnungen* und Argumente – d.h. Terme – vorzulegen (einzugeben), und sie würde auf irgendeine Weise das Resultat angeben.

Ist diese Maschine verwendbar? Sicher nur dann, wenn die Funktionen bezeichenbar sind. Man weiß, daß leider bei weitem nicht alle Funktionen mit unseren endlichen Alphabeten benannt (d.h. die Namen als endliche Zeichenketten hingeschrieben) werden können. Das gleiche Problem besteht natürlich auch für die Argumente: Funktionen über reellen Zahlen könnten auch dann nicht universell benutzt werden, wenn sie benannt werden könnten, weil nicht jede reelle Zahl mit einem endlichen Alphabet (etwa den Zeichen 0, 1 ,...,9 ,.) benannt werden kann. Das bedeutet noch nicht, daß überabzählbare Funktionsfamilien nicht eindeutig beschrieben werden könnten. Die Menge der konstanten Funktionen über der Menge der reellen Zahlen läßt sich mit einem Parameter, der durch die Wertemenge läuft, leicht bezeichnen – wir werden aber Schwierigkeiten mit der Benutzung der einzelnen Funktion haben. Probleme dieser Art – und natürlich auch die menschliche Schwäche, sich über Namen nicht einigen zu können – veranlassen uns, keine funktions-basierte Sprache für ein Verarbeitungsmodell 3. Art für möglich zu halten. Einfacher liegen die Dinge, wenn wir einen *konstruktiven* Ansatz nehmen und die Konstruktion von Funktionsnamen aus *primitiven Namen* erlauben. Dann sind nur wenige primitive Funktionsnamen zu vereinbaren und die *Konstruktionsprinzipien* festzulegen. Diese werden in der Programmiersprache kodifiziert. Unter diesen Umständen erscheint auch das Verarbeitungsmodell 3. Art als benutzbar.

4.2.2 Der funktions-orientierte Programmierstil

Verschachtelung der Terme und bedingte Ausdrücke (Terme) *sind die Hauptmittel des funktions-orientierten Programmierstils.* Er wird ermöglicht durch Verwendung dieser Mittel zur Neudefinition (Beschreibung) von Funktionen und freie Verfügbarkeit dieser Funktionen in den Termen. Prädikatenlogische Formeln – die syntaktisch den Termen sehr ähneln – werden als besondere Art von Termen betrachtet. Sie liefern Werte vom booleschen Typ (Wahrheitswerte). Der funktions-orientierte Programmierstil gewinnt erst dann volle Berechtigung, wenn die Funktionen Werte *verschiedenster Typen* liefern können (und

Werte verschiedenster Typen als Argumente haben dürfen). Können funktionale Argumente notiert werden, erreichen wir eine höhere Stufe des funktionsorientierten Programmierstils [10]. Die harmonische Ergänzung bilden Funktionen, deren Werte Funktionen sind.

Das 1. Verarbeitungsmodell führt zur Aufnahme von anweisungs-orientierten Elementen in die Terme: Funktionen oder Terme können Seiteneffekte bekommen. Im Extremfall werden die Terme als bloße Hüllen für den anweisungsorientierten Stil mißbraucht.

Das 2. Verarbeitungsmodell legt gewöhnlich Reihenfolgeüberlegungen nahe: Der Programmierer versucht die Abarbeitungsabfolge vorauszusehen und gegebenenfalls zu beeinflussen.

Der sauberste funktions-orientierte Stil wird bei Annahme des 3. Verarbeitungsmodells erreicht, weil alle operationalen Einflüsse ausgeschaltet sind. Terme werden komponiert nach der Zielvorstellung maximaler Verständlichkeit und geistiger Ökonomie.

4.2.3 Eine funktions-basierte Programmiersprache

MCCARTHY hätte LISP als *angewandten λ-Kalkül* auffassen können. In einem angewandten λ-Kalkül treten neben die Variablen typische durch die Anwendung vorgegebene Konstanten (als Daten und Funktionskonstante) [44]. Wir wollen hier B.SMITH's LISP-Rekonstruktion 3-LISP [45,46,47] verwenden, weil hier der λ-Kalkül konsequent aufgenommen wird (Normalisierung statt Auswertung) und weil 3-LISP unseres Erachtens noch besser als SCHEME die Trennung der Datenstrukturen von den Programmstrukturen realisiert.

Wir haben zu unterscheiden zwischen der externen Notation für Daten und den internen Objekten. Die (internen) Konstanten von 3-LISP werden extern folgendermaßen notiert:

(Z) *Zahlenobjekte* (die Zahlen bedeuten) werden durch Folgen von Ziffern notiert. Davor kann ein Vorzeichen stehen.
Beispiel: 1245

(W) *Boolesche* Objekte (die Wahrheitswerte bedeuten) werden durch die zwei Zeichenfolgen $T ("wahr") und $F ("falsch") notiert.

(R) *Ketten* (die Folgen bedeuten) werden durch Zeichenfolgen notiert, in denen nach einem Anfangszeichen ([ ) die durch Leerzeichen abgetrennten Zeichenfolgen für die Elementobjekte kommen und die durch ein Endezeichen ( ]) abgeschlossen sind. Ketten sind nur dann Konstante, wenn alle ihre Elemente Konstante sind.
Beispiele: [1 2 3 4] oder [[[1] [2]] $T]

Ketten mit nicht-konstanten (nicht in Normalform befindlichen) Elementen sind selbst auch nicht in Normalform.

Eine *Konstante* ist ein Objekt, das bei der Reduktion wieder entsteht (das schon in Normalform ist). Bei der Reduktion von λ-Funktionen (λ-Ausdrücken) werden in 3-LISP *Abschließungen* (engl. closure) erzeugt. Diese sind auch Konstanten, haben aber keine externe Repräsentation. Nach Bildung der Abschließung werden die freien Variablen des λ-Ausdrucks wie Konstante (denen sie fest zugeordnet sind) behandelt.

Mit folgenden Strukturen werden die Terme intern repräsentiert:

(A) *Atome* (die irgendwelche Strukturen bedeuten können), werden durch Zeichenfolgen notiert, in denen nach einem anfangenden Buchstaben beliebige alphanumerische Zeichen stehen können.
Beispiele: `FUNCTION` oder `A12B35`

(P) *Paare* (die irgendwelche Strukturen bedeuten können), werden durch zwei in runde Klammern eingeschlossene Zeichenfolgen für die zwei Paarkomponenten notiert, die durch einen zwischen Leerzeichen stehenden Punkt getrennt sind. Ein Paar, dessen zweite Komponente eine Kette ist, wird als Liste (wie eine Kette, deren Elemente nacheinander die erste Paarkomponente und darauf die Kettenelemente sind, aber mit runden statt eckigen Klammern umgeben) notiert.
Beispiele: `(NUMBER . [3])` oder `(NUMBER 3)`
`(= . [[1 2 3] [a b c]])` oder `(= [1 2 3] [a b c])`

Den λ-Ausdruck $(\lambda.\mathtt{x}\ \mathtt{M})$ repräsentieren wir durch `(LAMBDA [x] M)`.

Die Funktionskonstanten des angewandten λ-Kalküls sind die Grundfunktionen für

Zahlenobjekte: `NUMBER, +, -, *` und `/, < ,<=, >, >=, <>`;

Boolesche Objekte: `TRUTH-VALUE, NOT, AND` und `OR`;

Ketten: `SEQUENCE, CONS, LIST, FIRST, REST` und `NULL`;

Atome: `ATOM, ACONS`;

Paare: `PAIR, PCONS, PPROC` und `PARG`;

Funktionen: `FUNCTION, CLOSURE, LAMBDA`.

Im λ-Kalkül werden Funktionsnamen für λ-Ausdrücke per Verabredung als Abkürzungen eingeführt. Die funktions-basierte Sprache enthält dafür das besondere Sprachkonstrukt **DEFINE** – eine Funktion. Diese hat zwei Argumente – ein Atom und eine Funktion (die wir aus Bequemlichkeitsgründen unvollständig, d.h. ohne `LAMBDA` schreiben) – und reduziert das zweite Argument, bevor sie das erste Argument als Namen für das Reduktionsregebnis etabliert.

Bedingte Ausdrücke werden notiert mit:

$$(\mathtt{COND}\ (p_1\ e_1)\ldots(p_n\ e_n))$$

Die Semantik der Sprache wird wie folgt beschrieben:
Jedes interne Objekt bezeichnet ein externes Objekt. Bei der Reduktion eines Objektes entsteht immer eine Normalform, die dasselbe externe Objekt

bezeichnet. Symbolisieren wir die Reduktion (d.h. die Anwendung der Reduktionsregeln I und II sowie weiterer noch zu definierender Regeln) mit "$\rightarrow$", so ergibt sich für die verschiedenen Objekte:

Zahl $\rightarrow$ Zahl
    z.B.: 1 $\rightarrow$ 1

Wahrheitswert $\rightarrow$ Wahrheitswert
    z.B.: \$T $\rightarrow$ \$T

Kette $\rightarrow$ Kette (dabei werden die Kettenelemente reduziert; dies tritt insbesondere auf, wenn Terme Kettenelemente sind)
    z.B.: [1 2 3] $\rightarrow$ [1 2 3]

Die Reduktion von Paaren und Atomen (Variablen) wird durch die Reduktionsregeln I und II des λ-Kalkül und weitere spezielle Regeln beschrieben. Für jede der Grundfunktionen gibt es (mindestens) eine Reduktionsregel. Diese haben die Form

$$(f\ t_1 \cdots t_n) \rightarrow o.$$

Diese Regeln sind nur anwendbar, wenn die t_i irreduzibel sind und wenn $FV((f\ t_1 \cdots t_n)) = \emptyset$.

Für die angegebenen Grundfunktionen sind die Spezialregeln aus den folgenden Regelschemata zu erzeugen. Jedes Schema steht für eine unendliche Menge von Regeln, die sich durch Einsetzen der Konstanten ergeben. Wir geben die Regelschemata in einer informellen Meta-Notation, die selbsterklärend ist:

(NUMBER o_1) $\rightarrow$ \$T, wenn o_1 eine Zahl ist;
(NUMBER o_1) $\rightarrow$ \$F, wenn o_1 keine Zahl ist;
(+ z_1 z_2) $\rightarrow$ $z_1 + z_2$, wenn z_1 und z_2 Zahlen sind;
(+ o_1 o_2) $\rightarrow$?, wenn o_1 oder o_2 keine Zahlen sind;
Weitere ähnliche Regeln für -, * und / müßten hier folgen.
(/ z 0) $\rightarrow$?
(< z_1 z_2) $\rightarrow$ \$T, wenn z_1 und z_2 Zahlen sind und z_1 kleiner als z_2 ist;
(< z_1 z_2) $\rightarrow$ \$F, wenn z_1 und z_2 Zahlen sind und z_1 nicht kleiner als z_2 ist;
(< o_1 o_2) $\rightarrow$?, wenn o_1 oder o_2 keine Zahlen sind;
Weitere ähnliche Regeln für <=, >, >=, = und <> müßten folgen.
(TRUTH-VALUE \$T) $\rightarrow$ \$T;
(TRUTH-VALUE \$F) $\rightarrow$ \$T;
(TRUTH-VALUE o) $\rightarrow$ \$F, wenn o weder gleich \$T noch gleich \$F ist.
(NOT \$T) $\rightarrow$ \$F;
(NOT \$F) $\rightarrow$ \$T;
(NOT o) $\rightarrow$?, wenn o weder gleich \$T noch gleich \$F ist;
(AND \$T \$T) $\rightarrow$ \$T;
(AND \$T \$F) $\rightarrow$ \$F;
(AND \$F \$T) $\rightarrow$ \$F;
(AND \$F \$F) $\rightarrow$ \$F;

(AND o_1 o_2) $\rightarrow$?, wenn o_1 oder o_2 nicht in der Menge {$T $F} liegen.
Ähnliche Regeln für OR müßten folgen.
(SEQUENCE []) $\rightarrow$ $T;
(SEQUENCE [o_1 ...]) $\rightarrow$ $T;
(SEQUENCE o) $\rightarrow$ $F, wenn o keine Kette [o_1 ...] ist;
(CONS o []) $\rightarrow$ [o];
(CONS o_1 [o_2 ...]) $\rightarrow$ [o_1 o_2 ...];
(CONS o_1 o_2) $\rightarrow$?, wenn o_2 keine Kette [] oder [o_3 ...] ist;
(LIST) $\rightarrow$ [];
(LIST $o_1...o_n$) $\rightarrow$ [$o_1...o_n$];
(FIRST [o_1 ...]) $\rightarrow$ o_1;
(FIRST o) $\rightarrow$?, wenn o die leere Kette oder keine Kette ist;
(REST [o_1]) $\rightarrow$ [];
(REST [o_1 o_2 ...]) $\rightarrow$ [o_2 ...];
(REST o) $\rightarrow$?, wenn o die leere Kette oder keine Kette ist;
(NULL []) $\rightarrow$ $T;
(NULL o) $\rightarrow$ $F, wenn o eine nicht leere Kette ist;
(NULL o) $\rightarrow$?, wenn o keine Kette ist;

? ergibt sich auch immer, wenn ? als Argument auftritt oder wenn die Grundfunktionen in Termen auftauchen, in denen Argumente in unrichtiger Anzahl
stehen. Statt dieses Ersatzergebnisses könnte man für die "fehlerhaften" Terme
auf jede Regel verzichten – diese sind dann eben nicht weiter reduzierbar.

Wir benötigen noch eine Reduktionsregel für bedingte Ausdrücke.

(COND ($T t_{12}) (t_{21} t_{22})... (t_{n1} t_{n2})) $\rightarrow$ t_{12}
(COND ($F t_{12}) (t_{21} t_{22})... (t_{n1} t_{n2})) $\rightarrow$ (COND (t_{21} t_{22})...(t_{n1} t_{n2}))
(COND (o t_{12}) (t_{21} t_{22})... (t_{n1} t_{n2})) $\rightarrow$? ,
wenn o in Normalform ist und nicht in {$T, $F} liegt.

Wir geben nun ein Beispiel für das Zusammenpiel der Reduktionsregeln. Sei
EQUAL gleichbedeutend mit einem Lambda-Ausdruck:

```
(DEFINE EQUAL[X Y]
  (COND ((NULL X) (NULL Y))
        ((NULL Y) $F)
        ((= (FIRST X) (FIRST Y)) (EQUAL (REST X) (REST Y)))
        ($T $F)))
```

Dann ist der Ausdruck

(EQUAL [1 2] [1 3])

eine Abkürzung von

```
((LAMBDA [X Y]
  (COND ((NULL X) (NULL Y))
        ((NULL Y) $F)
        ((= (FIRST X) (FIRST Y)) (EQUAL (REST X) (REST Y)))
        ($T $F)))
  [1 2] [1 3])
```

Durch weitere Ersetzung des λ-Terms für den Namen `EQUAL` ergibt sich ein
immer größerer Ausdruck. Rekursion kann entweder dadurch verwirklicht werden, daß das Einsetzen des λ-Terms für die Namen wie eine Reduktionsregel
vollzogen, oder daß ein spezieller λ-Term benutzt wird
(z.B. `(`λ`.f((`λ`x.f(`λ`.z xxz))(`λ`.z xxz))))`.

Betrachtet man diese uninteressanten Ersetzungsrichtungen nicht, so bleibt
nur die Reduktion nach Regel II.

```
(COND ((NULL [1 2]) (NULL [1 3]))
      ((NULL [1 3]) $F)
      ((= (FIRST [1 2]) (FIRST [1 3]))
        (EQUAL (REST [1 2]) (REST [1 3])))
      ($T $F))
```

Die Regel-II-Reduktion ist nicht erneut anwendbar, wohl aber eine Reihe von
Grundfunktions-Reduktionen. Wenn wir die alle durchführen, ergibt sich (wir
führen keine Grundfunktions-Reduktionen, die einen undefiniertem Wert ? liefern, aus):

```
(COND ($F $F)
      ($F $F)
      ($T (EQUAL [2] [3]))
      ($T $F))
```

Neben der Definitioneinsetzung ist die COND-Reduktion nun anwendbar:

```
(COND ($F $F)
      ($T (EQUAL [2] [3]))
      ($T $F))
```

und schließlich

```
(EQUAL [2] [3])
```

Nun müssen wir einsetzen und nach Regel II reduzieren:

```
(COND ((NULL [2]) (NULL [3]))
      ((NULL [3]) $F)
      ((= (FIRST [2]) (FIRST [3]))
        (EQUAL (REST [2]) (REST [3])))
      ($T $F))
```

Wieder sind mehrere Grundfunktions-Reduktionen möglich. Wenn wir alle sinn-
vollen durchführen, ergibt sich:

```
(COND ($F $F)
      ($F $F)
      ($F (EQUAL [] []))
      ($T $F))
```

Auch hier ist neben der COND-Reduktion die Definitionseinsetzung anwendbar, aber die letztere würde nur unnötige Arbeit kosten. Also reduzieren wir den ganzen Ausdruck (in drei Schritten) zu $F.

Wir konstatieren: Unter den Reduktionsketten gibt es besonders kurze. Beachte, daß auch Reduktionsschritte möglich sind, die in undefinierten Ergebnissen enden, ohne daß das Gesamtergebnis undefiniert wird. Der Programmierer nimmt im allgemeinen eine Ordnung der Reduktionsschritte an, die wir als "normale Ordnung" bezeichnen, bei der in Termen von innen nach außen und von links nach rechts substituiert wird.

Mit dieser Modellvorstellung des angewandten λ-Kalkül geht der Programmierer davon aus, daß jeder seiner Teilterme einen Wert hat. Die Grundfunktionen werden nur auf Argumentterme in Normalform angewandt. Die Reduktion für COND-Terme kann nur vollzogen werden, wenn die erste Teilform in Normalform ist (und wenn diese $T oder $F ist).

Ansonsten werden keinerlei Reihenfolgeannahmen gemacht – nicht einmal, was die Abfolge von Argumentformen und Funktionsanwendungen (durch Regel-II-Reduktionen) betrifft.

Aus Platzgründen haben wir unsere funktions-basierte Programmiersprache sehr knapp gehalten. 3-LISP, wie dieser LISP-Dialekt heißt, ist ausführlich in [45,46] beschrieben.

4.3 Funktions-orientiertes Programmieren

4.3.1 Einfache Beispiele

Eine Funktion zur Addition von zwei Zahlen: +. Aktivierung durch (+ 1 2). Eine Funktion zum Zusammenhängen zweier Sequenzen:

```
(DEFINE APPEND[S1 S2]
  (COND ((NULL S1) S2)
        ; Wenn die erste Sequenz leer ist, ist die zweite das Ergebnis
        ($T (CONS (FIRST S1) (APPEND (REST S1) S2)))))
        ; sonst besteht das Ergebnis aus dem ersten Element und dem
        ; Ergebnis des Zusammenhängens von Rest und zweiter Sequenz.
```

Weitere bekannte Beispiele für funktions-orientierte Programme sind die folgenden Funktionen.

Die Funktion EQUAL vergleicht Ketten aus Zahlen:

```
(DEFINE EQUAL[S1 S2]
  (COND ((NULL S1) (NULL S2))
        ; Wenn das erste Argument die leere Kette ist, dann muß auch das
        ; zweite eine leere Kette sein
        ((NULL S2) $F)
        ; Wenn das erste Argument eine Kette ist, und das zweite leer,
        ; dann können beide Argumente nicht gleich sein. Hier wird das
        ; sequentielle Reduzieren durch die Cond-Regeln ausgenutzt!
        ((= (FIRST S1) (FIRST S2)) (EQUAL (REST S1) (REST S2)))
```

```
          ; Haben beide Ketten gleiche Anfangsglieder, so vergleichen wir die
          ; Kettenreste
     ($T $F)))
          ; Anfangsglieder verschieden – also Ketten verschieden.
```

Die Funktion COPY kopiert Ketten:

```
(DEFINE COPY[S]
  (COND ((NULL S) S)
          ; eine leere Kette wird nicht kopiert.
        ($T (CONS (FIRST S) (COPY (REST S))))))
          ; sonst kopieren wir erstes Glied und Kettenrest.
```

Auch Probleme, mit denen man traditionell iterative (d.h. anweisungs-orientierte) Programme verknüpft, können funktional behandelt werden, z.B. das Sortieren. Wir wollen hier nur Ketten aus Zahlen sortieren.

1. Lösung:

```
(DEFINE SORT[L]
  (COND ((NULL (REST L)) L)
          ; eine Kette aus einem Glied ist sortiert
        ($T ((LAMBDA [S-L]
             ; verarbeite den sortierten Rest und das Anfangsglied:
             (COND ((> (FIRST L) (FIRST S-L))
                    (CONS (FIRST S-L)
                          (SORT (CONS (FIRST L) (REST S-L)))))
             ; Muß das 1. Glied des Restes vor dem Anfangs-
             ; glied stehen, so ist es ingesamt das 1. Glied.
             ; Das Anfangsglied ist in den Rest einzuordnen.
                   ($T (CONS (FIRST L) S-L))))
             ; Geht das Anfangsglied den Gliedern des Restes
             ; voran, ist die sortierte Kette konstruierbar.
           (SORT (REST L))))))
```

2. Lösung:

Zuerst definieren wir eine allgemeine Funktion, die in einer Akkumulatorvariablen Resultate aufbaut, die ihrerseits durch Anwenden einer Parameterfunktion auf den nächsten Beitrag und den akkumulierten Wert konstruiert werden. Der nächste Beitrag wird erzeugt durch die Abbildung des Anfangsgliedes vermittels einer weiteren Parameterfunktion F.

```
(DEFINE MAPPING[A G F X]
  (COND ((NULL X) A)
          ; ist die Kette zu Ende, bestimmt die Akkumulatorvariable das
          ; Ergebnis
        ($T (MAPPING (G (F (FIRST X)) A) G F (REST X)))))
          ; der rekursive Term enthält den neuen Akkumulatorwert,
          ; die unveränderten Parameterfunktionen und die Restkette.
```

Für das Sortieren benötigen wir für die Akkumulation eine Einsortierfunktion.

```
(DEFINE INSERT[K X]
 (COND ((NULL X) (CONS K []))
          ; In eine leere Kette sortiert sich's einfach ein.
       ((>= (FIRST X) K) (CONS K X))
          ; Muß das einzusortierende Element vor allen Gliedern stehen,
          ; konstruieren wir eine entsprechende Kette.
       ($T (CONS (FIRST X) (INSERT K (REST X))))))
          ; Muß das erste Glied der Kette vor dem einzusortierenden Glied
          ; stehen, so ist es ingesamt das erste Glied. Der Rest ergibt sich
          ; durch die Einsortierung in den Kettenrest.
```

Wir brauchen noch die Identitätsfunktion, weil das jeweilige Glied unverändert einsortiert wird.

```
(DEFINE ID[X] X)
```

Sortiere L mit: `(DEFINE SORT[L] (MAPPING [] INSERT ID L))`

3. Lösung:

Wir definieren eine Selektionsfunktion, die aus einer Kette das bezüglich der Vergleichsoperation größte Glied isoliert. Dieses wird an den Anfang der unsortierten Restkette (ohne das ausgewählte Glied) gestellt.

```
(DEFINE SELECT[X]
 (COND ((NULL (REST X)) X)
            ; aus eingliedrigen Ketten kann man nur ein Glied auswählen.
       ($T ((LAMBDA [Y]
               ((LAMBDA [Y1 Y2]
                   (COND ((> Y1 (FIRST X)) (CONS (FIRST X) Y))
                            ; kommt das Anfangsglied vor dem 1. Glied des
                            ; Restes, dann ist es das selektierte Glied
                         ($T (CONS Y1 (CONS (FIRST X) Y2)))))
                            ; kommt es nach ihm, so selektieren wir das
                            ; 1. Glied des Restes
                (FIRST Y)
                            ; das 1. Glied des Restes
                (REST Y)))
                            ; der unsortierte Rest
          (SELECT (REST X))))))
            ; Selektion im Rest
```

Die Sortierfunktion selektiert schrittweise die "größten" Elemente:

```
(DEFINE SORT[X]
 (COND ((NULL X) [])
            ; eine leere Kette ist sortiert.
       ($T ((LAMBDA [Y] (CONS (FIRST Y) (SORT (REST Y))))
                            ; das 1. Glied steht vor dem unsortierten Rest
          (SELECT X)))))
            ; in der vorbehandelten Kette
```

Weitere Anwendungsgebiete und Programme im funktions-orientierten Stil in [11].

4.3.2 Ein funktions-orientiertes Programm für das krypto-arithmetische Problem

Die Hauptfunktion KRYPTO wird auf Gleichungen angewandt und liefert eine Liste der Bindungen der Variablen.

```
(DEFINE KRYPTO[EQNS]
  (SOLVE (VARIABLES EQNS) [0 1 2 3 4 5 6 7 8 9] EQNS [] []))
    ; KRYPTO angewandt auf die Gleichungen ist dasselbe wie SOLVE
    ; angewandt auf die Gleichungen sowie eine Liste der in den Gleichungen
    ; vorkommenden Variablen sowie einiger konstanter Parameter (für die
    ; verfügbaren Werte die leere Bindungsliste und eine leere Hilfsliste).
```

Die Funktion SOLVE liefert weitere Bindungen, solange noch unbesetzte Variablen bereitstehen.

```
(DEFINE SOLVE[VARS VALS EQNS BNDS TRYS]
  (COND
    ((NULL VARS) BNDS)
      ; sind keine Variablen vorhanden, ist die Bindungsliste das Ergebnis.
    ($T ((LAMBDA (A-S)
                  ; sind Variablen vorhanden, so ist zur Ergebnisbeschrei-
                  ; bung eine erweiterte Bindungssequenz günstig.
                  ; Wir nennen sie A-S.
          (COND
            ((NULL A-S) [])
              ; wenn dieser Wert leer ist, so ist das Gesamtergebnis
              ; auch leer. (Es liegt eine Sackgasse vor.)
            ($T ((LAMBDA (SOL)
                  ; Ist der Wert nicht leer, so kann der Wert des Aus-
                  ; gangsterms (das Ergebnis) durch einen einfacheren
                  ; Term beschrieben werden –
                      ; dessen Wert nennen wir SOL.
                  (COND
                    ((NULL SOL)
                      (SOLVE VARS
                             VALS
                             EQNS
                             BNDS
                             (CONS (FIRST (REST (FIRST
                                   A-S)))
                                   TRYS)))
                    ; Der Wert ist allerdings unbrauchbar,
                    ; wenn er leer ist.
                  ($T SOL)))
```

```
                    (SOLVE (REST VARS)
                           (REMOVE (FIRST (REST (FIRST A-S)))
                                   VALS)
                           EQNS
                           A-S
                           []) ))))
            (EXPAND (FIRST VARS) VALS EQNS BNDS TRYS)))))
```

Wir haben in den Kommentaren versucht, die Wertbeschreibung zu betonen. Dem mit konventionellen Programmiersprachen vertrauten Leser wird es
wahrscheinlich leichter fallen, mit prozedural argumentierenden Kommentaren
zurecht zu kommen:

```
(DEFINE SOLVE[VARS VALS EQNS BNDS TRYS]
  (COND
    ((NULL VARS) BNDS)
       ; zunächst testen wir, ob die Abbruchbedingung vorliegt. Sind keine
       ; Variablen vorhanden, so ist die Bindungsliste das Ergebnis
    ($T ((LAMBDA (A-S)
            ; sind Variablen vorhanden, versuchen wir, die Bindungsliste
            ; um eine Bindung mit der nächsten Variablen zu erweitern.
            (COND
              ((NULL A-S) [])
              ; gelingt dies nicht, so liegt eine Sackgasse vor.
              ($T ((LAMBDA (SOL)
                      ; kann die Bindung gefunden werden, wird eine
                      ; Lösung für die restlichen Variablen gesucht.
                      (COND
                        ((NULL SOL)
                           ; gibt es diese nicht, so wurde eine
                           ; Fehlentscheidung getroffen.
                           (SOLVE VARS
                                  VALS
                                  EQNS
                                  BNDS
                                  (CONS (FIRST (REST (FIRST
                                                         A-S)))
                                        TRYS)))
                        ($T SOL))
                            ; gibt es diese, ist sie das Gesamtergebnis.
                   (SOLVE (REST VARS)
                          (REMOVE (FIRST (REST (FIRST A-S)))
                                  VALS)
                          EQNS
                          A-S
                          []) ))))
            (EXPAND (FIRST VARS) VALS EQNS BNDS TRYS)))))
```

Die Funktion EXPAND erweitert eine Bindungsliste um eine weitere Bindung.

```
(DEFINE EXPAND[VAR VALS EQNS BNDS NOVALS]
 (COND ((NULL VALS) [])
             ; ist die Wertliste leer, so ist der Wert leer.
         ((MEMBER (FIRST VALS) NOVALS)
          (EXPAND VAR (REST VALS) EQNS BNDS NOVALS))
             ; ist das 1. Element in der Liste der verbotenen Werte enthalten,
             ; beschreibt auch der Term ohne dieses Element den Wert.
         ($T ((LAMDA (A-S)
                          ; ist der Wert nicht verboten, so benennen wir eine
                          ; Bindungsliste, die auch für die aktuelle Variable
                          ; eine Bindung enthält, mit A-S.
                  (COND ((CHECK EQNS A-S)
                            ; Wenn alle Gleichungen durch diese Bindungs-
                            ; liste erfüllt werden, so ist sie der Wert.
                         A-S)
                        ($T (EXPAND VAR
                                   (REST VALS)
                                   EQNS
                                   BNDS
                                   NOVALS)))))))
                          ; Gibt es Widersprüche, so ist die Bindungsliste
                          ; als Wert unbrauchbar. Statt dessen wird der
                          ; Wert durch einen einfacheren Term beschrieben.
            (CONS (CONS VAR (CONS (FIRST VALS) [])) BNDS)))))
```

Die Funktion CHECK bildet Gleichungen und Bindungen in Wahrheitswerte ab:
Ist die Gleichung unter den Bindungen erfüllt (oder noch nicht auswertbar),
dann ist das Resultat "wahr", sonst "falsch".

```
(DEFINE CHECK[EQNS BNDS]
 (COND ((NULL EQNS) $T)
             ; keine Gleichung zu prüfen? – also erfolgreich
         ((CHECK1 (FIRST EQNS) BNDS) (CHECK (REST EQNS) BNDS))
             ; eine Gleichung macht keine Schwierigkeiten, also weiter
         ($T $F)))
             ; eine Gleichung nicht erfüllt – also Mißerfolg


(DEFINE CHECK1[EQN BND]
 (COND ((CHECK-VARIABLES (VAR-IN-EQ EQN) BND)
          (COND ((= (FIRST (REST EQN)) +)
                    ; Fall der Summe
                 (= (+ (EVALUATE (OPND1 EQN) BND)
                       (EVALUATE (OPND2 EQN) BND))
                    (EVALUATE (RESULT EQN) BND)))
                ($T ; Fall des Produkts.
                 (= (* (EVALUATE (OPND1 EQN) BND)
```

```
                         (EVALUATE (OPND2 EQN) BND))
                         (EVALUATE (RESULT EQN) BND)))
          ($T $T)))
          ; sind nicht alle Zahlen auswertbar, wird Gleichheit angenommen.
```

EVALUATE wertet symbolische Zahlen aus, die in den Gleichungen vorkommen.

```
(DEFINE EVALUATE[NUM BND]
 (EV-NUMBER (REVERSE NUM) 0 1 BND))
```

EV-NUMBER vollführt die eigentliche Auswertung:

```
(DEFINE EV-NUMBER[DS AC POT BND]
 (COND ((NULL DS) AC)
          ; sind alle Ziffern verarbeitet, so ist das Resultat bekannt
          ($T (EV-NUMBER (REST DS)
                      (+ AC (* POT (LOOKUP (FIRST DS) BND)))
                      (* POT 10)
                      BND))))
          ; beziehe aktuelle Ziffer ein
```

```
(DEFINE LOOKUP[VAR BND]
 (COND ((NULL BND) ?)
          ((= VAR (FIRST (FIRST BND))) (FIRST (REST (FIRST BND))))
          ($T (LOOKUP VAR (REST BND)))))
```

```
(DEFINE CHECK-VARIABLES[VARS BND]
 (COND ((NULL VARS) $T)
          ((CHECK-UP (FIRST VARS) BND)
            (CKECK-VARIABLES (REST VARS) BND))
          ($T $F)))
```

```
(DEFINE CHECK-UP[VAR BND]
 (COND ((NULL BND) $F)
          ((= VAR (FIRST (FIRST BND))) $T)
          ($T (CHECK-UP VAR (REST BND)))))
```

Wir benötigen noch Funktionen, um die verwendeten Variablen zu bestimmen.

```
(DEFINE VARIABLES[EQNS]
 (COND ((NULL EQNS) [])
          ($T (UNION (VAR-IN-EQ (FIRST EQNS))
                      (VARIABLES (REST EQNS))))))
```

```
(DEFINE VAR-IN-EQ[EQN]
 (UNION (UNION (VAR-IN-NUMBER (OPND1 EQN))
                (VAR-IN-NUMBER (OPND2 EQN)))
          (VAR-IN-NUMBER (RESULT EQN))))
```

```
(DEFINE VAR-IN-NUMBER[DS]
 (COND ((NULL DS) [])
       ($T (ADJOIN (FIRST DS) (VAR-IN-NUMBER (REST DS))))))

(DEFINE UNION[S1 S2]
 (COND ((NULL S1) S2)
       ($T (ADJOIN (FIRST S1) (UNION (REST S1) S2)))))

(DEFINE ADJOIN[EL S]
 (COND ((MEMBER EL S) S)
       ($T (CONS EL S))))

(DEFINE MEMBER[EL S]
 (COND ((NULL S) $F)
       ((= (FIRST S) EL) $T)
       ($T (MEMBER EL (REST S)))))

(DEFINE REMOVE[EL S]
 (COND ((NULL S) [])
       ((= (FIRST S) EL) (REST S))
       ($T (CONS (FIRST S) (REMOVE EL (REST S))))))

(DEFINE REVERSE[S]
 (COND ((NULL S) [])
       ($T (APPEND (REVERSE (REST S)) (CONS (FIRST S) [])))))

(DEFINE OPND1[E] (FIRST E))

(DEFINE OPND2[E] (FIRST (REST (REST E))))

(DEFINE RESULT[E] (FIRST (REST (REST (REST (REST E))))))
```

Die Gleichungen sind in 3-LISP als Ketten vorzugeben. Für `ab+cde=fghd` notieren wir: `[[a b] + [c d e] = [f g h d]]`

4.4 Implementation einer funktions-basierten Programmiersprache

Wir gehen nun zur Implementation eines Interpreters für die funktions-basierte Programmiersprache über. Wir wählen wieder den Teil von 3-LISP aus 4.2.3 und entwickeln einen Interpreter aus einem λ-Kalkül-Interpreter.

Zu diesem Zweck benötigen wir eine Funktion zur Ermittlung der freien Variablen und eine zur Feststellung der Normalform:

```
(DEFUN FREE-VARS(TERM)
 (COND ((SYMBOLP TERM) (LIST TERM))
             ; für sich genommen ist jede Variable frei
```

```
              ((PROCP TERM)
                (SET-DIFFERENCE (FREE-VARS (BODY-OF TERM))
                                (SEQ-TO-SET (VARS-OF TERM))))
                ; die gebundenen Variablen eines λ-Ausdrucks sind nicht frei
              ((PAIRP TERM)
                (UNION (FREE-VARS (PPROC TERM))
                       (FREE-VARS (PARG TERM))))
                ; die freien Variablen eines Terms stehen in der Funktion
                ; oder in den Argumenten
              ((SEQUENCEP TERM) (FREE-VARS-IN-SEQUENCE TERM))
                ; sammle alle freien Variablen der Elemente
              (T (ERROR "Invalid Term" TERM))))

(DEFUN NORMALP(TERM)
 (COND ((SYMBOLP TERM) T)
             ; Variablen sind in Normalform
        ((PROCP TERM) (NORMALP (BODY-OF TERM)))
             ; λ-Ausdrücke sind in Normalform, wenn ihr Körper
             ; in Normalform ist.
        ((PAIRP TERM)
          (AND (NOT (PROCP (PPROC TERM)))
               (NORMALP (PPROC TERM))
               (NORMALP (PARG TERM))))
             ; Terme sind nicht in Normalform, wenn sie Redexe sind. Sonst
             ; müssen Funktion und Argument in Normalform sein.
        ((SEQUENCEP TERM) (NORMAL-SEQUENCE-P TERM))
             ; in Ketten müssen alle Elemente in Normalform sein
        (T (ERROR "Invalid Term" TERM))))
```

Die Substitution ist das wesentliche Mittel der Auswertung. Wir definieren
eine Funktion, die gleich mehrere Substitutionen durchführt. Die Terme und
die entsprechenden Variablen werden in einer *Assoziationsliste* gehalten, so daß
der für eine Variable zu substituierende Term schnell gefunden werden kann.
Zur Suche verwenden wir die Funktion ASSOC.

```
(DEFUN SUBSTITUTE(ENV TERM)
 (COND
   ((SYMBOLP TERM)
     ; Substitution ist einfach für Variable
     (LET ((BIND (ASSOC TERM ENV)))
        (COND (BIND (VAL-OF BIND))
                  ; sollen sie substituiert werden, werden sie nur ersetzt
              (T TERM)))
                  ; sie sollen nicht substituiert werden.
   ((PROCP TERM)
     ; ein λ-Ausdruck macht Schwierigkeiten: seine gebundenen Variablen
     ; sind nicht mit den gleichnamigen zu substituierenden zu verwechseln.
     ; Auch machen freie Variable in den zu substituierenden Termen bei
```

```
; Kollisionen Ärger - die entsprechenden gebundenen Variablen sind
; umzubenennen.
(LET ((VISIBLE-ENV (REMOVE-BND ENV (VARS-OF TERM))))
        ; eliminiere die Bindungen für verdeckte Variablen
      (LET ((CONFL-SET (INTERSECTION (FREE-VARS-IN-ENV
                                                VISIBLE-ENV)
                                     (VARS-OF TERM))))
          ; welche Variablen kollidieren?
        (COND ((NULL CONFL-SET)
                  ; keine Konflikte, also kann substituiert werden
                (MAKE-FUN (VARS-OF TERM)
                          (SUBSTITUTE VISIBLE-ENV
                                      (BODY-OF TERM))))
                  ; konstruiere neuen λ-Ausdruck
              (T (LET ((NEW-FN (RULE-I TERM CONFL-SET)))
                          ; benenne um
                    (MAKE-FUN (VARS-OF NEW-FN)
                              (SUBSTITUTE VISIBLE-ENV
                                          (BODY-OF NEW-FN
                                          )))))))))
                  ; konstruiere neuen λ-Ausdruck mit den
                  ; teilweise umbenannten Variablen und
                  ; der Normalform des Körpers
    ((PAIRP TERM)
      (PCONS (SUBSTITUTE ENV (PPROC TERM))
             (SUBSTITUTE ENV (PARG TERM))))
      ; allgemeine Terme werden in Funktion und Argumentliste
      ; separat behandelt
    ((SEQUENCEP TERM) (SUBSTITUTE-IN-SEQUENCE ENV TERM))
      ; substituiere elementweise
    (T (ERROR "Invalid Term" TERM))))
```

Die Regel I wurde für die Substitution bereits gebraucht:

```
(DEFUN RULE-I(FN VARS)
    ; FN ist der λ-Ausdruck, VARS die umzubenennenden Variablen
  (LET ((MAPPING (GEN-NAMES VARS)))
        ; wir benötigen eine Abbildung von alten auf neue Variablennamen
      (MAKE-FUN (SUBLIST MAPPING (VARS-OF FN))
               (SUBSTITUTE MAPPING (BODY-OF FN)))))
    ; Dann substituieren wir diese Namen in den Körper. SUBSTITUTE
    ; eignet sich eigentlich nur bedingt, weil die neuen Variablen noch
    ; nirgends vorkommen können.

(DEFUN RULE-II(F ARGS)
  (COND ((NOT (EQUAL (SEQ-LENGTH ARGS) (NO-OF-ARGS F)))
            ; wir prüfen die Argumentzahl
          (ERROR "Wrong number of arguments" (CONS F ARGS)))
```

```
          (T (SUBSTITUTE (PAIR (VARS-OF F) ARGS)
                         ; ist sie korrekt, so werden die Argumente für die
                         ; für die gebundenen Variablen substituiert

(DEFUN PAIR(S1 S2)
    ; binde die Elemente von S1 mit denen von S2
  (COND ((NULL S1) NIL)
        ((NULL S2) NIL)
        (T (MAKE-ENV (MAKE-BND (FIRST S1) (FIRST S2))
              ; konstruiere Bindung
                     (PAIR (REST S1) (REST S2)))))))

(DEFUN REMOVE-BND(ENV VL)
    ; beseitige alle Bindungen aus ENV, die durch VL verdeckt sind
  (COND ((NULL ENV) NIL)
        ((MEMBER (VAR-OF (CAR ENV)) VL)
          (REMOVE-BND (CDR ENV) VL))
          ; unterdrücke verdeckte Bindung
        (T (MAKE-ENV (CAR ENV) (REMOVE-BND (CDR ENV) VL)))))
          ; übernimm gültige Bindung

(DEFUN SUBLIST(ALIST TERM)
    ; Substituiere überall (ohne Strukturkenntnis)
  (COND ((NULL ALIST) TERM)
        ((SYMBOLP TERM)
          (LET ((BND (ASSOC TERM ALIST)))
             (COND (BND (VAL-OF BND))
                   (T TERM))))
          ; für Symbole wird substituiert, wenn eine Bindung da ist
        ((CONSP TERM)
          (CONS (SUBLIST ALIST (CAR TERM))
                (SUBLIST ALIST (CDR TERM))))
          ; wir steigen in die Listenstruktur hinab
        (T TERM))
          ; sonst läßt sich nichts weiter machen.

(DEFUN NORMAL-SEQUENCE-P(SEQ)
  (DO ((S SEQ (REST S)))
     ((NULL S) T)
     (COND ((NOT (NORMALP (FIRST S))) (RETURN NIL)))))
  ; nur wenn alle Elemente normal sind, gilt eine Kette als in Normalform

(DEFUN SUBSTITUTE-SEQUENCE(ENV SEQ)
  (DO ((S SEQ (REST S))
       (R NIL (NCONC R (LIST (SUBSTITUTE ENV (FIRST S))))))
       ; wir substituieren elementweise
      ((NULL S) (MAKE-SEQUENCE R))))
```

```
(DEFUN FREE-VARS-IN-SEQUENCE(SEQ)
 (DO ((S SEQ (REST S))
      (FV NIL (UNION (FREE-VARS (FIRST S)) FV)))
    ; wir sammeln alle freien Variablen auf
  ((NULL S) FV))))
```

Bei dieser Formulierung der Regel II bleibt noch völlig offen, wo sie angewandt wird. Gewöhnlich sind in einem Term viele Redexe enthalten. Grundsätzlich könnten wir von innen heraus oder von außen nach innen vorgehen. Die letzte Variante bietet sich bei der Datenstrukturrepräsentation der Terme an.

Wir hatten festgestellt, daß unter den möglichen Reduktionsketten auch unendlich lange vorkommen. Diese sollten weitgehend ausgeschlossen werden. Wenn eine Normalform existiert, sollte sie auch als Resultat geliefert werden. Andererseits haben wir auch festgestellt, daß Reduktionen unnötig sein können. Das gilt auch für den reinen λ-Kalkül, weil Argumente auszuwerten sein können, deren entsprechende Variable im Körper gar nicht auftreten. Bezogen auf einen Redex haben wir folgende Möglichkeiten:

1. Schritt a: Normalisierung der Funktion,
   Schritt b: Normalisierung der Argumente,
   Schritt c: Regel-II für den Term,
   Schritt d: Normalisierung des Resultates

2. Schritt a: Normalisierung der Argumente,
   Schritt b: Regel-II für den Term,
   Schritt c: Normalisierung des Resultates

3. Schritt a: Normalisierung der Funktion,
   Schritt b: Regel-II für den Term,
   Schritt c: Normalisierung des Resultates

4. Schritt a: Regel-II für den Term,
   Schritt b: Normalisierung des Resultates

Die Reduktionsreihenfolgen, bei denen wir systematisch die Regel-II *nach* Argumentreduktion anwenden, nennt man "call-by-value" (weil die Normalform als Wert betrachtet wird). Die Reihenfolge, bei der die Regel-II *vor* der Argumentreduktion (bzw. letztere erst, wenn die entsprechenden Subterme normalisiert werden) angewandt wird, heißt gewöhnlich "call-by-name". Normalisierung nach dem call-by-value-Prinzip arbeitet folgendermaßen:

```
(DEFUN NORMALIZE-CBV(TERM)
 (COND
   ((SYMBOLP TERM) TERM)
     ; Variablen können nicht weiter reduziert werden
   ((NORMALP TERM) TERM)
     ; ist ein Term in Normalform, ist die Normalform gegeben
   ((PROCP TERM)
     (MAKE-FUN (VARS-OF TERM) (NORMALIZE-CBV (BODY-OF TERM))))
```

```
  ; normalisiere den Funktionskörper
((PAIRP TERM)
 (REDUCE-CBV (PPROC TERM) (PARG TERM)))
 ; reduziere Terme
((SEQUENCEP TERM) ((NORMALIZE-SEQUENCE-CBV TERM))
 ; normalisiere elementweise
(T (ERROR "Cannot Normalize" TERM))))
 ; andere Objekte sind nicht normalisierbar.

(DEFUN REDUCE-CBV(FN ARGS)
 (LET ((FN-NF (NORMALIZE-CBV FN))
        ; normalisiere Funktion
       (ARGS-NF (NORMALIZE-CBV ARGS)))
        ; normalisiere Argumente - dies wäre nur (PARG TERM)
        ; für call-by-name
       (COND ((PROCP FN-NF)
              (NORMALIZE-CBV (RULE-II FN-NF ARGS-NF)))
              ; wende Regel II an und normalisiere
             (T (PCONS FN-NF ARGS-NF)))))
              ; der Term ist reduziert
```

Die call-by-value Strategie ist nicht unbedingt erforderlich oder gar günstig [14,6,25,53], ganz im Gegenteil: Die konsequente Verfolgung dieser Reihenfolge als Strategie für alle Terme führt zu unendlichen Reduktionsketten, wo eine Normalform erreichbar wäre.

Wir wissen, daß der Term `((λx.xx)(λx.xx))` keine Normalform hat. Tritt er als Argument eines Terms auf, so würde call-by-value zu einer unendlichen Reduktionskette führen. Ein Gesamtterm kann jedoch eine Normalform haben – etwa weil der gefährliche Term nicht substituiert wird:

`((λx.y)((λx.xx)(λx.xx)))`

hat als Normalform y.

Demgegenüber ist call-by-name offensichtlich sicherer, weil nur das wirklich Substituierte weiter normalisiert wird. Allerdings werden die Argumente bei der Substitution meist vervielfältigt. Das heißt, ein Term, der als Argument nur einmal zu reduzieren gewesen wäre, muß nun mehrfach behandelt werden. Die beste Strategie ist aber offensichtlich, nur die Terme zu reduzieren, die unbedingt erforderlich sind. Um die Mehrarbeit zu umgehen, bietet sich die Verbindung von Substitution und Regel-II an: Erst wenn eine Variable im Körper angetroffen wird und die Substitution wirklich auszuführen ist, wird dieses eine Argument normalisiert. Dieses Vorgehen erfordert nur "minimalen Kraftaufwand" (engl.: lazy evaluation [26]).

Die entsprechende Normalisierungsfunktion kann aus NORMALIZE-CBV einfach dadurch erhalten werden, daß man systematisch CBV durch LAZY ersetzt. In der Reduktionsfunktion vereinfacht sich der ganze Körper zu:

```
(COND ((PROCP FN)
       (NORMALIZE-LAZY (RULE-II-LAZY FN ARGS)))
      (T (PCONS FN ARGS)))
```

Sinngemäß erzeugen wir RULE-II-LAZY. Bei der verzögerten Auswertung werden die Argumente dann ausgewertet, wenn sie zum ersten Male gebraucht werden. Beim Substituieren wird also der Unterschied zur call-by-value-Strategie deutlich:

```
(DEFMACRO SUBST-LAZY(ENV TERM)
 '(FN-OF (SUBST-L ,ENV NIL ,TERM)))


(DEFUN SUBST-L(UN-ENV EV-ENV TERM)
    ; wir verwalten ausgewertete und unausgewertete Argumente (Variablen)
    ; getrennt voneinander
  (COND
    ((SYMBOLP TERM)
     ; Substitution ist einfach für Variable
     (LET ((UN-BIND (ASSOC TERM UN-ENV)))
        (COND
          (UN-BIND
             ; sind sie zu substituieren und sind unausgewertet,
             (LET ((VAL (NORMALIZE (CDR UN-BIND))))
                  ; so werden sie ausgewertet
                 (MAKE-RES VAL
                           (MAKE-ENV (MAKE-BND TERM VAL)
                                     EV-ENV))))
             ; als Wert wird sowohl der resultierende Term als auch
             ; die erweiterte Bindungsliste ausgewerteter Argumente
             ; verwendet.
          (T (LET ((BIND (ASSOC TERM EV-ENV)))
               (COND (BIND (MAKE-RES (VAL-OF BIND) EV-ENV))
                         ; sollen sie substituiert werden und sind
                         ; ausgewertet, so werden sie schlicht ersetzt
                     (T (MAKE-RES TERM EV-ENV)))))))))
             ; sie sollen nicht substituiert werden...
    ((PROCP TERM)
     ; ein λ-Ausdruck macht Schwierigkeiten: Seine gebundenen Variablen
     ; sind nicht mit den gleichnamigen zu substituierenden zu verwechseln.
     ; Auch machen freie Variable in den zu substituierenden Termen bei
     ; Kollision Ärger – die entsprechenden gebundenen Variablen sind
     ; umzubenennen.
     (LET ((VISIBLE-UN-ENV (REMOVE-BND UN-ENV (VARS-OF TERM)))
           (VISIBLE-EV-ENV (REMOVE-BND EV-ENV (VARS-OF TERM))))
          ; eliminiere die Bindungen für verdeckte Variablen
         (LET ((CONFL-SET
                  (INTERSECTION
                      (UNION (FREE-VARS-IN-ENV VISIBLE-UN-ENV)
                         ; nicht alle freien Variablen der unausgewerte-
                         ; ten Argumente machen wirklich Probleme
                             (FREE-VARS-IN-ENV VISIBLE-EV-ENV))
```

```
                       ; alle freien Variablen in den ausgewerteten
                       ; Argumenten lösen Konflikte aus
                       (VARS-OF TERM))))
            ; welche Variablen kollidieren?
            (COND
              ((NULL CONFL-SET)
                (LET ((BODY+ENV (SUBST-L VISIBLE-UN-ENV
                                         VISIBLE-EV-ENV
                                         (BODY-OF TERM))))
                 ; sind keine Konflikte, kann substituiert werden
                   (MAKE-RES (MAKE-FUN (VARS-OF TERM)
                                       (FN-OF BODY+ENV))
                             (ENV-OF BODY+ENV))))
                 ; konstruiere neuen λ-Ausdruck
              (T ; sind Konflikte, so muß umbenannt werden
                (LET ((NEW-FN (RULE-I TERM CONFL-SET)))
                      ; benenne um (mit Regel I)
                  (LET ((BODY+ENV (SUBST-L VISIBLE-UN-ENV
                                           VISIBLE-EV-ENV
                                           (BODY-OF NEW-FN))))
                    (MAKE-RES (MAKE-FUN (VARS-OF NEW-FN)
                                        (FN-OF BODY+ENV))
                              (ENV-OF BODY+ENV)))))))))
                 ; konstruiere neuen λ-Ausdruck mit den
                 ; teilweise umbenannten Variablen und der
                 ; Normalform des Körpers
    ((PAIRP TERM) ; allgemeine Terme werden in Funktion und Argument-
       ; liste separat behandelt
               (LET ((FN+ENV (SUBST-L UN-ENV
                     EV-ENV
                     (PPROC TERM))))
                     ; als Resultat ensteht zuerst die Funktion (mit
                     ; Substitutionen) und die erweiterte Umgebung
                     ; ausgewerteter Argumente
                 (LET ((ARGS+ENV (SUBST-L (CONTRACT UN-ENV
                                           (ENV-OF FN+ENV))
                                          (ENV-OF FN+ENV)
                                          (PARG TERM))))
                   ; diese wird weitergegeben für die Substitution
                   ; in den Argumenten
                   (MAKE-RES (PCONS (FN-OF FN+ENV)
                                    (FN-OF ARGS+ENV))
                             (ENV-OF ARGS+ENV)))))
    ((SEQUENCEP TERM) (SUBST-L-SEQUENCE UNENV EVENV TERM))
       ; substituiere elementweise und verwalte ausgewertete Variablen
    (T (ERROR "Invalid Term" TERM))))
```

```
(DEFUN CONTRACT(ENV1 ENV2)
  ; beseitige aus ENV1 jede Bindung, die durch ENV2 aktualisiert wird
 (COND ((NULL ENV1) NIL)
       ((ASSOC (VAR-OF (CAR ENV1)) ENV2)
         (CONTRACT (CDR ENV1) ENV2))
         ; unterdrücke aktualisierte Bindung
       (T (MAKE-ENV (CAR ENV1) (CONTRACT (CDR ENV1) ENV2)))))
         ; übernimm gültige Bindung
```

Zur Normalisierung von Argumentketten benötigen wir:

```
(DEFUN NORMALIZE-SEQUENCE-CBV(SEQ)
 (DO ((S SEQ (REST S))
      (R NIL (NCONC R (LIST (NORMALIZE-CBV (FIRST S))))))
      ; normalisiere elementweise
     ((NULL S) (MAKE-SEQUENCE R))))
```

NORMALIZE-SEQUENCE-LAZY sieht entsprechend aus (vertausche LAZY mit CBV!).

```
(DEFUN SUBST-L-SEQUENCE(UN-ENV EV-ENV SEQ)
 (DO ((S SEQ (REST S))
      (R NIL (NCONC R (LIST (LET ((RES (SUBST-L UN-ENV EV-ENV
                                                 (FIRST S))))
                                 (SETQ EV-ENV (ENV-OF RES))
                                 (FN-ENV RES))))))
      ; substituiere elementweise;
      ; aktualisiere die Liste der ausgewerteten Variablen
     ((NULL S) (MAKE-RES (MAKE-SEQUENCE R) EV-ENV))))
```

Die Erweiterung[2] zum angewandten λ-Kalkül ist recht einfach, was die neuen Datentypen und die Grundfunktionen betrifft. Zahlen und Wahrheitswerte machen gar keine Probleme. Ketten traten als Argumentketten schon auf. Wir verwenden nun NORMALIZE-CBV und seine Unterfunktionen, streichen aber systematisch den Zusatz CBV. Eine wichtige Änderung ist in REDUCE zu vermerken: Wegen der Korrektheitsprüfung für die Argumente der Grundfunktionen macht es keinen Sinn, λ-Ausdrücke ohne Argumente auszuwerten:

```
(DEFUN REDUCE(FN ARGS)
 (COND ((NOT (PROCP FN))
        (SETQ FN (NORMALIZE FN))))
        ; reduziere Terme in funktionaler Stellung
 (CASE (FN-TYPE FN)
   ; Fall1: c-b-v Funktionen
   (C-B-V (LET ((ARGS-NF (NORMALIZE ARGS)))
             (COND ((PRIMITIVEP FN)
                     (REDUCE-PRIMITIVE-CBV FN ARGS-NF))
                   ((PROCP FN-NF) (NORMALIZE (RULE-II FN ARGS-NF)))
                   (T (PCONS FN ARGS-NF)))))
```

---

[2] Wir gehen im folgenden nur auf die call-by-value-Strategie für λ-Ausdrücke ein.

```
     ; Fall2: c-b-n "Funktionen"
   (C-B-N (REDUCE-PRIMITIVE-CBN FN ARGS)))))
```

Für die Grundfunktionen macht die Unterscheidung call-by-value oder call-by-name nicht viel Sinn: In jedem Falle sind die Argumente zu normalisieren, damit die spezielle Regel angewandt werden kann (vgl. aber [22]!).Bei der Berücksichtigung bedingter Ausdrücke zeigt sich aber, daß COND als call-by-name Funktion aufgefaßt werden kann. Wir müssen daher diese beiden Vereinfachungsstrategien in einer Funktion unterbringen, indem wir vom Funktionsnamen ausgehen.

```
(DEFUN REDUCE-PRIMITIVE-CBV(F ARGS)
 (LET ((ARGS-NO (LENGTH ARGS))
        ; benenne aktuelle Argumentzahl
       (ARGS-TYPE (TYPE-SEQUENCE ARGS)))
        ; bestimme aktuelle Typen
    (COND ((AND (EQUAL ARGS-NO (NO-OF-ARGS F))
               (EQ-TYPE ARGS-TYPE (TYPE-OF-ARGS F)))
            ; sind Argumentzahl und Typen korrekt,
            (APPLY-PRIMITIVE-REDUCE-RULE F (LIST ARGS)))
            ; wird die spezielle Reduktionsregel angewandt.
          ((EQUAL ARGS-NO (NO-OF-ARGS F))
            ; die Typen sind korrekt, nicht weiter normalisieren
            (ERROR "Wrong Type" (CONS F ARGS)))
          (T (ERROR "Wrong Number Of Arguments"
                    (CONS F ARGS))))))
          ; ist die Argumentzahl inkorrekt, so normalisieren wir nicht

(DEFUN REDUCE-PRIMITIVE-CBN(F ARGS)
 (COND
   ((EQ F 'COND)
     ; die wichtigste primitive c-b-n "Funktion" ist COND
     (COND
       ((NULL ARGS) (ERROR "Wrong COND" NIL))
         ; für ein COND ohne Klauseln haben wir keine Reduktionsregel
       (T (LET ((PR (NORMALIZE (FIRST-PRED ARGS))))
            ; normalisiere das erste Prädikat
          (COND
            ((EQ PR '$T)
              ; ist es "wahr" ?
              (NORMALIZE (FIRST-CONSEQ ARGS)))
              ; reduziere auf die Konsequenz
            ((EQ PR '$F)
              ; ist es "falsch"?
              (REDUCE-PRIMITIVE-CBN F (REST ARGS)))
              ; reduziere um eine Klausel
            (T (PCONS 'COND
                    (SCONS (SLIST PR
```

```
                                        (FIRST-CONSEQ ARGS))
                            (REST ARGS)))))))))
               ; hat es eine andere Normalform, so kann nicht
               ; normalisiert werden
     (T  ; alle Grundfunktionen könnten mit c-b-n aktiviert werden
       (LET ((ARGS-NO (LENGTH ARGS))
               ; benenne Argumentzahl
             (ARGS-NF (NORMALIZE ARGS)))
               ; normalisiere die Argumente zur Anwendung der
               ; Grundfunktionsreduktionen
          (LET ((ARGS-TYPE (TYPE-SEQUENCE ARGS-NF)))
               ; bestimme die Typen
             (COND
               ((AND (EQUAL ARGS-NO (NO-OF-ARGS F))
                     (EQ-TYPE ARGS-TYPE (TYPE-OF-ARGS F)))
                ; sind Zahl und Typen korrekt,
                (APPLY-PRIMITIVE-REDUCE-RULE F (LIST ARGS)))
                ; so reduziere gemäß der Regel
               ((EQUAL ARGS-NO (NO-OF-ARGS F))
                ; sind die Typen nicht korrekt,
                (ERROR "Wrong Type" (CONS F ARGS)))
                ; so kann nicht reduziert werden
               (T (ERROR "Wrong Number Of Arguments"
                         (CONS F ARGS)))))))))))
                ; die Argumentzahl ist nicht korrekt
```

In die Funktion SUBSTITUTE (bzw. SUBST-L) müssen jetzt noch Klauseln für die neuen Datentypen eingesetzt werden. Wir tun dies vor der SYMBOLP-Klausel:

```
((CONSTANT-P TERM) TERM)
```

Auch in NORMALP ist eine derartige Klauseln einzufügen:

```
((CONSTANT-P TERM) $T)
```

Im Falle von FREE-VARS ist die Klausel:

```
((CONSTANT-P TERM) NIL)
```

Große Schwierigkeiten kommen hinzu, wenn λ-Ausdrücke benannt werden können. Zunächst könnte man die Namen schlicht als Platzhalter für die entsprechenden λ-Ausdrücke ansehen. Damit sind Makro's verfügbar – und mehr hatte CHURCH nicht um seinen Kalkül gebaut. Bei der Definition einer Funktion könnte dem Namen ein normalisierter λ-Ausdruck zugeordnet werden:

```
(DEFMACRO DEFINE(NAME FN)
  '(PROGN (SETF (GET ',NAME 'NO-OF-ARGS) ',(LENGTH (CDADR FN)))
          (SETF (GET ',NAME 'FN-TYPE) 'C-B-V)
          (SETF (GET ',NAME 'DEFINITION) '(NORMALIZE ,FN)))
```

Wenn die Funktionen Terme mit anderen Funktionen enthalten oder rekursiv werden können, dann führt diese Normalformenbildung zur Makroexpansion während der Definitionszeit – ein nicht unbedingt gewünschter Effekt. Wir helfen uns pragmatisch mit dem Verzicht auf die Normalisierung bei der Definition. Die bei der LISP-Implementation so gefürchteten Variablenkonflikte können in unserem substituierenden und Variablen umbenennenden Interpreter nicht auftreten. Beachte, daß die Variablenliste eine Sequenz sein muß und der Funktionskörper ein Paar, in dem nur 3-LISP Strukturen vorkommen. Die zur Konversion der externen Syntax in die internen Strukturen erforderlichen Programme sind recht einfach und werden hier übergangen.

Um Definitionen zu berücksichtigen, muß also in NORMALIZE die SYMBOLP-Klausel so geändert werden, daß für einen Funktionsnamen der entsprechende λ-Ausdruck eingesetzt wird. Dies erreichen wir durch:

```
((SYMBOLP TERM) (USE-DEFINITION TERM))
```

Die entsprechende Funktion ist:

```
(DEFUN USE-DEFINITION(SYM)
 (LET ((FN (GET SYM 'DEFINITION)))
    (COND (FN FN)
          (T SYM))))
```

Die fehlenden Hilfsfunktionen sind weniger wichtig. Lösungen sind z.B.:
Funktionen für Paare:

```
(DEFMACRO PAIRP(X) '(AND (CONSP ,X) (EQ (CAR ,X) '*PAIR*)))
(DEFMACRO PPROC(X) '(CADR ,X))
(DEFMACRO PARG(X) '(CADDR ,X))
(DEFMACRO PCONS(X Y) '(LIST '*PAIR* ,X ,Y))
```

Funktionen für COND-Körper:

```
(DEFMACRO FIRST-PRED(X) '(CADADR ,X))
(DEFMACRO FIRST-CONSEQ(X) '(CADDAR (CDR ,X)))
```

Funktionen für Sequenzen:

```
(DEFMACRO SEQUENCEP(X)
 '(OR (NULL ,X) (AND (CONSP ,X) (EQ (CAR ,X) '*SEQUENCE*))))
(DEFMACRO MAKE-SEQUENCE(X)
 '(COND ((NULL ,X) NIL) (T (CONS '*SEQUENCE* ,X))))
(DEFMACRO SCONS(X Y) '(MAKE-SEQUENCE (CONS ,X (CDR ,Y))))
(DEFMACRO SLIST(X Y) '(MAKE-SEQUENCE (LIST ,X ,Y)))
(DEFMACRO FIRST(X) '(CADR ,X))
(DEFUN REST(X) '(MAKE-SEQUENCE (CDDR ,X)))
(DEFMACRO SEQ-LENGTH(X) '(1- (LENGTH ,X)))
(DEFUN SEQ-TO-SET(X)
 (COND ((SEQUENCEP X) (CDR X))
       (T X)))
```

Funktionen für Grundfunktionen:

```
(DEFMACRO PRIMITIVEP(X)
 '(AND (SYMBOLP ,X) (GET ,X 'REDUCE-RULE)))
(DEFMACRO TYPE-OF-ARGS(X) '(GET ,X 'TYPE-OF-ARGS))
(DEFMACRO APPLY-PRIMITIVE-REDUCE-RULE(F ARGS)
 '(APPLY (GET ,F 'REDUCE-RULE) ,ARGS))
```

Funktionen für λ-Ausdrücke:

```
(DEFMACRO PROCP(X) '(AND (CONSP ,X) (EQ (CAR ,X) 'LAMBDA)))
(DEFMACRO MAKE-FUN(X Y) '(LIST 'LAMBDA ,X ,Y))
(DEFMACRO VARS-OF(X) '(CADR ,X))
(DEFMACRO BODY-OF(X) '(CADDR ,X))
```

Funktionen für beide Funktionsarten:

```
(DEFUN FN-TYPE(X)
 (COND ((SYMBOLP X)(GET X 'FN-TYPE))
       ((PROCP X) 'C-B-V)
          ; hier könnte der Interpreter auf c-b-n umgestellt werden
       (T (ERROR "Invalid Function" X))))

(DEFUN TYPE-SEQUENCE(SEQ)
   ; baue Sequenz der Typnamen auf
 (DO ((S SEQ (REST S))
      (R NIL (NCONC R (LIST (TYPE-OF (FIRST S))))))
    ((NULL S) (MAKE-SEQUENCE R))))

(DEFUN NO-OF-ARGS(X)
 (COND ((SYMBOLP X) (GET X 'NO-OF-ARGS))
       ((PROCP X) (SEQ-LENGTH (VARS-OF X)))
       (T (ERROR "Wrong Function -- NO-OF-ARGS" X))))
```

Funktionen für Bindungsumgebungen:

```
(DEFMACRO MAKE-BND(VAR VAL) '(CONS ,VAR ,VAL))
(DEFMACRO MAKE-ENV(BND ENV) '(CONS ,BND ,ENV))
(DEFMACRO VAR-OF(BND) '(CAR ,BND))
(DEFMACRO VAL-OF(BND) '(CDR ,BND))
(DEFUN GEN-NAMES(N-L)
 (DO ((L N-L (CDR L))
      (R NIL (CONS (CONS (CAR L) (GENSYM)) R)))
    ((NULL L) R)))
(DEFUN FREE-VARS-IN-ENV(ENV)
 (DO ((L ENV (CDR L))
      (R NIL (UNION (FREE-VARS (CDAR L)) R)))
    ((NULL L) R)))
```

Funktionen für Ergebnisse:

```
(DEFMACRO MAKE-RES(VAL ENV) '(CONS ,VAL ,ENV))
(DEFMACRO FN-OF(X) '(CAR ,X))
(DEFMACRO ENV-OF(X) '(CDR ,X))
```

Funktionen für andere Datentypen:

```
(DEFMACRO BOOLEANP(X) '(OR (EQ ,X '$T) (EQ ,X '$F)))


(DEFUN TYPE-OF(X)
 (COND ((NULL X) 'SEQUENCE)
       ((ATOM X)
         (COND ((NUMBERP X) 'NUMBER)
               ((BOOLEANP X) 'BOOLEAN)
               ((SYMBOLP X) 'ATOM)
               (T (ERROR "Invalid Object" X))))
       ((CONSP X)
         (CASE (CAR X)
           (*SEQUENCE* 'SEQUENCE)
           (LAMBDA 'FUNCTION)
           (*PAIR* 'PAIR)
           (T (ERROR "Invalid term" X))))
       (T (ERROR "Invalid Object" X))))
```

Die Reduktionsregeln für die primitiven Funktionen definieren wir mit Hilfe
von DEF-RED-RULE:

```
(DEFMACRO DEF-RED-RULE(NAME TYPES ARGS BODY)
 '(PROGN (SETF (GET ',NAME 'REDUCE-RULE) ',NAME)
         (SETF (GET ',NAME 'NO-OF-ARGS) ,(LENGTH TYPES))
         (SETF (GET ',NAME 'TYPE-OF-ARGS) '(*SEQUENCE* ,@TYPES)))
         (SETF (GET ',NAME 'FN-TYPE) 'C-B-V)
         (DEFUN ,NAME ,ARGS ,BODY)
         ',NAME))
```

Wir geben beispielhaft nur einige primitive Funktionen:

```
(DEF-RED-RULE TRUTH-VALUE(OBJECT)(ARG)
 (COND ((EQUAL ARG '(*SEQUENCE* $T)) '$T)
       ((EQUAL ARG '(*SEQUENCE* $F)) '$T)
       (T '$F)))


(DEF-RED-RULE =(OBJECT OBJECT)(ARG)
 (COND ((EQL (SECOND ARG) (THIRD ARG)) '$T)
       (T '$F)))
```

Man beachte, daß Namenskonflikte zwischen CommonLISP-Funktionen, 3-LISP-
Funktionen und Funktionen der Implementation auftreten können!

Es ist vielleicht ganz interessant, daß der früheste bekannte LISP-Interpreter
ebenfalls substituierend arbeitete. Allerdings beachtete er nicht die Anwendung

der Regel-I-Reduktion bei Variablenkonflikten und erlaubte es nicht, daß in der funktionalen Position eines Termes ein Symbol oder ein λ-Term stand (d.h. ein beliebiger Term).

Der angegebene Interpreter erledigt seine Arbeit hauptsächlich durch Substitution. Im Falle der COND-Terme aber geht er davon ab – der Gewinn ist mehr Effizienz. Die Frage ist, wie die lästigen Substitutionen überhaupt vermieden werden können.

Dazu wird in LISP das Konzept der *Bindung* eingesetzt: Statt etwas für eine Variable in den Ausdruck direkt einzusetzen, hebt man die entsprechenden Argumente von SUBSTITUTE auf. Diese Paare von Variablen und Argument (des λ-Terms) werden so in einer Liste gelagert, daß jederzeit der wirkliche Ausdruck durch die Funktion SUBSTITUTE erzeugt werden könnte.

Wir wollen hier nicht einen mit Bindungen arbeitenden Interpreter darstellen. Analysiert man die Situation, so sollte klar werden, daß die kellerartige A-Liste mit den gebundenen Variablen fertig wird, solange diese in verschachtelten λ-Ausdrücken stehen. Problematisch sind hingegen die durch die freien Variablen erzeugten Variablenkonflikte. Zu deren Behebung muß im λ-Kalkül die Regel I angewandt werden. Auch die dafür erforderliche Substitution ist unangenehm und sollte vermieden werden. Verzichten wir daraufhin auf die Regel-I-Umbenennung (und beseitigen so die Notwendigkeit für Substitutionen völlig), dann müssen die λ-Ausdrücke mit freien Variablen so ausgewertet werden, da sie die Bindungen dieser Variablen mitnehmen. Derartige Terme bezeichneten wir (nach LANDIN) als "Closure", weil sie den λ-Term abschließen, d.h. die freien Variablen (durch virtuelle Substitution) entfernen.

Aus Platzgründen können wir hier nicht tiefer eindringen. Der interessierte Leser möge die Arbeiten von G.SUSSMAN und G.STEELE [50,52,53,56] und das LISP-Lehrbuch STOYAN/GÖRZ [55] studieren. Jeder Leser sollte über die entsprechenden Kenntnisse verfügen, weil die mit diesen Interpretern verknüpften Probleme einen ganz wesentlichen Teil der aktuellen Forschung zur Implementation von LISP ausmachen.

4.5 Historische Anmerkungen

MCCARTHY kam zwischen 1956 und 1958 zur Auffassung, daß der anweisungsorientierte Programmierstil, der zu dieser Zeit durch die allgemeine Verwendung von Assemblersprachen und das aufkommende FORTRAN überwiegend beachtet wurde, für Probleme der KI und der Symbolverarbeitung nicht sehr geeignet wäre.

Nun ermöglichte FORTRAN damals bereits daneben einen zweiten Programmierstil: Es war erlaubt, sog. Funktionen – neben den Unterprogrammen – zu definieren. Zusätzlich zu den vorgegebenen Standardfunktionen (wie ABS usw.) konnten diese Funktionen in den arithmetischen Ausdrücken verwendet werden.

Der mit diesen zwei Mitteln, Definition von Funktionen und Verschachtelung der Terme, vollziehbare funktions-orientierte Programmierstil war (und ist in FORTRAN) jedoch behindert durch die Beschränkung auf numerische Datentypen, das Verbot, Funktionen als Argumente notieren zu dürfen, und das Nichtvorhandensein bedingter Ausdrücke (immer, wenn Bedingungen zu berücksichtigen waren, mußte man in den anweisung-orientierten Stil wechseln).

Während die erste Beschränkung durch Einbeziehung neuer Grundfunktionen leicht (d.h. ohne FORTRAN zu ändern) überwindbar schien, stieß sich MCCARTHY an den beiden anderen Beschränkungen und sann auf Abhilfe. Im Zusammenhang mit Beispielprogrammen für das Schachspiel verwendete er als erster bedingte Ausdrücke in der Form

```
(IF X Y Z).
```

Diese sollten nicht, wie es in FORTRAN erfolgt wäre, zur Berechnung aller drei Argumente führen, sondern – in Abhängigkeit vom 1. Argument – zusätzlich zu diesem entweder das 2. Argument oder das 3. Argument.

Im Zusammenhang mit Symbolmanipulationsaufgaben bestätigte MCCARTHY die Brauchbarkeit dieser bedingten Ausdrücke (und sorgte für deren Aufnahme in ALGOL60). Durch die Beschäftigung mit der symbolischen Differentiation wurde MCCARTHY zu der Ansicht gedrängt, der neue Programmierstil werde durch funktionale Argumente verbessert. Für die Konstruktion einer Liste von Resultaten der Anwendung einer Funktion auf die Elemente der Ausgangsliste erfand er die Funktion MAPLIST, die ein funktionales Argument hatte. Um die funktionalen Argumente beschreiben zu können, zog er die λ-Notation für Funktionen heran (ohne intime Kenntnisse des λ-Kalküls von CHURCH [15] zu haben). Damit waren alle Elemente für den funktions-orientierten Programmierstil bereitgestellt.

MCCARTHY konnte um die Jahreswende 1958/1959 eine universelle Funktion beschreiben, die verwendet werden konnte, jede Funktion im Kalkül der symbolischen Ausdrücke zu simulieren [35,54]. Diese Funktion verarbeitete Funktionsbeschreibungen in Listenform und wurde kurz darauf als LISP-Interpreter verwendet. Allerdings war diese Funktion schon ohne Verwendung der Ideen von CHURCH geschrieben und enthielt einige entscheidende Abweichungen vom λ-Kalkül, der eigentlich die theoretische Grundlage hätte sein müssen. Einige dieser Abweichungen wurden wenig später bereits als Fehler empfunden und eher halbherzig korrigiert. Andere sind noch heute für LISP substantiell [44,52,53,56].

MCCARTHY's Ideen sind erst nach einigen Jahren aufgegriffen worden. Einer der ersten war D.SCOTT, der Computer-Theorie und Metamathematik in Berkeley lehrte und "einen gewissen Mangel an Zufriedenheit mit Systemen für Funktionen empfand, die in Arbeiten John MCCARTHY's empfohlen wurden" [43]. SCOTT hatte sich seit Anfang der fünfziger Jahre hin und wieder mit dem λ-Kalkül befaßt und wegen dessen Versagen bei der Grundlegung der Mathematik wenig tieferes Interesse entwickelt. MCCARTHY's Vorgehen durch Verwenden der λ-Notation, das sicher nur sehr oberflächlich war, brachte SCOTT auf die Idee, den λ-Kalkül als bedeutungsvoll für die Informatik anzusehen, und zu zeigen, "was ein System der funktionalen Abstraktion eigentlich beinhaltet" hätte. Für eine Vorlesung 1962/63 in Berkeley und ein Seminar in Stanford entwickelte SCOTT eine neue Version des λ-Kalküls, deren Zweck auch ein Beitrag zur Entwicklung einer allgemeinen Programmiersprache hatte sein sollen, die für Computer brauchbar sein könnte. Um ein akzeptables Verarbeitungsmodell vorlegen zu können, legte er Wert auf eine deterministische Reduktionsprozedur für die λ-Ausdrücke. Ganz im Geist des CHURCH'schen λ-Kalküls ist auch dieser Kalkül auf Ausdrücke gerichtet, die Funktionen symbolisieren: Diese treten als Argumente und Werte auf. Als Basis für rekursive Funktionen verwendete SCOTT einen Fixpunktsatz. Ingesamt blieb SCOTT's Interesse aber doch mehr an den mathematischen Eigenschaften des Kalkül haften und führte nicht in die Praxis oder wenigsten zur Klärung von LISP.

Auch P.GILMORE gab 1961 [23] ein alternatives Verarbeitungsmodell an, das die LABEL-Spezialform unnötig machte. Wirklich weiterführend waren dann erst die Arbeiten von LANDIN aus dem Kreise um C.STRACHEY. STRA-CHEY's Makroprozessor konnte bereits als Anwendung des λ-Kalküls gesehen werden [61]. LANDIN war zwar hauptsächlich daran interessiert, in den Programmiersprachen jener Zeit (ALGOL60) Elemente des λ-Kalküls nachzuweisen bzw. dessen Nützlichkeit für deren Untersuchung, aber er hat auch Gedanken über die Verwendbarkeit von rein "applikativen" (so LANDINs Bezeichnung für "funktions-orientiert") Programmen vorgebracht.

Die Arbeit [34] – die Schlüsselarbeit LANDINs – wird als "Beitrag zur 'Theorie' der Aktivität, Rechner zu verwenden" bezeichnet. LANDIN geht von der Idee einer Maschine zur Auswertung von Summen aus und fragt: "Gibt es einen Weg, den Begriff der 'Summe' so zu erweitern, daß gewissen Erfordernissen des Rechnernutzer gedient werden kann ohne (besser wohl: anstelle) all die Ausarbeitungen, wie Rechner zu verwenden sind? Gibt es Aspekte von 'Summen' die solchen charakteristischen rechnerbezogenen Begriffen wie Flußdiagramme, Job, Aufgabe usw. entsprechen?"

Ähnlich wie MCCARTHY betont LANDIN die strukturellen Aspekte der *applikativen Ausdrücke* (was gleich bedeutend ist mit "Ausdrücke, die aus Operatoren und Operanden bestehen"), er hält konkrete Notationen (λ-Notation) für nicht wesentlich. Applikative Ausdrücke wie Listen (als Daten und als Komponenten der Ausdrücke – mit ihnen werden Argumentlisten von dyadischen und triadischen Funktionen so dargestellt als ob LANDIN auch mehrwertige Funktionen einschließen wollte) werden als "konstruierte Objekte" über "Strukturdefinitionen" eingeführt, die als Definitionen von Operationen – Typprädikate, Selektoren und Konstruktoren – über der Objektklasse gegeben sind. Trotz der Absicht, der konkreten Syntax wenig Beachtung zu widmen, präsentiert LANDIN Varianten von einfachen Ausdrücken, zwei Listennotationen (x,y,z bzw. x:(y:(z:()))), zwei für bedingte Ausdrücke (if p then e1 else e2 bzw. if (p) (e1,e2)) und zwei für rekursive Definitionen (Y-Funktion bzw. rec).

Unter Berückichtigung der Arbeiten auf dem Gebiete der kombinatorischen Logik zeigte LANDIN, daß jede rekursive Definition

```
f(x) = (λ.x if p then g(x) else h(x,f(i(x))))
```

gleichgültig, wie oft das Symbol f in der Repräsentation für h vorkommt, so umgeschrieben werden kann, daß es nur noch einmal vorkommt:

```
f(x) = ((λ.f' (λ.x if p then g(x)
```

$$\text{else } \mathtt{h(x,f'(i(x)))))} \ \mathtt{f)}$$

LANDIN ist wohl der erste in der Informatik (eigentlich nach SCOTT, dessen Vorlesungsskript aber erst viel später bekannt wird), der die Semantik dieser Gleichung

$$\mathtt{f = Df}$$

mit dem Fixpunkt der Funktion D in Beziehung setzt. Er führt die Funktion Y ein, die den Fixpunkt einer gegebenen Funktion bestimmt:

$$\mathtt{f = YD.}$$

Unter Verwendung der Argumentlisten erlaubt er auch Listen von Funktionen als Lösungen der Fixpunktgleichungen, was zu wechselseitig rekursiven Funktionen führt:

$$\mathtt{(f,g) = Y \ (\lambda.f,g \ (\lambda.x \ (F(f,g,x) \ (\lambda.x \ G(f,g,x)))))}$$

LANDIN ist wenig daran interessiert, die praktische Verwendung einer "applikativen" Programmiersprache zu zeigen. Er steht der Verwendung einer "reinen" derartigen Sprache auch skeptisch gegenüber. Immerhin weist er auf Anwendungsbereiche hin: Mit geringem Aufwand könnten die Funktionen der rekursiven Zahlentheorie, oder die Syntax von Programmiersprachen (wie ALGOL60), oder Strukturdefinitionen beschrieben, oder Auswertungsfunktionen für applikative Ausdrücke dargestellt werden.

In der Folge entwarf LANDIN eine solche Auswertungsmaschine für applikative Ausdrücke, die SECD-Maschine. Dabei hat LANDIN von vornherein λ-Ausdrücke korrekt behandelt, indem er ihnen keine Sonderrolle zumaß, sondern ihnen als Wert die Closure zugeordnet hat – Repräsentationen für die resultierenden Funktionen, die den jeweiligen λ-Ausdruck und die aktuelle Umgebung, in der er ausgewertet wurde, umfassen. Der Closure entpricht die Ersatzlösung von LISP, das "FUNARG"; sie hat auch ein Gegenstück in E.DIJKSTRA's ALGOL60-Implementation. LANDIN's Arbeiten standen Mitte der sechziger Jahre in engem Zusammenhang mit Bemühungen, die Semantik von Programmiersprachen formal zu beschreiben. Zur Lösung dieses Problems wurden meist funktionale Sprachen vorgeschlagen [49].

Auf einer Konferenz im August 1965 (über Programmiersprachen und Pragmatik) standen sich die Befürworter und Gegner der funktions-orientierten (damals "deklarativ" genannten) Programmierung gegenüber. Obwohl so manches gute Argument für die funktions-orientierte Programmierung vorgebracht wurde, blieb doch der Eindruck vorherrschend, daß diese neue Art der Programmierung sich allenfalls für eine schöne Theorie eigne.

LANDIN trug hier seine – wenig veränderten – Ideen vor, indem er ein "Allzwecksystem" ISWIM vorstellte, eine funktions-basierte Programmiersprachenfamilie, deren primitive Funktionen offen waren [32]. Mit ihr hoffte er, ein LISP einführen zu können, "das von der namengebenden Verpflichtung zu Listen, dem schlechten Ruf, nur eine hemdsärmelige (engl. hand-to-mouth) Speicherverwaltung zu haben, dem hardware-abhängigen Geruch der Pädagogik, der schwerfälligen Klammerei und der Tradition voller Kompromisse" befreit sein würde. Einer seiner Vorschläge lief auf die Einführung von mehrwertigen Funktionen hinaus. Mit der Programmiersprache PAL versuchte LANDIN dann 1968 ähnlich wie MCCARTHY 1958 eine Symbiose von anweisungs-orientierter und funktions-orientierter Programmierung zu finden. Während der anweisungsbasierte Teil von PAL lediglich Sprung- und Zuweisungsanweisungen enthielt, bestand der funktions-basierte Teil aus einer Variante von ISWIM, d.h. war ein "syntaktisch gezuckerter" (LANDIN) λ-Kalkül. Die primitiven Datentypen umfaßten Zahlen, Zeichenketten, Wahrheitswerte, Tupel, Marken und Funktionen. Zur korrekten Behandlung der funktionalen Objekte übernahm man die Closure von ISWIM. PAL wurde am MIT von A.EVANS und Mitarbeitern implementiert [19] und zur Lehre verwendet.

Nur wenige Fachleute hätten um diese Zeit in der funktions-orientierten Programmierung eine Alternative gesehen. Wesentliche Ursache war der Glaube daran, daß funktions-basierte Sprachen prinzipiell nur ineffizient implementiert werden können. Genährt wurde der Glaube durch die Eigenschaften der zeitgenössischen LISP-Systeme. Selbst in diesen wurde aber damals kaum funktionsorientiert programmiert. Doch führte das Vorhandensein entprechender Elemente in LISP und das unter LISP-Experten verbreitete Gefühl, daß deren auschließliche Verwendung zu Programmen einer gewissen Eleganz führe, dazu, daß die Theoretiker der funktionalen Programmierung (wie LANDIN) immer einen wichtigen Einfluß auf die LISP-Gemeinschaft behielten. Eine weitere Klammer bildeten die Arbeiten zur formalen Beschreibung der Semantik von Programmiersprachen, die zunächst von MCCARTHY selbst mit vorangetrieben worden waren und später doch noch mit viel Sympathie verfolgt wurden.

Während in der LISP-Umgebung die FUNARGs als exotische Lösung galten und zeitweise aus Bequemlichkeitsgründen ignoriert wurden, gehörten die Closures zum Kern von LANDIN's Konzeption. Ende der sechziger Jahre kam von LANDIN der Impuls, die Behandlung der funktionalen Argumente in LISP zu klären. Durch LANDIN's Einfluß blieb am MIT das Bewußtsein erhalten, daß Closures die einzig richtigen Resultate bei der Auswertung von Lambda-Ausdrücken sind. J.WEIZENBAUM's Explikation von 1968 [63] und J.MOSES immer wieder zitierte Arbeit über das FUNARG-Problem [37] bewirkten 1970 einen entscheidenden Fortschritt: E.SANDEWALL schlug die Verwendung der Closure für die Repräsentation von Prozeßzuständen vor [42]. Bis dahin hatten die Closures (in ihrer Gestalt als FUNARGs) eher als ein unwichtiges Kuriosum der LISP-Implementierung gegolten. Fälle, in denen ihr Vorhandensein für ein Programm von entscheidender Wichtigkeit waren, hatte es kaum gegeben. Man diskutierte nur die Variante, in der ein λ-Ausdruck mit freien Variablen in innere Bindungsumgebungen transportiert wird, wobei die Bindungen, die zur "Definitionszeit" bestanden, überschrieben sind. Dafür hatte man Implementierungslösungen auch ohne Assoziationslisten finden können. SANDEWALL zeigte 1970 auch die Bedeutung der Fälle, in denen die Closure in Umgebungen gebracht wird, wo die Bindungen aus der Definitionzeit aufgelöst sind. Wie so mancher europäische Beitrag scheint auch der SANDEWALL's wenig beachtet worden zu sein – er war der Zeit um mindesten fünf Jahre voraus, inbesondere mit seinem Versuch, SIMULA in die Diskussion zu bringen.

Während so eine gewisse Bewegung in die LISP-Welt gekommen war, nahm gleichzeitig die Zahl der Informatik-Lehrer zu, die sich für die Lehre nicht einer der so "natürlichen" algorithmischen Sprachen bedienen wollten, sondern sich vielmehr kleine sauber beschreibbare Sprachen selbst schufen. Denn es hatte sich gezeigt, daß Anweisungen, inbesondere Zuweisungen und Sprünge, recht schwer semantisch beschreibbar sind. Zu diesen Entwicklern funktionaler Programmiersprachen gehörten u.a. J.BACKUS, W.BURGE, J.REYNOLDS, D.TURNER, P.WEGNER und andere.

APL [65] ist eine sehr alte Programmiersprache, die funktions-orientiert verwendet werden kann. Nach einem Entwurf von IVERSON [28] wurde die durch Spezialzeichen für verschiedenste (numerische) Operatoren charakterisierte Sprache erst nach dem Bau spezieller Terminals Mitte der sechziger Jahre implementiert.

REYNOLDS kam von seiner Sprache COGENT zu der Sprache GEDANKEN [35], deren wichtigste Ideen die Vollständigkeit (alle Wertarten – Typen – sind erster Klasse, d.h. können zugewiesen, Funktionen übergeben, von Funktionen geliefert, in Ausdrücken verwendet werden) und das Referenzkonzept (Referenzen sind Objekte, die Beziehungen zu je einem anderen Wert eingegangen sind; diese Beziehung wird durch die Zuweisungsoperation beeinflußt) waren. Obwohl stark funktional beeinflußt – was sich auch in der Darstellung der Datenstrukturen als Funktionen (Vektoren als Funktionen von natürlichen Zahlen auf Werte) niederschlägt – enthält die Sprache immer noch Zuweisung und Sprunganweisung.

TURNER schreibt in [58], er hätte seit 1972 eine funktionale Programmiersprache entwickelt. Diese stellte einen neuen Ansatz dar, denn TURNER favorisierte die variablenfreien Kombinatoren H.CURRY's [16] statt den λ-Kalkül. Später hat auch BACKUS diese Idee vorgezogen.

WEGENER kann seit 1966 als Verbreiter des funktionalen Programmierens angesehen werden. Seine Bücher [61,62] hatten großen Einfluß. Er war einer der ersten Kommunikationpartner SCOTT's.

Durch einen Zufall kamen SUSSMAN und STEELE 1975 dazu, den λ-Kalkül erneut zu analysieren und ihn als Grundlage eines rekonstruierten LISP's einzusetzen. SUSSMAN mußte die Grundvorlesung über Programmiersprachen halten und hatte dazu den λ-Kalkül zu behandeln, STEELE dagegen wollte den Actor-Formalimus von C.HEWITT (s. Kap. 16) verstehen. Eine von SUSSMAN angeregte Implementation wies aus, daß Actoren wie λ-Ausdrücke (d.h. als Closure) behandelt worden waren. Dies führte beide dazu, den λ-Kalkül ernst zu nehmen und als die einzig wahre Programmiersprache anzusehen [52,53]. Das rekonstruierte LISP, SCHEME genannt [56], hatte weitreichenden Einfluß auf die neue Konjunktur des reinen funktionalen Programmierens in LISP. Die Idee, objekt-orientiertes Programmieren in LISP durch die Verwendung von Closure zu unterstützen, hat sich als äußerst fruchtbar erwiesen (s. Kap. 16).

BACKUS brach 1978 in einer Turing-Award-Lecture eine Lanze für das funktions-orientierte (funktionale) Programmieren mit variablenlosen funktions-basierten Programmiersprachen [4]. Obwohl er das anweisungs-orientierte Programmieren unzulässigerweise mit dem FORTRAN-Programmieren gleichsetzte, wo in einer Anweisung allenfalls eine Zahl "transportiert" werden kann, ist die Darstellung seiner funktions-basierten Sprache und des mit ihr möglichen Programmierstils recht glücklich.

Die konventionelle anweisungs-orientierte Programmierung charakterisiert er unter Benutzung von verschiedenen Dimensionen, die wir in konzeptionelle und technische klassifizieren können. Ins konzeptionelle zielen die Vorwürfe, anweisungs-basierte Sprachen unterstützten die konzeptionelle Hierarchisierung nicht genug, seien *dynamisch*, weil man zum Verständnis eines Programs sich den Ablauf vorstellen müßte, und operierten nicht über konzeptionellen Einheiten, sondern Worte. Im technischen Bereich kritisiert BACKUS die Verwendung von Variablen für Zwischenwerte und Parameter, die durch die Kontrollanweisungen induzierte Erforderlichkeit von Initialisierungen und die in ihnen manifestierte unklare Verwaltung von technischen Mitteln (engl. housekeeping), und die Notwendigkeit von Prozedurdeklarationen. Er scheint die Funktionsdefinitionen seiner FP-Systeme nicht als solche zu betrachten. In den Beispielen stellt er Funktionsdefinitionen – die automatisch allgemein sind – speziellen Anweisungsfolgen gegenüber.

Es ist offensichtlich, daß Variable das Programmieren verkomplizieren. Insofern richtet sich BACKUS' Kritik auch gegen Programmiersprachen, die auf dem λ-Kalkül beruhen. Doch kann man in LISP, das ja sicher eine derartige Sprache ist, viele Variablen vermeiden, wenn man Terme nicht benennt. Diese Benennung wiederum geschieht aber zum Zwecke des Verstehens – und aus dem gleichen Grunde benennt man in BACKUS' funktionalen Sprachen Funktionen.

BACKUS beginnt nicht mit Termen, aus denen er durch Abstraktion die Funktionen gewinnt, wie das Vorgehen im λ-Kalkül und in LISP ist, sondern er konstruiert Funktionen (oder, wie man es auch interpretieren kann, Funktionsbeschreibungen) aus einigen Grundfunktionen mit Hilfe weniger Konstruktionsprinzipien. Dabei treten Definitions- und Wertebereiche nicht als beschreibbar ins Blickfeld – vielmehr wird angenommen, daß ein Grundbereich von Objekten der Definitionsbereich aller Funktionen ist. Der Wertebereich aller Funktionen ist derselbe Grundbereich, erweitert um einen Objekt "undefiniert". Im Grundbereich liegen Zahlen, Wahrheitswerte, sonstige Atome und Sequenzen.

Folgende Grundfunktionen werden in [4] verwendet: konstante Funktionen, *Selektion* (vom Anfang und vom Ende) von Komponenten aus einer Sequenz, *Rest* einer Sequenz, *Umkehrung* einer Sequenz, *Zusammenfügung* (links und rechts) zweier Sequenzen, *Rotieren* (rechtsherum, linksherum) einer Sequenz, *Läng*enbestimmung einer Sequenz, *Verteilen* (links, rechts) eines Objekts in alle Elemente einer Sequenz durch Bildung der Sequenz der jeweiligen Paare, *Transponieren* einer Sequenz von Sequenzen durch Bildung der Sequenz der Sequenzen aus den ersten, zweiten usw. Elementen. Prädikate (d.h. Funktionen mit den Werten W, F bzw. "undefiniert") wie: Argument ist ein *Atom*, Argument ist eine leere Sequenz, zwei Argumente sind *gleich* und die zweistelligen arithmetischen Funktionen ($+$, $-$, $*$, $/$) kommen hinzu.

Die Konstruktoren sind: *Komposition*, *Konstruktion* einer Folge von Funktionen in eine parallele Funktion, die Sequenzen erzeugt, *bedingte Auswahl* von zwei Funktionen f und g, wobei eine weitere p als Auswahlbedingung verwendet wird, *Aufgliederung* – ein Konstruktor, der aus einer Funktion, die auf zweistellige Sequenzen anwendbar ist, eine Funktion erzeugt, die (durch Aufgliederung in zweistellige Sequenzen) auf Sequenzen beliebiger Länge anwendbar ist, *parallele Anwendung* einer Funktion auf alle Elemente einer Sequenz, Binär-zu-Unär – ein Konstruktor, der aus einer zweistelligen[3] Funktion eine einstellige macht (indem ein Parameter für das erste Argument festgelegt wird), *zyklische Anwendung* einer Funktion auf eine Argument (bzw. das beim vergangenen Zyklus erzeugte Objekt).

Die Definitionsgleichungen sind Fixpunktgleichungen für das auf der linken und rechten Seite auftretende Funktionssymbol.

Bei genauer Analyse zeigt sich, daß die Hintereinanderschaltung von Funktionen durch funktionale Komposition wieder zu einer Art "sequentiellen" Denkens führt, das aber auf neuer Ebene Welten von der gewöhnlichen anweisungsorientierten Programmierung trennt.

Beim Vergleich von funktions-basierten Sprachen wie LISP und FP-Systemen hat man sich natürlich der Frage zu stellen, welche funktions-orientiertes Denken einfacher oder natürlicher ermöglicht. Ein gewichtiges Argument dürfte hierbei sicher der Hinweis auf den Notationsaufwand sein. Und dieser ist bei Sprachen, die aus dem λ-Kalkül abgeleitet sind, vermutlich höher. Darüberhinaus wird man sicher zu registrieren haben, daß FP-Systeme deutlicher auf den Umgang mit den Funktionen zielen, während LISP und verwandte Sprachen auf den funktionalen Term (die Funktionsanwendung) als Wertbeschreibung fokussieren. Wenn man will, könnte man so von "term-orientierter" Programmierung sprechen.

Während die Funktionsanwendung bei FP-Systemen nur im (imperativen) Akt der Programmaktivierung vorkommt, dient die Funktionsanwendung bei LISP und verwandten Sprachen als grundlegendes Hilfsmittel bei der Funktionsdefinition, -konstruktion und -aktivierung. Dieses Hilfsmittel erlaubt auch, die Konstruktionsprinzipien selbst zu formulieren und so Konstruktoren für Konstruktionsformen als Funktionen zu entwickeln. Demgegenüber sind die BACKUS'schen Konstruktoren außerhalb des Formalismus: Funktionen sind keine Objekte, die Konstruktoren natürlich noch weniger, und Metakonstruktoren daher undenkbar (vergleiche aber FL [3]!).

Zusammengefaßt, LISP und verwandte Sprachen verdienen die Kritik bezüglich der Variablen und der erforderlichen Substitutions- bzw. Bindungsregeln zu Recht, lassen sich aber gegen die anderen Angriffspunkte gut verteidigen.

Moderne Entwicklungen in der funktions-orientierten Programmierung sind mit der Sprache ML [24,36] (verwandt ist HOPE [13]) verbunden, die von R.MILNER u.a. an der Universität Edinburgh entwickelt wurde. ML arbeitet mit Variablen, fällt also in eine Klasse mit LISP. Ein wichtiger Unterschied liegt in der Behandlung der Datentypen. ML ist streng typisiert; es gibt Typvariablen. (So sind etwa LISP-Listen sequentiellen Typs, doch die Komponentendatentypen sind offen.) Typen ohne Typvariablen sind *monomorph*, mit

---

[3] Zweistellig heißt hier, daß die Funktion für zweistellige Sequenzen Werte liefert und für die übrigen Objekte den undefinierten Wert.

Typvariablen *polymorph*. Wie mehrfach betont, gewinnt funktions-orientiertes Programmieren mehr Potenz, wenn große Typenspektren verfügbar sind.

Aber auch die Idee SMITH's zur Transparenz der Verarbeitung, die dem Programmierer geordnete Einflußnahme auf die Interpretation erlaubt (*Reflexion in einer reflektiven Sprache*) ist zu erwähnen. SMITH's LISP-Rekonstruktion ist leider noch nicht weithin verstanden und aufgegriffen worden. (Wir konnten sie nur bruchstückhaft behandeln.)

Wenn wir heute davon sprechen können, daß funktions-orientiertes Programmieren fast eine Mode geworden ist, der sich insbesondere Theoretiker bemächtigt haben, so können wir den Grund zum guten Teil darin sehen, daß die funktions-basierten Sprachen so gut beschreibbar sind. Damit ist nicht unbedingt die häufige Benutzung solcher Sprachen für konkrete große Anwendungen verbunden.

Auch in der KI wird funktions-orientiertes Programmieren eher selten verwendet. Die Einflüsse, die von der Implementierung funktions-basierter Sprachen kommen, dürfen jedoch nicht unterschätzt werden. Für den KI-Programmierer ist die Kenntnis dieser Implementierungstechniken eines der wichtigen Handwerkszeuge.

4.6 Übungsaufgaben

U4.1 Vervollkommne das funktions-orientierte krypto-arithmetische Programm!

U4.2 Vervollständige die 3-LISP-Teilmengen-Implementation durch die Reduktionsregeln für die übrigen primitiven 3-LISP-Funktionen!

U4.3 Programmiere `PAIRIFY`, eine Funktion, die normale LISP-Listenstrukturen umformt in 3-LISP Strukturen (Paare und Sequenzen)!

U4.4 Implementiere 3-LISP vollständig!

U4.5 Konzipiere eine dem funktions-orientierten Programmieren angepaßte Programmierumgebung!

U4.6 Programmiere eine Funktion, die 3-LISP-Programme in die internen Strukturen des Interpreters überführt!

U4.6 Implementiere BACKUS' Programmiersprache FP [4] bzw. FL [3]!

4.7 Literatur

[1] H. Abelson, G.J. Sussman: Structure and Interpretation of Computer Programs. MIT Press, Cambridge, 1984

[2] J. Allen: Anatomy of LISP. McGraw-Hill, New York etc., 1978

[3] J. Backus, J.H. Williams, E.L. Wimmers: FL Language Manual. IBM Res. Rep. RJ 5339, IBM Almaden Research Center, San Jose, Nov. 1986

[4] J. Backus: Can Programming be Liberated from the von Neuman Style? A Functional Style and its Algebra of Programs. Comm. ACM, Vol. 21 (1978), No. 8, S. 613–641

[5] R. Bailey: A HOPE Tutorial. Byte, August 1985, S. 235–258

[6] H.P. Barendregt: The Lambda Calculus, its Syntax and Semantics. North Holland Publ., Amsterdam, 2nd ed., 1984

[7] D.W. Barron: Recursive Techniques in Programming. MacDonald, London, 1968

[8] D.W. Barron, C. Strachey: Programming, in: Fox. [20]

[9] R. Bornat: Programming From First Principles. Prentice Hall, Hemel Hempstead, 1987

[10] M. Broy: Funktionales Programmieren – Programmieren mit Funktionalen, in: I. Kupka (Hrsg.): 13. GI Jahrestagung, Informatik Fachberichte 73, Springer, Berlin etc., 1983, S. 24–40

[11] W.H. Burge: Recursive Programming Techniques. Addison-Wesley, Reading etc., 1975

[12] W.H. Burge: The Evaluation, Classification and Interpretation of Expressions. Proc. 19.th National ACM Conf., New York, 1964

[13] R. Burstall, D. MacQueen, D. Sanella: HOPE – An Experimental Applicative Language. Report CSR-62-80, Computer Science Dept., Edinburgh University, Edinburgh, 1980

[14] J.M. Cadiou: Recursive Definitions of Partial Functions and Their Computation. Stanford University, Dept. of Computer Science, STAN-CS-266-72, Stanford, 1972

[15] A. Church: The Calculi of Lambda-Conversion. Ann. of Math. Studies, Vol. 6, Princeton, 1941

[16] H.B. Curry, R. Feys: Combinatory Logic. North Holland, Amsterdam, 1958

[17] J. Darlington, P. Henderson, D.A. Turner (eds.): Functional Programming and its Application. Cambridge University Press, Cambridge etc., 1982

[18] J. Dennis, D.P. Misunas: A Preliminary Architecture for a Basic Data-Flow Processor. Proc. 2nd Annual Symposium on Computer Architecture. IEEE, New York, 1975

[19] A. Evans: PAL – A Language Designed for Teaching Programming Linguistics. Proc. 1968 ACM National Conference, 1968, S. 395–403

[20] L. Fox (ed.): Advances in Programming and Non-numerical Computation. (1963 Summer School in Oxford), Pergamon Press, Oxford etc., 1966

[21] D.P. Friedman, M. Wand, C.T. Haynes, E. Kohlbecker, W. Clinger: Fundamental Abstractions of Programming Languages. Computer Science Departement, Indiana University, Course Notes, Indiana, 1984

[22] D.P. Friedman, D. Wise: CONS Should Not Evaluate ist Arguments. Proc. 3rd Internat. Colloq. on Automata, Languages and Programming, Edinburgh Univ. Press, Juli 1976, S. 257–284

[23] P.C. Gilmore: An Abstract Computer with a LISP-like Machine Language without a Label Operator, in: P.Brafford, D.Hirschberg (eds.): Computer Programming and Formal Sytems. North Holland Publ., Amsterdam, 1963, S. 71–86

[24] M. Gordon, R. Milner, C. Wadsworth, G. Cousineau, G. Huet, L. Paulon: The ML Handbook. Version 5.1, INRIA, Rocquencourt, Okt. 1984

[25] P. Henderson: Functional Programming – Application and Implementation. Prentice Hall, Englewood Cliffs etc., 1980

[26] P. Henderson, J.M. Morris: A Lazy Evaluator. Proc. 3rd POPL Symposium, Atlanta, 1976,

[27] J.R. Hindley, J.P. Seldin: Introduction to Combinators and the Lambda Calculus. Cambridge University Press, Cambridge etc., 1986

[28] K.E. Iverson: A Programming Language. Wiley, New York, 1962

[29] P.R. Kosinski: A Data Flow Programming Language. IBM Res. Rep. RC-4264, Yorktown Heights, 1973

[30] P.J. Landin: A Lambda-Calculus Approach, in [15]

[31] P.J. Landin: An Abstract Machine for Designers of Computing Languages. Proc. IFIP Congress 1965, Vol. 2, Spartan Books, Washington, 1966

[32] P.J. Landin: The Next 700 Programming Languages. Comm. ACM, Vol. 9 (1966), No. 3, S. 157–166

[33] P.J. Landin: A Correspondence Between ALGOL60 and Church's Lambda-Notation. Comm. ACM, Vol. 8 (1965), No. 2, S. 89-101, No. 3, S. 158–165

[34] P.J. Landin: The Mechanical Evaluation of Expressions. Computer Journal, Vol. 6 (1964), No. 4, S. 308–320

[35] J. McCarthy: Recursive Functions of Symbolic Expression and Their Computation by Machine. Part 1, Comm. ACM, Vol. 3 (1960), No. 4, S. 184–195

[36] R. Milner: A Proposal for Standard ML. University of Edinburgh, Dept. of Computer Science, Edinburgh, 1983

[37] J. Moses: The Function of FUNCTION in LISP. MIT, AI Memo 199, Cambridge, 1970

[38] J. Rees, W. Clinger (eds.): Revised[3] Report on the Algorithmic Language Scheme. MIT AI Memo 848a, Cambridge, September 1986

[39] G.E. Revesz: Lambda-Calculus, Combinators amd Functional Programming. Cambridge University Press, New York, 1987

[40] J.C. Reynolds: Definitional Interpreters for Higher Order Programming Languages. ACM National Conference 1972, ACM, 1972, S. 717–740

[41] J.C. Reynolds: GEDANKEN – A Simple Typeless Language Based on the Principle of Completeness and the Reference Concept. Comm. ACM, Vol. 13 (1970), No. 5, S. 308–319

[42] E. Sandewall: A Proposed Solution to the FUNARG Problem. Uppsala, 1970

[43] D. Scott: A System of Functional Abstraction. Handwritten Script, Stanford University, 1963

[44] F. Simon: LAMBDA Calculus and LISP. Intitut f. Informatik, Christian-Albrechts-Universität Kiel, Bericht Nr. 8006, 1980

[45] B.C. Smith: Reflection and Semantics in LISP. Proc. POPL 1984, ACM, S. 23-35

[46] B.C. Smith, J. de Rivieres: 3-LISP Reference Manual. Version 1.03. CLI Stanford and XEROX PARC, Stanford and Palo Alto, 1984

[47] B.C. Smith: Reflection and Semantics in a Procedural Language. MIT, Lab. for Computer Science, TR-272, Cambridge, 1982

[48] C. Strachey: A General Purpose Macro System. Computer Journal, Vol. 8 (1965), No. 3, S. 225

[49] T.B. Steel (ed.): Formal Language Description Languages for Computer Programming. North Holland Publ., Amsterdam, 1966

[50] G.L. Steele: Rabbit – A Compiler for Scheme. MIT, AI TR 472, Cambridge, 1978

[51] G.L. Steele: Debunking the "Expensive Procedure Call" Myth. Proc. ACM National Conference 1977, ACM, 1977, S. 154-162 (MIT, AI Memo 443, Cambridge, 1977)

[52] G.L. Steele: LAMBDA The Ultimate Declarative. MIT, AI Memo 379, Cambridge, 1976

[53] G.L. Steele, G.J. Sussman: LAMBDA The Ultimate Imperative. MIT, AI Memo 353, Cambridge, 1976

[54] H. Stoyan: Early LISP History (1956-1959). 1984 ACM Symp. on LISP and Functional Programming. ACM, New York, 1984, S. 299–310

[55] H. Stoyan, G. Görz: LISP – Eine Einführung in die Programmierung. Springer, Berlin etc., 1984

[56] G.J. Sussman, G.L. Steele: Scheme – An Interpreter for Extended Lambda Calculus. MIT, AI Memo 349, Cambridge, 1975

[57] S.S. Thakkar (ed.): Selected Reprints on Dataflow and Reduction Architectures. The Computer Society, IEEE, Los Alamitos, 1987

[58] D.A. Turner: Recursion Equations as a Programming Language. in J. Darlington, P. Henderson, D.A. Turner [12]

[59] D.A. Turner: SALS Language Manual. University of St. Andrew, Dept. of Computational Science, Rep. CS/75/1, St. Andrew, 1975

[60] J.E. Vuillemin: Proof Techniques for Recursive Programs. Stanford University, Dept. of Computer Science, STAN-CS-73-393, Stanford, 1973

[61] P. Wegner: Introduction to Systems Programming. Academic Press, London etc., 1964

[62] P. Wegner: Programming Languages, Information Structures, and Machine Organization. New York, 1968

[63] J. Weizenbaum: The FUNARG Problem Explained. MIT, Cambridge, 1968

[64] P.M. Woodward: List Programming, in Fox [15]

[65] M.G. Zilah-Szabo: APL lernen, verstehen, anwenden. Hanser, München, 1986

Kapitel 5

Programmieren mit Mustern

5.1 Einführung in die Grundbegriffe des Mustervergleichs

Wenn uns bezüglich einer Zeichenkette nicht die konkrete Wortfolge interessiert, sondern nur, ob ein bestimmtes Wort vorkommt, oder, ob eine bestimmte Wortkonstellation existiert, dann haben wir ein *Zeichenkettenmuster* im Sinn. Ähnlich kann eine Aufgabe lauten, Datenstrukturen bestimmter Art nach dem Vorkommen von Teilstrukturen zu klassifizieren – durch den *Vergleich mit Mustern*.

Dieser uns in diesem Kapitel (und in folgenden Kapiteln) interessierende *Mustervergleich* bezieht sich also durchweg auf symbolische Daten, insbesondere Zeichenreihen, und keinesfalls auf graphische Muster oder statistische Muster in Zahlenmengen, die erkannt oder verglichen werden sollen.

"Mustervergleich" ist eine schlechte Übersetzung des Terminus *pattern matching*, weil der Eindruck entsteht, es werde nur verglichen, ein Objekt werde nur analysiert oder klassifiziert. Hat man diese Vorstellung, so muß die Überschrift "Programmieren mit Mustern" schwer verständlich bleiben. Muster können aber genauso gut zur Konstruktion von Datenobjekten verwendet werden. Auch der Vergleichsprozeß selbst ist ein komplexer Berechnungsvorgang, bei dem das Muster aktiv wird, indem es die Belegung von Variablen bewirkt, Suchprozesse anstößt, ganze Bindungsumgebungen produziert.

Mit *Mustern* werden gewöhnlich Klassen von strukturierten Daten beschrieben. Die Struktur der Daten wird durch die ähnliche (oder gleichartige) Struktur des Musters *implizit* (analog, intrinsisch) abgebildet; die Komponenten der Struktur werden durch *direkte* Angabe oder Beschreibung von *Typ-* oder *Struktureigenschaften* eingegrenzt, so daß das Muster gewöhnlich als *Prototyp* ganzer Klassen von Daten auftritt.

Wenn das Muster zur Klassifikation vorgelegter Daten benutzt wird, kann es als *Steuerprogramm* des *Klassifizierers* angesehen werden. Als solches liefert es hauptsächlich eine Diagnose: "Paßt" oder "Paßt nicht". Nebenher werden aber weitere Ergebnisse (über die Qualität der Klassifizierung) weitergegeben.

Schon der Diagnoseprozeß kann so komplex sein, daß das ihn steuernde Muster – mit neuen Mitteln – Aufgaben wahrzunehmen hat, wie sonst gewöhnliche Programme. Die Ergebnisübermittlung erlaubt aber auch, als Muster geschriebene Programme mit anderen Programmen zu verknüpfen.

5.2 Mustervergleich: Verarbeitungsmodell, Programmierstil, Programmiersprache

5.2.1 Das Verarbeitungsmodell

Das Mustervergleichsmodell ist recht einfach: Die Programme sind Muster, die Objektklassen beschreiben. Die Muster sind Strukturen (Folgen oder Bäume) von elementaren Mustern, die mit einem *Argumentobjekt* verglichen werden. Dieser Vergleich läuft von links nach rechts, von außen nach innen, durch Muster und Objekt. Resultat ist ein *Wahrheitswert*, der das Enthaltensein des Objektdatums in der mit dem Muster verbundenen Datenklasse darstellt, sowie eine Menge von Bindungen (oder eine Menge von Bindungsmengen).

Es gibt etwa folgende elementare Muster (wir geben gleich mit an, wie diese behandelt werden):

Konstante – im Objekt muß die entsprechende Konstante auftauchen.

Variable – im Objekt darf beim ersten Auftauchen eine beliebige Komponente stehen, beim späteren Auftauchen muß sich die gleiche Komponente wiederholen.

Deckelement – im Objekt darf eine beliebige Komponente stehen.

Deckelement für ein Segment – eine gewisse Teilfolge von beliebigen Objektelementen (auch eine leere) darf an der aktuellen Stelle beginnen.

bedingtes Deckelement – im Objekt darf eine durch eine bestimmte Bedingung eingegrenzte Komponente stehen.

Musteraufruf – im Muster steht der Name eines Musters. Dieses wird mit dem Objekt verglichen. Dabei kann erneut ein anderes Muster (und rekursiv dasselbe) verwendet werden.

Wert – im Muster steht ein LISP-Term, dessen Wert (durch LISP-Interpretation) mit dem Objektelement verglichen wird.

Steuerelemente –

> zur Alternativenberücksichtigung:
> FAIL – erklärt aktuelle Alternative als unbrauchbar,
> FENCE – erklärt bisherige Alternativen für abgeschlossen,
> SUCCESS – erklärt aktuelle Alternative als brauchbar.

5.2.2 Der muster-orientierte Programmierstil

Der muster-orientierte Programmierstil ist auf die *Beschreibung* von (Daten-)-Objektstrukturen[1] konzentriert: Alle in den Mustern auftauchenden Kompo-

---

[1] Die Datenobjekte müssen keinesfalls zwangsweise Zeichenketten, d.h. lineare Folgen von Zeichen, sein. Lineare Folgen von Zahlen, Zeichen, Symbolen, Zeichenketten, Strukturen sind genauso möglich wie baum-artige Strukturen derartiger Objekte.

nenten beziehen sich auf potentielle Objektkomponenten oder sind Beschreibungen von Berechnungen, deren Resultate sich auf Objektkomponenten beziehen. Diese Sicht auf die Objekte sollte *statisch* sein in dem Sinne, daß eine Objektklasse beschrieben wird und nicht die Konstruktion eines Objektes. Nur in Ausnahmefällen sollte das Muster ein Beschreibungsverfahren darstellen, d.h. deutlich dynamische Elemente enthalten. Im Idealfall sollte ein (sequentielles) Muster von beiden Seiten her verarbeitbar sein. Eine Berechnung, die mit dem Mustervergleichsprozeß nichts zu tun hat, und die zwischen die Musterelemente eingeschleust wird[2], entspricht diesem Stil nicht. *Variable sollten immer nur mit Daten belegt werden, die als Komponenten im Objekt auftauchen.*

5.2.3 Eine Musterbeschreibungssprache

Wir werden hier eine Musterbeschreibungssprache einführen, die die Möglichkeiten bereitstellt, die für den Zweck des Buches ausreichen. Um einen Überblick über die in verschiedenen Musterbeschreibungssprachen verfügbaren Ausdrucksmittel zu gewinnen, studiere man [8].

Unsere Musterbeschreibungssprache soll zur Beschreibung von Listenstrukturen dienen, das heißt, Muster sind Listen von elementaren Mustern, mit denen Listen beschrieben werden. In diesen Listen können rekursiv ganze Musterlisten auftreten. Konstante sind alle LISP-Atome. Wir ermöglichen bewußt nicht die Auswertung von Termen, die als Musterelemente notiert wurden.

Deckelemente stehen bereit für einzelne Elemente (&) und Folgen von solchen, d.h. für Segmente ($). Für das Abdecken von Objektkomponenten können zusätzliche Bedingungen notiert werden; diese haben in Listen unmittelbar auf das Deckzeichen zu folgen. Das erste Element einer solchen Bedingungsliste ist ein Variablenname oder das Element _ (die anonyme Variable).

Die Musterelemente unserer Sprache sind:

1. Konstante: LISP-Atome z.B.: `1`, `PLUS`, `"STRING"`, usw.

2. Deckelemente:

   `&` – einzelnes Element. `(&)` paßt auf alle einelementigen Listen.
   `$` – Segment. `($)` paßt auf alle Listen.
   `-` – leere Liste.

3. Deckelement-Annotationen:

   `_` – anonyme Variable. `&(_)` ist wie `&`
   Symbole – Variable.
           `(&(a))` paßt auf alle einelementigen Listen und liefert eine Bindung für `a`.
           `(&(a) &(a))` paßt auf zweielementige Listen mit zwei gleichen Elementen und liefert eine Bindung für `a`.

---

[2] Wie es etwa in SNOBOL möglich ist wegen der Konkatenation der Ergebnisse zur Muster-Zeichenkette, in die leere Ergebnisse nicht eingehen.

Attribute, die nach der Variablen stehen können:
> `symbolp, numberp, atom, listp, consp` – Objekt muß vom entsprechenden Typ sein.
>
> `equal` – "gleich" (Argument folgt) – Objekt muß mit Argument gleich sein.
>
> `noteq` – "ungleich" (Argument folgt) – Objekt muß vom Argument verschieden sein.
>
> `alt` – "eines" (Liste der Alternativen folgt) – Objekt muß gleich einer der Alternativen sein.
>
> `true` – "erfüllt" (Term folgt) – Test muß erfüllt sein.
>
> `compute` – "Wertgleich" – Variable wird mit ausgewertetem Objekt gebunden.
>
> Muster – Objekt muß auch auf dieses Muster passen.

Die Attribute `true` und `compute` basieren auf speziellen Interpretationen der zu vergleichenden Zeichenketten (Listenstrukturen). Hier wird die "Einbettung" in LISP sichtbar. Wir benötigen diese Attribute in späteren Kapiteln.

5.3 Programmieren mit Mustern

5.3.1 Einfache Beispiele

Ein arithmetischer Ausdruck mit dem Summand 0:
```
(&(x) + 0)
```
Ein Muster zum Addieren zweier Zahlen:
```
(&(x) &(y) &(z equal (+ x y))
```
Ein Musterprogramm zum Zusammenhängen zweier Listen:
```
(&(x) &(y) &(z ($(x) $(y))))
```

5.3.2 Ein Musterprogramm für das krypto-arithmetische Problem

Es ist nicht einfach, das krypto-arithmetische Problem als Muster darzustellen: Das konkrete Problem sollte ja möglichst Parameter oder Eingabedatum oder Objekt sein. Doch macht man sich schnell klar, daß dies nicht möglich ist. Ohne Zweifel sollen die Unbekannten aus den sechs Gleichungen bestimmt werden. Diese Ziffernsymbole sind also nichts anderes als Variablen. Ein Muster zu schreiben, das seine Variablen mit den Gleichungsvariablen besetzt und darüber hinaus weitere Variablen bereithält, um die die Gleichungen erfüllenden Werte zu binden, erscheint nicht als sonderlich glücklich. Zudem können die Mustervariablen nur Werte aus dem Objekt annehmen. Damit wird klar, daß die Gleichungen alleine als Objekt auch nicht genügen würden.

Wir haben uns entschieden, die Gleichungen in das Muster aufzunehmen. Da die Variablen in den Mustern immer dieselben sind, können die Anfangsteile des Musters die Variablen und ihre Beziehungen untereinander ausdrücken. Die Gleichungen dienen dann als Prüfteil am Ende:

```
(($  &(a) $)
 ($  &(b noteq a) $)
 ($  &(c noteq a noteq b) $)
 ($  &(d noteq a noteq b noteq c) $)
 ($  &(e noteq a noteq b noteq c noteq d) $)
 ($  &(f noteq a noteq b noteq c noteq d noteq e) $)
 ($  &(g noteq a noteq b noteq c noteq d noteq e noteq f) $)
 ($  &(h noteq a noteq b noteq c noteq d noteq e noteq f
        noteq g) $)
 ($  &(i noteq a noteq b noteq c noteq d noteq e noteq f
        noteq g noteq h) $)
 ($  &(j noteq a noteq b noteq c noteq d noteq e noteq f
        noteq g noteq h noteq i
      gleichungen)
   $ ))
```

Die Gleichungen sind, wie angedeutet, als Bedingungen an die letzte Variable
anzuhängen:

```
    true (= (* (+ (* 10 f) g) (+ (* 10 h) a))
            (+ (* 100 h) (* 10 a) g))
    true (= (+ (+ (* 100 a) (* 10 d) d) (+ (* 100 h) (* 10 a) g))
            (+ (* 1000 f) (* 100 g) (* 10 h) d))
    true (= (+ (+ (* 100 a) (* 10 b) g) (+ (* 10 e) d))
            (+ (* 100 a) (* 10 d) d))
    true (= (+ (+ (* 10 a) b) (+ (* 100 c) (* 10 d) e))
            (+ (* 1000 f) (* 100 g) (* 10 h) d))
    true (= (* (+ (* 10 e) d) (+ (* 10 h) a))
            (+ (* 100 c) (* 10 d) e))
    true (= (* (+ (* 10 a) b) (+ (* 10 f) g))
            (+ (* 100 a) (* 10 b) g))
```

Dieses Beispiel zeigt uns, daß ein Muster "effizienter" gemacht werden kann,
ohne daß der Musterbeschreibungsstil verlassen werden muß, wenn die Abarbeitungsreihenfolge (das Verarbeitungsmodell) noch mehr berücksichtigt wird.
Bei einiger Analyse der Gleichungen kann man nämlich Abhängigkeiten der
Variablen feststellen, etwa zusammengehörige Gruppen, die mit einer zugeordneten Gleichung auf Konsistenz geprüft werden können. Im vorliegenden Falle
sind auch nicht alle Variablen erforderlich. Ein noch "effizienteres" Muster wäre
etwa:

```
(($  &(a noteq 0) $)
 ($  &(f noteq a noteq 0) $)
 ($  &(g noteq a noteq f) $)
 ($  &(b noteq a noteq f noteq g
        true (= (* (+ (* 10 a) b)
                   (+ (* 10 f) g))
                (+ (* 100 a) (* 10 b) g))) $)
```

```
($   &(h noteq 0 noteq a noteq f noteq g noteq b
       true (= (* (+ (* 10 f) g) (+ (* 10 h) a))
              (+ (* 100 h) (* 10 a) g))) $)
($   &(d noteq a noteq f noteq g noteq b noteq h
       true (= (+ (+ (* 100 a) (* 10 d) d)
                 (+ (* 100 h) (* 10 a) g))
              (+ (* 1000 f) (* 100 g) (* 10 h) d))) $)
($   &(e noteq 0 noteq a noteq f noteq g noteq b noteq h
       noteq d true (= (+ (+ (* 100 a) (* 10 b) g)
                        (+ (* 10 e) d))
                     (+ (* 100 a) (* 10 d) d))) $)
($   &(c noteq 0 noteq a noteq f noteq g noteq b noteq h
       noteq d noteq e
       true (= (+ (+ (* 10 a) b) (+ (* 100 c) (* 10 d) e))
              (+ (* 1000 f) (* 100 g) (* 10 h) d))
       true (= (* (+ (* 10 e) d) (+ (* 10 h) a))
              (+ (* 100 c) (* 10 d) e))) $))
```

Hier ist sogar noch "Wissen" über die Positionen der Variablen in den Gleichungen eingebracht: Eine Variable in führender Stellung kann nicht 0 sein.

Die entscheidende Schwäche des Programms bleibt aber, daß keine Analyse der Gleichungen vorgenommen wird. Damit ist auch offen, wie das Wissen über krypto-arithmetische Probleme eingebracht werden kann.

5.4 Implementation eines Mustervergleichers

Wir implementieren einen Mustervergleicher, der gleich alle möglichen Bindungen für die Variablen liefert:

```
(DEFUN MATCH(PAT OBJ BND-SET)
 (COND
   ((EQUAL PAT OBJ) BND-SET)
     ; sind Muster und Objekt identisch, so paßt das Muster
   ((EQ PAT '&) BND-SET)
     ; & paßt auf jedes Objekt
   ((EQ PAT '-) NIL)
     ; - paßt auf kein Objekt
   ((NOT (LISTP OBJ)) NIL)
     ; ist das Muster keine Konstante oder & ,
     ; muß das Objekt eine Liste sein (auch die leere).
   ((EQ PAT '$) BND-SET)
     ; $ paßt auf jede Liste
   ((NOT (CONSP PAT)) NIL)
     ; ist das Muster keine Konstante, -, & , oder $ ,
     ; so muß das Objekt eine nichtleere Liste sein
   ((EQ (CAR PAT) '&) (MATCH-& PAT OBJ BND-SET))
     ; Verarbeitung von einfachen Variablen
```

```
((EQ (CAR PAT) '-) (MATCH- PAT OBJ BND-SET))
   ; negativer Mustervergleich
((EQ (CAR PAT) '$) (MATCH-$ PAT OBJ BND-SET))
   ; Verarbeitung von Segmentvariablen
((EQUAL (CAR PAT) (CAR OBJ))
  (MATCH (CDR PAT) (CDR OBJ) BND-SET))
   ; sind die ersten Listenelemente gleich, so müssen die Reste
   ; noch passen
(T (LET ((BS (MATCH (CAR PAT) (CAR OBJ) BND-SET)))
          ; wir benennen das Mustervergleichsresultat bzgl. des
          ; ersten Elements
     (COND
       ((NOT BS) NIL)
          ; hat an dieser Stelle das Muster gepaßt? - nein
       (T (MATCH (CDR PAT) (CDR OBJ) BS)))))))
          ; ja - Vergleich der Reste
```

Beim Vergleich mit einer bedingten Variablen müssen wir entweder neue Bindungsumgebungen aufbauen oder unter den alten selektieren.

```
(DEFUN MATCH-&(PAT OBJ BND-SET)
 (COND
  ((NULL OBJ) NIL)
    ; es muß noch ein Teilobjekt da sein.
  ((OR (NULL (CDR PAT))
        ; ist das negative Musterelement das letzte Teilmuster
       (NOT (CONSP (CADR PAT)))
       (NOT (SYMBOLP (CAADR PAT))))
        ; oder ist ihm keine Variable zugeordnet (jedes Element paßt)
   (MATCH (CDR PAT) (CDR OBJ) BND-SET))
    ; dann ist das Musterelement erfolgreich
  (T (LET ((VAR (CAADR PAT))
            ; die angegebene Variable
           (CNDS (CDADR PAT)))
            ; die angegebenen Bedingungen
        ; prüfe aktuelles Teilobjekt
       (LET ((BNDS (SELECT-POSITIVE-BINDINGS BND-SET
                                             VAR
                                             OBJ
                                             CNDS)))
          ; selektiere Bedingungensumgebungen,
          ; in denen das Teilobjekt paßt
         (COND ((NULL BNDS) NIL)
               ; es gibt keine ...
               (T (MATCH (CDDR PAT) (CDR OBJ) BNDS)))))))))
          ; arbeite mit den gefundenen weiter.
```

Beim negativen Vergleich darf das Muster nicht passen, wenn das Resultat positiv bewertet werden soll.

```
(DEFUN MATCH-(PAT OBJ BND-SET)
 (COND
   ((OR (NULL (CDR PAT))
             ; ist das negative Musterelement das letzte Teilmuster
        (NOT (CONSP (CADR PAT)))
        (NOT (SYMBOLP (CAADR PAT))))
             ; oder ist ihm keine Variable zugeordnet (d.h. eine unbedingte
             ; Ablehnung liegt vor)
      (COND ((NULL OBJ) (MATCH (CDDR PAT) NIL BND-SET)
             ; dann kann nur das leere Objekt passen
            (T NIL)))
             ; sonst aber kann nichts passen.
   ((NULL OBJ) (MATCH (CDDR PAT) NIL BND-SET))
    ; in einem leeren Objekt kann das abgelehnte Teilobjekt nicht auftreten
   (T (LET ((VAR (CAADR PAT))
             ; die angegebene Variable
            (CNDS (CDADR PAT)))
             ; die angegebenen Bedingungen
        (DO ((O-L OBJ (CDR O-L))
               ; prüfe alle Subobjekte...
             (BS BND-SET
                  (BND-SET-DIF
                     BS
                     (SELECT-POSITIVE-BINDINGS BS
                                               VAR
                                               (CAR O-L)
                                               CNDS))))
             ; eliminiere die Bindungen, bei denen die Bedingungen
             ; erfüllt sind.
            ((NULL O-L) (COND ((NULL BS) NIL)
                              (T (MATCH (CDDR PAT) OBJ BS))))
            (COND ((NULL BS) (RETURN NIL)))))))))
             ; bleibt keine Bedingung übrig, so
             ; kann das Teilmuster nicht passen.
```

Beim Verarbeiten von Segmentvariablen muß versucht werden, die richtige Segmentlänge zu bestimmen.

```
(DEFUN MATCH-$(PAT OBJ BND-SET)
 (COND
   ((NULL (CDR PAT)) BND-SET)
     ; der Vergleich endet positiv, wenn das Segmentmuster das letzte
     ; Teilmuster ist
   ((OR (NOT (CONSP (CADR PAT)))
        (NOT (SYMBOLP (CAADR PAT))))
    (DO ((O-L (REVERSE OBJ) (CDR O-L))
```

```
      ; handelt es sich um ein einfaches Segmentteilmuster?
         (P-L NIL (NCONC (LIST (CAR O-L)) P-L))
         (BS BND-SET (BND-SET-UNION BS (MATCH (CDR PAT) P-L BS))))
     ((NULL O-L)
        (BND-SET-UNION BS (MATCH (CDR PAT) OBJ BS)))))
      ; dann werden alle Segmente ermittelt, die passen
  (T ; liegt eine Segmentvariable vor, so muß genauer analysiert werden...
     (LET ((VAR (CAADR PAT))
             ; die angegebene Variable
           (CNDS (CDADR PAT)))
            ; die angegebenen Bedingungen
       (DO ((O-L OBJ (CDR O-L))
            (P-L NIL (APPEND P-L (LIST (CAR O-L))))
            (BS NIL (BND-SET-UNION
                          (MATCH (CDDR PAT)
                                 O-L
                                 (SELECT-POSITIVE-BINDINGS
                                          BND-SET
                                          VAR
                                          P-L
                                          CNDS))

                      BS)))
           ((NULL O-L)
            (BND-SET-UNION (MATCH (CDDR PAT)
                                  NIL
                                  (SELECT-POSITIVE-BINDINGS
                                           BND-SET
                                           VAR
                                           OBJ
                                           CNDS))
           BS)))))))
```

Zum Selektieren von Bindungsumgebungen prüfen wir die berechneten Bindungen.

```
(DEFUN SELECT-POSITIVE-BINDINGS(BND-SET VAR OBJ CNDS)
  (DO ((BS BND-SET (CDR BS))
       (NS NIL))
      ; prüfen der Bedingungen unter Annahme der verschiedenen
      ; Bindungsumgebungen
     ((NULL BS) NS)
      ; alle Bindungen geprüft – gib selektierte zurück
     (LET ((BNDG (CAR BS)))
           ; benenne aktuelle Bindungsumbegung
        (COND
          ((EQ VAR '_ )
            ; im Falle der anonymen Variablen:
```

```
        (SETQ BNDG (CHECK-CNDS CNDS OBJ BNDG)))
        ; sind die Bedingungen für das aktuelle Teilobjekt erfüllt?
    (T (LET ((VAL (ASSOC VAR BNDG)))
                ; ermittle Variablenbindung in ihr
            (COND
              ((NOT VAL)
                ; im Falle einer ungebundenen Variablen:
                (SETQ BNDG (CHECK-CNDS CNDS
                                       OBJ
                                       (CONS (CONS VAR
                                                   OBJ)
                                             BNDG))))
                ; sind die Bedingungen für das aktuelle Teilobjekt
                ; erfüllt?
              ((EQUAL (CDR VAL) OBJ)
                ; im Falle einer gebundenen Variablen, deren
                ; Wert mit dem aktuellen Teilobjekt übereinstimmt:
                (SETQ BNDG (CHECK-CNDS CNDS OBJ BNDG)))
                ; sind die Bedingungen für das aktuellen
                ; Teilobjekt erfüllt?
              (T (SETQ BNDG NIL))))))
                ; schon der Wert widerspricht dem Teilobjekt
   (COND (BNDG (SETQ NS (BND-SET-UNION BNDG NS))))))))
   ; es liegt wieder eine positive Bindungsumgebung vor
```

Die letzte Funktion testet Bindungslisten und Bindungsumgebungen auf Verträglichkeit:

```
(DEFUN CHECK-CNDS(C-L OBJ BNDG)
   ; prüfe eine Liste von Bedingungen C-L bezogen auf das aktuelle Objekt
   ; OBJ bei Annahme der Bindungen BNDG
  (DO ((CS C-L (CDR CS))
      (BS (LIST BNDG)))
      ; Resultatbindungen
    ((NULL CS) BS)
    (CASE (CAR CS)
      ((symbolp numberp atom listp consp)
        ; Typtestfunktionen
        (COND ((NOT (FUNCALL (CAR CS) OBJ)) (RETURN NIL))))
                ; werden auf das Objekt angewandt...
      (equal (SETQ CS(CDR CS))
        ; ein Gleichheitstest
        (COND
          ((EQ (CAR CS) OBJ) NIL)
          ((SYMBOLP (CAR CS))
            ; mit einer Variablen
            (DO ((B-L BS (CDR B-L))
```

```
                     (N-L NIL))
                 ; wird durch Aussortieren aller Umgebungen
                 ((NULL B-L) (SETQ BS N-L))
                 (LET ((V (ASSOC (CAR CS) (CAR B-L))))
                     (COND
                       ((AND V
                              (EQUAL (CDR V) OBJ))
                          ; in denen der Test nicht gilt
                          (SETQ N-L (BND-SET-ADJOIN (CAR B-L)
                                                    N-L)))))))
             ((NOT (EQUAL (CAR CS) OBJ)) (RETURN NIL))))
             ; andernfalls wird der Test schlicht ausgeführt
      (noteq (SETQ CS (CDR CS))
          ; ein Ungleichheitstest
          (COND
            ((EQ (CAR CS) OBJ) (RETURN NIL))
            ((SYMBOLP (CAR CS))
               ; mit einer Variablen
               (DO ((B-L BS (CDR B-L))
                    (N-L NIL))
                   ; wird durch Aussortieren aller Umgebungen
                   ((NULL B-L) (SETQ BS N-L))
                   (LET ((V (ASSOC (CAR CS) (CAR B-L))))
                       (COND
                         ((OR (NOT V)
                              (NOT (EQUAL (CDR V) OBJ)))
                            ; in denen Gleichungen erfüllt sind
                            (SETQ N-L (BND-SET-ADJOIN (CAR B-L)
                                                      N-L)))))))
            ((EQUAL (CAR CS) OBJ) (RETURN NIL))))
            ; andernfalls wird der Test schlicht ausgeführt
      (alt (COND ((NOT (MEMBER OBJ (CADR CS)))
                   (RETURN NIL))
                 ; Alternativen werden durchprobiert
                 (T (SETQ CS (CDDR CS)))))
      (true (SETQ CS (CDR CS))
                (DO ((B-L BS (CDR B L))
                     (N-L NIL (COND
                                ((EVAL (SUBLIS (CAR BL)
                                               (CAR CS)))
                                   ; Bedingungen werden ausgewertet
                                   ; in jeder Bindungsumgebung
                                   (BND-SET-ADJOIN (CAR B-L)
                                                   N-L))
                                   ; und nicht passende entfernt
                                (T N-L))))
```

```
                        ((NULL B-L) (SETQ BS N-L))))
        (compute (DO ((B-L BS (CDR B-L))
                      (N-L NIL))
                   ((NULL B-L) (SETQ BS N-L))
                   (LET ((V (EVAL (SUBLIS (CAR B-L) OBJ))))
                     (COND
                       ((EQ (CDAAR B-L) OBJ)
                        (RPLACD (CAAR B-L) V)
                        ; die Bindung beginnt mit dem Term
                        (SETQ N-L (BND-SET-ADJOIN (CAR B-L)
                                                  N-L)))
                       ; übernimm Wert
                       ((EQUAL OBJ V)
                        (SETQ N-L (BND-SET-ADJOIN (CAR B-L)
                                                  N-L)))))))
        (T (SETQ BS (MATCH (CAR CS) OBJ BS))))
      (COND ((NULL BS) (RETURN NIL)))))))
```

Wir benötigen Funktionen für den Umgang mit Bindungsumgebungsmengen.
Zuerst ein Enthaltenseinstest:

```
(DEFUN BND-SET-MEMBER(BND BNDS)
  (DO ((S BNDS (CDR S)))
      ((NULL S) NIL)
    (COND ((EQ BND (CAR S)) (RETURN T))
          ((DO ((B-L (CAR S) (CDR B-L)))
               ((NULL B-L) NIL)
             (COND ((EQ B-L BND) (RETURN T))))
           (RETURN T)))))
```

Dann eine Mengenerweiterungsfunktion:

```
(DEFUN BND-SET-ADJOIN(BND BNDS)
  (COND ((BND-SET-MEMBER BND BNDS) BNDS)
        (T (CONS BND BNDS))))
```

Es fehlen noch Funktionen für Mengendifferenz und Vereinigung:

```
(DEFUN BND-SET-DIF(SET1 SET2)
  (DO ((S SET1 (CDR S))
       (N-S NIL (COND ((NOT (BND-SET-MEMBER (CAR S) SET2))
                       (CONS (CAR S) N-S))
                      (T N-S))))
      ((NULL S) N-S)))
```

```
(DEFUN BND-SET-UNION(SET1 SET2)
  (COND ((NULL SET1) SET2)
        (T (BND-SET-UNION (CDR SET1) (ADJOIN (CAR SET1) SET2)))))
```

5.5 Historische Anmerkungen

Muster sind über die Sprachverarbeitung in die KI gekommen, und zwar ziemlich sicher durch D.BOBROW 1962-1963, der COMIT in LISP (als METEOR [1]) einbettete. COMIT wiederum hat Bezüge zu den *Produktionen* von E.POST, regel-ähnlichen Gebilden zur Transformation von Zeichenketten, in denen Anwendbarkeitsbedingung (Ausgangssituation) und Umformung (Endsituation) mit Mustern beschrieben werden. Diese Muster, die, wie gesagt, Zeichenketten beschreiben, enthalten Konstante und Variable für Zeichenkettenstücke. POST [28] verwendete indizierte \$-Symbole für Variable:

    $1($2+0)$3

W.BRAINERD und L.LANDWEBER verwenden sehr anschaulich numerierte *Schachteln* (engl. boxes) für die Variablen [2].

Bei der Rechnung in POST's Kalkül geht man von einer indeterministischen Musterpassung aus: Wenn die zu transformierende Zeichenkette mehrfach auf das Muster paßt, dann bleibt völlig offen, welche Variante (die sich in der Belegung der Variablen ausdrückt) gewählt wird.

Natürlich spielen die Muster in POST's Kalkül keine separate eigenständige Rolle, sondern sie bleiben schlicht Bestandteile der Regeln. Die Beschreibung des Zustandes nach dem Passen des Bedingungsmusters und vor Ausführung der Transformation ist außerhalb des Kalküls.

A.MARKOW verwendete 1954 für seine Algorithmendefinition [26] keine Variablen. Er ging davon aus, daß die Regeln Tupel aus Zeichenketten waren. Allerdings würde diese Notation für einigermaßen interessante Algorithmen zu schwerfällig werden. Zum Zwecke der Abkürzung führte er die *beliebigen Buchstaben* (engl. arbitrary letter) ein, die durch gegebene Alphabete laufen und gewissen Bedingungen unterworfen sind. Damit wurde nicht die Abarbeitung beeinflußt, sondern eher eine Makro-Regel beschrieben, die in verschiedene Instanz-Regeln zu übersetzen war.

N.CHOMSKY [4] beschrieb die Bedingungen und Aktionen seiner *Grammatikregeln* durch Zeichenkettenmuster, die aus Musterelementen bestanden, die durch "+" (bzw. "-") voneinander getrennt wurden. Die Musterelemente waren entweder direkt Zeichenketten (engl. strings) oder Zeichenkettenvariablen ("variables over strings"), d.h. "Terminale" und "Nichtterminale", wie er später formulierte. Die Muster bezogen sich auf eine Zeichenkette im sog. *Arbeitsspeicher*.

COMIT [40,41] war eine regel-basierte Zeichenkettenverarbeitungssprache, deren Regelbedingungen und -aktionen mit Mustern beschrieben wurden. V.YNGVE ging 1957 von CHOMSKY's Notation, die er anscheinend durch Elemente aus POST's Formalismus anreicherte, aus, mußte aber an letzterer für die damaligen Ein- und Ausgabemöglichkeiten Änderungen vornehmen: Indizes waren natürlich nicht notierbar. So finden wir wie bei CHOMSKY die durch "+"-Zeichen getrennten Musterelemente. Neu waren die Deckzeichen für eine bestimmte Anzahl von Wörtern. In COMIT wurde jede Musterkomponente so behandelt, daß ihr eine Variable zugeordnet war: Die Variablen wurden durch Positionsziffern notiert. Das CHOMSKY'sche (POST'sche) Modell der Transformation einer gegebenen Zeichenkette ("Arbeitsspeicher") blieb erhalten, alle Muster bezogen sich auf den Arbeitsspeicher. Mit ihnen wurde ein Teilstück aus diesem Arbeitsspeicher beschrieben.

BOBROW hat 1963 für seine METEOR-Implementation [1] weitgehend CO-MIT implementiert. Von ihm stammt die Technik, eine KI-Sprache dadurch in LISP *einzubetten*, daß eine Funktion definiert wird, die als ein Argument Programme – in diesem Falle Muster – ausgedrückt durch LISP-Datenstrukturen verarbeitet. Dieser Vorgehensweise sind später A.GUZMAN und W.TEITELMAN gefolgt.

BOBROW ist nur an wenigen Stellen von COMIT abgewichen, um LISP-spezifische Konzepte einzuführen. Muster sind in METEOR Listen. Sie beziehen sich wie in COMIT auf den Arbeitsspeicher. Sie bestehen aus einzelnen Musterelementen. METEOR umfaßte folgende Musterelemente: Konstante, Deckelemente für Listenstücke bestimmter und unbestimmter Länge, typenbezogene Deckelemente, negative Elemente, Elemente mit Subskripts und Terme. Jedes dieser Musterelemente hat eine Position und kann unter Verwendung der Positionszahl direkt angesprochen werden.

Wenn das Muster auf den Arbeitsspeicher paßte, produzierte der METEOR-Mustervergleicher eine Bindungsliste, in der den Positionszahlen der Musterelemente die Objektfolgen aus dem Arbeitsspeicher zugeordnet waren.

CONVERT [20] wurde von H.MCINTOSH und GUZMAN 1965-1966 entwickelt. Es war eine in LISP auf gleiche Weise wie METEOR eingebettete Struktur-transformationssprache. Die Regeln wurden ebenfalls durch Muster dargestellt. Uns interessieren hier nur die Muster. Die wesentliche neue Idee (allerdings etwas umständlich realisiert) bezog sich auf die Verwaltung der Variablen in Verzeichnissen. CONVERT erlaubte die Verwendung wirklicher Variablen (als normale atomare Symbole zu notieren), die allerdings zu deklarieren waren. Durch diese Deklarationen (als weitere Argumente der CONVERT-Funktion), konnten gleichzeitig verschiedenste Verwendungsarten der Variablen initiiert werden. In seinen Musterbeschreibungsmitteln ging CONVERT weit über ME-TEOR hinaus. Dies zeigt sich hauptsächlich darin, daß Muster benannt werden konnten – und rekursive Musterdefinitionen erlaubt waren. Bemerkenswert ist ferner die systematische Verfügbarkeit von Elementen für Listensegmente (CONVERT-Begriff: "fragments").

TEITELMANN verdankte CONVERT bei der Entwicklung seiner *formatgesteu-erten* Listenverarbeitungssprache (um 1966-67) einiges. Auch er hatte dem Mustervergleich in seiner Sprache FLIP [36] eine wichtige Rolle zugewiesen und eine Musterbeschreibungssprache ersonnen, die durch die Kombination mit LISP erheblich ausdrucksstärker und leistungsfähiger als METEOR und einfacher als CONVERT war. Muster waren grundsätzlich Listen von Muster-elementen, die mit Objekten, die auch Listen sein mußten, verglichen wurden. Die Musterelemente umfaßten a) Deckelemente für unbestimmt viele Objektele-mente bzw. für eine bestimmte Anzahl solcher, b) Musterelemente, deren Wert zum Vergleich benutzt wird ("variable pattern") – sowohl für einzelne Objekt-elemente als auch für Segmente – und die eine neue Stufe der Einbettung der Musterbeschreibungssprache in LISP signalisieren, weiterhin c) Indizes zur Be-

zugnahme auf bereits akzeptierte Objektelemente (den Musterelementen sind
wie in METEOR Positionszahlen zugeordnet), die auch in LISP-Ausdrücken
verwendbar sind, sowie d) auch bedingte Deckelemente. Bedingungen konnten verschiedenen der primitiven Musterelemente beigeordnet werden. FLIP
enthielt Möglichkeiten zum Beschreiben von Alternativen, Wiederholungen und
Zuweisungen zu Variablen.

Völlig neuartig war die Berücksichtigung der (rekursiven) Listenstruktur durch
Verfügbarkeit eines gesamten Musters als Musterelement in einem Muster. TEI-
TELMAN hatte diese "Submuster" nicht nur mit den gleichen Möglichkeiten
ausgestattet wie die Hauptmuster, sondern auch die Indizes so verallgemeinert,
daß man auch Komponenten beliebig verschachtelter Submuster (bzw. die mit
ihnen assoziierten Komponenten des Objekts) bezeichnen konnte – und dies
vom Submuster aus in das Hauptmuster und umgekehrt!

Dem Mustervergleich fiel in FLIP eine ähnliche Rolle zu wie in COMIT, ME-
TEOR oder CONVERT: FLIP arbeitete mit Regeln (genannt "Transformationen"), die aus einem Muster und einem Format bestanden. Der Mustervergleich
resultierte in einer Zerlegung des Objektes (dem sog. "Parsing"), die im Kon-
struktionsprozeß unter Verwendung des Formats zum Aufbau des Ergebnisses
verwendet wurde. FLIP kannte aber nicht nur Regelfolgen, sondern auch eine
einzelne Transformation sollte als termähnliche Struktur in LISP-Programme
eingebettet werden; ihr Wert war entweder das aufgebaute Ergebnis (wenn das
Muster "paßte") oder NIL. Mit Hilfe einer Funktion (TRANSFORM) konnte man
in einer Form, die an METEOR erinnert, Regelmengen verarbeiten. Ein Argument dabei war die zu transformierende Liste – mit anderen Worten, der "Arbeitsspeicher" für die Regelmenge. Schließlich ermöglichte FLIP auch die Verwendung von Verzeichnissen (engl. dictionary), in denen Atomsymbolen Werte
zugeordnet werden konnten. TEITELMAN wollte hier COMIT folgen.

SNOBOL wurde um 1962 aus COMIT an den Bell Telephone Laboratorien
entwickelt. Die Sprache SNOBOL4, etwa 1966 entstanden, wird heute noch benutzt. Sie enthält als wesentliches Element Mustervergleichsanweisungen. Obwohl im Lehrbuch [19] Muster als Programme angesehen werden ("Die Muster-
struktur wirkt wie ein Programm, das den Scanner während der Durchsuchung
des Subjektstrings steuert" [19, S. 43]), kann man in SNOBOL4 mit Mustern
allein nur schwer programmieren. Ein Muster besteht aus einer Reihe von Elementen, die sich irgendwie auf die zu verarbeitende Objektzeichenkette beziehen, d.h. sie sind Teilzeichenketten. Wie bei allen Mustervergleichssprachen
können Variablenwerte (Zeichenketten!) normalerweise nur aus der Objektzeichenkette stammen. Bedingungen zwischen bereits gebundenen Variablen lassen sich etwa mit Prädikaten prüfen, deren Wert die leere Zeichenkette ist,
wenn der Test erfüllt ist (so werden keine Zeichen präjudiziert oder konsumiert) und deren Wert zu keiner Teilzeichenkette paßt, wenn der Test verfehlt
wird. Man könnte also weitere Berechnungen in die Muster einbringen, wenn
man diesem Rezept folgte. Das typische Mittel dazu sind Funktionen – und mit
denen verläßt man das Mustervergleichskonzept! In SNOBOL4 könnte man eine
Folge von Mustervergleichsoperationen hintereinander ausführen und belegte
Variablen als Musterelemente weiter verwenden.

Immerhin ist in SNOBOL4 ein lauffähiges Programm aus einer einzigen Mustervergleichsoperation denkbar: Verwendung der Variablen INPUT bedeutet Einlesen und Verwenden eines Records (einer Karte), Zuweisung zu der Variablen OUTPUT bedeutet Ausgabe einer Druckzeile.

Da SNOBOL4 Mustern einen besonderen Datentyp zuordnet, kann man Muster benennen und Hierarchien von Mustern einführen. Sogar rekursive Muster lassen sich definieren! Diese Programmiermittel erlauben es, mit einigen Mustern komplexe Syntaxprüfer zu entwickeln.

Mit P = *P 'Z' | 'Y' wird z.B. ein rekursives Muster definiert, das auf alle Zeichenketten paßt, die mit einer Kette von Z aufhören, vor denen ein Y sein muß, d.h. Y, YZ, YZZZZZ usw.

Die Musterbeschreibungsmöglichkeiten – die sich immer auf einfache Zeichenketten beziehen – sind recht stark. Wir finden Konstanten, Deckelemente bestimmter und unbestimmter Länge, Deckelemente mit Auswahl (positiv und negativ) für möglichst lange Teilzeichenketten, Deckelemente mit Auswahl (positiv und negativ) für ein Zeichen, Deckelemente für Teilzeichenketten bis zu einer Position (relativ zum Anfang oder zum Ende), Prädikate (zur Positionsprüfung, zur Typprüfung, zum Vergleich), Alternativen von Musterelementen, Steuerelemente zur Alternativenberücksichtigung (immer falsche Musterelemente, Anfangsstücke für erledigt erklärende Elemente, immer richtige mit unendlich vielen Alternativen, den Vergleich als nutzlos abbrechende Elemente), u.v.a.m. Der Vergleich kann an beliebiger Stelle im Objekt ansetzen oder strikt am Anfang, er kann heuristisch gesteuert werden (etwa unter Einbeziehung der Längen von Objekt und Muster) oder systematisch von links nach rechts mit *backtracking*.

C.HEWITT hatte den Mustern in seiner ziel-orientierten Programmiersprache PLANNER [21,22] eine zentrale Rolle zugewiesen. *Muster-gesteuerte Prozeduraufrufe* (engl. pattern-directed procedure invocations), mit denen das von einer Prozedur – nun "Theorem" genannt – erwartete Resultat angegeben wurde anstelle eines Prozedurnamens, waren die wichtigsten Sprachelemente (s. Kap. 9). Daher ist es kein Wunder, daß HEWITT der Musterbeschreibung große Aufmerksamkeit geschenkt hat. Die Musterbeschreibungssprache MATCHLESS enthielt alle Möglichkeiten, die bis dahin vorgeschlagen worden waren, und ermöglichte eine kaum noch durchsichtige Vermengung der Programmiersprache (PLANNER) und der Musterbeschreibungssprache. MATCHLESS stellt den (vielleicht nur vorläufigen) Höhepunkt bei der Entwicklung von Musterbeschreibungssprachen in der KI dar. Nur P.EMANUELSSON hat – zu Studienzwecken – später eine ähnlich komplexe Sprache entwickelt. Schon für PLANNER wäre eine einfache Formelbeschreibungssprache (etwa der Prädikatenkalkül 1. Stufe) ausreichend gewesen, wenn an die Stelle des Mustervergleichs die Unifikation getreten wäre (s. Kap. 9). Die auf MATCHLESS folgenden Musterbeschreibungssprachen sind stets erheblich ärmer und damit aber auch einfacher und klarer gewesen.

In dem frühen Produktionensystem PSG [27] wurden die Regeln ähnlich wie bei POST durch Muster für die Anwendbarkeitsprüfung und die Arbeitsspeichertransformation (der Arbeitsspeicher wurde STM, "short term memory" genannt) formuliert. A.NEWELL allerdings erlaubte UND-Verknüpfungen von Musterelementen, die einzeln jeweils STM-Komponenten beschrieben. Die Musterelemente sind also – auf das gesamte STM bezogen – als Muster anzusehen, die mit Deckelementen für beliebig viele Komponenten beginnen und enden. Dabei ist allerdings zu beachten, daß eine Komponente nur einmal für einen positiven Vergleich zur Verfügung steht.

Die Musterelemente enthielten Konstanten, Variable, typ-abhängige Deckelemente und konnten negiert werden (d.h. eine entsprechende Komponente darf nicht vorhanden sein).

In dem Nachfolger PAS [39] von 1974 wurde die Musterbeschreibungssprache stark vereinfacht. Nicht nur die UND-Verknüpfungen wurden implizit gemacht und die Negation anders notiert, sondern auch die Mustervariablen wurden beseitigt. Bezugnahmen auf ganze STM-Komponenten und Teilkomponenten derselben wurden mit Positionszahlen ausgedrückt.

Die OPS-Sprachen (s.etwa OPS2, OPS4, OPS5) ([12,13,14,3], s. Kap. 14) enthalten leicht erweiterte Musterbeschreibungsmöglichkeiten. Variable sind wieder vorhanden, Typprüfung ist möglich und die (Und-)Verknüpfung von Bedingungen, um ein Musterelement aussagekräftiger zu machen. OPS5 enthält einerseits sogar Oder-Verknüpfungen. Andererseits wird hier die Tradition völlig verlassen, indem die Datenelemente als flache Records (a la Pascal) aufgefaßt, und in den Mustern die Komponenten beschrieben werden.

EMANUELSSON's LAMA [7] von 1980 war eine akademische Studie eines universellen Mustervergleichers. Es enthielt eine große Zahl von Grundmusterelementen in der Tradition von SNOBOL4 und MATCHLESS. Allerdings hat es kaum Einfluß gehabt, denn Mustervergleich war unmodern geworden. Der interessierte Leser sollte dieses Programm und seine Implementierungstechnik (partielle Auswertung) studieren.

Inzwischen hat sich herausgestellt, daß der Mustervergleich bei vielen Problemen zu schwach ist, weil die Argumente in Muster und Objekt klassifiziert werden müssen und nur das Muster angepaßt wird. Meist handelt es sich aber um wechselseitige Anpassung unter Nebenbedingungen, und diese wird in der Unifikationstheorie behandelt. In der Verallgemeinerung wird man wohl erwarten können, daß komplexe Rechenaufgaben (Symbolmanipulationsaufgaben) durch Unifikation allein lösbar sind. Ein Unifikationsprogramm ermittelt ähnlich wie ein Mustervergleicher eine Substitution für Variable, bei der die verglichenen Datenobjekte (Terme) gleich werden. Diese Substitution, in der Form einer Datenstruktur die als Bindung oder Assoziation zwischen Variablen und Substituenten angesehen werden kann, stellt das Ergebnis dar. Es unterscheidet sich qualitativ wenig von dem Ergebnis eines logischen Programms, bei dem neben dem Wahrheitswert noch Variablenbelegungen geliefert werden (s. Kap. 8).

Musterbeschreibung mittels einfachen Sprachen und Mustervergleich sind einfache Ausprägungen der Symbolverarbeitung. So gesehen, stellen sie einfache Anforderungen an die Programmierkenntnisse und -fertigkeiten. Jeder Anfänger kann recht schnell Programme für die entsprechenden Aufgaben entwerfen.

5.6 Übungsaufgaben

U5.1 Konzipiere und implementiere einen erweiterten Mustervergleicher!

U5.2 Konzipiere und implementiere einen Mustercompiler!

U5.3 Konzipiere eine dem Mustervergleich angepaßte Programmierumgebung!

U5.4 Gibt es Möglichkeiten, in das krypto-arithmetische Programm die Analyse der vorgegebenen Gleichungen aufzunehmen?

5.7 Literatur

[1] D.G. Bobrow: METEOR – A LISP Interpreter for String Transformations. MIT AI Memo 51, Cambridge, Apr. 1963 bzw. in: E.C. Berkeley, D.G. Bobrow (eds.): The Programming Language LISP – It's operation and Applications. MIT Press, Cambrige, 1964

[2] W.S. Brainerd, L.H. Landweber: Theory of Computation. Wiley, New York etc., 1974

[3] L. Brownston, R. Farrel, E. Kant, N. Martin: Programming Expert Systems in OPS5. Addison-Wesley, Reading etc., 1985

[4] N. Chomsky: Syntactic Structures. Mouton, S'Gravenhage, 1957

[5] R.M. Cowan, M.L. Griss: Hashing – The Key to Rapid Pattern Matching, in: E.W. Ng (ed.): Symbolic and Algebraic Computation, Proc. EUROSAM 79, Springer LNCS 72, Berlin etc., 1979

[6] D.R. Ditzel: Pattern Matching for High Level Languages. SIGPLAN Notices, Vol. 13 (1978), No. 5

[7] P. Emanuelson: Performance Enhancement in a Well-structured Pattern Matcher Through Partial Evaluation. Linköping Studies in Science and Technology Dissertations, No. 55, Softw. Syst. Res. Center, Linköping University, Linköping, 1980

[8] P. Emanuelson: A Comparative Study of Some Pattern Matchers. Informatics Lab., Linköping University, Linköping, 1979

[9] P.J. Faber, R.E. Griswold, I.P. Polonsky: SNOBOL as String Manipulation Language Journal ACM, Vol. 11 (1966), No. 2

[10] R.J. Fateman: The User-level Semantic Matching Capability in Macsyma, in: S.R. Petrick (ed.): Proc. 2nd SYMSAM Los Angeles, ACM, New York, 1971

[11] J. Fischer, S. Paterson: String Matching and Other Products. MIT, Project MAC, Report 41, Cambridge, 1974

[12] C.L. Forgy: OPS5 User's Manual. Dept. of Computer Science, Carnegie Mellon University, Rep. CMU-CS-81-135, Pittsburgh, Jul. 1979

[13] C.L. Forgy: OPS4 User's Manual. Dept. of Computer Science, Carnegie Mellon University, Rep. CMU-CS-79-132, Pittsburgh, Jul. 1979

[14] C.L. Forgy, J. McDermott: The OPS2 Reference Manual. Dept. of Computer Science, Carnegie Mellon University, Pittsburgh, Sep. 1977

[15] J.F. Gimpel: A Theory of Discrete Patterns and Their Implementation in SNOBOL4. Comm. ACM, Vol. 16 (1973), No. 2

[16] R.E. Griswold: String Scanning in SL5. SL5 Project Document S5LD5a, University of Arizona, Tucson, 1976

[17] R.E. Griswold, D.R. Hanson: An Alternative to the Use of Patterns in String Processing. ACM TOPLAS, Vol. 2 (1980), No. 2

[18] R.E. Griswold, D.R. Hanson: The Icon Programmin Language – An Overview. Report TR 78-10c, Dept. of Computer Science, University of Arizona, Tucson, 1978

[19] R.E. Griswold, J.F. Poage, I.T. Polonsky: Die Programmiersprache SNOBOL4 Hanser, München u. Wien, 1976

[20] A. Guzman, H.V. McIntosh: CONVERT. MIT AI Memo 99, Cambridge, Jun. 1966

[21] C. Hewitt: PLANNER – A Language for Manipulating Models and Proving Theorems in a Robot. MIT AIM 168, Cambridge, 1970

[22] C. Hewitt: Description and Theoretical Analysis (Using Schemata) of PLANNER A Language for Proving Theorems and Manipulating Models in a Robot. MIT AI-TR 258, Cambridge, 1972

[23] L-E. Janlert: PM – An Interpretive Pattern Matcher for List Structures. Inst. of Inf. Proc., University of Umea, Umea, 1980

[24] P. Klint: Pattern Matching in SPRING. MC Syllabus, Colloq. Capita Datastructuren, Mathematisch Centrum, Amsterdam, 1978, S. 65–83

[25] D. Knuth, J.R. Morris, V.R. Pratt: Fast Pattern Matching in Strings. STAN-CS-74-440, Dept. of Comp. Sci., Stanford University, 1974 SIAM J. Comp. Vol. 6 (1977), No. 2, S. 323–350

[26] A.A. Markow: Theory of Algorithms. Israel Prog. for Sci. Transl., Jerusalem, 1962

[27] A. Newell: Production Systems – Models of Control Structures, in: W.G. Chase (ed.): Visual Information Processing. Academic Press, New York, 1973, S. 463–526

[28] E.L. Post: Formal Reductions of the General Combinatorial Decision Problem. Am. Journal of Mathematics, Vol. 65, 1943, S. 197–268

[29] P. Raulefs, J. Siekmann, P. Szabo, E. Unvericht: A Short Survey on the State of the Art in Matching and Unification Problems. Inst. f. Informatik I, SEKI 3-78, Universität Karlsruhe, Karlsruhe, 1978

[30] J.F. Rulifson, J.A. Derksen, R.J. Waldinger: QA4 – A Procedural Calculus for Intuitive Reasoning. SRI AIC TR 73, SRI, Menlo Park, 1972

[31] S.M. Silverston: A Note on Pattern Matching Under Quickscan in SNOBOL4. SIGPLAN Notices, Oct. 1977

[32] D.C. Smith, H.J. Enea: Backtracking in MLISP2, an Efficient Backtracking Method for LISP. Proc. 3rd IJCAI, Stanford, 1973

[33] D.C. Smith, H.J. Enea: MLISP2. Stanford Artificial Intelligence Laboratory, Memo AIM-195 (STAN-CS-73-356), Stanford University, 1973

[34] T. Stroup: Schnelle Mustervergleichsalgorithmen. Studienarbeit, IMMD 4, Universität Erlangen-Nürnberg, Erlangen, 1983

[35] W. Teitelman: InterLISP Reference Manual. XEROX PARC, Palo Alto, Oct. 1978

[36] W. Teitelman: Design and Implementation of FLIP, a Format Directed List Processor. Bolt, Beranek and Newman, Cambridge, 1967

[37] L.G. Tesler, H.J. Enea, D.C. Smith: The LISP70 Pattern Matching System. Proc. 3rd IJCAI, Stanford, 1973

[38] D.A. Waterman, F. Hayes-Roth: Pattern-directed Inference Systems. New York, 1978

[39] D.A. Waterman: Adaptive Production Systems. Proc. 4th IJCAI, Tbilissi, 1975

[40] V. Yngve: COMIT Programmers Manual. MIT, Cambridge, 1962

[41] V. Yngve: COMIT. Comm. ACM, Vol. 6 (1963), No. 3

Die Logic Theory Machine als Interpreter einer nichtexistenten Programmiersprache – Der operator-orientierte Programmierstil

6.1 Die Logic Theory Machine

Programmierstile gewinnen an Einfluß nicht nur dadurch, daß sie die Verständlichkeit der Programme erhöhen. Vor 10-20 Jahren war es erforderlich, daß die sie tragende Programmiersprache vor allem effizient implementierbar war, bzw. daß die durch den Stil betonte Verwendung vorhandener Programmiersprachenkonstrukte die Programme nicht zu ineffizient machte.

Diese Bedingung hat sich seitdem graduell gelockert. Doch früher wurde ein Formalismus einfach nicht als Programmiersprache akzeptiert, wenn er nicht Notationsmittel für Anweisungen einer konzeptionellen Maschine einer gewissen Stufe (und in den fünfziger Jahren am besten der Maschinenbene wie sie in den Assemblerbefehlen manifestiert ist) enthielt. Erst J.MCCARTHY hat sich von dieser Vorherrschaft der konventionellen Vorurteile befreien können.

Die KI wollte schon immer Rechner intelligent(er) machen, indem sie sie mit leistungsfähigen Programmen auszurüsten suchte. Vor 30 Jahren war die Konstruktion der Hardware das große Problem – die Software wurde weitgehend ignoriert. Demzufolge dachte man, wenn man sich auf ein laufendes System bezog, zunächst und vor allen Dingen an die "Maschine". Diese Denkweise ist aus der Mode gekommen – teilweise durchaus zu Recht. Die Programmiersprachen sind eben das Werkzeug des Programmierers, und die Software spielt die bestimmende Rolle. Doch ist im Sprechen über Maschinen auch die Möglichkeit angelegt, sich eine eigene Vorstellung von der Verarbeitung zu machen, abstrakte Maschinen zu denken, zu entwerfen und zur Grundlage der Programmierung zu machen.

Das 1. Programm der KI war die Logic Theory Machine [17,18,19] von A.NEWELL, C.SHAW und H.SIMON aus den Jahren 1956-1957. Dieses Programm bewies aussagen-logische Formeln. Es wurde keineswegs als Prototyp eines Programmierspracheninterpreters verstanden und die Programmiersprache war auch nicht formal definiert worden. Wir wollen aber zeigen, daß man das Programm so verstehen kann, und daß mit ihm ein eigenständiger Programmierstil wenigstens in Ansätzen schon verknüpft war.

In der Bezeichnung dieses Programms kommt das angesprochene Verhalten jener Jahre schön zum Ausdruck. Während man in der folgenden Zeit in

der konventionellen Informatik die Programmiersprachen und ihre Compiler
entdeckte (zunächst standen wieder die technischen Probleme im Mittelpunkt
und die Sprachen wurden oft als "Compiler" bezeichnet), pflegte die KI mehr
und mehr eine mentalistische Redeweise: Die "Maschinen" wurden zu "Problemlösern". Dabei wurde wiederum die Programmierspracheneigenschaft der
Problembeschreibungssprachen übersehen. Dies gilt in besonderem Maße für
NEWELL, SIMON und ihre Gruppe. Sowohl die LTM als auch GPS, das wir im
nächsten Kapitel besprechen werden, sind hochinteressante Verarbeitungsmodelle, die wegen der undefinierten bzw. abstrusen Formulierungsmöglichkeiten
nicht so beachtet wurden, wie sie es verdient hätten.

Für die Logic Theory Machine formulierte der "Programmierer" Axiome, etwa:

```
(p v p) -> p
p -> (p v q)
(p v q) -> (q v p)
[p v (q v r)] -> [q v (p v r)]
(p -> q) -> [(r v p) -> (r v q)]
```

und gab ein Problem vor, d.h. eine zu beweisende Formel, z.B.:

```
(p -> ¬p) -> ¬p
```

und das System lieferte die Beweisschritte und das erlösende "Q.E.D." (lat.
quod erat demonstrandum), damit die erfolgreiche Beendigung anzeigend.

Die LTM bediente sich dabei vier Operationen (Methoden):

1. der *Substitutionsmethode*: Suche ein Axiom oder früher bewiesenes Theorem, das durch eine Substitution von Formeln für Variablen in die zu
   beweisende Formel überführt werden kann;

2. der *Abtrennungsmethode*: Suche ein Axiom oder Theorem, das die Form
   einer Implikation hat und in dem die zu beweisende Formel als rechte Seite
   auftritt. Beweise die linke Seite;

3. der *Rückkettungsmethode*: Wenn die zu beweisende Formel eine Implikation der Form a -> c ist, suche ein Axiom oder Theorem, das die Form
   b -> c hat. Kann eins gefunden werden, so beweise a -> b;

4. der *Vorwärtsverkettungsmethode*: Wenn die zu beweisende Formel eine Implikation der Form a -> c ist, suche ein Axiom oder Theorem, das die
   Form
   a -> b hat. Kann eins gefunden werden, so beweise b -> c.

Obwohl die LT-Maschine nur für den Beweis aussagenlogischer Formeln unter
Verwendung dieser vier Methoden gedacht war, ist ihre Beschreibung im Kern
von den konkreten Methoden bemerkenswert unabhängig. Daran zeigt sich, daß
sie als ein echtes Verarbeitungsmodell angesehen werden kann.

Im Prinzip arbeitet sie wie folgt:

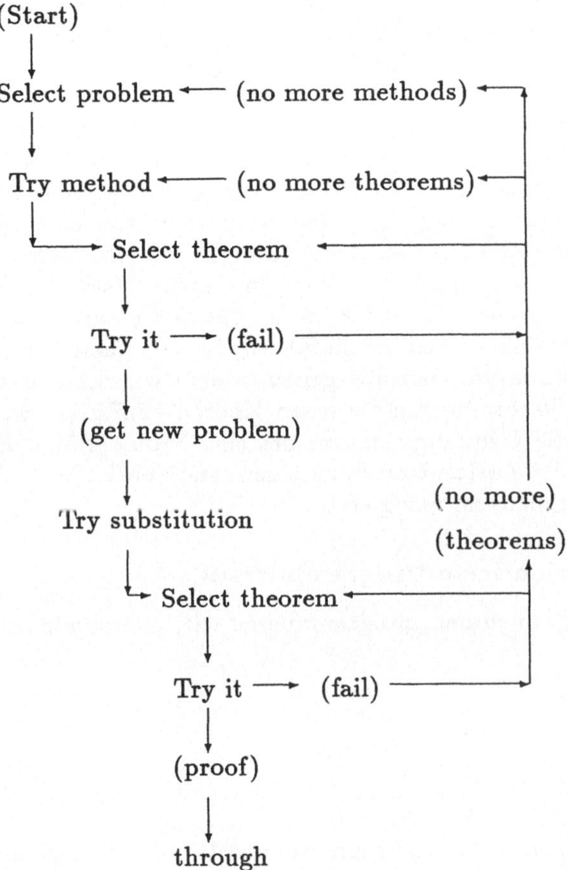

Abb. 6.1 Allgemeines Flußdiagramm der Logic Theory Machine (nach [17])

Wir haben also einen Methodenvorrat und einen Bestand an Grundelementen (Theoremen). Die Methoden enthalten als Leerstelle den Bezug auf ein Grundelement. Nach Auswahl einer Methode (systematisches Durchprobieren) wird versucht, ein Grundelement für die Leerstelle zu finden. Gelingt dies, dann entsteht ein neues "Problem", das wiederum zu lösen ist.

6.2 Verarbeitungsmodell, Programmierstil und Programmiersprache

6.2.1 Das operator-orientierte Verarbeitungsmodell

Die LT-Maschine ist ein Maschinenmodell im oben erwähnten Sinne. Sie löst *Probleme* (beweist Formeln), wenn Vorräte an *Methoden* (Operatoren, Regeln) und *Grundelemente* (Theoreme, Basiswissen) gegeben sind. Dazu leitet sie Unterprobleme ab, die auf die gleiche Art zu lösen sind. Die Reihenfolge, in der die Operatoren angewendet werden – d.h. in der die Unterprobleme gelöst werden – ist "verborgen". Die Operatoren erzeugen aus einem Problem ein oder mehrere solche Unterprobleme. Ein Problem gilt als gelöst, wenn es mit einem Grundelement übereinstimmt bzw. wenn ein Unterproblem gelöst ist.

Hinter dieser Oberfläche wird bei den bisher implementierten operator-orientierten Programmiersprachen systematisch oder heuristisch nach der Lösung gesucht. Dazu verwendet man das Denkmodell des *Zustandsraums*. Der Zustandsraum ist die Menge aller möglichen Datenstrukturinstanzen (die als *Zustände* bezeichnet werden), die aus den Anfangszuständen (Problemen) durch Anwenden der Operatoren hervorgehen können. In diesem Zustandsraum kann man eine Ordnungsrelation *vom Zustand x ist der Zustand y durch Anwendung eines zugelassenen Operators erreichbar* einführen. Nun können wir von dem Zustandsraum zum *Zustandsgraphen* übergehen, indem wir die Zustände als Knoten annehmen und Verbindungen zwischen Knoten einführen, wenn zwischen zwei Zuständen die Ordnungsrelation besteht. Problemlösen bedeutet nun, von einem Knoten im Zustandsraum zu einem anderen Knoten längs der Kanten des Zustadnsgraphens zu navigieren.

6.2.2 Der operator-orientierte Programmierstil

Wenn wir dieses Modell annehmen, programmieren wir, indem wir drei Komponenten notieren:

- Grundelemente,

- Operatoren,

- Anfangsproblem(e).

Beachte, daß der operator-orientierte Programmierstil völlig von irgendwelchen Reihenfolgen, Abarbeitungssequenzen u.ä. absieht. Diese Eigenschaft sorgt dafür, daß wir ihn schlecht in andere Programmiersprachen einbetten können.

Wir benötigen nach dem bisher Festgestellten Sprachkonstrukte zur Notation (Beschreibung) von Grundelementen (des Grundwissens, der Grundtatsachen, Fakten), von Operatoren und Problemen.

Ein Beispiel – das Streichholzumlegeproblem [14]:

```
Basiswissen: (XXXXX)

Operatoren: (r1) //// => //X
            (r2) //// => X//
            (r3) /X/  => XX
Problem: (//////////)
```

Folgende Sprachbeschreibung spiegelt diese Notation wider:

<Programm>::=*<Basiswissen><Operatoren><Problem>*
<Basiswissen>::=*<Grundelement>* | *<Grundelement><Basiswissen>*
<Grundelement>::= ...
<Operatoren>::=*<Operator>* | *<Operator><Operatoren>*

$<Operator>::=<Operatorname>:<Problemklasse>\rightarrow<Ergebnis>$;
$<Ergebnis>::=<Problemklasse>$
$<Problemklasse>::= \ldots$
$<Problem>::=<Problemklasse>$

Für Grundelemente und Problemklassen werden wir Muster verwenden – die Syntax muß hier noch offen bleiben.

Diese Programmiersprache ist insofern arm, als die Unterprobleme immer von der gleichen Art, d.h. auf das gleiche Basiswissen und die gleichen Operatoren bezogen, sind. Dies können wir trotz der unvollständigen Definition feststellen.

In der Literatur sind nur Programme dieser einfachen Art diskutiert worden. Die Beispiele sind durchweg singuläre Probleme, in der Regel Spielprobleme. Folgende Programmierprobleme hat man mit operator-basierten Programmiersprachen formuliert:

1. einfache Syntaxanalyse von Sätzen der natürlichen Sprache,

2. Schnittstelleneliminierung bei der Zerlegung von Graphen (z.B. beim Entwurf von Leiterplatten),

3. spezielle Formen des Theorembeweisens,

4. Vereinfachung arithmetischer Ausdrücke,

5. assoziative Suche in semantischen Netzen,

6. Türme von Hanoi,

7. Kannibalen und Missionare,

8. Springer-Probleme (Schachbrett),

9. Acht-Damen-Problem,

10. Umlegen von Damesteinen,

11. Umlegen von Streichhölzern,

12. Umfüllen von Wasserkrügen

und ähnliches. [15]

E. RICH schildert die Schritte beim Erstellen eines operator-orientierten Programms wie folgt [24]:

1. Definiere einen Zustandsraum, der alle möglichen Konfigurationen der relevanten Objekte enthält.

2. Spezifiziere einen oder mehrere (Anfangs-)Zustände in diesem Raum, die mögliche Situationen darstellen, von denen der Problemlösungsprozeß startet.

3. Spezifiziere einen oder mehrere (Ziel-)Zustände, die akzeptablen Lösungen des Problems entsprechen.

4. Spezifiziere eine Menge von Regeln, die die erlaubten Aktionen (Operatoren) darstellen.

6.2.3 Eine operator-orientierte Programmiersprache

Aus dem einfachen Ansatz könnte man eine richtige Programmiersprache formen, wenn die von den Operatoren erzeugten Teilprobleme selbst wieder separate Probleme sein könnten, d.h. mittels der Komponenten Basiswissen, Operatoren und Problem zu beschreiben wären. Dann würde auch die Abstraktion einen Sinn machen, d.h. die Klassifizierung von Grundwissensbeständen, Operatoren oder Gruppen von Operatoren und die Klassifizierung von ganzen Problemen. Die Benennung von solchen Komponenten würde die mehrfache Verwendbarkeit in einer Hierarchie von Problemen ermöglichen.

Mit dieser Erweiterung läßt sich eine operator-basierte Programmiersprache definieren:

```
<Programm>::=<Basiswissen>
             <Operatorendefinition>
             <Problemdefinition>
             <Problemstellung>.
<Basiswissen>::=FACTS <Faktengruppe>;
<Faktengruppe>::=<Name>: ( <Faktenliste> ) <Faktengruppe> |
                 <Faktenliste>
<Faktenliste>::=<Fakt> | <Fakt> , <Faktenliste>
<Fakten>::=<Fakt-Name> | <Fakt-Name><Fakten>
<Fakt-Name>::=<Fakt> | <Name>
<Operatorendefinition>::=OPERATORS <Operatorgruppe>;
<Operatorgruppe>::=<Name> : (<Operatorliste> ) <Operatorgruppe>
                   | <Operatorliste>
<Operatorliste>::=<Operator> | <Operator> , <Operatorliste>
<Operatoren>::=<Operator-Name> |
               <Operator-Name><Operatoren>
<Operator-Name>::=<Operator> | <Name>
<Operator>::=( <Name><Problemklasse> ( <Faktklassenliste> )
             => <Problemklasse> )
<Problemdefinition>::=PROBLEMS <Problemgruppe> ;
<Problemgruppe>::=<Problem> |
                  <Problem> , <Problemgruppe>
<Problem>::=<Name> : ( <Fakten> ;
                       <Operatoren> ;
                       <Problemstellung> )
```

Wir könnten die "Klassen"-Beschreibung genauso wie die Faktenbeschreibung und die Problemstellung hier offen lassen. In allen Fällen könnte man schlicht Listen von LISP-Objekten verwenden – im ersten Falle handelt es sich um Listenmuster in denen Mustervariablen auftreten können (z.B. Variablen mit dem Präfix &).

```
<Fakt>::=( <LISP-Objekt-Liste-ohne-Mustervariablen> )
<Problemstellung>::= ( <LISP-Objekt-Liste-ohne-Mustervariablen> )
<Problemklasse>::= ( <LISP-Objekt-Liste-mit-Mustervariablen> )
<Faktenklasse>::= ( <LISP-Objekt-Liste-mit-Mustervariablen> )
```

Die Operatoren sind wie folgt zu lesen: Wenn das Problem in der beschriebenen Ausgangs-Problemklasse liegt und Fakten der angegebenen Klassen aufgefunden werden können, dann ist ein neues Problem (eine Menge von neuen Problemen) zu lösen, das sich durch die Problem- und Faktenklassen der Bedingung bestimmt.

6.3 Programmieren mit der operator-orientierten Programmiersprache

6.3.1 Einfache Beispiele

Für Addition und Listenzusammenhängen benötigen wir jeweils Faktenklassen, die alle möglichen Resultate enthalten. Daher sind beide Aufgaben nicht sinnvoll lösbar. Doch zeigen Probleme, die nur unvollständige Faktenklassen enthalten, die Verwendung der Musterbeschreibungsmittel:

```
FACTS ((1), (2), (3), (4), ...)
OPERATORS ((Plus (+ &(a) &(b))
                  ((&(c true (= (+ a b) c)))) => (&(c))));
PROBLEMS (+ 1 2).
```

```
FACTS (((1)), ((1 2)), ((1 2 3)), ((1 2 3 4)), ...)
OPERATORS (Append (@ &(a) &(b)) ((&(c ($(a) $(b))))) => &(c));
PROBLEMS (@ (1 2) (3 4))).
```

Wir formulieren die Logic Theory Machine im engeren Sinne:

```
FACTS (((p v p) -> p), (p -> (p v q)),
       ((p v q) -> (q v p)),
       ((p v (q v r)) -> (q v (p v r))),
       ((p -> q) -> ((r v p) -> (r v q))));
OPERATORS ((Modus-Ponens (&(b)) ((&(a) -> &(b))) => &(a))),
           (Back-Chaining (&(a) -> &(b)) ((&(b) -> &(c)))
                          => (&(a) -> &(b))),
           (Forward-Chaining (&(a) -> &(c)) ((&(a) -> &(b)))
                          => (&(b) -> &(c))));
PROBLEMS ((p -> (\~ p)) -> (\~ p)).
```

Wir formulieren das Streichholzumlegen:

```
FACTS ((X X X X X));
OPERATORS ((R1 ($(a) I I I I $(b)),(&) => ($(a) X I I $(b))),
           (R2 ($(a) I I I I $(b)),(&) => ($(a) I I X $(b))),
           (R3 ($(a) I X I $(b)),(&) => ($(a) X X $(b))));
PROBLEMS (I I I I I I I I I I).
```

Wir sehen, daß die Ausdruckskraft wesentlich von der Reichhaltigkeit der Musterbeschreibungssprache bestimmt wird.

Ein Beispiel für ein hierarchisches Problem dieser Art wäre die Programmverifikation:

Problem 1. Stufe : Erzeugung der Verifikationsbedingungen

Problem 2. Stufe : Theorembeweis

Problem 3. Stufe : Verifikation

Problem 4. Stufe : arithm. Vereinfachung

6.3.2 Ein operator-orientiertes Programm für das krypto-arithmetische Problem

Wenn wir uns dem krypto-arithmetischen Programm widmen, so wollen wir sicher die das Problem beschreibenden Gleichungen im Problemteil unterbringen. Die Operatoren müßten den Variablen schrittweise Werte zuordnen. Die Gleichungen werden nun in jedem konkreten Fall eine ganz andere Struktur haben. Es dürfte nicht einfach sein, die nächste zu bestimmende Variable zu finden. Auch das Feststellen der Auswertbarkeit der Gleichungskomponenten ist nicht einfach. Dies würde uns aber leichter fallen, wenn wir in die Problemstruktur zusätzlich eine Komponente aufnehmen, die die Bindung der Variablen mit Werten symbolisiert. Schließlich ist auch die Feststellung der noch verfügbaren Zahlen nicht einfach. Auch dies ließe sich leicht erledigen, wenn eine entsprechende Komponente in der Problembeschreibung bereitgestellt würde. Demnach verwenden wir folgende Struktur für die Probleme:

PROBLEMS (<*available-numbers*><*bindings*><*equations*>)

Für das Beispiel:

```
AB  +  CDE  =  FGHD
 *      /       -
FG  *  HA  =   HAG
-----------------
ABG +  ED  =   ADD
```

können wir also formulieren:

```
PROBLEMS ((0 1 2 3 4 5 6 7 8 9)
          ((A ?)(B ?)(C ?)(D ?)(E ?)(F ?)(G ?)(H ?))
          (= (+ (+ (* A 10) B)
                (+ (* C 100) (* D 10) E))
             (+ (* F 1000) (* G 100) (* H 10) D))
          (= (* (+ (* F 10) G)
                (+ (* H 10) A))
             (+ (* H 100) (* A 10) G))
          (= (+ (+ (* A 100) (* B 10) G)
                (+ (* E 10) D))
             (+ (* A 100) (* D 10) D))
          (= (* (+ (* A 10) B)
                (+ (* F 10) G))
             (+ (* A 100) (* B 10) G))
```

```
(= (* (+ (* H 10) A)
      (+ (* E 10) D))
   (+ (* C 100) (* D 10) E))
(= (+ (+ (* H 100) (* A 10) G)
      (+ (* A 100) (* D 10) D))
   (+ (* F 1000) (* G 100) (* H 10) D)))
```

Wie hat nun der entsprechende Fakt auszusehen? Er muß natürlich die gleiche Struktur haben – das ist genau das Kennzeichen der operator-orientierten
Programmierung: Die Fakten sind gelöste Probleme. Was die noch verfügbaren
Zahlen betrifft – so haben wir keine Forderungen. Wir setzen also ein immer passendes Muster ein. Die Variablen sollen alle gebunden sein – natürlich
nicht mehr mit ? sondern mit Zahlen. Dies können wir durch Typtests an
den entsprechenden Musterelementen gut sichern. Und die Gleichungen sollen
natürlich gelten. Wenn wir uns vorstellen, daß bei jeder Operatoranwendung
in die Gleichungen substituiert wird, dann bleiben schließlich nur Zahlenstruk-
turen übrig. Die interessieren uns aber nicht, sondern sicher die Werte dieser
Terme. Zur Wertbestimmung aber haben wir in der Mustervergleichssprache
die `compute`-Attribute. Also ist folgender "Fakt" brauchbar:

```
FACTS ((&
       ((A &(_ NUMBERP))(B &(_ NUMBERP))(C &(_ NUMBERP))
        (D &(_ NUMBERP))(E &(_ NUMBERP))(F &(_ NUMBERP))
        (G &(_ NUMBERP))(H &(_ NUMBERP)))
       (= &(LE1 COMPUTE) &(RE1 COMPUTE TRUE (= LE1 RE1)))
       (= &(LE2 COMPUTE) &(RE2 COMPUTE TRUE (= LE2 RE2)))
       (= &(LE3 COMPUTE) &(RE3 COMPUTE TRUE (= LE3 RE3)))
       (= &(LE4 COMPUTE) &(RE4 COMPUTE TRUE (= LE4 RE4)))
       (= &(LE5 COMPUTE) &(RE5 COMPUTE TRUE (= LE5 RE5)))
       (= &(LE6 COMPUTE) &(RE6 COMPUTE TRUE (= LE6 RE6)))))
```

Man beachte, daß unser Fakt jetzt zu einem Muster, d.h. zu einem Vertreter vieler Fakten geworden ist. Das kann Probleme geben, wenn die Fakten
in den Operatoren gebraucht werden. Dies ist aber im krypto-arithmetischen
Beispiel nicht der Fall. Jedenfalls dürfen die Fakten, die als Hilfskomponenten
in Operatoren auftauchen sollen, keine Muster sein!

Nun zu den Operatoren! Wollen wir zunächst systematisch suchen, dann ist
die Bindungsliste allein wichtig: Wir versorgen jeweils irgendeine Variable, die
noch mit ? belegt ist. Wir verwenden dazu die erste beste Zahl, die in der Liste
der verfügbaren Zahlen bereit steht:

```
OPERATORS ((SEARCH (($(F-N) &(X NUMBERP) $(R-N))
                   ($(F-B) (&(Y SYMBOLP) &(_ EQUAL ?)) $(R-B))
                   &(E1) &(E2) &(E3) &(E4) &(E5) &(E6))
                   (&) =>
                   (($(F-N) $(R-N))
                   ($(F-B) (&(Y) &(X)) $(R-B))
                   &(E1 SUBST X Y) &(E2 SUBST X Y)
```

```
              &(E3 SUBST X Y) &(E4 SUBST X Y)
              &(E5 SUBST X Y) &(E6 SUBST X Y))))
```

Wir wollen aber Operatoren formulieren, die das Vorgehen von Rätselexperten widerspiegeln. Fangen wir mit ganz einfachen Zusammenhängen an:

(A10) "Wenn in der ersten Stelle in einem Summand und in der Summe ein gleiches Ziffernsymbol auftritt, dann hat das Ziffernsymbol im anderen Summanden den Wert 0."

```
OPERATORS ((SET-0-1 ((0 $(R-N))
                     ($(F-B) (&(X SYMBOLP) &(_ EQUAL ?)) $(R-B))
                      $(F-E)
                      (= (+ &(X) &(Y))
                         &(Y))
                       $(R-E))
                     (&) =>
                     (($(R-N))
                      ($(F-B) (&(X) 0) $(R-B))
                      $(F-E SUBST 0 X)
                      (= (+ 0 &(Y SUBST 0 X)) &(Y SUBST 0 X))
                      $(R-E SUBST 0 X)))
           (SET-0-2 ((0 $(R-N))
                     ($(F-B) (&(X SYMBOLP) &(_ EQUAL ?)) $(R-B))
                      $(F-E)
                      (= (+ &(Y) &(X))
                         &(Y))
                       $(R-E))
                     (&) =>
                     (($(F-N) $(R-N))
                      ($(F-B) (&(X) 0) $(R-B))
                      $(F-E SUBST 0 X)
                      (= (+ &(Y SUBST 0 X) 0) &(Y SUBST 0 X))
                      $(R-E SUBST 0 X)))
           (SET-0-3 ((0 $(R-N))
                     ($(F-B) (&(X SYMBOLP) &(_ EQUAL ?)) $(R-B))
                      $(F-E)
                      (= (+ (+ $(Z) &(X)) (+ $(U) &(Y)))
                         (+ $(V) &(Y)))
                       $(R-E))
                     (&) =>
                     (($(F-N) $(R-N))
                      ($(F-B) (&(X) 0) $(R-B))
                      $(F-E SUBST 0 X)
                      (= (+ (+ $(Z SUBST 0 X) 0)
                            (+ $(U SUBST 0 X) &(Y SUBST 0 X))
                         (+ $(V SUBST 0 X) &(Y SUBST 0 X)))
                      $(R-E SUBST 0 X)))
```

```
(SET-0-4 ((0 $(R-N))
          ($(F-B) (&(X SYMBOLP) &(_ EQUAL ?)) $(R-B))
          $(F-E)
          (= (+ (+ $(Z) &(Y)) (+ $(U) &(X)))
             (+ $(V) &(Y)))
          $(R-E))
         (&) =>
         (($(F-N) $(R-N))
          ($(F-B) (&(X) 0) $(R-B))
          $(F-E SUBST 0 X)
          (= (+ (+ $(Z SUBST 0 X) &(Y SUBST 0 X))
                (+ $(U SUBST 0 X) 0)
             (+ $(V SUBST 0 X) &(Y SUBST 0 X)))
          $(R-E SUBST 0 X))))
```

Die vier Operatoren sind erforderlich, weil wir erstens unterscheiden müssen
zwischen einstelligen und mehrstelligen Zahlen, und weil wir zweitens die gleichen Ziffern das eine Mal im 1. Summanden und der Summe und das andere Mal
im 2. Summanden und der Summe antreffen können. So entspricht der Operator SET-0-1 der Kombination *einstellig, 2. Summand*, der Operator SET-0-4
der Kombination *mehrstellig, 1.Summand*. In den Operatoren erkennen wir
(zeilenweise):

1. Die Bedingung, daß die 0 noch verfügbar ist,

2. die Bedingung, daß ein Symbol zu belegen ist,

3. ein Muster für einige Gleichungen,

4. ein Muster für die linke Seite der interessanten Gleichung,

5. ein Muster für die rechte Seite der interessanten Gleichung,

6. ein Muster für einige restliche Gleichungen,

7. das Muster für die Hilfsfakten.

Danach folgen die Zeilen für den Folgezustand.

Einige Operatorkomponenten sind nur sehr umständlich formulierbar. Die
Ausdrucksfähigkeit der Mustervergleichssprache ist offensichtlich ganz wesentlich für die operator-orientierte Programmierung. Dazu kommt nun auch noch
die Musterkonstruktionssprache! Wenn man die Regeln sorgfältig studiert, wird
man das neue Attribut (SUBST *new old*) finden. Bei der Musterkonstruktion
machen die Bedingungen (Variablenattribute) keinen Sinn mehr – sie werden
nie verwendet. Es macht aber einen Sinn, in einem ganzen Teil eine Substitution für eine darin vorkommende Mustervariable vorzunehmen, insbesondere,
wenn dieser Teil ein ganzes Segment ist.

Es gibt nun Wissenselemente, die praktisch gar nicht formuliert werden können: Wie etwa wollten wir (G1) "Die führende Stelle in mehrstelligen Zahlen ist
niemals 0" repräsentieren? Die führende Stelle – das ist X in (+ &(X) $(Y)).

Aber wie kann man das Verbot des Wertes 0 darstellen? Eine recht aufwendige Möglichkeit wäre, in alle betreffenden Regeln (SET-0-i) eine zusätzliche Bedingung aufzunehmen. Wenn wir die Problemstruktur änderten, indem wir jeder Variable einen erlaubten Wertevorrat zuordneten (statt unserer zentralen Liste), dann könnten wir den beabsichtigten Zusammenhang berücksichtigen.

Wie wollen wir aber die Operandenlänge einbringen? Dies geht nur noch durch Bezugnahme auf die Listenrepräsentation der Gleichungen. Formulierung der Aussage (A4): "Wenn ein Summand länger ist als der andere, Summe und Summand gleich viele Stellen enthalten, und die Ziffernsymbole in Summand und Summe in den Spalten vor der führenden des kürzeren alle verschieden sind ...":

```
(= (+ &(op1 consp (+ &(x) &(y) $(r1)))
      &(op2 consp true (> (length op1) (+ 1(length op2)))))
   &(res true (= (length op1) (length res))
       (+ &(u noteq x) &(v) $(r2))
```

Auch solche Begriffe wie die Position (Stellennummer) einer Ziffer lassen sich nur durch Bezugnahme auf die Listenrepräsentation – mit möglicher Abstraktion auf der LISP-Ebene – einführen. Dies ist eine wenig befriedigende Situation, die teilweise an der geringen Leistungsfähigkeit unserer Mustervergleichssprache liegt. Wenn diese aber die Benennung von Mustern und deren Zitierung als Komponenten anderer Muster erlauben würde (und damit Abstraktionsmittel bereitstellte), dann wäre unsere Problembeschreibungssprache nur durch die Übernahme dieser Mittel besser und nicht von sich aus. Hier liegt eine wichtige Grenze der operator-orientierten Programmierung.

Dem Such-Operator können bezüglich des Ausgangsproblems 100 primäre Folgeprobleme zugeordnet werden, bezüglich eines dieser Folgeprobleme maximal 81 sekundäre Folgeprobleme, usf. Demzufolge würde die Arbeit mit diesem Operator eine einfache *Breitensuche* beinhalten. (Wir gehen davon aus, daß Probleme nicht mehrfach erzeugt werden.) Unangenehm ist – angesichts des Verarbeitungsmodells – daß alle diese Probleme gleichzeitig im Problemraum existieren. Beachte, daß auch ein Operator, der die Breitensuche durch Erzeugen eines Nachfolgers realisierte, hier keine Besserung bringt.

6.4 Implementation der operator-basierten Programmiersprache

Die Grundzüge für einen Interpreter haben wir durch Abbilden des Flußdiagramms oben schon dargelegt. Dieses Flußdiagramm enthält aber eine Lücke: Das neue Problem wird in die Problemliste aufgenommen, wenn die Substitution nicht gefunden werden kann, und der gesamte Interpreter arbeitet sich durch eine Liste von Problemen hindurch. Das Problem kann nicht gelöst werden, wenn die Problemliste leer ist.

Wenn wir zunächst von einfachen Listen von Fakten, Operatoren und Regeln ausgehen, kann folgender Interpreter als erste Skizze dienen:

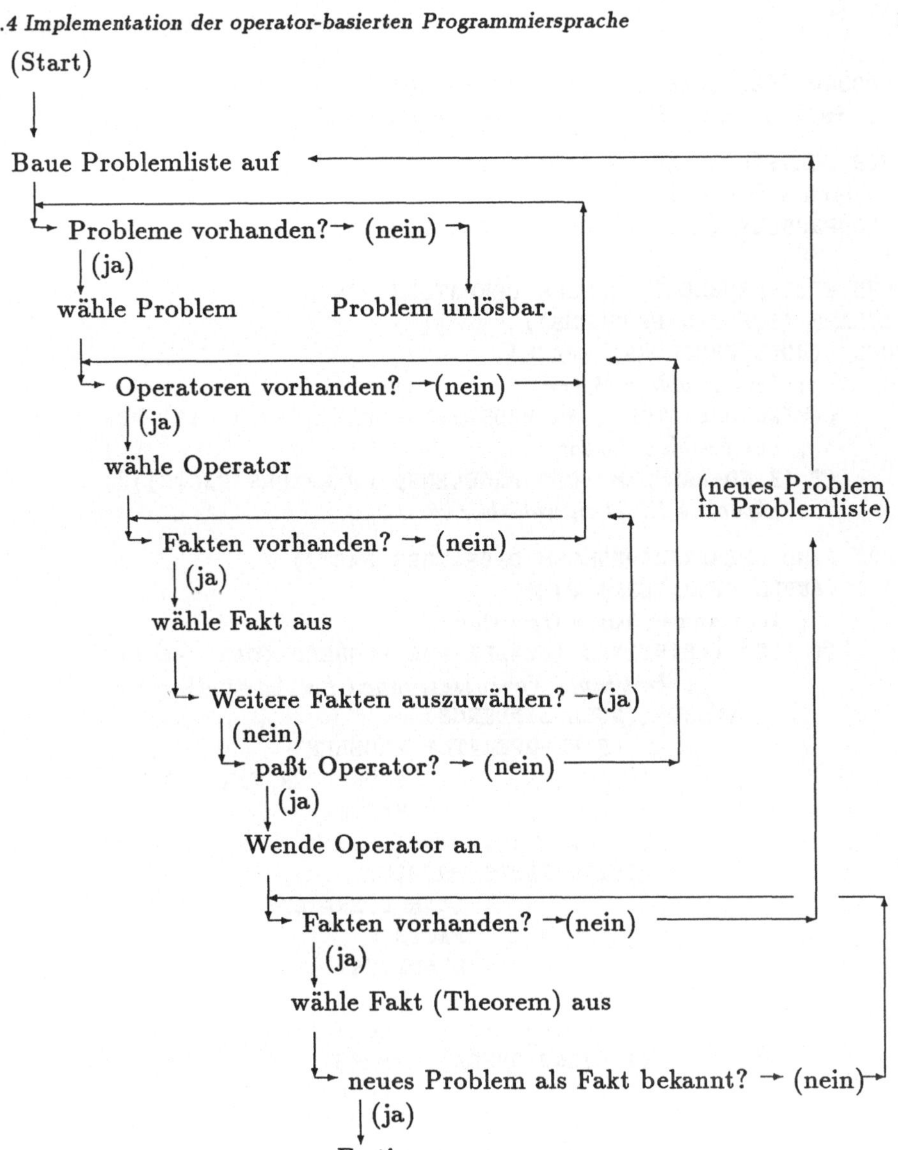

Abb. 6.2 Verbessertes Flußbild für die Logic-Theory-Machine

```lisp
(DEFUN LTM(PROGRAM)
 (SOLVE (GET-PART PROGRAM 'PROBLEMS)
        (GET-PART 'PROGRAM 'OPERATORS)
        (GET-PART 'PROGRAM 'FACTS)))
 ; Suche Problemteile zusammen

(DEFUN GET-PART(L I)
 (DO ((LS L (CDR LS)))
    ((NULL LS) NIL)
```

```lisp
        (COND ((EQ (CAR LS) I) (RETURN (CADR LS))))))))
        ; Suche in einer P-Liste nach einem Indikator

(DEFUN SOLVE(PROBLEM OPERATORS FACTS)
    ; starte mit dem Problem
  (FIND-PROBLEM (LIST PROBLEM) OPERATOR FACTS))


(DEFUN FIND-PROBLEM(PROBLEMS OPERATORS FACTS)
  (DECLARE (SPECIAL PROBLEMS))
  (COND ((NULL PROBLEMS) 'FAIL)
            ; kein Problem lösbar
        ((FIND-OPERATOR (CAR PROBLEMS) OPERATORS FACTS) 'QED)
            ; ein Problem lösbar
        (T (FIND-PROBLEM (CDR PROBLEMS) OPERATORS FACTS))))
            ; aktuelles Problem unlösbar

(DEFUN FIND-OPERATOR(PROBLEM OPERATORS FACTS)
  (COND ((NULL OPERATORS) NIL)
            ; kein anwendbarer Operator
        (T (LET ((BINDINGS (USABLE-FOR PROBLEM (CAR OPERATORS))))
                ; bestimme Voraussetzungen für Anwendbarkeit
             (COND ((NULL BINDINGS)
                     (FIND-OPERATOR PROBLEM
                                    (CDR OPERATORS)
                                    FACTS))
                    ; nicht anwendbar - suche anderen Operator
                   ((FIND-FACTS PROBLEM
                                (CAR OPERATORS)
                                FACTS
                                BINDINGS)
                     T)
                    ; anwendbar - suche Hilfsfakten
                   (T (FIND-OPERATOR PROBLEM
                                     (CDR OPERATORS)
                                     FACTS)))))))
                    ; anwendbar, aber keine Hilfsfakten

(DEFUN FIND-FACTS(PROBLEM OPERATOR FACTS BINDINGS)
  (COND ((NULL FACTS) NIL)
            ; keine Hilfsfakten
        (T (LET ((BINDS (FIND-ALL-FACTS OPERATOR FACTS BINDINGS)))
                ; bestimme Voraussetzungen für Faktenbenutzung
             (COND
                ((NULL BINDS)
                  (FIND-FACTS PROBLEM
                              OPERATOR
                              (CDR FACTS)
                              BINDINGS))
```

```
                         ; nicht benutzbar
                   (T (CHECK-SOLUTIONS OPERATOR FACTS BINDS)))))))
                         ; generiere und teste Lösung

(DEFUN CHECK-SOLUTIONS(OPERATOR FACTS BIND-SET)
  (CHECK-NEW-PROBLEM (CREATE-PROPOSAL OPERATOR (CAR BIND-SET))
                     FACTS)))))))
  ; teste Unterproblem

(DEFUN CHECK-NEW-PROBLEM(PROBLEM FACTS)
  (COND ((NULL FACTS)
           ; neues Problem ist nicht sofort lösbar
           (NCONC PROBLEMS (LIST PROBLEM))
           NIL))
           ; merke neues Problem vor
        ((MATCH PROBLEM (CAR FACTS) '(((NIL)))) T)
           ; neues Problem ist direkt lösbar!
        (T (CHECK-NEW-PROBLEM PROBLEM (CDR FACTS)))))
           ; suche weiter ...


(DEFUN USABLE-FOR(PROBLEM OPERATOR)
  (MATCH (OPERATOR-PROBLEM-PRECONDITION OPERATOR)
         PROBLEM
         '(((NIL)))))
    ; ist der Operator anwendbar?

(DEFUN FIND-ALL-FACTS(OPERATOR FACTS BS)
  (FIND-FIRST-FACT (OPERATOR-FACT-PRECONDITION OPERATOR)
                   FACTS
                   BS))
  ; suche nach Hilfsfakten für Operator

(DEFUN FIND-FIRST-FACT(FACT-PATTERNS FACT-OBJECTS BS)
  (COND ((NULL FACT-PATTERNS) BS)
           ; keine Fakten erforderlich
        (T (LET ((BINDINGS (MATCH (CAR FACT-PATTERNS)
                                  (CAR FACT-OBJECTS)
                                  BS)))
             ; versuche eine Passung
             (COND ((NULL BINDINGS) NIL)
                    ; erfolglos
                   (T (FIND-OTHER-FACTS (CDR FACT-PATTERNS)
                                        FACT-OBJECTS
                                        BINDINGS)))))))
             ; passen der anderen Muster lohnt sich

(DEFUN FIND-OTHER-FACTS(FACT-PATTERNS FACT-OBJECTS BINDINGS)
  (COND ((NULL FACT-PATTERNS) BINDINGS)
```

```lisp
        ; alle Muster erfolgreich probiert
((NULL FACT-OBJECTS) NIL)
        ; keine Alternative
(T (LET ((BINDS (FIND-1-FACT (CAR FACT-PATTERNS)
                             FACT-OBJECTS
                             BINDINGS)))
          ; versuche nächstes Muster
     (COND ((NULL BINDS) NIL)
            ; erfolglos
           (T (FIND-OTHER-FACTS (CDR FACT-PATTERNS)
                                FACT-OBJECTS
                                BINDS)))))))
          ; weiter prüfen lohnt sich

(DEFUN FIND-1-FACT(PATTERN OBJECTS BINDINGS)
 (COND ((NULL OBJECTS) NIL)
         ; keine Alternative am Objekt
       (T (LET ((BINDS (MATCH PATTERN (CAR OBJECTS) BINDINGS)))
              ; versuche nächstes Objekt
           (COND
             ((NULL BINDS)
               (FIND-1-FACT PATTERN (CDR OBJECTS) BINDINGS))
               ; erfolglos - suche weiter
             (T BINDS))))))
               ; ok.

(DEFUN CREATE-PROPOSAL(OPERATOR BINDINGS)
 (SUBST-IN-PAT BINDINGS (OPERATOR-RESULT OPERATOR)))
```

Die Resultatsproduktion mit den Operatoren erfolgt mustergesteuert. Der
Resultatsteil ist selbst ein Muster und daraus wird durch Substitution der Mustervariablen, die bei der Überprüfung der Anwendbarkeit gebunden worden
waren, das neue Problem.

```lisp
(DEFUN SUBST-IN-PAT (BNDS PAT)
 (COND ((NOT (CONSP PAT)) PAT)
         ; kein atomares Muster hilft bei der Konstruktion
       ((AND (EQ (CAR PAT) '&)
             (NOT (NULL (CDR PAT)))
             (SYMBOLP (CAADR PAT)))
         ; eine einfache Mustervariable
        (LET ((V (ASSOC (CAADR PAT) BNDS)))
          (COND ((NULL V)
                  (CONS (CAADR PAT)
                        (SUBST-IN-PAT BNDS (CDDR PAT))))
                  ; ist sie nicht gebunden, wird sie selbst eingesetzt
                ((AND (NOT (NULL (CDADR PAT)))
                      (NOT (NULL (CDR (CDADR PAT)))))
```

```
                              (NOT (NULL (CDDR (CDADR PAT))))
                              (EQ (CADADR PAT) 'SUBST))
                          ; substituiere!
                          (CONS (SUBST (CDR (ASSOC (CADR(CDDADR PAT))
                                                   BNDS))
                                    ; für den Wert der Variable
                                    (CADR(CDDADR PAT))
                                    ; den angegebenen Wert
                                    (CDR V))
                              (SUBST-IN-PAT BNDS (CDDR PAT))))
                     (T (CONS (CDR V)
                              (SUBST-IN-PAT BNDS (CDDR PAT)))))))
                 ; setze den Wert ein
    ((AND (EQ (CAR PAT) '$)
          (NOT (NULL (CDR PAT)))
          (SYMBOLP (CAADR PAT)))
     ; eine Segment-Mustervariable
     (LET ((V (ASSOC (CAADR PAT) BNDS)))
          (COND ((NULL V)
                 (CONS (CAADR PAT)
                       (SUBST-IN-PAT BNDS (CDDR PAT))))
                 ; ist sie nicht gebunden, wird sie selbst eingesetzt
                ((AND (NOT (NULL (CDADR PAT)))
                      (NOT (NULL (CDR (CDADR PAT))))
                      (NOT (NULL (CDDR (CDADR PAT))))
                      (EQ (CADADR PAT) 'SUBST))
                 ; substituiere!
                 (APPEND (SUBST (CDR (ASSOC (CADR(CDDADR PAT))
                                            BNDS))
                             ; für den Wert der Variable
                             (CAR (CDDADR PAT))
                             ; den angegebenen Wert
                             (CDR V))
                       (SUBST-IN-PAT BNDS (CDDR PAT))))
                (T (APPEND (CDR V)
                           (SUBST-IN-PAT BNDS (CDDR PAT)))))))
    ((ATOM (CAR PAT))
     (CONS (CAR PAT) (SUBST-IN-PAT BNDS (CDR PAT))))
     ; kopiere Konstanten
    (T (CONS (SUBST-IN-PAT BNDS (CAR PAT))
             (SUBST-IN-PAT BNDS (CDR PAT))))))
     ; kopiere rekursiv
```

Die Funktionen für die Operator-Abstraktion:

```
(DEFMACRO OPERATOR-NAME(OP) '(CAR OP))


(DEFMACRO OPERATOR-PROBLEM-PRECONDITION(OP) '(CADR OP))
```

```
(DEFMACRO OPERATOR-FACT-PRECONDITION(OP) '(CADDR OP))

(DEFMACRO OPERATOR-RESULT(OP) '(CADDDR (CDR OP)))
```

Wir haben oben die in den Operatoren vorkommenden Vorbedingungen (d.s.
Existenzbehauptungen über Grundelemente bestimmter Form) als Muster be-
schrieben. Wir erinnern uns, daß Muster (-Programme) als Resultat einen
Wahrheitswert und Mengen von *Bindungen* zurückliefern.

Betrachten wir eine der in den LT-Regeln vorkommenden Vorbedingungen:

```
(&(b)) (&(a) -> &(b))
```

Das erste Muster beschreibt das Problem (das zu beweisende Theorem) und
soll immer instantiiert werden können. Das zweite Muster (als einziges der
Faktenmuster) ist nur dann erfüllt, wenn in der Faktenmenge eine Implikation
vorkommt, deren Konklusion mit dem Problem übereinstimmt. Die Suche nach
diesem Fakt wird durch das Binden der Mustervariablen b mit dem Problem
gesteuert. In dem Muster kommen Konstante (hier ->) und zwei Variable (a
und b) vor.

Musterbeschreibungsmöglichkeiten und entsprechende Mustervergleiche sind
wesentlich nicht nur für die operator-basierte Programmiersprache. Wir hatten
eine einfache Sprache im Kapitel 5 eingeführt. In den Operatorbeschreibungen
für das Streichholz-Umlegeproblem ist z.B. auszudrücken, daß die passende
Konfiguration irgendwo in der Mitte des Problemausdrucks liegen kann. Dazu
verwenden wir die Segmentvariablen $(x), denn:

```
//// kann in ///// zweimal gefunden werden
      aber nur einmal in X////XX.
```

Weshalb arbeitet das Programm LTM für das Streichholz-Umlegeproblem noch
nicht? Das liegt daran, daß gewöhnlich pro Operator mehrere Anwendungsmög-
lichkeiten vorhanden und die Fakten völlig irrelevant für die Regelanwendung
sind. Die Rekursion durch die Fakten bringt also nichts (stört aber auch verhältnismäßig wenig). Die verschiedenen Operatoranwendungen aber müssen berücksichtigt werden. Der Mustervergleicher liefert schon Mengen (Listen) von Bindungen, für die das Muster paßt. Bei einfachen Variablen wird nur eine Bindung geliefert werden. Insbesondere beim Auftreten von Segmentvariablen gibt
es aber mehrere mögliche Variablenbindungen. Eine weitere Rekursionsebene
durch diese Bindungslisten ist erforderlich. Wir haben die vom Mustervergleicher schon bereitgestellte Bindungsmenge in CHECK-SOLUTIONS schlicht ignoriert und nur die erste Bindungsliste verwendet. Diese Funktion sollte also diese
Mengen durchlaufen.

```
(DEFUN CHECK-SOLUTIONS(OPERATOR FACTS BIND-SET)
(COND ((NULL BIND-SET) NIL)
      ((CHECK-NEW-PROBLEMS (CREATE-PROPOSAL OPERATOR
                                            (CAR BIND-SET))
                          FACTS)
```

```
            T)
     (T (CHECK-SOLUTIONS OPERATOR FACTS (CDR BIND-SET)))))
```

Gleichzeitig müssen wir konstatieren: Wenn es Problemprogramme gibt, für die die Rekursion durch die Fakten irrelevant ist, so werden in diesem Fall pro Problem und Operator immer die gleichen neuen Unterprobleme generiert und in die Problemliste aufgenommen. Es kann uns dies auch in den anderen Fällen passieren, daß neu erzeugte Unterprobleme längst vorkommen. Dies stört für den betrachteten Interpreter schon deshalb, weil Speicher vergeudet wird. Zusätzlich füllen uns die Probleme, die nicht gelöst werden können, unsere Liste, und wir müssen uns durch sie hindurcharbeiten.

Wir müssen zur Kenntnis nehmen, daß Mengen zu lösender Probleme durch einfache Listen, durch die wir in einfach iterativer oder rekursiver Weise hindurchgehen, nicht geeignet repräsentiert werden. In der KI hat man zu diesem Zweck eine Datenstruktur aufgegriffen, die etwa aus der Systemprogrammierung oder der Simulationstechnik gut bekannt ist: Die Warteschlange oder *Agenda*.

Jedes anliegende Problem darf in der Agenda nur einmal auftauchen[1]. Es hat aber auch keinen Zweck, ein Problem aufzunehmen, das bereits als unlösbar zur Seite gestellt wurde. Unlösbar sind Probleme, die *vor* dem aktuellen Problem in der Agenda liegen – sie sind bereits bearbeitet. Eine Anwendung von MEMBER auf die gesamte Agenda löst beide Probleme.

Dem entsprechend ändern wir SOLVE und CHECK-NEW-PROBLEMS:

```
(DEFUN SOLVE(PROBLEM OPERATORS FACTS)
 (LET ((AGENDA (LIST PROBLEM)))
        (DECLARE (SPECIAL AGENDA))
        ; zu Anfang steht nur das Startproblem in der Agenda
     (FIND-PROBLEM AGENDA OPERATORS FACTS)))


(DEFUN CHECK-NEW-PROBLEMS (PROBLEM FACTS)
 (COND ((NULL FACTS)
          (COND ((MEMBER PROBLEM AGENDA :test #'EQUAL) NIL)
                  ; ein neues Problem kommt nicht in die Agenda,
                  ; wenn ein äquivalentes Problem bereits anliegt
                (T (NCONC AGENDA (LIST PROBLEM)))))
        ((EQUAL PROBLEM (CAR FACTS)) T)
          ; erweitere die Agenda
        (T (CHECK-NEW-PROBLEM PROBLEM (CDR FACTS)))))
```

Die Agenda bietet noch weitere Möglichkeiten: Wir können den Problemen *Prioritäten* zuordnen und damit die Problembearbeitung steuern.

Wenn wir die Strategie betrachten, nach der der Interpreter bisher arbeitet, so sehen wir, daß er auf ein vorgegebenes Problem alle Operatoren anwendet, also erst alle Unterprobleme erzeugt, bevor er eines von diesen bearbeitet. Und dies erledigt er so, daß er erst alle Unterprobleme derselben "Stufe" (d.h. mit

---

[1] Daß die Problemliste eine besondere Liste ist, konnten wir schon durch die Deklaration und die globale Zuweisung erkennen, die in NCONC versteckt ist.

derselben Anzahl von Operatoranwendungen) betrachtet. Diese Strategie wird "Breite-Zuerst" (engl. *breadth-first*) genannt. Sie ist im Interpreter realisiert, weil alle Unterprobleme ans Ende der Agenda gestellt werden. Wir könnten sie auch dadurch verwirklichen, daß wir dem Ausgangsproblem eine sehr hohe Priorität zuordnen und den Unterproblemen eine etwas kleinere, dann den Unterproblemen der Unterprobleme eine noch kleinere usw.

Würden die Unterprobleme an den Anfang der Agenda gestellt werden (d.h. eine höhere Priorität als ihr übergeordnetes Problem zugesprochen bekommen), wäre damit die "Tiefe-Zuerst" (engl. *depth-first*) Strategie verwirklicht.

Durch angepaßte Vergabe von Prioritäten, die auch durch den Programmierer der operator-basierten Programmiersprache beeinflußt werden könnte, wäre die Verwirklichung gemischter Strategien denkbar. Diese Prioritäten sind faktisch Bewertungen der Unterprobleme. Im idealen Fall sollte ein Unterproblem dann eine sehr hohe Bewertung bekommen, wenn es unmittelbar – oder über wenige einfache Operatoranwendungen – lösbar ist.

In Bezug auf die Navigation durch den Zustandsraum kann man von Wegen mit geringsten Kosten sprechen. Wie NILSSON u.a. [9,23,22,20] ermittelt haben, sollten Bewertungen für Zustände einen Anteil für den bisher zurückgelegten Weg und eine Schätzung für die Kosten des Restweges enthalten. Unter gewissen Bedingungen ist die Ermittlung des optimalen Weges durch den Zustandsgraphen garantiert – man spricht vom A^*-*Algorithmus*.

Leider fallen solche Bewertungen nicht vom Himmel. Man weiß inzwischen also einiges über die erforderlichen Eigenschaften solcher *Bewertungsfunktionen* [20] – aber woher man sie nehmen soll, das ist weitgehend offen.

Abgesehen davon, daß obiges Programm keinesfalls ein idealer Interpreter ist, haben wir schon im darüber stehenden Flußdiagramm einen Teil des Flußdiagramms der Logic Theory Machine ungenauer dargestellt, als zunächst vorgegeben war: Statt den Teil, in dem nach Substitutionen für erzeugte Unterprobleme gesucht wird, haben wir nur: "Neues Problem als Fakt bekannt?" geschrieben.

Dies wurde im Programm als Vergleich mit den Fakten verwirklicht. Nun geht es bei den Beweisen der Aussagenlogik aber darum, daß jede Formel, die durch Substitution aus einem Axiom erzeugt werden kann, als bewiesen gilt. Wenn wir die von der Logic Theorie Machine verwendeten Grundoperationen und ihre Beschreibung als operator-orientiertes Programm vergleichen, dann muß uns auffallen, daß diese wichtige Methode fehlt. Kein Wunder – denn sie ist im originalen Flußdiagramm ganz separat angeordnet – in eben dem Programmteil, über den wir gerade sprechen.

Was ist nun eine Formel, aus der durch Substitution andere Formeln erzeugt werden? Ein Muster! Die Substitutionsmethode ist demnach in unserem Programm berücksichtigt, wenn die Operatorresultate nicht einfach mit den Axiomen verglichen, sondern mit ihnen "gematcht" werden. Dies kann in der Funktion `CHECK-NEW-PROBLEMS` sichtbar gemacht werden, wenn wir den Term

```
(EQUAL PROBLEM (CAR FACTS))
```
mit
```
(MATCH PROBLEM (CAR FACTS) '(((NIL))))
```
vertauschen.

Die Fakten (Theoreme) sind dann als Muster zu beschreiben (d.h. mit Mustervariablen!). Damit haben wir eine interessante Änderung gegenüber der Beschreibung der Logic Theory Machine vollzogen: Statt die Substitution auszuführen, testen wir nur ihre Ausführbarkeit! Das macht aber Probleme bei der Operatorauswahl (bzw. der Auswahl der Hilfsfakten), weil diese Faktenbeschreibung auch Mustervariablen enthält. Die originale Logic Theory Machine wendete die Substitutionsmethode in Wirklichkeit auch nicht in ähnlicher Weise an wie die anderen Methoden. Vielmehr war die Substitutionsmethode in ein komplexes Programmteil eingebettet, das für den Benutzer nicht transparent war. Bei der Überprüfung der Theorem-Eigenschaft der Unterprobleme wurde nicht nur die Substituierbarkeit, sondern unter Berücksichtigung verschiedenster Äquivalenzen der Aussagenlogik die Zurückführbarkeit auf die Theoreme und Axiome betrachtet. Damit war dieser Programmteil mindestens so komplex wie das gesamte System und der Anspruch des ganzen Systems auf Problemlösefähigkeit mittels der vier Methoden wurde weitgehend eingelöst durch das trickreiche problem-angepaßte Substitutionsprogramm. Dies macht es auch so schwer, die Leistungsfähigkeit des alten Systems sinnvoll zu rekonstruieren. Wir betonen lieber die Transparenz und verzichten auf die logische Anwendung (viele der Tautologien könnte man durch Operatoren zu beschreiben versuchen).

Nun kann eigentlich nicht befriedigen, daß die Zusatzbedingung in der Anwendbarkeitsbedingung des Operators lediglich durch die Substitutionsregel – d.h. durch bloßen Mustervergleich mit Fakten – bearbeitet wird. Im Grunde ist diese Bedingung genauso komplex wie das Problem.

Im Falle des Programms für Beweise in der Aussagenlogik ist das zwar gemildert durch die schwache Struktur des Musters für diesen Bedingungsteil, in dem eine neue Mustervariable die Hälfte des Musters belegt und so frei verfügbar ist. Überdies werden offenbar wenige Fakten vorausgesetzt.

Im Allgemeinen aber muß ein komplexes Problem gelöst werden, damit ein Operator anwendbar ist. Wollten wir dies berücksichtigen, so wäre der Interpreter also so zu verändern, daß die Rekursion über die Fakten fortfällt und statt dessen ein neuer Problemzweig konstruiert wird. Damit ändert sich aber die Reaktion auf gelöste Probleme fundamental. Wenn zunächst das erste gelöste Unterproblem die Lösung des Ausgangsproblems unmittelbar impliziert, muß man jetzt herausfinden, ob das Problem irgendein über ihm liegendes Problem impliziert oder nur Operatoranwendung gestattet. Zu diesem Zweck müßte man Problembäume verwalten.

Wenn ein Unterproblem gelöst ist, das *nur* die Anwendbarkeitsbedingung eines Operators betrifft, wäre es schade, wenn der Aufwand nur zu *einem* Zweck erbracht worden wäre. Es wäre nützlich, wenn solche erledigten Probleme, die einen gewissen Grad der Komplexität übersteigen, als neue Fakten in die Datenbasis aufgenommen würden.

Mögliche Konsequenz dieses Vorgehens wäre, daß als unlösbar beiseite gelegte Probleme mit der erweiterten Faktenbasis lösbar sein könnten. Diese Statusänderung könnte man durch Prioritätenänderung verwirklichen.

Wir sehen, daß es vielfältige Möglichkeiten zur Effizienzsteigerung des Interpreters für eine operator-basierte Programmiersprache gibt.

Dennoch hat sich gezeigt, daß die Effizienz von Implementationen einer derartigen Sprache nicht beliebig gesteigert werden kann. Der Grund liegt zu einem guten Teil darin, daß der Programmierer keinerlei Angaben über Operatoranwendungsreihenfolgen macht.

Es dürfte kein Geheimnis sein, daß solche *Interpreter* unabhängig von der Aufgabe, operator-basierte Programmiersprachen zu implementieren, entwickelt wurden. Diese sogenannten *Problemlöser* werden dadurch effizienter gemacht, daß man heuristische Funktionen zur Vergabe von Prioritätswerten und zur Elimination ungelöster Unterprobleme anzugeben hatte.

6.5 Übungsaufgaben

U6.1 Formuliere das operator-orientierte Programm für die Logic Theory Machine!

U6.2 Formuliere andere Probleme operator-orientiert!

U6.3 Arbeite in den Interpreter **SOLVE** alle vorgeschlagenen Änderungen ein!

U6.4 Programmiere eine passende Programmierumgebung (Editor, Syntaxprüfer, Testsystem, Tracer etc.)!

6.6 Literatur

[1] S. Amarel: On Representations of Problems of Reasoning About Actions, in: D. Michie (ed.): Machine Intelligence 3. Edinburgh University Press, Edinburgh, 1968

[2] H.J. Berliner: The B* Tree Search Algorithm – A Best-First Proof Procedure. Artificial Intelligence. Vol. 12 (1979), No. 1

[3] H.J. Berliner: Search and Knowledge. Proc. 5th IJCAI, Cambridge, 1977

[4] G.J. v. d. Brug: Problem Representations and Formal Properties of Heuristic Search. Information Sciences, Vol. 2 (1976), S. 279–307

[5] G.J. v. d. Brug, J. Minker: State Space, Problem-Reduction, and Theorem Proving – Some Relationships. Comm. ACM, Vol. 18 (1975), No. 2, S. 107–115

[6] J.E. Doran: An Approach to Automatic Problem Solving, in: N.L. Collins, D. Michie (eds.): Machine Intelligence 1. Edinburgh University Press, Edinburgh, 1967, S. 105–123.

[7] J.E. Doran: New Developments of the Graph Traverser, in: E. Dale, D. Michie (eds.): Machine Intelligence 2. Edinburgh University Press, Edinburgh, 1968, S. 119–135.

[8] J.E. Doran, D. Michie: Experiments With the Graph Traverser Program. Proc. Royal Society (A) 294, 1966, S. 235–259

[9] R.E. Fikes, N.J. Nilsson: STRIPS – A New Approach to the Application of Theorem Proving to Problem Solving. Artificial Intelligence, Vol. 2 (1971), No. 2/3, S. 189–208

[10] N.V. Findler, B. Melzer: AI and Heuristic Programming. American Elsevier, New York, 1971

[11] J. Gaschnig: Performance Measurement and Analysis of Certain Search Algorithms. CMU Pittsburg, Dept. of Computer Science, PhD Thesis, Pittsburg, 1979

[12] D. Gelperin: On the Optimality of A*. Artificial Intelligence, Vol. 8 (1977), No. 1, S. 69–76

[13] P.E. Hart, N.J. Nilsson, B. Raphael: A Formal Basis for the Heuristic Determination of Minimum Cost Paths. IEEE Trans. on SSC, Vol. SSC-4, 1968

[14] E. Lehmann: Automatisches Problemlösen, in: F. Klix, W. Krause, H. Sydow (Hrsg.): Kybernetik-Forschung. Heft 2, Berlin, 1970

[15] E. Lehmann: Der Problemlöser PLANET – Beschreibung von Problemen und Strategien, in: F. Klix, W. Krause, H. Sydow (Hrsg.): Kybernetik-Forschung. Heft 5, Berlin, 1975

[16] A. Martelli: On the Complexity of Admissible Search Algorithms. Artificial Intelligence. Vol. 9 (1977), No. 1, S. 1–13

[17] A. Newell, J.C. Shaw und H.A. Simon: Empirical Explorations with the Logic Theory Machine – A Case Study in Heuristics. Proc. WJCC, 1957, S. 218-239 (auch in: E. Feigenbaum, J. Feldman: Computers and Thought. McGraw-Hill, New York, 1963, S. 109–133)

[18] A. Newell, J.C. Shaw, H.A. Simon: Programming the Logic Theory Machine. Proc. WJCC, New York, 1957

[19] A. Newell, H.A. Simon: The Logic Theory Machine – A Complex Information Processing System. IRE Trans. Information Theory, Vol. IF-2 (1956), No. 9, S. 61–79

[20] N. Nilsson: Principles of AI. Tioga Publ. Comp., Palo Alto, 1980

[21] J. Pearl: Heuristics – Intelligent Search Strategies for Computer Problem Solving. Addison-Wesley, Reading etc., 1984

[22] I. Pohl: Practical and Theoretical Considerations in Heuristic Search Algorithms. Machine Intelligence 8.

[23] I. Pohl: Bi-directional Search, in: B. Meltzer, D. Michie (eds.): Machine Intelligence 6. Edinburgh University Press, Edinburgh, 1971

[24] E. Rich: Artificial Intelligence. McGraw-Hill, New York etc., 1983

[25] H.A. Simon, J.B. Kadane: Optimal Problem-Solving Search – All-or-None Solutions. Artificial Intelligence. Vol. 6 (1975), S. 235–247

[26] J.R. Slagle: AI – The Heuristic Programming Approach. McGraw-Hill, New York, 1971

[27] H. Stoyan, G. Görz: LISP – Eine Einführung in die Programmierung. Springer, Berlin etc., 1984

Kapitel **7**

GPS: Modifizierte operator-orientierte Programmierung

7.1 Das allgemeine Problemlösungssystem GPS

GPS ging aus der LT-Maschine hervor. A.NEWELL und seine Kollegen (unter ihnen H.SIMON, C.SHAW, G.ERNST) bemühten sich seit 1957 um die Entwickung eines *allgemeinen Problemlösers*. Dieser sollte das menschliche Problemlösungsverhalten simulieren; genauer: Das Verhalten eines einzelnen Menschen bei der Lösung von einfachen Situationsmanipulationsproblemen über eine kurze Zeitspanne. Das Hauptziel ihrer Arbeit war nicht so sehr, einen *exzellenten* Problemlöser zu schaffen, sondern einen möglichst *allgemeinen*.

Dennoch konnte man mit GPS nur Probleme aus drei verschiedenen einfachen Klassen beschreiben, weil, wie die Autoren selbstkritisch feststellten, die Mittel zur Repräsentation nicht ausreichten. Betrachtet man die Problembeschreibungssprache von GPS – und der Leser hat diese Möglichkeit weiter unten – dann fällt schnell deren Umständlichkeit ins Auge. Diese ist aber offensichtlich teilweise beabsichtigt, um der Problembeschreibung einen Flair von natürlichsprachlicher Formulierung zu geben. Kaum beabsichtigt ist aber wohl, daß die Beschreibung so wenig strukturiert ist (Variablen- und Strukturdeklarationen treten in allen Teilen einer Problembeschreibung auf), und daß bei unangenehmer Redundanz (viele Zeichenfolgen müssen für die Beschreibung jedes Problems notiert werden und suggerieren so nicht vorhandene Spezifikationsfreiheiten) gleichzeitig wesentliches verdeckt bleibt (weil es durch IPL-Prozeduren im Untergrund erledigt wurde).

Angesichts der Entstehungszeit von GPS fällt auf, daß Musterbeschreibungsmöglichkeiten nicht oder nur in schwächsten Ansätzen eingebracht worden sind. Bei der Suche nach den Gründen kann man wohl zwei Vermutungen aussprechen: Einmal wird die Implementation in IPL höchst kompliziert gewesen sein, so daß die Problembeschreibungssprache fast zwangsläufig so unelegant blieb. Andererseits haben die Autoren von GPS keine Anregungen von Programmiersprachen aufgenommen.

Unsere zentrale These in diesem Kapitel ist, daß GPS ein interessantes Verarbeitungsmodell darstellt. Demzufolge erwarten wir auch eine verwendbare Programmiersprache zu seiner Benutzung – ob wir sie nun "Problembeschreibungssprache" nennen oder nicht. Wenn wir GPS darstellen, werden wir also die Problembeschreibungssprache zu einer Programmiersprache rekonstruieren müssen.

Es scheint nicht, daß die Autoren von GPS ihr Produkt jemals als Interpreter einer Programmiersprache aufgefaßt haben. In diese Richtung scheint zwar die Entwicklung eines *heuristischen Compilers* hinzudeuten, an der NEWELL und SIMON um 1963 arbeiteten, ein Programm, das aus Problembeschreibungen IPL-V-Programme erzeugte. Aber die Autoren konnten sich offensichtlich selbst 1969 noch nicht vorstellen, daß es rein "deklarative" Programmiersprachen geben könnte.

Sie analysieren die Beziehung zwischen Problemlöser und Sprachinterpreter vielmehr in der umgekehrten Richtung, wenn sie sich fragen ([3, S.15]), ob ein Computer ein Problemlöser ist, dem Programmiersprachen zur Problemformulierung zugeordnet sind. Hier könne man aber einwenden, daß der Programmierer das *Wie* zu spezifizieren habe, während man von einer Problembeschreibungssprache nur verlange, daß der Nutzer das *Was* beschreibe. Natürlich, so räumen die Autoren ein, bestimme sich das Verhalten des Problemlösers durchaus durch die externe Repräsentation des Problems – allerdings nicht vollständig. Auch hier sehen sie die Ähnlichkeit zu der Verarbeitung von Programmen: Das Gesamtverhalten des Systems sei auch in diesem Falle sowohl von dem Anwenderprogramm als auch von der internen Struktur des Systems (Computer plus Übersetzer plus Laufzeitunterstützung) gemeinsam bestimmt.

Nach diesen Ausführungen schwenken sie aber leider ab und kommen nicht auf die Idee, die umgekehrte Sicht einzunehmen.

Im Unterschied zur hypothetischen LT-Sprache war die in GPS realisierte Sprache tatsächlich benutzbar. Sie enthielt außer (uns von der Sache her schon bekannten, in der GPS-Ausprägung noch zu beschreibenden) Komponenten zur *Beschreibung von Situationen* (Objekten) und *Operatoren*, dem Modell entsprechend weiterhin Elemente zur *Beschreibung der Differenz-Operator-Relation* ("table of connections") und solche zur *Ordnung der Differenzen* (engl. difference ordering). Hinzu kommt eine Komponente zur *Klassifikation von Zielen*, die aber nur ansatzweise entwickelt wurde – nur eine Klasse von Zielen konnte wirklich je beschrieben werden.

Was die mit GPS bearbeiteten Probleme – wir ziehen vor, "programmierten und erfolgreich abgearbeiteten Programme" zu sagen – betrifft, so bleibt der Bereich klein. Konnte man zunächst die Logic-Theory Machine beschreiben, so wurde danach das Missionare-und-Kannibalen-Problem implementiert, dann ein einfaches Zeichenkettentransformationsproblem. Zeitweise wurde mit einem Beweiser für trigonometrische Identitäten, mit dem Problem des Arbeitsausgleiches an Montagestrecken (engl. balancing of an assembly line), und sogar mit dem Metaproblem des Findens guter Differenzen experimentiert. In dem Buch von 1969 [3] werden Probleme aus folgenden Klassen beschrieben (und deren Lösung diskutiert):

1. einfache Transformationsprobleme (Missionare und Kannibalen, Vater und Söhne, Drei Münzen, Türme von Hanoi, Affe und Banane, Wasserkannen)

2. Transformation von Baumstrukturen (Integration, Beweis im Prädikatenkalkül)

3. Probleme, in denen Aspekte beider Klassen enthalten sind bzw. die völlig anderer Art sind (Brücken von Königsberg, einfaches Parsen, Voraussagen von Buchstabenfolgen).

Trotz der Erfolge die am Anfang (bis 1963) erzielt worden waren, war GPS wenige Jahre später in eine Sackgasse geraten. Die Ursachen liegen einerseits in der schwerfälligen Formulierungssprache, hauptsächlich aber in der veralteten Software-Technologie, die eine Aktualisierung, eine Aufnahme neuer Ideen kaum mehr zuließ. Bei einer Implementation in LISP wäre die Aufnahme eines Mustervergleichers (und einer Musterbeschreibungssprache), sowie eine rekursive Zielverwaltung, die auch *Backtracking* (s. Kap. 8) auf einfache Weise ermöglicht, realisierbar gewesen, und GPS hätte bei etwas mehr Effizienz die Programmiersprache für ein System wie MYCIN sein können. E.CHARNIAK und D.MCDERMOTT meinen daher, GPS sei mehr als Idee als Programm wichtig gewesen. Es habe die Aufmerksamkeit auf *Mustervergleich, Diskriminationsbäume* und *Zweck-Mittel-Analyse* gelenkt[2, S.306]. Hier ist anzumerken, daß der Mustervergleich mehr ein *Strukturvergleich* ohne die Hilfsmittel der Musterbeschreibung war. Die zur Organisation des Speichers verwendeten Diskriminationsbäume werden wir hier nicht weiter betrachten. Dagegen ist die Zweck-Mittel-Analyse die zentrale Idee des GPS-Verarbeitungsmodells.

GPS ist ein Programm, das durch viele Versionen gegangen ist. Die erste Version, GPS-1, war in IPL-IV für den JOHNNIAC der Rand Corporation programmiert worden. Alle anderen Versionen waren IPL-V Programme, die auf der IBM 7090 liefen. Als Nachfolger kann das "Fortran Deductive System" von J.QUINLAN und E.HUNT (1968, [4]) angesehen werden.

7.2 Verarbeitungsmodell, Programmierstil und Programmiersprache

7.2.1 Das Verarbeitungsmodell der Zweck-Mittel-Analyse

GPS ist wesentlich bestimmt von dem Abarbeitungsmodell der *heuristischen Suche*, die wir schon bei der Logic Theory Machine vorfanden: *Operatoren* werden zur *Transformation* von *Objekten* verwendet, die als Knoten in einem Objektbaum angesehen werden können – die Kanten beschreiben die durch Operatoranwendung möglichen Übergänge.

In GPS verarbeitet das System ein sogenanntes *aktuelles Objekt*. Dieses Objekt hat prinzipiell die gleiche Struktur wie das *Zielobjekt*. Unterschiede werden aber in der Belegung der Strukturteile (wir könnten sie als "Slots" bezeichnen) bestehen. Wenn das System Unterschiede feststellt, dann sucht es zunächst nach dem wichtigsten – unter Verwendung der Differenzrangordnung. Über die Zweck-Mittel-Relation wählt das System anschließend einen Operator aus, der zur Beseitigung dieses Unterschiedes fähig scheint. Wenn der Operator angewendet werden kann, so wird er angewendet und das System sucht die nächst wichtigste Differenz. Wenn der Operator nicht angewendet werden kann, so deshalb, weil seine *Anwendungsbedingungen* nicht erfüllt sind. Diese betreffen die Belegung von Strukturkomponenten des aktuellen Objekts.

Die Nichterfüllung einer Bedingung ist natürlich auch als Unterschied zwischen einem erwünschten Zustand (Anwendbarkeit des Operators) und dem wirklichen Zustand auffaßbar. Die Anwendbarkeit des Operators ist also ein (*Unter*)-*Zielzustand*, der sich mit derselben Technik erreichen läßt, wie das globale (oder das nächst höhere) Ziel.

Nach der Operatoranwendung wird das aktuelle Objekt dem Zielobjekt in der Regel noch nicht entsprechen. Also wird mit der Suche nach Unterschieden fortgefahren.

Der wesentliche Unterschied zwischen dem einfachen, dieses heuristische Modell verwirklichenden, operator-basierten Interpreter der LT-Maschine und dem GPS zu Grunde liegenden Modell besteht also:

1. in der Verwendung der *Zweck-Mittel-Analyse* (engl. means-ends-analysis) zur *Operatorauswahl*, die die Beseitigung von Differenzen als die Zwecke und die Transformation durch Operatoren als die Mittel zum Zweck ansieht;

2. in der Verwendung einer (vom Programmierer zu liefernden) *Zweck-Mittel-Relation*;

3. in der Ausnutzung einer (wiederum vom Programmierer zu liefernden) *Rangordnung dieser Differenzen*.

Der Effekt dieser Erweiterungen des einfachen Operator-Objekt-Modells ist natürlich eine höhere Effizienz.

Manchmal wird GPS so charakterisiert, als ob es ein uninteressanter alter Schinken wäre. Ein solches Urteil kann nicht das Verarbeitungsmodell betreffen. Viel mehr bieten die modernen sogenannten "Inferenzmaschinen" auch nicht. Unmodern ist (und war seit 1963 bereits) die Problemformulierungssprache von GPS, die keine Musterbeschreibungsmöglichkeiten enthält, nicht in eine Umgebung eingebettet ist, die etwa die Auswertung arithmetischer Terme u.ä. erlaubt.

7.2.2 Der modifizierte operator-orientierte Programmierstil

Dieser Stil unterschiedet sich wenig vom einfachen operator-orientierten Programmierstil. Die zusätzliche Aufgabe, eine Rangordnung der Differenzen und eine Zuordnung der Operatoren zu den Differenzen vornehmen zu müssen, mag einerseits dazu führen, daß man die Datenstruktur, die das zu transformierende Objekt repräsentiert, so aufbaut, daß die wichtigste Differenz am einfachsten zu erreichen ist, andererseits, daß die Operatoren deutlicher auf einzelne Komponenten dieser Struktur bezogen werden.

Operatoren sollten immer durch eine Transformation des aktuellen Objekts anwendbar werden können. Dabei muß das zur Anwendbarkeit des Operators führende Problem nicht unbedingt vom gleichen Typ wie das gesamte Problem sein – spezielle Operatoren oder Objekte könnte man hier einführen. Der mit GPS mögliche Programmierstil erscheint hier unnötig begrenzt.

Operatoren, die durch keine Transformation des aktuellen Objekts anwendbar werden können, bringen Aspekte des einfachen operator-orientierten Programmierens ein. Für sie versagt die Zweck-Mittel-Analyse: Sie selbst werden zwar noch zweckmäßig ausgewählt, bieten dem System aber keine strategische Leitlinie mehr.

7.2.3 Die GPS-Problemformulierungssprache

7.2.3.1 Die originale Problemformulierungssprache

In dem Buch [3] von ERNST und NEWELL ist keine genaue Beschreibung der GPS-Sprache enthalten; die Passagen auf den Seiten 82-89 erweisen sich angesichts der Beispiele als nicht ausreichend. Wir können demgemäß nur auf eine Teilsprache eingehen.

Die GPS-Problemformulierungssprache ist stark mit sog. syntaktischem Zukker angereichert: Es gibt *Füllworte*, die vom Sprachverarbeiter völlig ignoriert werden – dem Programm aber einen natürlichsprachigen Anstrich vermittelten. Die Gefahr, die mit diesen Füllworten verbunden ist, beruht in der unrichtigen Angabe von Argumenten für Operatoren und Relationen. Zu den Füllworten gehören z.B.: A, ADD, ALL, ... und THE ([3, S.284]).

Ein Programm für GPS besteht aus zwei Teilen: Aus einem Deklarationsteil, in dem den vom Programmierer verwendeten Namen Typen zugesprochen werden müssen, und einem Problembeschreibungsteil (TASK-Teil), in dem sowohl die Struktur und Definition der zugehörigen Objekte, Operatoren, Tests usw. als auch der Problemtyp und die Ordnung der Differenzen und natürlich auch die Zuordnung von Differenzen und Operatoren enthalten sein müssen.

Der Deklarationsteil besteht aus einer ungeordneten Folge von Gleichungen, deren linke Seite jeweils ein (neuer) Name und deren rechte Seite eine der Typbezeichnungen sein muß, die aus einem Grundrepertoire stammen:

```
<decl-part>::=DECLARE (<decl-list>)
<decl-list>::=<declaration>,<decl-list> | <declaration>
<declaration>::=<name>=<type-const>
<type-const>::=ATTRIBUTE | CONSTANT | DESCRIBED-OBJECT | EXPRES |
               FEATURE | LOC-PROG | MOVE-OPERATOR | N-NARY-CONNECTIVE |
               OBJECT-SCHEMA | SET | UNARY CONNECTIVE | V-TESTS
```

LOC-PROG und ATTRIBUTE werden für Selektoren in Datenstrukturen verwendet. FEATUREs sind Kürzel für Selektorketten.

CONSTANT ist schwer rekonstruierbar: In einigen Beispielen werden die als CONSTANT deklarierten Symbole auch als VAR (im TASK-Teil) bezeichnet.

DESCRIBED-OBJECT ist ein Objekt, wenn es nicht exemplarisch (als OBJECT-SCHEMA), sondern mittels Prädikaten beschrieben wird.

EXPRESsions sind auswertbare Zeichenfolgen, wie z.B. X+Y.

MOVE-OPERATORen müssen im TASK-Teil beschrieben werden (durch die Angabe von drei Tests und einigen Transformationen). Eigenartigerweise sind in allen Beispielen die Operatoren dann als CREATION-OPERATORen bezeichnet worden. Die Alternative sind die Form-Operatoren, die offensichtlich nicht deklariert werden.

Mit **N-NARY-CONNECTIVE** bzw. **UNARY-CONNECTIVE** sind Symbole zu deklarieren, wenn ganze Baumstrukturen darzustellen sind (arithmetische Ausdrücke, logische Formeln). Diese Baumstrukturen werden als Listen notiert und in interne Baumstrukturen umgeformt, in denen die deklarierten Symbole als Belegung eines **SYMBOL**-Slots auftreten und die Baumzweige die Slots **LEFT** bzw. **RIGHT** belegen. Anscheinend gehört zu einer **UNARY-CONNECTIVE** nur ein **LEFT**-Slot, während die **N-NARYCONNECTIVE** sowohl **LEFT** als auch **RIGHT**-Slots haben [3, S.171]).

Deklariert man einen Identifier als **V-TEST**, dann kann der entsprechende Test außerhalb eines Operators beschrieben werden (und so ohne Wiederholung in mehreren Operatoren verwendet werden).

Im Problembeschreibungsteil (TASK-Teil) werden

1. das Problem (**TOP-GOAL**),

2. die Prioritäten der Differenzen (**DIFF-ORDERING**) und

3. die Tabelle der Zuordnungen zwischen Operatoren und Differenzen (**TABLE-OF-CONNECTIONS**)

notiert. Hinzu kommen im Falle, daß das Zielobjekt (in **TOP-GOAL**) als Objektschema definiert ist, eine Beschreibung des Vergleichs (den man auf einzelne Objektteile beschränken kann) und der zugehörigen Differenz. Weitere Elemente sind auch

5. die Liste der Variablen (die nicht deklariert wurden),

6. die Liste der FORM-Operatoren,

7. die Liste der Objektattribute (d.h. die Namen der Blätter, einer Baumstrukturdarstellung)

8. Beschreibungen für alle

   - Objekte,
   - Tests,
   - Features,
   - Ausdrücke (**EXPRES**),
   - Operatoren,
   - Mengen.

Die Syntax des TASK-Teiles ist:

```
<problem-descr>::= TASKSTRUCTURES (
               TOPGOAL=(<goaltype> <start-descr> <goal-descr> )
               <object-schema-descr> ...
               DIFF-ORDERING=( <feature-list> )
               <operator-descr> ...
               TABLE-OF-CONNECTIONS=( <connection-list> )
                                                          )
```

Die optionalen Bestandteile des TASK-Teiles sind:

```
COMPARE-OBJECTS=( BASIC-MATCH )
BASIC-MATCH= ( COMP-FEAT-OLIST( <feature-list> )
                              [ SUBEXPRESSIONS ] )
LIST-OF-VAR=( <variable-list> )
LIST-OF-OPR=( <operator-list> )
OBJ-ATTRIB=( <attribute-list> )
<object-descr> ...
<feature-descr> ...
<set-descr> ...
<attribute-descr> ...
<test-descr> ...
<expres-descr> ...
```

Diese Beschreibung erscheint stark redundant: Schon das Schlüsselwort TASK-STRUCTURES ist unnötig.

Die zweite Zeile ist in allen Beispielen in [3] immer:
TRANSFORM INITIAL-OBJ INTO DESIRED-OBJ
Da nur TRANSFORM-Probleme erlaubt waren, ist diese Zeile völlig überflüssig.

$<goaltype>::=$**APPLY | REDUCE | SELECT | TRANSFORM**
$<start\text{-}descr>::=<obj\text{-}schema\text{-}name\text{-}list> \mid <obj\text{-}schema\text{-}name>$

Diese Beschreibung gilt nur für TRANSFORM-Ziele. In den Beispielen wird immer nur ein Startobjekt benannt. Weitere Zieltypen waren zwar geplant aber nicht implementiert. Die Namen müssen über $<object\text{-}schema\text{-}descr>$ definiert sein.

$<goal\text{-}descr>::=<obj\text{-}schema\text{-}name> \mid <described\text{-}obj\text{-}name>$

In den Beispielen wird immer nur DESIRED-OBJECT oder FINAL-OBJECT verwendet. Der Name muß auch über eine $<object\text{-}schema\text{-}descr>$ oder eine $<object\text{-}descr>$ definiert sein.

$<object\text{-}schema\text{-}descr>::=<name>= (<list\text{-}of\text{-}objpairs>)$
$<list\text{-}of\text{-}objpairs>::=<objpair><list\text{-}of\text{-}objpairs> \mid <objpair>$
$<objpair>::=<loc\text{-}prog>(<list\text{-}of\text{-}objpairs>) \mid <attribute><word>$

In Schema-Beschreibungen beschriebene Objekte können beliebig tief sein. Die Selektoren, deren Slots wieder durch Schemata besetzt sind, werden "LOC-PROGs" genannt, die anderen – deren Slots durch Konstante (hier mit $<word>$ bezeichnet, was für eine Zahl oder ein Symbol steht) besetzt sind, heißen "Attribute". (Hier werden offensichtlich Strukturdeklarationen mit Strukturzugriffs-operationen vermengt.)

$<object\text{-}descr>::=<name>=$ [(SUBEXPRESSION-TESTS $<test\text{-}list>$)]
                    [(TEX-DESCRIPTION $<test\text{-}list>$)]
$<test\text{-}list>::=<test><test\text{-}list> \mid <test>$

Objekt-Beschreibungen ohne Strukturangabe sind immer auf Zielobjekte bezogen, die faktisch immer die gleiche Struktur wie die Anfangsobjekte haben. In diesem Falle werden aber keine Slotfüllungen angegeben, sondern Tests, denen die Slotfüllungen genügen müssen. SUBEXPRESSION-TESTS beziehen sich auf Bäume und werden auf die Knoten aller Ebenen (entlang den LEFT- und RIGHT-Kanten zu finden) angewandt.

Die DIFF-ORDERING macht natürlich neben der TABLE-OF-CONNECTIONS, den Operatoren und den Objektbeschreibungen einen wichtigen Teil aus. *<features>* sind Zugriffsfunktionen (oder direkt Selektoren) zu Objekten.

$$\textit{<feature-list>}::=\textit{<feature>}\textit{<feature-list>}\mid$$
$$\textit{<feature-group>}\textit{<feature-list>}\mid$$
$$\textit{<feature>}\mid\textit{<feature-group>}$$
$$\textit{<feature-group>}::=(\textit{<feature-seq>})$$
$$\textit{<feature-seq>}::=\textit{<feature>}\textit{<feature-seq>}\mid\textit{<feature>}$$
$$\textit{<feature>}::=\textit{<name>}$$

Der Name muß über eine *<feature-descr>* definiert sein.

$$\textit{<feature-descr>}::=\textit{<name>}=([\textit{<attribute>}]\ \textit{<loc-prog>})\mid$$
$$\textit{<name>}=([\textit{<loc-prog>}]\ \textit{<attribute>})$$

Die Ordnung, in der die durch die *<features>* bezeichneten Differenzen in der DIFF-ORDERING stehen, symbolisiert eine fallende Wichtigkeitsrangfolge. Durch eine *<feature-group>* zusammengefaßte Differenzen werden als gleich wichtig angesehen.

$$\textit{<operator-descr>}::=\textit{<name>}=\textit{<form-operator-descr>}\mid$$
$$\textit{<name>}=\textit{<creat-operator-descr>}$$
$$\textit{<form-operator-descr>}::=((\ \textit{<list-structure>}\ \text{YIELDS}\ \textit{<list-structure>})\ )$$

Die Operatoren sind in FORM- und MOVE- (oder CREATION-) Operatoren klassifiziert. Der entscheidende Unterschied zwischen diesen Klassen scheint nicht die Beschreibungsweise zu sein (entgegen dem in [3, S.75-79 u. S.99-102]) Gesagten), denn man könnte diese gegeneinander austauschen. Viel wesentlicher erscheint die Resultatproduktion: Während ein MOVE-Operator anscheinend immer ein neues Objekt produziert, und das aktuelle als sein Parameter angesehen werden kann, operiert ein FORM-Operator in einem Baum an irgendeinem Knoten. Entweder er produziert nur einen neuen Teilbaum (den er für den neuen Knoten einsetzt bzw. indem er den aktuellen Knoten ändert) oder er produziert einen neuen Gesamtbaum mit dem erzeugten neuen Teilbaum. Die in [3] enthaltenen Beispiele (Integration, Theorembeweis) lassen weitere Möglichkeiten offen.

FORM-Operatoren sind in allen bekannten Beispielen im "LIST-Modus" notiert. Die Listenstrukturen werden übersetzt in Strukturen von Objekt-Schemata der Form

```
(Symbol ... Left (...) Right (...)).
```

Auch eine *<modificate-operator-descr>* war geplant.

```
<creat-operator-descr>::=( CREATION-OPERATOR <text>
                          [ VAR-DOMAIN <test-list>]
                          [ PRE-TEST <test-list>]
                          MOVES <transformations>
                          [ POST-TEST <test-list>] )
```

Die MOVE-Operatoren werden hauptsächlich durch die Angabe der einzelnen Transformationen beschrieben. Dazu kommen (optional) Beschreibungen der benötigten Variablen, der Anwendbarkeitsbedingungen (PRE-TESTs) und der Ergebnisprüfungen (POST-TEST); letztere können in den meisten Fällen zu Anwendbarkeitsbedingungen umformuliert werden.

Die TABLE-OF-CONNECTIONS macht die Beziehung von Operatoren zu Differenzen explizit. Man möchte meinen, daß dies auch in den Operatorbeschreibungen hätte angemerkt werden können, aber darüberhinaus scheint in der angesprochenen Tabelle auch eine Rangordnung der Operatoren enthalten zu sein.

```
<connection-list>::=<connection><connection-list> | <connection>
<connection>::=<feature>(<operator-list>)
<operator-list>::=<operator><operator-list> | <operator>
<operator>::=<name>
```

(Der Name muß über eine *<operator-descr>* definiert sein.)

```
<test>::=<argument><relation><argument>.
<argument>::=<c-variable> | <variable> | <word> | <feature> | <set>
           | <expres>
```

Die c-Variablen sind im Deklarationsteil als CONSTANT zu deklarieren.

```
<relation>::=EQUALS | NOT-EQUAL | GREATER-THAN | NOT-GREATER-THAN |
            LESS-THAN | NOT-LESS-THAN | IN-THE-SET | NOT-IN-THE-SET |
            EXCLUSIVE-MEMBER | NOT-A-EXCLUSIVE-MEMBER |
            CONSTRAINED-MEMBER | NOT-A-CONSTRAINED-MEMBER |
            TRUE | UNDEFINED
```

Das System verfügt über 15 vordefinierte Relationen. In einem Beispiel wurden zwei neue Relationen eingeführt durch (etwas kryptische) Angabe der Paarmengen.

```
<transformations>::=<transformation><transformations>
                   | <transformation>
<transformation>::=<operation><argument><feature>
<operation>::=DECREASE | INCREASE | MOVE | MOVE-FUNCTION | REMOVE
```

Da den Bezeichnern im Deklarationsteil nur Typennamen zugeordnet werden, muß für Mengen, Ausdrücke, Tests und andere noch nicht beschriebene Komponenten die Deklaration vervollständigt werden.

```
<set-descr>::=<name>=(<word-list>)
<word-list>::=<word><word-list> | <word>
<expr-descr>::=<name>=<expr>
<expr>::=(<variable>+<variable> [+<variable>])
```

Diese einfachen Ausdrücke sind allein verwendet worden. Kompliziertere wären denkbar. Offen bleibt aber die Frage, ob sie verschachtelt sein durften.

<attribute-descr>::=(*<attribute><set>*)

Normalerweise werden Attribute implizit beschrieben durch ihre Position in einem Objektschema.

<attribute>::=*<name>*

(Solch ein Name muß in einem Objektschema auftauchen und in OBJ-ATTRI-BUTES.

<loc-prog>::=TOP-NODE | FIRST | SECOND ...

Fest vorgegebene und in Verschachtelungen bis 3 hintereinander verwendbare, wie z.B.: FIRST-SECOND-FIRST

<word>::=*<name>* | *<number>*
<variable>::=*<name>*

(Solch ein Name muß in LIST-OF-VAR enthalten sein.)

7.2.3.2 Eine rekonstruierte Problemformulierungssprache

Bei dieser Rekonstruktion der GPS-Beschreibungssprache soll folgendes erreicht werden:

1. Beibehaltung der GPS-Funktionalität.

2. Konzisere Formulierungen durch Zusammenlegung der Deklarationen in die Datenstrukturbeschreibungen und Weglassen unnötiger (weil immer zu notierender und deshalb in die "Maschine" hineinzuverlegender) Programmkomponenten.

3. Explizit Machen aller Komponenten der Verarbeitung.

4. Beseitigung bzw. Reduzierung des LIST-Modus und Formulierung der FORM-Operatoren mit Mustern.

5. Lösen des Differenzenkonzepts von den Selektoren der Datenstruktur und Überführung in Handlungsbedarf anzeigende Prädikate.

Wir zerlegen die Problemformulierung in folgende Bestandteile:

1. Beschreibung der Datenstrukturen (Datentypen),

2. Beschreibung von Relationen (falls erforderlich),

3. Beschreibung von Zugriffsfunktionen (falls die Selektoren zur Differenzbezeichnung nicht ausreichen),

4. Beschreibung von Operatoren,

5. Beschreibung von Differenzen,

6. Angabe von DIFF-ORDERING und TABLE-OF-CONNECTIONS,

7. Angabe von Startobjekt (Argument) und Zielobjekt.

$<$ *datastructure-decl* $>$::=(TYPES $<$ *object-decl* $><$ *list-of-type-decls* $>$)
$<$ *relation-decls* $>$::=(RELATIONS $<$ *list-of-rel-decls* $>$)
$<$ *function-decls* $>$::=(FUNCTIONS $<$ *list-of-function-decls* $>$)
$<$ *operator-decls* $>$::=(OPERATORS $<$ *list-of-operator-decls* $>$)
$<$ *difference-decls* $>$::= (DIFFERENCES $<$ *list-of-difference-decls* $>$)
$<$ *diff-ordering* $>$::=(DIFF-ORDERING $<$ *difference-tree* $>$)
$<$ *table-of-connections* $>$::=(TABLE-OF-CONNECTIONS $<$ *connection-list* $>$)
$<$ *initial-object* $>$::=(ARGUMENT $<$ *object-constant* $>$)
$<$ *goal-object* $>$::=(GOAL $<$ *object-constant* $><$ *tests* $>$)

(1) Die Typ-Deklarationen beginnen immer mit der Deklaration für die Struktur der *Objekte*. Wir arbeiten nur mit flachen Records und erlauben als Slottypen wiederum Records einschließlich (also rekursiv) des Objekts selbst. Im rekursiven Falle wird implizit angenommen, daß die Slots auch leer sein können (durch () symbolisiert). Um die Abkürzungsformulierung (LIST-Modus) zu ermöglichen, kann eine Objektdeklaration zwei Teile haben: Die Strukturbeschreibung und die Abkürzungsbeschreibung. In letzterer sind die Komponenten anzugeben, die pro rekursivem Niveau mit Daten aus der Abkürzung (in der Objekt-Beschreibung) gefüllt werden sollen.

$<$ *object-decl* $>$::=(OBJECT (structure ($<$ *list-of-slots* $>$))
                [! ($<$ *list-of-slot-fillers* $>$)])
$<$ *list-of-slots* $>$::=$<$ *slot-name* $><$ *type-identifier* $><$ *list-of-slots* $>$ | $<$ *empty* $>$
$<$ *list-of-slot-fillers* $>$::=$<$ *slot-name* $><$ *pattern* $><$ *list-of-slot-fillers* $>$ | $<$ *empty* $>$

Slotnamen werden durch ihr Vorkommen implizit deklariert und dürfen nicht in anderen Recordtypen wieder vorkommen. Typidentifikatoren müssen deklariert werden. Als deklariert angenommen werden INTEGER und BOOLEAN.

$<$ *list-of-type-decls* $>$::=$<$ *type-decl* $><$ *list-of-type-decls* $>$ | $<$ *empty* $>$
$<$ *type-decl* $>$::=($<$ *type-identifier* $>$ $<$ *type-descr* $>$)
$<$ *type-descr* $>$::=$<$ *record-descr* $>$ | $<$ *set-descr* $>$
$<$ *record-descr* $>$::=($<$ *list-of-slots* $>$)
$<$ *set-descr* $>$::=($<$ *list-of-elements* $>$)
$<$ *list-of-elements* $>$::=$<$ *integer-or-identifier* $><$ *list-of-elements* $>$ | $<$ *empty* $>$

Mengen werden einfach durch Auflistungen der Elemente beschrieben.
(2) Relationen werden durch Auflistung der Paare deklariert.

$<$ *list-of-rel-decls* $>$::=$<$ *rel-decl* $><$ *list-of-rel-of-decls* $>$ | $<$ *empty* $>$
$<$ *rel-decl* $>$::=($<$ *relation-name* $>$ ($<$ *list-of-pairs* $>$))
$<$ *list-of-pairs* $>$::=(($<$ *integer-or-identifier* $><$ *set-or-integer-or-identifier* $>$)
           $<$ *list-of-pairs* $>$
           | $<$ *empty* $>$

(3) Funktionen können Kompositionen von Selektoren an dem Objekt-Record oder beliebige Abbildungen beschreiben. Im ersten Falle werden sie durch Terme deklariert; das Argument ist immer OBJECT. Die verwendbaren (primitiven) Funktionsnamen sind die Selektoren in der Reihenfolge, die sich aus der Recordhierarchie ergibt, die im Datenstrukturdeklarationsteil eingeführt wurde.

$<list\text{-}of\text{-}function\text{-}decls>::=<fun\text{-}decl><list\text{-}of\text{-}function\text{-}decls> \mid <empty>$
$<fun\text{-}decl>::=(<function\text{-}name>(<selector>(<selector><selector\text{-}term>)))$
$\qquad\qquad \mid$ (OBJECT $<index\text{-}list>$)
$<selector\text{-}term>::=$OBJECT $\mid$ $(<selector><selector\text{-}term>)$
$<index\text{-}list>::=<integer><index\text{-}list> \mid <empty>$

Andere Funktionen werden als Listen von Paaren deklariert:

$<fun\text{-}decl>::=(<function\text{-}name><list\text{-}of\text{-}pairs>)$

(4) Operatoren muß ihr Typ, etwaige lokale Variable, die Anwendbarkeitsbedingung und die Aktionen zugeordnet werden.

$<list\text{-}of\text{-}operator\text{-}decls>::=<operator\text{-}decl><list\text{-}of\text{-}operator\text{-}decls> \mid <empty>$
$<operator\text{-}decl>::=(<operator\text{-}name>(<operator\text{-}type><variable\text{-}decls>$
$\qquad\qquad\qquad$ (IF$<test><actions>$)))

Als Tests sind Terme mit den primitiven Prädikaten IS-IN, IS, NOT-EMPTY und HOLDS zugelassen. Die Argumente sind Konstante, Differenzen bzw. Terme aus diesen und den eingeführten Funktionen. Die Tests können durch AND verknüpft werden.

Als Aktionen ist eine Liste von Termen mit den primitiven Aktionen CHANGE-PART, REMOVE-PART-ELEMENT bzw. NEW-OBJECT zu notieren. CHANGE-PART verlangt als 1. Argument einen Selektor, als zweites Argument einen Term. REMOVE-PART-ELEMENT verlangt als 1. Argument einen Selektor, dem eine Mengen-Komponente zugeordnet ist und als zweites Argument einen Term. NEW-OBJECT verlangt als Argument ein Objekt-Muster.

(5) Differenzen sind entweder einfache Strukturkomponenten der Datenstrukturen oder als Prädikate definierbar. Im einfachen Fall ist keine besondere Deklaration erforderlich – das Auflisten in der Differenzenordnung genügt. Man sollte aber auch komplexere Differenzen einführen können. Dies geschieht durch die Definition von LISP-Prädikaten. Als Standardargument wird OBJECT verwendet. Das Prädikat kann rekursiv sein.

$<list\text{-}of\text{-}difference\text{-}decls>::=<difference\text{-}decl><list\text{-}of\text{-}difference\text{-}decls>$
$\qquad\qquad\qquad \mid <empty>$
$<difference\text{-}decl>::=(<difference\text{-}name>=$ (OBJECT)$<term>$)
$<term>::=<constant> \mid$OBJECT$\mid <variable> \mid (<function\text{-}name><term> \ldots)$

(6) Die Differenzenordnung wird durch eine Baumstruktur (d.h. eine LISP-Listenstruktur dargestellt. Dadurch sind auch partielle Ordnungen beschreibbar.

$<difference\text{-}tree>::=<diff\text{-}tree\text{-}element> \mid$
$\qquad\qquad\qquad <diff\text{-}tree\text{-}element><difference\text{-}tree>$
$<diff\text{-}tree\text{-}element>::=<difference\text{-}name> \mid (<diff\text{-}tree>)$

Die TABLE-OF-CONNECTIONS ist eine Assoziationsliste aus Differenzennamen und Operatornamen:

$<connection\text{-}list>::=<association> \mid <association><connection\text{-}list>$
$<association>::=(<difference\text{-}name><operators>)$
$<operators>::=<operator\text{-}name> \mid <operator\text{-}name><operators>$

(7) Start und Zielobjekt werden durch direkte Angabe der Datenstruktur notiert. Wenn eine rekursive Objektdatenstruktur definiert wurde (in der <OBJECT> als Komponententyp enthalten ist), und pro Ebene nur ein Selektor mit Daten belegt werden soll, dann kann eine lineare Abkürzung verwendet werden. Die Datenstruktur-Notation darf Mustervariablen enthalten (man könnte an eine Einbeziehung der Musterbeschreibungssprache aus Kap. 5 denken).

7.3 Programmieren in GPS

Ein GPS-Programm zur Addition zweier Zahlen:

```
(Problem Add
 (Types
  (Object (structure (summand1 <number> summand2 <number>
                                         sum <number>)))
  (<number> (0 1 2 3 4 5 6 7 8 9)))
 (Operators (plus (move-operator ()
              (if (null NIL)
                  ((change-part sum  (+ (summand1 object-1)
                                        (summand2 object-1)))))))))
 (Differences (sum))
 (Table-of-Connections ((sum plus))))

(Solve Add
 (argument (summand1 1 summand2 1 sum NIL))
 (goal (summand1 @a summand2 @b sum <number>)))

(Problem Append
 (Types
  (Object (structure (list1 <list> list2 <list> accu <list>
                        result <list> test1 <test> test2 <test>)))
  (<list> ((1) (1 2) (1 2 3) (1 2 3 4)))
 (Operators
  (first-null (move-operator ()
   (if (and (holds test1 ((x list1)))
            (holds test1 ((x accu))))
       ((change-parts result
                    (access-parts 'list2 'top-node object-1))
        (change-parts list2 'used)))))
  (pop (move-operator ()
   (if (and (holds test1 ((x list1)))
            (holds test2 ((x accu))))
       ((change-part result (cons (car (access-parts 'accu
```

```
                                              'top-node
                                              object-1))
                            (access-parts 'result
                                          'top-node
                                          object-1)))
        (change-part list2 'used)
        (change-part list1 (cdr (access-parts 'list1
                                              'top-node
                                              object-1)))))))
  (push (move-operator ()
   (if (holds test2 ((x list1)))
       ((change-part accu (cons (car (access-parts 'list1
                                                   'top-node
                                                   object-1)
                                (access-parts 'accu
                                              'top-node
                                              object-1)))
        (change-part list1 (cdr (access-parts 'list1
                                              'top-node
                                              object-1))))))))
  (Diff-ordering ((result)))
  (Table-of-Connections ((result first-null pop push))))

(Solve Append
  (argument (list1 (1 2) list2 (3 4) accu NIL result NIL
             test1 (null 'x) test2 (consp 'x)))
  (goal (list1 NIL list2 'used accu NIL result <list> test1 @a
                                                test2 @b)))
```

In beiden Fällen muß das Resultat noch als ein Vertreter des geforderten
Typs (<number> bzw. <list>) angegeben worden sein. Dies ist natürlich ein
Schönheitsfehler und sollte durch bessere Einbettung in LISP (Aufruf von Typ-
Testfunktionen) ausgleichbar sein.

7.3.1 Ein Beispiel - Parsen einfacher Sätze

Die originale Sprache ist erstaunlich schwerfällig. Wir geben als Beispiel einen
Parser für die folgende Grammatik: Die Regeln:

1. S $\leftarrow$ NP VP NP		6. NP $\leftarrow$ (*noun*)	
2. S $\leftarrow$ NP VBP AP		7. VP $\leftarrow$ (*adverb*)(*verb*)	
3. AP $\leftarrow$ AP (*adjective*)		8. VP $\leftarrow$ (*verb*)	
4. AP $\leftarrow$ AP (*noun*)		9. VBP $\leftarrow$ (*verb* $-$ *be*)	
5. NP $\leftarrow$ AP (*noun*)		10. VBP $\leftarrow$ (*verb* $-$ *be*)	

Dabei bedeutet:

S: sentence
VP: verb phrase

```
    NP: noun phrase
    VBE: verb phrase (für to be)
    AP: adjective phrase
```

Das GPS-Programm ([3, S.202/203]):

```
RENAME ( NEXT = FIRST
         NEXT-OF-NEXT = FIRST-FIRST )
DECLARE ( FREE = SET
           VARIABLES = SET
           CAUSE = SET
           CONFUSION = SET
           PS = ATTRIBUTE
           WORD = ATTRIBUTE
           D1 = FEATURE
           A1 = MOVE-OPERATOR
           A2 = MOVE-OPERATOR
           N = MOVE-OPERATOR
           N1 = MOVE-OPERATOR
           V1 = MOVE-OPERATOR
           V2 = MOVE-OPERATOR
           V-B1 = MOVE-OPERATOR
           V-B2 = MOVE-OPERATOR )

LIST ( DESIRED-OBJ = ( SENTENCE )
       INITIAL-OBJ = ( FREE VARIABLES CAUSE CONFUSION PERIOD )
       S1 = ( ( NOUN-PHRASE VERB-PHRASE NOUN-PHRASE PERIOD )
                                          YIELDS SENTENCE )
       S2 = ( ( NOUN-PHRASE VERB-BE-PHRASE ADJECTIVE-PHRASE
                                          PERIOD )
                                   YIELDS SENTENCE ) )
                                                          )
TASK-STRUCTURES (
  TOP-GOAL = ( TRANSFORM THE INITIAL-OBJ INTO THE DESIRED-OBJ . )
  OBJ-ATTRIB = ( PS WORD )
  FREE = ( NOUN ADJECTIVE VERB )
  VARIABLES = ( NOUN )
  CAUSE = ( NOUN VERB )
  CONFUSION = ( NOUN )
  N = ( $ ADJ-PHRASE NOUN $ CREATION-OPERATOR
        PRETESTS
        1. NOUN IS IN-THE-SET OF THE NEXT WORD .
        2. ADJECTIVE-PHRASE EQUALS THE PS .
        MOVES
        1. COPY NOUN-PHRASE AT THE PS .
        2. MOVE THE NEXT-OF-NEXT TO THE NEXT . )
  A1 = ( $ ADJ-PHRASE ADJ $ CREATION-OPERATOR
        PRETESTS
```

```
          1. ADJECTIVE IS IN-THE-SET OF THE NEXT WORD .
          2. THE PS EQUALS ADJECTIVE-PHRASE .
          MOVES
          1. MOVE THE NEXT-OF-NEXT TO THE NEXT .
          2. COPY ADJECTIVE-PHRASE AT THE PS . )
   A2 = ( $ ADJ $ CREATION-OPERATOR
          PRETESTS
          1. ADJECTIVE IS IN-THE-SET OF THE WORD .
          MOVES
          1. REMOVE THE WORD .
          2. COPY ADJECTIVE-PHRASE AT THE PS . )
   N1 = ( $ NOUN $ CREATION-OPERATOR
          PRETESTS
          1. NOUN IS IN-THE-SET OF THE WORD .
          MOVES
          2. REMOVE THE WORD .
          3. COPY NOUN-PHRASE AT THE PS . )
   V1 = ( $ ADVERB VERB $ CREATION-OPERATOR
          PRETESTS
          1. VERB IS IN-THE-SET OF THE NEXT WORD .
          2. ADVERB IS IN-THE-SET OF THE WORD .
          MOVES
          1. REMOVE THE WORD .
          2. COPY VERB-PHRASE AT THE PS .
          3. MOVE THE NEXT-OF-NEXT TO THE NEXT . )
   V2 = ( $ VERB $ CREATION-OPERATOR
          PRETESTS
          1. VERB IS IN-THE-SET OF THE WORD .
          MOVES
          1. REMOVE THE WORD .
          2. COPY VERB-PHRASE AT THE PS . )
 V-B1 = ( $ ADVERB VERB-BE $ CREATION-OPERATOR
            PRETESTS
            1. VERB-BE IS IN-THE-SET OF THE NEXT WORD .
            2. ADVERB IS IN-THE-SET OF THE WORD .
            MOVES
            1. REMOVE THE WORD .
            2. COPY VERB-BE-PHRASE AT THE PS .
            3. MOVE THE NEXT-OF-NEXT TO THE NEXT . )
 V-B2 = ( $ VERB-BE $ CREATION-OPERATOR
            PRETESTS
            1. VERB-BE IS IN-THE-SET OF THE WORD .
            MOVES
            1. REMOVE THE WORD .
            2. COPY VERB-BE-PHRASE AT THE PS . )
   D1 = ( PS )
```

```
COMPARE-OBJECTS = ( BASIC-MATCH )
BASIC-MATCH = ( COMP-FEAT-LIST ( D1 ) SUBEXPRESSIONS )
DIFF-ORDERING ( D1 )
TABLE-OF-CONNECTIONS = ( ( D1 S1 S2 V1 V2 V-B1 V-B2 A1 A2 N N1
                                                            ) )
LIST-OF-OPR = ( S1 S2 )
)
END
```

Unsere Rekonstruktion:

```
(Problem Parser
 (Types
    ; Die Datenstruktur des die Situation beschreibenden Objekts (das durch
    ; die Operatoren transformiert wird) ist zunächst durch das passende
    ; Objekt-Schema zu beschreiben.
    ; Dies bedeutet die Konstruktion einer Record-ähnlichen Struktur:
    (Object (structure (ps <grammatical-type>
                        word <identifier>
                        next <object>))
                        ! (word $))
    ; Die Objektteile werden in der originalen GPS-Sprache nicht durch
    ; ähnliche Deklarationen beschrieben, sondern durch direktes Einsetzen von
    ; Strukturen in die Slots: Situation =
    ; ( LEFT ( M 3 C 3 BOAT YES ) RIGHT ( M 0 C 0 BOAT NO ) )
    ; beim Missionar-und-Kannibale Spiel.
    ; Wir verwenden jedoch Deklarationen für die Slot-Werte:
    (<Grammatical-type> (ADJECTIVE-PHRASE NOUN-PHRASE VERB-PHRASE
                        VERB-BE-PHRASE))
    (<Word-Types> (ADJECTIVE ADVERB NOUN VERB VERB-BE))
    (<Type-Set> (Set <Word-Types>)))
 (Constants
    (cause <Type-Set>)
    (confusion <Type-Set>)
    (free <Type-Set>)
    (variables <Type-Set>)
    (ADJECTIVE-PHRASE <Identifier>)
    (NOUN-PHRASE <Identifier>)
    (VERB-PHRASE <Identifier>)
    (VERB-BE-PHRASE <Identifier>)
    (ADJECTIVE <Identifier>)
    (ADVERB <Identifier>)
    (NOUN <Identifier>)
    (VERB <Identifier>)
    (VERB-BE <Identifier>))
 (Functions
    (Val
```

```
        (cause (set (NOUN VERB)))
        (confusion (set (NOUN)))
        (free (set (NOUN ADJECTIVE VERB)))
        (variables (set (NOUN)))
        (period (set ()))
        (undef (set ()))))
  (Operators
    (n (move-operator ()
          (if (and (is-in NOUN (val (word (next object-1))))
                   (is ADJECTIVE-PHRASE (ps object-1)))
              ((change-part ps NOUN-PHRASE)
               (change-part next (next (next object-1)))))))
    (a1 (move-operator ()
          (if (and (is-in ADJECTIVE (val (word (next object-1))))
                   (is ADJECTIVE-PHRASE (ps object-1)))
              ((change-part ps ADJECTIVE-PHRASE)
               (change-part next (next (next object-1)))))))
    (a2 (move-operator ()
          (if (is-in ADJECTIVE (val (word object-1)))
              ((change-part ps ADJECTIVE-PHRASE)
               (change-part word nil)))))
    (n1 (move-operator ()
          (if (is-in NOUN (val (word object-1)))
              ((change-part ps NOUN-PHRASE)
               (change-part word nil)))))
    (v1 (move-operator ()
          (if (and (is-in VERB (val (word (next object-1))))
                   (is-in ADVERB (val (word object-1))))
              ((change-part ps VERB-PHRASE)
               (change-part next (next (next object-1)))))))
    (v2 (move-operator ()
          (if (is-in VERB (val (word object-1)))
              ((change-part ps VERB-PHRASE)
               (change-part word nil)))))
    (v-b1 (move-operator ()
          (if (and (is-in VERB-BE (val (word (next object-1))))
                   (is-in ADVERB (val (word object-1))))
              ((change-part ps VERB-BE-PHRASE)))))
    (v-b2 (move-operator ()
          (if (is-in VERB-BE (val (word object-1)))
              ((change-part ps VERB-BE-PHRASE)
                  (change-part word nil)))))
    (s1 (move-operator ()
          (if (match object-1 (ps NOUN-PHRASE word @a next
                                   (ps VERB-PHRASE word @b next
                                   (ps NOUN-PHRASE word @c next
```

```
                                (ps @d word PERIOD next ))))))
                ((new-object (ps SENTENCE word undef next )))))))
   (s2 (move-operator ()
           (if (match object-1 (ps NOUN-PHRASE word @a next
                                (ps VERB-BE-PHRASE word @b next
                                (ps ADJECTIVE-PHRASE word @c next
                                (ps @d word PERIOD next ))))))
                ((new-object (ps SENTENCE word nil next ))))))))
 (Diff-ordering (ps))
 (Table-of-Connections ((ps s1 s2 v1 v2 v-b1 v-b2 a1 a2 n n1))
 ))


(Solve Parser
(argument ! (free variables cause confusion period))
(goal (ps SENTENCE word @a next @b)))
```

Normalerweise beschreibt man die Transformation einer Datenstrukturinstanz in eine andere Instanz der gleichen Datenstruktur. Keines der Beispiele im Buch von ERNST und NEWELL behandelt Datenstrukturen mit mehr als zwei Ebenen. Völlig getrennt davon muß man allgemeine Bäume sehen, die das System auch verarbeiten kann, wie in dem angegebenen Beispiel. Hier wird die Liste (`free variables ...`) umgeformt in eine (lineare) Baumstruktur. Die rekursive Anwendung der Tests auf alle Ebenen – falls erforderlich (hier im Beispiel nicht) – wird durch den Zusatz `SUB-EXPRESSION-TEST` an den passenden Stellen erreicht.

Die Objektschemata sind demnach Beschreibungen von Datenstrukturinstanzen. Wenn Bäume vorliegen, dann ist von verschachtelten Strukturen der Form

```
Node = ( SYMBOL word LEFT part-1 RIGHT part-2 )
```

auszugehen. Die `part-i` sind nun wieder von derselben Form. Um dem Programmierer die ermüdende Kodierung auf diese Art zu ersparen, kann er im `LIST`-Modus Listen notieren, die in diese Form umgesetzt werden.

Wenn das Zielobjekt nicht ebenfalls als solche Instanz beschrieben ist, dann wird angenommen, daß es dieselbe Form hat. Die alternative Beschreibung sagt in diesem Falle nichts über die Objektstruktur aus (die ja implizit festliegt), sondern über die Komponenten der Datenstruktur – so etwa, daß keine der Komponenten ein bestimmtes Datum ist.

Als nächstes würde man die Operatoren beschreiben durch

- Angabe von lokalen Variablen und deren Definitionsbereich (typisch: Mengen) im Teil `VAR-DOMAIN`,

- Auflistung von Vorbedingungen (bezüglich des zu transformierenden Objekts) und Nachbedingungen (bezüglich des erzeugten Objekts),

- Angabe der einzelnen Teiloperationen. Dies hat zu geschehen durch Erhöhen oder Erniedrigen von Zahlenwerten, durch Beseitigen von Komponenten oder Einsetzen von Konstanten oder Werten (für deren Berechnung nur beschränkte Mittel bereitstehen).

Soweit wäre die Programmierung noch ähnlich zu der für den im vorigen Kapitel beschriebenen Problemlöser.

Der nächste Schritt besteht dann in einer Zuordnung von Operatoren zu Differenzen in der *Verbindungstafel* (table of connections). Dieser Schritt stellt den entscheidenden Unterschied dar zu dem auf sich selbst angewiesenen Problemlöser des vorigen Kapitels. Die Differenzen beziehen sich auf Komponenten der Datenstrukturen. Es werden allerdings nicht direkt diese Komponenten als Bezeichnungen für die entsprechende Differenz (die wäre: aktuelles Objekt und Zielobjekt unterscheiden sich an dieser Komponente) benutzt, sondern, da für Bezeichnung der passenden Komponente ein Zugriffspfad erforderlich ist (*feature*), wird diesem erst ein Name zugeordnet. Dieser Name bezeichnet die Differenz.

An den Beispielen, die von ERNST und NEWELL in ihrem Buch behandelt werden, sieht man, daß häufig alle Differenzen von allen Operatoren beseitigt werden. In solchen Fällen erübrigt sich die Aufgliederung und man verwendet das Schlüsselwort `COMMON-DIFFERENCES` in der Verbindungstafel.

Die Ordnung der hinter der jeweiligen Differenz notierten Operatoren charakterisiert deren Eignung zur Beseitigung der Differenzen.

Neben dieser Rangordnung der Operatoren und ihrer Zuordnung zu Differenzen muß der Programmierer auch noch eine Rangfolge der Differenzen aufstellen. Zu diesem Zweck könnte man die Verbindungstafel dann verwenden, wenn alle Differenzen auftreten. Da dies, wie schon gesagt, nicht immer der Fall ist, muß eine extra Liste ausgefüllt werden, in der die Differenzen in der Reihenfolge ihrer Wichtigkeit aufgelistet werden.

Wenn wir das Beispiel des Parsers betrachten, dann finden wir leicht den `TOPGOAL`-Teil wieder. Wir haben einige Definitionen (von Mengen) zu überspringen und sehen dann die Operatoren `N`, `A1`, `A2`, `N1`, `V1`, `V2`, `V-B1` und `V-B2`.

Dahinter folgt die Definition der Differenz `D1`, die unnötige Standardzeile `COMPARE-OBJECTS` und die Beschreibung der Differenzermittlung, die in allen Elementen der Liste (d.h. auf allen Ebenen des Baumes) erfolgen soll. Danach folgt die Ordnung der Differenzen – hier uninteressant, weil nur eine Differenz existiert. Etwas interessanter ist die Verbindungstafel, weil in ihr zwar alle Operatoren auftauchen, aber geordnet in der Folge (`S1 S2 V1 V2 V-B1 V-B2 A1 A2 N N1`). Die beiden Form-Operatoren `S1` und `S2` – die als letzte anzuwenden (also als erste auszuwählen) sind, können in `LIST`-Notation weiter oben gefunden werden.

7.3.2 Ein GPS-Programm für das krypto-arithmetische Problem

```
(Problem krypto-arithmetics
 (Types
  (Object (structure (a <number> reservoir-a <number-set>
                      b <number> reservoir-b <number-set>
                      eq1 <eqn>)))
  (<number> (0 1 2 3 4 5 6 7 8 9)))
 (Constants
```

```
  (digit <number>))
 (Functions
  (Val
   (digit (set (0 1 2 3 4 5 6 7 8 9)))))
 (Operators
  (evaluate-eq1 (move-operator ()
   (if (and (is-in a (val 'digit))(is-in b (val 'digit))
            (holds eq1 ((a a)(b b))))
       ((change-part eq1 t)))))
  (set-a (move-operator (next-number (one-of (reservoir-a
                                              object-1)))
   (if (not-empty (reservoir-a object-1))
       ((change-part a next-number)
        (remove-part-element reservoir-b next-number)
        (remove-part-element reservoir-c next-number)
        (remove-part-element reservoir-d next-number)
        (remove-part-element reservoir-e next-number)
        (remove-part-element reservoir-f next-number)
        (remove-part-element reservoir-g next-number)
        (remove-part-element reservoir-h next-number)))))
  (set-b (move-operator (next-number (one-of (reservoir-b
                                              object-1)))
   (if (not-empty (reservoir-b object-1))
       ((change-part b next-number)
        (remove-part-element reservoir-c next-number)
        (remove-part-element reservoir-d next-number)
        (remove-part-element reservoir-e next-number)
        (remove-part-element reservoir-f next-number)
        (remove-part-element reservoir-g next-number)
        (remove-part-element reservoir-h next-number)))))
  (set-c (move-operator (next-number (one-of (reservoir-c
                                              object-1)))
   (if (not-empty (reservoir-c object-1))
       ((change-part c next-number)
        (remove-part-element reservoir-d next-number)
        (remove-part-element reservoir-e next-number)
        (remove-part-element reservoir-f next-number)
        (remove-part-element reservoir-g next-number)
        (remove-part-element reservoir-h next-number)))))
  (set-d (move-operator (next-number (one-of (reservoir-d
                                              object-1)))
   (if (not-empty (reservoir-d object-1))
       ((change-part d next-number)
        (remove-part-element reservoir-e next-number)
        (remove-part-element reservoir-f next-number)
        (remove-part-element reservoir-g next-number)
```

```
                (remove-part-element reservoir-h next-number)))))
        (set-e (move-operator (next-number (one-of (reservoir-e
                                                    object-1)))
          (if (not-empty (reservoir-e object-1))
             ((change-part e next-number)
              (remove-part-element reservoir-f next-number)
              (remove-part-element reservoir-g next-number)
              (remove-part-element reservoir-h next-number)))))
        (set-f (move-operator (next-number (one-of (reservoir-f
                                                    object-1)))
          (if (not-empty (reservoir-f object-1))
             ((change-part f next-number)
              (remove-part-element reservoir-g next-number)
              (remove-part-element reservoir-h next-number)))))
        (set-g (move-operator (next-number (one-of (reservoir-g
                                                    object-1)))
          (if (not-empty (reservoir-g object-1))
             ((change-part g next-number)
              (remove-part-element reservoir-h next-number)))))
        (set-h (move-operator (next-number (one-of (reservoir-h
                                                    object-1)))
          (if (not-empty (reservoir-b object-1))
             ((change-part b next-number))))))
   (Diff-ordering ((a b)(eq1)))
   (Table-of-connections ((a set-a)(b set-b)(eq1 evaluate-eq1))))

(Solve krypto-arithmetics
   (argument (a a reservoir-a (set (0 1 2 3 4 5 6 7 8 9))
             b b reservoir-b (set (0 1 2 3 4 5 6 7 8 9))
             c c reservoir-c (set (0 1 2 3 4 5 6 7 8 9))
             d d reservoir-d (set (0 1 2 3 4 5 6 7 8 9))
             e e reservoir-e (set (0 1 2 3 4 5 6 7 8 9))
             f f reservoir-f (set (0 1 2 3 4 5 6 7 8 9))
             g g reservoir-g (set (0 1 2 3 4 5 6 7 8 9))
             h h reservoir-h (set (0 1 2 3 4 5 6 7 8 9))
             eq1 (= (+ (+ (* 10 a) b)
                       (+ (* 100 c) (* 10 d) e))
                    (+ (* 1000 f) (* 100 g) (* 10 h) d))))
   (goal (a <number> reservoir-a @ b <number> reservoir-b @ eq1 t))
                                                            )))))
```

Dieses Programm dient allein der systematischen Suche nach einer Lösung.
Bessere Operatoren sind erst dann formulierbar, wenn die Gleichungsstruktur verarbeitbar gemacht wird. Dabei ist allerdings festzustellen, daß die Gleichungsstruktur (samt der Belegung der Strukturkomponenten!) während der
Verarbeitung eines Problems völlig konstant bleibt. Die Operatoren fragen in
ihrem Bedingungsteil nach der konkreten Strukturausprägung. Wenn nun eine

Teilbedingung nicht erfüllt ist, kann die gewohnte Betrachtung dieses Unterschieds nicht zur Reduktion genutzt werden – der Operator ist schlicht nicht anwendbar und wird es niemals sein. Die Formulierung entsprechender Operatoren muß ohne Zweifel als ein Verstoß gegen das GPS-Denkmodell mit seiner Verbindung der Tests mit den Differenzen bewertet werden. Zwar gibt es immer Tests, die nicht veränderliche Fakten ansprechen (etwa die syntaktischen Kategorien der Worte im Parser-Beispiel), aber daß der alle Tests eines Operators von dieser Art sind, das wäre neu.

Zur Realisierung derartiger Operatoren könnten wir die ganze Gleichungsstruktur aufbrechen und als Baumstruktur wie im originalen GPS über die Selektoren SYMBOL, LEFT RIGHT darstellen.

Ein Operator, der gemäß (G1) die Belegung der Variablen A einschränkt, ist:

```
(a-not-0 (move-operator ()
 (if (and (is A (symbol (right (left (left (left (eq1 object-1)))
                                                                ))))
          (is A (symbol (right (left (right (left (eq1 object-1))
                                                               )))))
          (is A (symbol (right (left (right (eq1 object-1)))))))
   ((remove-part-element reservoir-a 0)))))
```

Für andere Operatoren wäre die Beschränkung auf die Standardzugriffsfunktionen höchst unbequem. Hier wäre die Einbettung in LISP hilfreich, um die Gleichung mit passenden Funktionen analysieren zu können. Mit Hilfe der Funktion LAST könnten wir die erste Ziffer pro Operator abfragen und damit die Regel (A10)[1] realisieren:

```
(set-0 (move-operator ()
 (if (and (is + (operator (eq1 object-1)))
          (is A (last (op1 (eq1 object-1))))
          (is A (last (res (eq1 object-1)))))
   ((remove-part-element reservoir-a 1)
    (remove-part-element reservoir-a 2)
    (remove-part-element reservoir-a 3)
    (remove-part-element reservoir-a 4)
    (remove-part-element reservoir-a 5)
    (remove-part-element reservoir-a 6)
    (remove-part-element reservoir-a 7)
    (remove-part-element reservoir-a 8)
    (remove-part-element reservoir-a 9)
    (change-part a 0)
    (remove-part-element reservoir-b 0)
    (remove-part-element reservoir-c 0)
    (remove-part-element reservoir-d 0)
    (remove-part-element reservoir-e 0)
    (remove-part-element reservoir-f 0)
    (remove-part-element reservoir-g 0)
```

---

[1] Siehe Kapitel 3

```
(remove-part-element reservoir-h 0)))))
```

Unangenehm ist dabei noch, daß von diesem Operator pro Variable (als Differenz zu sehen!) je einer formuliert werden muß. Erst wenn eine Beziehung zwischen der Komponente der Gleichung (zum Beispiel des Wertes zu einem SYMBOL-Selektor) und dem Selektor der Objektstruktur hergestellt werden könnte – durch die Einbettung in LISP technisch kein Problem –, könnten wir diese acht (bzw. i.a. zehn) Operatoren zu einem kondensieren.

7.4 Implementation von GPS

GPS basierte auf einem in IPL-V geschriebenen Interpreter, der Methoden interpretierte, die in einer Methodenbeschreibungssprache formuliert waren. ERNST und NEWELL geben 15 Methoden an.

7.4.1 Die GPS-Methodenbeschreibungssprache

Die Methodenbeschreibungssprache kennt nur recht einfache Anweisungen. Die einfachsten sind schlicht IPL-V-Prozeduren. Sie werden über ihre Namen (ohne Parameter!) angesprochen. Die zweite Anweisungsklasse bilden die Ziel-Anweisungen (GOAL-SCHEMA), in denen Ziele gesetzt werden (allerdings enthält [3] nur nicht-formal geschriebene Ziel-Anweisungen). Die primitiven, definierten oder Ziel-Anweisungen können in einfachen Sequenzen hintereinander angeordnet werden, in Verzweigungen (als *Signal-Listen-Methode*), oder in Zyklen. Solche Methodenanordnungen können mit einem Namen belegt (definiert) werden. Dieser Name ist dann wie ein primitiver Name verwendbar, insbesondere auch in der durch ihn bezeichneten Methodengruppe (rekursive Methoden sind möglich).

Sequenzen notiert man durch einfaches Untereinanderschreiben:

```
METHOD: SUBMETHOD1
        SUBMETHOD2
        ...
```

Bedingte Anweisungen enthalten einen Bedingungs- und einen Folgeteil:

```
TEST-CONDITION -> DO-ACTION
```

Zyklen können nur aus ganzen Methoden gebildet werden. Die Repeat-Anweisung steht als letzte und enthält eine Bedingung (FAILURE, SUCCESS oder eine Bedingungsänderung), die die erneute Abarbeitung der Methode auslösen soll.

```
SELECT-MEMBER: FIND-NEXT-MEMBER-OF-SET
               IS-IT-OK
               (Repeat on FAILURE)
```

Methodensequenzen werden normalerweise abgebrochen, wenn eine Teilmethode zu einer Bedingung FAILURE oder SUCCESS führt. Dies scheint nicht zu gelten für Folge-Aktionen in Signal-Listen und sicher nicht für die vor einer Zyklusanweisung stehende Anweisung.

Folgende Methoden sind in [3] angegeben:
TRANSFORM, MATCH-DIFF, IDENTITY-MATCH, REDUCE, FORM-OPERATOR,
FORM-OPERATOR-TO-SET, SET-OPERATOR, TWO-INPUT-OPERATOR,
MOVE-OPERATOR,TRANSFORM-SET, EXPANDED-TRANSFORM,
SELECT-BEST-MEMBERS, GENERATE-AND-TEST, ANTECEDENT-GOALS,
TRY-OLD-GOALS.
Wir besprechen hier nur die TRANSFORM und die GENERATE-AND-TEST Methoden:

```
TRANSFORM: SET-CONTEXT
           MATCH-DIFF-METHOD
           SELECT-DIFFERENCE
           REPORT-SUCCESS
           GOAL-SCHEMA: REDUCE selected difference on the
                                      actual object.
           GOAL-SCHEMA: TRANSFORM the result of last
                             subgoal into the desired object.
           REPORT-RESULT
```

```
REPORT-SUCCESS: NO-DIFFERENCE -> SUCCESS
```

Nach Etablieren des Kontextes für die Methode wird geprüft, ob die zwei Objekte gleich sind. Dazu wird zuerst die MATCH-DIFF-METHOD aktiviert, die gewisse einfache Differenzen beseitigen kann. SELECT-DIFFERENCE wählt die mit der höchsten Priorität aus. Konnte keine gefunden werden, so wird die gesamte Methode mit SUCCESS verlassen – in REPORT-SUCCESS. Gibt es eine Differenz, so wird das Ziel aufgestellt, diese Differenz zu beseitigen. Kann das Ziel erreicht werden, dann wird das Ziel aufgestellt, das vorher transformierte Objekt weiter zu transformieren. Kann das REDUCE-Ziel nicht erreicht werden, wird die gesamte TRANSFORM-Methode mit FAILURE abgebrochen. Kann das TRANSFORM-Ziel nicht erreicht werden, muß versucht werden, das REDUCE-Ziel mit anderem Ergebnis zu erreichen. Gelingt das, so kann das TRANSFORM-Ziel erneut angegangen werden. Gelingt es nicht, so scheitert die gesamte Methode.

```
GENERATE-AND-TEST: SET-CONTEXT
                   SELECT-MEMBER
                   RECORD-RESULT
```

```
SELECT-MEMBER: FIND-THE-NEXT-MEMBER-OF-SET
               IS-IT-OK
               (Repeat on FAILURE)
```

```
IS-IT-OK: BEGIN, TEST-PASSED -> FIND-NEXT-TEST
          TEST-FOUND -> APPLY-TEST
          TEST-FAILED -> FAILURE
          (Repeat on signal change; terminate on Failure)
```

Nach Etablieren des Kontextes wird die Untermethode verfolgt. Hier ist ein Mengenelement auszuwählen. Kann keins gefunden werden, dann wird die gesamte Methode mit `UNCONDITIONAL-FAILURE` verlassen. Kann eins gefunden werden, so wird die `IS-IT-OK`-Untermethode verfolgt. Hier wird am Anfang ein nächster Test gesucht. Kann keiner gefunden werden, dann wird die Methode mit Erfolg verlassen (obwohl damit ein Bedingungswechsel stattgefunden hat! – dies ist mit der nicht-formalen Beschreibung angesprochen). Gibt es einen Test, so wird dieser ausgeführt. Ist das Ergebnis negativ, so wird die Untermethode mit `FAILURE` verlassen und in der oberen Untermethode (`SELECT-MEMBER`) der Zyklus verfolgt. Ist das Ergebnis positiv, so wird der Zyklus verfolgt und ein nächster Test gesucht.

Wie wir aus den Beispielen sehen, enthält die Methodenbeschreibung keine Datenstrukturbeschreibung und auch keine Argumente. Ursache für diesen Sachverhalt ist, daß alle Methoden über einigen globalen Strukturen arbeiten:

- dem `CURRENT-GOAL` (mindestens ein Paar von aktuellem und erwünschtem Objekt),

- dem `CURRENT-SIGNAL` (ein Bedingungsanzeiger),

und anderen.

Wir haben also einen Interpreter für diese Methodensprache zu implementieren, sowie einen Interpreter der Problembeschreibung, der den Methodeninterpreter aktiviert. Bevor wir an diese Aufgaben gehen, ist allerdings die Methodensprache durch Angabe der Notation für Zielanweisungen zu vervollständigen. Wir formulieren Zielanweisungen als Folge des Schlüsselwortes und weiterer 6 Argumente:

$$\langle goal\text{-}statement\rangle ::= \texttt{goal}\langle goal\text{-}type\rangle\langle start\text{-}object\rangle\langle end\text{-}object\rangle$$
$$\langle operators\rangle\langle difference\rangle\langle goal\text{-}status\rangle$$

Die für Parser und krypto-arithmetischem Beispiel erforderlichen primitiven Methoden sind:

```
(set-primitive-methods
'(apply-desirability-filter apply-moves-and-post-tests apply-test
  execute-pretests execute-pretests-and-test-legality-of-moves
  failure find-difference-between-parts find-next-part
  find-next-test find-operator produce-result record-result
  report-result select-difference set-context specify-variables
  success test-difficulty-of-difference))
```

Sie werden benötigt in folgenden komplexeren Methoden:
1. Die `TRANSFORM`-Methode, die einen Zustand in einen anderen überführt.

```
(def-method transform-method
 (set-context
  match-diff-method
  select-difference
  report-success
  (goal reduce
        (goal-start current-goal)
```

```
            (goal-end current-goal)
            (select-ops (plausible-operators (difference-type
                                          current-difference))
                    (goal-operator current-goal))
          current-difference
          'to-be-solved)
   (goal transform
         current-object
         (goal-end current-goal)
         operators
         () ; TRANSFORM-Ziele bestimmen ihre Differenz selbst
         'try-to-solve)
   report-result))
```

2. Die REDUCE-Methode, die eine bestimmte Differenz reduziert:

```
(def-method reduce-method
   (set-context
    select-operator
    (goal apply
          (goal-start current-goal)
          (goal-end current-goal)
          current-operator
          () ; Für APPLY-Ziele sind Differenzen nicht interessant
          'try-to-solve)
   report-result))
```

3. Die MOVE-Methode, die einen bestimmten Operator anwendet:

```
(def-method move-operator-method
   (set-context
     apply-feasible-operator))
```

Die Untermethoden sind:

```
(def-method apply-feasible-operator (repeat failure)
  (specify-variables
   execute-pretests-and-test-legality-of-moves
   select-difference
   apply-operator-if-possible))

(def-method apply-operator
  (apply-moves-and-post-tests
   record-result))

(def-method apply-operator-if-possible (signal-list t)
  ((if (no-differences) apply-operator)
   (if (difference-found) modify-if-not-too-difficult)))
```

```
(def-method match-diff-method (signal-list t repeat change)
 ((if (begin parts-matched only-one-part-found)
      find-next-part)
  (if (parts-found continue-matching)
      find-difference-between-parts)
  (if (difference-found) process-difference)))

(def-method modify-if-not-too-difficult
 (test-difficulty-of-difference
  (goal reduce
        (goal-start current-goal)
        testobj
        (plausible-operators (difference-type
                                      current-difference))
        current-difference
        'to-be-solved)
  (goal apply
        current-object
        (goal-end current-goal)
        (goal-operator current-goal)
        ()
        'try-to-solve)
  report-result))

(def-method process-difference
 (try-immediate-operators
  record))

(def-method record (signal-list t)
 ((if (difference-found) report-difference)))

(def-method report-success (signal-list t)
 ((if (no-differences) success)))

(def-method select-operator (repeat failure)
 (find-operator
  apply-desirability-filter))
```

Die primitiven Methoden sind alle als LISP-Funktionen definiert. Einige davon sind – wegen der ungenügenden Beschreibung – nur Hülsen. Andere leisten vermutlich ihre Arbeit mit.

Die `apply-desirability-filter`-Methode wählt einen Operator für die aktuelle Differenz aus:

```
(defun apply-desirability-filter()
 (cond
   ((eq current-signal 'redo-goal) nil)
     ; bei Wiederausführung keine neue Opartorwahl
```

```lisp
(t (do ((actions (caddar (cddr (get current-operator
                                    'operators)))
              (cdr actions)))
     ; isoliere Operator-Aktionen
     ((null actions) (setq current-signal 'failure))
     ; keine sinnvollen Aktionen
     (cond
       ((not (consp (car actions))) nil)
       ((and (eq (caar actions) 'change-part)
         ; Aktion CHANGE-PART
         (eq (cadar actions)
             (difference-type current-difference))
         (let ((req-val (access-parts (difference-type
                                         current-difference)
                                      (difference-location
                                         current-difference)
                                      (goal-end
                                         current-goal))))
            (cond ((type-var? req-val) t)
                  ; ... mit dem richtigen Objektteil
                  (t (equal (caddar actions) req-val)))))
         (setq current-signal 'operator-found)
         ; brauchbare Aktion gefunden - Operator akzeptabel
         (return nil))
       ((and (eq (caar actions) 'new-object)
         ; Aktion NEW-OBJECT
         (let ((s (difference-type (goal-difference
                                     current-goal)))
               (l (difference-location (goal-difference
                                         current-goal))))
            (and (or (eq l 'top-node)
                     (check-parts l (cadar actions))
                     ; ist das neue Objekt ganz spezifiziert?
                     (equal (access-parts s l
                                 (cadar actions))
                            (access-parts s l
                               (goal-end current-goal))))))
         ; wenn ja, dann vergleiche die Komponenten
       ; ... mit erwünschtem Teil?
       (setq current-signal 'operator-found)
       ; brauchbare Aktion gefunden - Operator akzeptabel
       (return nil)))))))
```

Die **apply-moves-and-post-tests**-Methode vollführt die eigentliche Operatoranwendung:

```lisp
(defun apply-moves-and-post-tests()
```

```lisp
(let ((actions (caddar (cddr (get current-operator
                                  'operators)))))
      ; isoliere die Aktionen
  (cond ((consp(car actions))
         (do ((al actions (cdr al)))
             ((null al) nil)
             (eval (car al))))
          ; führe sie aus - ein Bewertungstest wäre hier
          ; einzufügen
        (t (eval actions)))
  (setf (goal-result current-goal) current-object)
  ; registiere Operator-Resultat
  (setq current-signal 'new-object)))
```

Die **execute-pretest-and-legality-of-moves**-Metho de prüft, ob der aktuelle Operator direkt anwendbar ist:

```lisp
(defun execute-pretests-and-test-legality-of-moves()
  (let ((test (cadadr (cdr (get current-operator 'operators)))))
        ; Lade Test
    (setq current-differences nil)
    (cond
       ((eq (car test) 'and)
         ; Durch AND verknüpfte Tests
         (do ((tl (cdr test) (cdr tl)))
             ((null tl)
              ; alle behandelt
              (cond
                 ((null current-differences)
                   (setq current-signal 'no-differences))
                 (t (setq current-signal 'difference-found))))
             (cond ((null (eval (car tl)))
                    ; Test nicht erfüllt
                    (compute-difference (car tl))
                    ; Bestimme Differenz
                    (cond
                       (current-difference
                         (setq current-differences
                               (cons current-difference
                                     current-differences)))))))
       ((eval test) (setq current-signal 'no-differences))
         ; Test erfüllt
       (t (compute-difference test)
          ; Bestimme Differenz
          (cond
             (current-difference
               (setq current-signal 'difference-found)
```

```
          (setq current-differences
                (cons current-difference
                      current-differences)))
      (t (setq current-signal 'unconditional-failure)))))))
```

Die **find-difference-between-parts**-Methode stellt das Bestehen einer Differenz fest:

```
(defun find-difference-between-parts()
 (let ((p1 (access-parts current-part current-node
                           (goal-start current-goal)))
       (p2 (access-parts current-part current-node
                           (goal-end current-goal))))
     ; die zwei Komponenten in Start und Ziel
  (cond ((or (equal p1 p2)
             (eq p2 '@)
             (and (type-var? p2) (good-type? p1 p2)))
         (setq current-signal 'parts-matched))
             ; sind gleich
        (t (setq current-differences
                 (cons (make-difference :type current-part
                                        :location 'top-node
                                        :value p2)
                       current-differences))
           (setq current-signal 'difference-found)))))
         ; Eine Differenz entdeckt
```

Die **find-next-part**-Methode navigiert in der Zustandsdatenstruktur zur Bestimmung der wichtigsten Differenz:

```
(defun find-next-part()
 (setq current-signal 'parts-found)
 (cond ((consp current-group)
        (setq current-part (car current-group))
        (setq current-group (cdr current-group)))
        ; verwende nächsten Teil
       ((null current-structure)
        (setq current-signal 'failure))
        ; kein Teil mehr da
       (t (setq current-group (car current-structure))
        (setq current-structure (cdr current-structure))
        ; Beginne Teilfolge
        (cond ((consp current-group)
               (setq current-part (car current-group))
               (setq current-group (cdr current-group)))
              (t (setq current-part current-group))))))
```

Die **find-operator**-Methode kontrolliert, ob Operatoren verfügbar sind (insbesondere nach Fehlschlag wichtig):

```lisp
(defun find-operator()
 (let ((operators (goal-operator current-goal)))
        ; alle verfügbaren Operatoren
     (cond ((or (eq current-signal 'failure)
                (and (eq current-signal 'retry-old-goal)
                     (consp (car goal-context))
                     (eq (caar goal-context) 'find-operator)))
            (setf (goal-operator current-goal) (cdr operators))
            (setq operators (cdr operators))
            (pop goal-context)
            (setq current-signal 'begin)))
            ; beim 2. Verfolgen eines Ziels ersten Operator ignorieren
     (cond ((or (null operators)
                (atom operators))
            ; keine Operatoren mehr
            (setf (goal-status current-goal)
                  (cons 'exhausted
                        (cond
                          ((consp (goal-status current-goal))
                           (cdr (goal-status current-goal)))
                          (t (goal-status current-goal)))))
            (setq current-signal 'unconditional-failure))
           ((eq current-signal 'retry-old-goal)
            ; Ziel soll erneut angegangen werden, mit dem alten Operator
            (setq current-signal 'redo-goal)
            (setq current-operator (car operators)))
           (t ; beim ersten Zielverfolgen REDO-Information aufbauen
            (push (list 'find-operator operators current-goal)
                  goal-context)
            (setq current-signal 'operator-found)
            (setq current-operator (car operators))))))
```

Die record-result-Methode kontrolliert den Effekt einer Operator-Anwendung
und trägt den Status in die Zielstruktur ein:

```lisp
(defun record-result()
 (push current-goal goal-context)
 ; Ziel erreicht
 (cond ((eq (goal-type current-goal) 'apply)
        (setf (goal-status current-goal)
              (cons 'solved
                    (cond
                      ((consp (goal-status current-goal))
                       (cdr (goal-status current-goal)))
                      (t (goal-status current-goal)))))
              (setq current-signal 'success)))))))
        ; - ein erfolgreiches APPLY-Ziel
```

Die `report-result`-Methode beurteilt `TRANSFORM`- und `REDUCE`-Unterziele:

```lisp
(defun report-result()
 (push current-goal goal-context)
 ; Ziel erreicht
 (cond ((eq (goal-type current-goal) 'reduce)
        (setf (goal-result current-goal) current-object)
        (setf (goal-status current-goal)
              (cons 'solved
                    (cond
                      ((consp (goal-status current-goal))
                       (cdr (goal-status current-goal)))
                      (t (goal-status current-goal)))))
                       (setq current-signal
                                 'successful-subgoal))
        ; ein erfolgreiches REDUCE-Ziel
       ((and (eq (goal-type current-goal) 'transform)
             (goal-solved?))
        (setf (goal-status current-goal)
              (cons 'solved
                    (cond ((consp (goal-status current-goal))
                           (cdr (goal-status current-goal)))
                          (t (goal-status current-goal)))))
        (setf (goal-result current-goal) current-object)
        (setq current-signal 'successful-subgoal))))
        ; ein erfolgreiches TRANSFORM Ziel
```

Die `select-difference`-Methode bestimmt die wichtigste Differenz:

```lisp
(defun select-difference()
 (cond
   ((not (null (goal-difference current-goal)))
    (setq current-signal 'redo-goal))
    ; es soll ein APPLY- oder TRANSFORM-Ziel erneut bearbeitet werden
   ((null current-differences)
    (setq current-signal 'no-differences))
    ; keine Differenz
   (t (setq current-difference
              (car (reverse current-differences)))
    (setf (goal-difference current-goal) current-difference)
    (setq current-signal 'difference-found))))
    ; vermerke erste Differenz
```

Die `set-context`-Methode initialisiert den Methodeninterpreter für die Verfolgung des nächsten Ziels:

```lisp
(defun set-context()
 (cond ((eq current-signal 'new-method)
        ; Etablieren von Kontextinformation – sicher nicht vollständig
```

```
      (setq current-signal 'begin)
      (setq current-structure diff-ordering)
      (setq current-group (car current-structure))
      (setq current-part (cond ((listp current-group)
                                      (car current-group))
                               (t current-group))))
  ((eq (goal-type current-goal) 'transform)
   ; Wiederbehandeln eines TRANSFORM-Problems – alte Differenz
   (setq current-signal 'difference-found)
   (setq current-differences (list (goal-difference
                                       current-goal))))))
```

Die specify-variables-Methode belegt die Variablen im aktuellen Operator:

```
(defun specify-variables()
 (setq current-object (goal-start current-goal))
 (setq object-1 (access-node current-node current-object))
 ; setze Hauptvariablen für alle Operatoren
 (let ((b-1 (cadr (get current-operator 'operators))))
    (cond ((and (eq current-signal 'retry-old-goal)
                (consp (car goal-context))
                (eq (caar goal-context) 'specify-variables))
           ; eine andere Belegung für die Variablen ist zu finden
           (do ((l (reverse b-1) (cddr l)))
              ((or (null l) (eq current-signal 'danger))
               (cond
                  ((eq current-signal 'danger)
                   (setq current-signal 'unconditional-failure))
                   ; mindestens eine Variable ohne Alternativen
                  (t (setq current-signal
                             'variables-specified))))
                   ; alles OK
             (cond
               ((not (and (consp (car l))
                          (eq (caar l) 'one-of)))
                (setf (symbol-value (cadar l))
                      (eval (car l))))
                ; ermittle Wert für einfache Variable
               (t (let ((alternatives
                           (cond
                              ((eq (cadr l)
                                   (cadar goal-context))
                               (cdaddr (car goal-context)))
                              (t (cadr (access-parts
                                          (caadar l)
                                          current-node
                                          current-object
```

```
                                                      ))))))
                                  ;  die verfügbaren Alternativen
                              (pop goal-context)
                              ;  beseitige alte REDO-Information
                              (cond ((null alternatives)
                                       (setq current-signal 'danger))
                                       ;  hier gehen die Alternativen aus
                                    (t (setf (symbol-value (cadr l))
                                             (car alternatives))
                                       ;  nimm nächste Alternative
                                       (push (list 'specify-variables
                                                   (cadr l)
                                                   alternatives
                                                   current-goal)
                                             goal-context))))))))
                                       ;  rette REDO-Information
        (t (do ((l b-l (cddr l)))
        ;  beim ersten Durchlauf
              ((null l) (setq current-signal
                                 'variables-assigned))
            (setf (get (car l) 'variable) 't)
            (cond
              ((not (and (consp (cadr l))
                         (eq (caadr l) 'one-of)))
                (setf (symbol-value (car l))
                      (eval (cadr l))))
                ;  weise Wert von Term zu
              (t (let ((alternatives
                          (cadr (access-parts
                                         (caadar (cdr l))
                                         current-node
                                         current-object))))
                    (push (list 'specify-variables
                                (car l)
                                alternatives
                                current-goal)
                          goal-context)
                    ;  rette REDO-Information
                    (setf (symbol-value (car l))
                          (car alternatives)))))))))))
              ;  nimm erste Alternative
```

Die **success**-Methode meldet den Erfolg:

```
(defun success()
  (setq current-signal 'success))
```

Die `test-difficulty-of-difference`-Methode beurteilt, ob die ausgewählte
Differenz schwieriger ist als frühere Differenzen:

```
(defun test-difficulty-of-difference()
 (cond
   ((eq current-difference 'unsolvable)
     (setq current-signal 'unconditional-failure))
    ; unbeseitigbare Differenz
   (t (let ((tr (compare-types
                        (difference-type current-difference)
                        (difference-type
                               (goal-difference
                                      (goal-super-goal
                                            current-goal))))))
        ; vergleiche die aktuelle Differenz und die des vorigen Ziels
        (cond
          ((eq tr '<) (setq current-signal 'good-difference))
          ((eq tr '=)
            ; bei Gleichgewichtigkeit werden die Positionen betrachtet
            (let ((lr (compare-locs
                             (difference-location
                                      current-difference)
                             (difference-location
                                  (goal-difference
                                        (goal-super-goal
                                              current-goal))))))
              (cond
                ((eq lr '<)
                  (setq current-signal 'good-difference))
                ((eq lr '=)
                  ; gleiche Position - betrachte zu erreichende Werte
                  (cond
                    ((equal (difference-value
                                    current-difference)
                            (difference-value
                                   (goal-difference
                                         (goal-super-goal
                                          current-goal))))
                      ; es soll erneut daselbe bewirkt werden
                      (setq current-signal 'failure))
                    (t (setq current-signal
                                   'good-difference))))
                (t (setq current-signal 'failure)))))
                ; zu schwer
          (t (setq current-signal 'failure)))))))
        ; zu schwer
```

Die `try-immediate-operators`-Methode fehlt hier. Mit ihr wandte GPS bestimmte einfache Operatoren an – faktisch ein GPS im GPS.

```
(defun try-immediate-operators() nil)
```

Die Funktionen für die Methodendefinition:

```
(DEFUN SET-PRIMITIVE-METHODS(L)
 (DO ((L L (CDR L)))
    ((NULL L) NIL)
    (SETF (GET (CAR L) 'PRIMITIVE-METHOD) T)))

(DEFMACRO DEF-METHOD(NAME &REST INSTR-LIST)
 (COND ((CDR INSTR-LIST)
        (DO ((L (CAR INSTR-LIST) (CDR L)))
            ((NULL L) (SETQ INSTR-LIST (CDR INSTR-LIST)))
            (SETF (GET NAME (CAR L)) (CADR L)))))
 (COND ((NOT (GET NAME 'SIGNAL-LIST))
        (SETF (GET NAME 'METHOD) T)))
 '(SETF (GET ',NAME 'SUB-METHODS) ',(CAR INSTR-LIST)))
```

7.4.2 Der Methodeninterpreter

Diese einfache Methodensprache zu implementieren, sollte kein großes Problem sein. Doch hat man, wenn man dieser Ansicht ist, vergessen, daß allzuviel implizit gelassen ist. Das betrifft schon die Ziele, Objekte, Differenzen, Komponenten, Teile usw. Eine Methode baut auf (etwa FIND-NEXT-PART), eine andere prüft (etwa FIND-DIFFERENCE-BETWEEN-PARTS, eine dritte reicht weiter (etwa SELECT-DIFFERENCE).

Vielleicht könnte man sich die Arbeit erleichtern, wenn man auf dem Niveau der Methodensprache mehr explizit machen würde.

Doch wir wollen hier der Implementierungstechnik von ERNST und NEWELL folgen. Es muß seinerzeit eine Geduldsarbeit gewesen sein, dieses komplexe System in IPL, einer Art Assemblersprache, zu realisieren! Wir verwenden LISP – das macht die Sache einfacher und hat den Vorteil, daß wir für die Arithmetik schlicht LISP-Terme auswerten können. ERNST hat seinerzeit nur ganz triviale Ausdrücke berechnen können. Wir bekommen dies durch die *Einbettung* in LISP geschenkt.

Eine Sprache in LISP einzubetten heißt, sie so in LISP zu implementieren, daß LISP-Terme als Elemente der zu implementierenden Sprache verwendet werden können. Wir ziehen gewissermaßen eine Decke über das darunterliegende LISP-System, aber nicht so vollständig, daß es ganz verdeckt ist. Die Einbettungstechnik ist typisch für KI-Implementationen.

Doch nun zur Implementation! Wir sollten uns nicht wundern, wenn die Programme etwas lang werden. Selbst wenn alles unterdrückt wird, was nicht unbedingt für die Beispiele erforderlich ist, ist viel zu tun.

Wir zeigen zunächst Diagramme, die ERNST und NEWELL in [3, S.44-45] zur Beschreibung des Methodeninterpreters angaben.

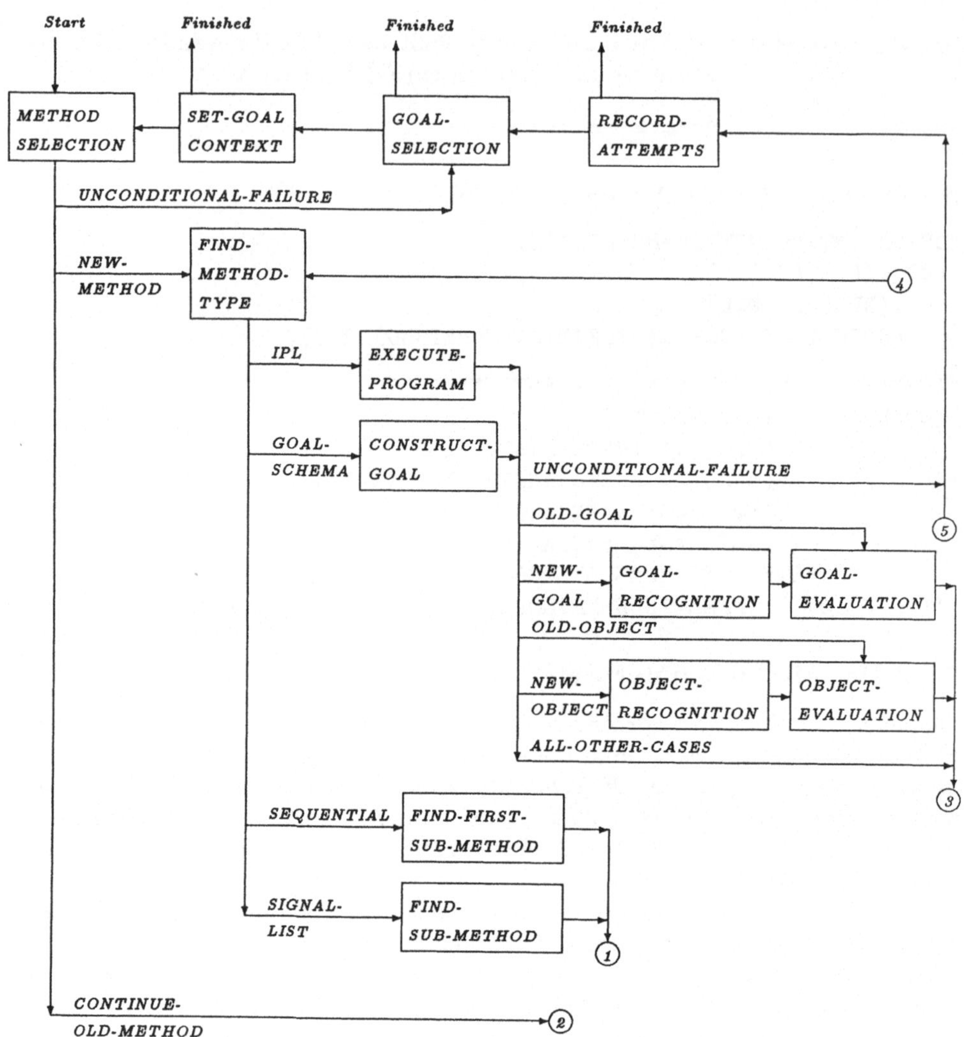

Abb.7.1: Flußdiagramm der

Dieses Diagramm ist so zu verstehen, daß in den Schachteln Aktivitäten ausgeführt werden, die die **current-signal**-Zelle setzen. Diese Zelle wird dann beim weiteren Ablauf abgefragt – ein Zweig darf nur durchquert werden, wenn die Signalzelle mit der am Zweig stehenden Bedingung übereinstimmt.

Das Diagramm ist sicher kein sehr glückliches Darstellungsmittel. Die Abfrage der Bedingungen an den Zweigen ist schwer verständlich, wenn nicht die letzte Abzweigung den Vermerk *ALL-OTHER-CASES* trägt. Desweiteren haben wir keine nach den Regeln der strukturierten Programmierung akzeptable Kontrollstruktur vor uns: Die Zyklen überlappen sich.

Die originalen Diagramme enthielten mißverständliche Verzweigungen durch abgerundete Verbindungen. Am Punkt (2) konnte so das Mißverständnis ent-

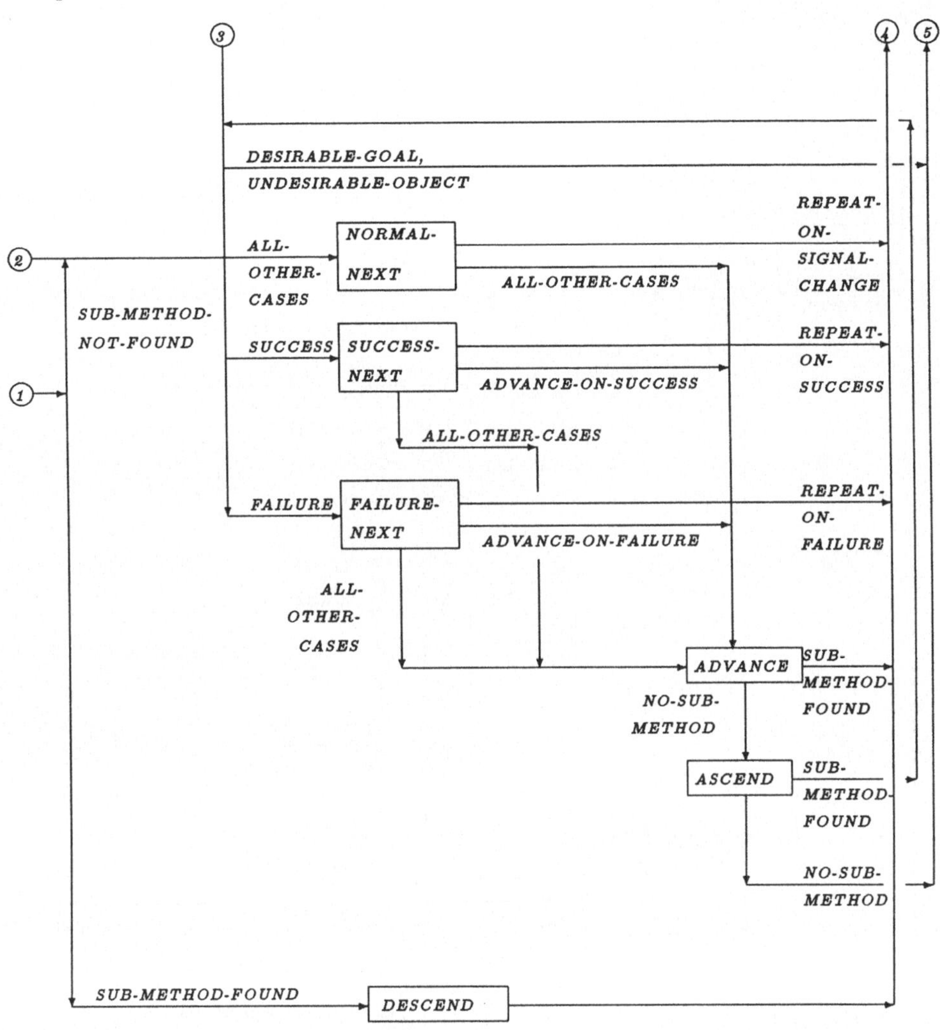

Problemlösungsexekutive (nach [3, S.44-45])

stehen, die Bedingung *SUB-METHOD-NOT-FOUND* werde abgefragt.

Wir können die Zielverarbeitung global verfolgen: Nach der Zielauswahl wird
ein Kontext gesetzt (in [3] nicht erklärt), dann eine passende Methode ausgewählt und diese abgearbeitet. Zunächst wird dies eine Methodensequenz sein,
und wir steigen bis zum Niveau der primitiven Methoden ab. Nach einer primitiven Methode kann ein Fehler vorliegen – worauf wir die Zielbearbeitung abbrechen. Im Normalfall gehen wir (via (3)) schlicht zur nächsten Teilmethode.
Ist eine Zielanweisung verarbeitet worden, dann kann ein neues Ziel erzeugt
worden sein oder ein altes erneut aufgestellt werden. Letzteres geschieht insbesondere, wenn beim Scheitern von Zielen (etwa des TRANSFORM-Unterzieles
bei Bearbeitung eines TRANSFORM-Zieles) eine Methode wiederholt werden

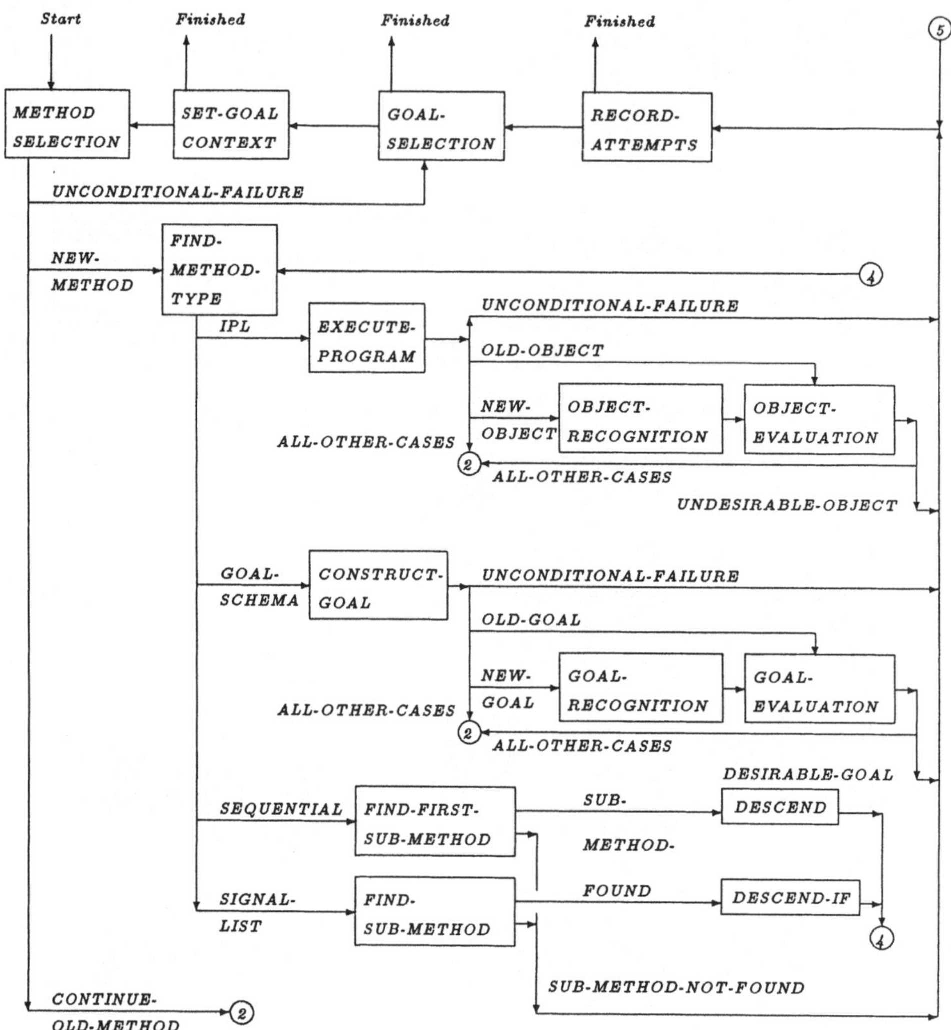

Abb.7.2: Verbessertes Flußdiagramm

muß. Nur wenn ein Ziel auf gestellt wird, das bereits gelöst ist (und durch
die Katalogisierung als solches erkannt wird), wird nach einer Zielanweisung
weitergearbeitet. Das ist aus den Diagrammen nicht zu erkennen.

Wie die Signal-Listen abgearbeitet werden, ist völlig verborgen – hier wird
es sich sicherlich nicht um ein einfaches Absteigen handeln.

Am Ende einer definierten Methode wird wieder aufgestiegen und kontrolliert,
ob die Methode zyklisch zu verarbeiten ist.

Ist durch erfolgreiche Zielbearbeitung ein Unterziel erreicht worden, dann
wird das hierarchisch höher liegende Ziel wieder aktiviert – mit dem Rest der
alten Methode, d.h. nach der dem Unterziel entsprechenden Anweisung. Dazu

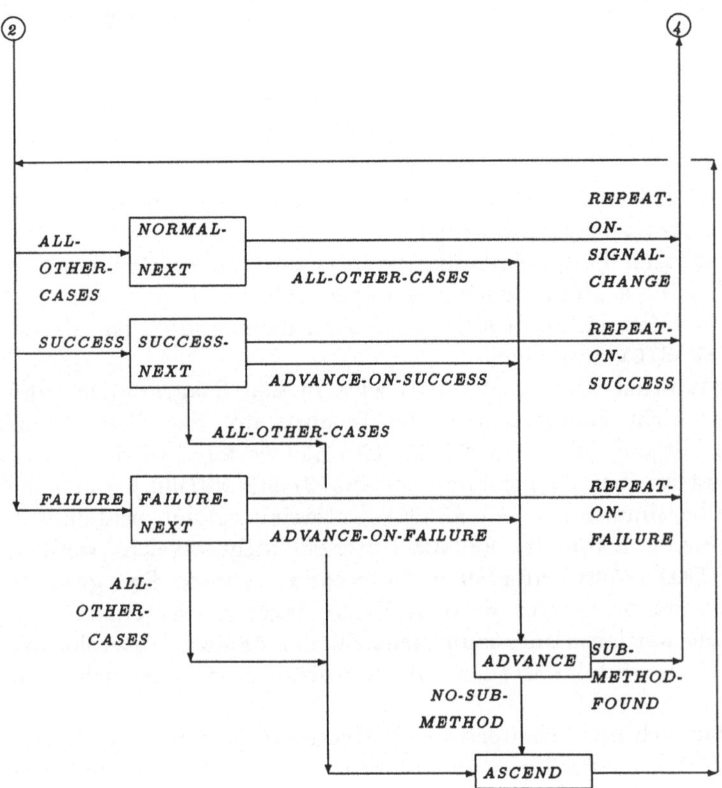

der Problemlösungsexekutive

muß für jedes abgelegte Ziel der Abarbeitungsstand eingefroren werden.

Man kann leicht sehen, daß das Diagramm von ERNST und NEWELL Fehler enthält: Offensichtlich ist die Aufteilung nach *FAILURE-NEXT* unnötig, wenn doch beide Zweige nach *ADVANCE* gehen. Doch meint der Vermerk *ADVANCE-ON-FAILURE* sicher, daß im anderen Fall *kein ADVANCE* auszuführen ist. Wir geben deshalb korrigierte Diagramme an.

Wir sehen, daß die Struktur wesentlich besser geworden ist: Der unangenehme Sprung (über die Marke (2) in die Mitte des Zyklusses um (3) ist beseitigt. Ebenso verhält es sich mit der Marke (1), die völlig entfernt werden konnte.

Andererseits haben wir künstlich zusammengeführte Strukturen zerlegt und so klarer gemacht.

Doch besteht noch folgendes Problem: Die Diagramme schildern die Sache so, als ob alle Anfragen auf `CURRENT-SIGNAL` erfolgen. Demgemäß müßten auch in den Schachteln die Bedingungen verändert werden. Bei der Abfolge von primitiven Methoden und Signal-List-Methoden würden aber Ungereimtheiten entstehen: Die in den primitiven Methoden erzeugten Bedingungen werden durch die im Methodeninterpreter vorgenommenen Änderungen von `CURRENT-SIGNAL` überschrieben! Wir müssen die zur Ablaufkontrolle erforderlichen Bedingungen konzeptionell von den Intra-Methoden-Bedingungen unterscheiden.

Im Programm verwenden wir zu diesem Zweck zwei Hilfssignalzellen, die wir `OLD-SIGNAL` bzw. `NEW-SIGNAL` nennen.

Ein wichtiger Bestandteil des Programmes wird in den Diagrammen (und in [3]) praktisch gar nicht angesprochen: Die Technik, mit der Ziele erneut angegangen werden können. Wenn ein `TRANSFORM`-Ziel verfolgt wird, so wird – wie wir gesehen hatten (bei Besprechung der `TRANSFORM-METHOD`) – erst die wichtigste Differenz bestimmt, dann ein `REDUCE`-Unterziel verfolgt, und danach ein `TRANSFORM`-Unterziel. Kann das `REDUCE`-Unterziel nicht erreicht werden, lohnt es nicht, das `TRANSFORM`-Unterziel in Betracht zu ziehen. Das gesamte Ziel muß als gescheitert betrachtet werden. Wenn dagegen das `TRANSFORM`-Unterziel nicht erfüllt werden kann, kann vielleicht das `REDUCE`-Unterziel mit einem anderen Ergebnis verfolgt werden. Die Hauptdifferenz kann sich nicht ändern.

Wir sehen also, daß sich das Scheitern von Unterzielen ganz unterschiedlich auf Ziele auswirkt: Entweder muß man sie abbrechen oder wenigstens teilweise erneut verfolgen. Unterziele sind dabei eventuell so erneut aufzurollen, daß sie ein anderes Resultat liefern.

Wie GPS die für das erneute Verfolgen von Zielen erforderliche Information speicherte, ist in [3] nicht beschrieben. Vermutlich wurden die entsprechenden Daten (noch verfügbare Operatoren, Werte in Mengen usw.) dezentral mit den Zielen assoziiert.

Wegen der iterativen Zielverfolgung müssen ohnehin einige Informationen an die Ziele angehängt werden: Dies betrifft auf jeden Fall den Rest der noch auszuführenden Methodenschritte, und, weil diese eine Hierarchie bilden, die Kontrollinformation über die gesamte Hierarchie. Nur so kann nach erfolgreicher Unterzielbearbeitung mit dem nächsten Ziel fortgefahren werden.

In unserem Programm haben wir die Informationen zum Ziel-Wiederverarbeiten in einer zentralen Datenstruktur aufbewahrt – dem "Ziel-Kontext".

Das Programm arbeitet mit folgenden globalen Variablen:

```
ALL-GOALS CURRENT-DIFFERENCE CURRENT-DIFFERENCES CURRENT-GOAL
CURRENT-GROUP CURRENT-NODE CURRENT-OBJECT CURRENT-OPERATOR
CURRENT-PART CURRENT-SIGNAL CURRENT-STRUCTURE DIFF-ORDERING
GOAL-CONTEXT GOALS NAME NEW-SIGNAL OPERATORS OBJECT-NO
OBJECT-STRUCTURE OBJECT-1 OLD-SIGNAL STATE SUBMETHODS TESTOBJ
TOP-GOAL TOP-METHOD.
```

```lisp
(DEFUN GPS(NAME GOAL-TYPE INITSIT GOALSIT OPERATORS
           DIFF-ORDERING OBJECT-STRUCTURE)
 (LET ((ALL-GOALS (LIST (MAKE-GOAL :NAME 'TOP-GOAL
                                   :TYPE GOAL-TYPE
           ; Problemtyp ist anfangs immer TRANSFORM
                                   :START INITSIT
           ; Anfangssituation ist als Objekt gegeben
                                   :END GOALSIT
           ; Endsituation ebenfalls als Objekt
                                   :OPERATOR OPERATORS
           ; Menge der verwendbaren Operatoren
                                   :PROC NIL
                                   :DIFFERENCE NIL
           ; die wichtigste Differenz ist anfangs bei einem
           ; TRANSFORM-Ziel unbekannt
                                   :SUPER-GOAL NIL
                                   :RESULT NIL
           ; ebenso natürlich das Resultat
                                   :STATUS 'TO-BE-SOLVED))))
      (PROBLEM-SOLVING-EXECUTIVE (CAR ALL-GOALS) NIL)))
 ; Starte mit Hauptproblem und leerem Kontext.

(DEFUN PROBLEM-SOLVING-EXECUTIVE(TOP-GOAL GOAL-CONTEXT)
 (DO ((ATTEMPTS O (1+ ATTEMPTS))
      (CURRENT-GOAL TOP-GOAL (SELECT-GOAL GOALS))
      (CURRENT-DIFFERENCE NIL)
      (CURRENT-DIFFERENCES NIL)
      (CURRENT-GROUP NIL)
      (CURRENT-NODE 'TOP-NODE)
      (CURRENT-OBJECT NIL)
      (CURRENT-OPERATOR NIL)
      (CURRENT-PART NIL)
      (CURRENT-SIGNAL 'NEW-GOAL)
      (CURRENT-STRUCTURE NIL)
      (GOALS (LIST TOP-GOAL))
      (M NIL))
  ; Hauptzyklus: Verarbeite gleichberechtigte Ziele -
  ; obwohl diese einen Ziel-Unterziel-Baum bilden
  ((NULL CURRENT-GOAL)
     (PRINT (LIST 'PROBLEM-SOLVED-WITH ATTEMPTS 'SUBGOALS))
     (PRINT (LIST 'RESULTIS= (GOAL-RESULT TOP-GOAL))))
     ; keine Ziele mehr - Problem gelöst
  (SETQ M (SELECT-METHOD M))
  ; bestimme passende Methode
  (SETQ CURRENT-OPERATOR (GOAL-OPERATOR CURRENT-GOAL))
  (COND ((GOAL-DIFFERENCE CURRENT-GOAL)
         (SETQ CURRENT-NODE
```

```lisp
                        (DIFFERENCE-LOCATION
                                  (GOAL-DIFFERENCE
                                     CURRENT-GOAL)))))
(COND
  ((NOT (EQ CURRENT-SIGNAL 'CONTINUE-OLD-METHOD))
   (SETQ CURRENT-DIFFERENCE (GOAL-DIFFERENCE CURRENT-GOAL))
   (COND ((NULL CURRENT-DIFFERENCE)
          (SETQ CURRENT-DIFFERENCES NIL))
         (T (SETQ CURRENT-DIFFERENCES
                  (LIST CURRENT-DIFFERENCE))))))
(COND
  ((EQ CURRENT-SIGNAL 'UNCONDITIONAL-FAILURE)
   (PRINT (LIST "NO METHODS FOR" CURRENT-GOAL)))
   ; keine Lösungsmethode vorhanden
  (T (COND ((EQ CURRENT-SIGNAL 'KILL-OLD-GOAL)
            (SETQ CURRENT-SIGNAL 'UNCONDITIONAL-FAILURE)))
     (DO ((TOP-METHOD (COND
                        ((EQ CURRENT-SIGNAL
                             'CONTINUE-OLD-METHOD)
                         (CAADR M))
                        (T 'TOP)))
          (SUBMETHODS (COND
                        ((EQ CURRENT-SIGNAL
                             'CONTINUE-OLD-METHOD)
                         (CADADR M))
                        (T (LIST M))))
          (STATE (COND
                   ((EQ CURRENT-SIGNAL 'CONTINUE-OLD-METHOD)
                    (CADDAR (CDR M)))
                   (T NIL)))
          (OLD-SIGNAL CURRENT-SIGNAL)
          (NEW-SIGNAL NIL)
          (METHOD NIL))
         ; neue Methode
        (NIL)
        ; der Zyklus um Punkt 4 läuft solange abarbeitbare Methoden
        ; in SUBMETHODS bereitstehen
        (SETQ METHOD (CAR SUBMETHODS))
        (COND
          ((NOT (EQ CURRENT-SIGNAL 'UNCONDITIONAL-FAILURE))
           (COND
             ((PRIMITIVE-METHOD-P METHOD)
              ; primitive Methode?
              (EXECUTE-PRIMITIVE-METHOD METHOD)
              ; wird ausgeführt
              (SETQ NEW-SIGNAL CURRENT-SIGNAL)
```

```lisp
(CHECK-FAILURE)
(COND
  ((EQ CURRENT-SIGNAL 'NEW-OBJECT)
   ; neues Objekt erzeugt
   (RECOGNIZE-OBJECT CURRENT-OBJECT)
   ; katalogisiere Objekt
   (EVALUATE-OBJECT CURRENT-OBJECT)))
   ; Bewerte aktuelles Objekt
(COND
  ((EQ CURRENT-SIGNAL 'UNDESIRABLE-OBJECT)
   ; neukonstruiertes Objekt nicht akzeptabel
   (RETURN NIL))))
((GOAL-SCHEMA-P METHOD)
 ; eine Zielanweisung?
 (SETQ CURRENT-GOAL (CONSTRUCT-GOAL METHOD))
 (CHECK-FAILURE)
 ; versuche Ziel
 (COND
   ((EQ CURRENT-SIGNAL 'RETRY-GOAL)
    (RETURN NIL))
    ; soweit korrekte Arbeit
   ((EQ CURRENT-SIGNAL 'NEW-GOAL)
    ; neues Ziel
    (RECOGNIZE-GOAL CURRENT-GOAL)
    ; katalogisiere es
    (EVALUATE-GOAL CURRENT-GOAL)))
    ; Bewerte aktuelles Ziel
 (COND
   ((EQ CURRENT-SIGNAL 'DESIRABLE-GOAL)
    ; dies ist Punkt 3/1
    ; Ziel ist akzeptabel
    (RETURN NIL))))
((SIGNAL-LIST-METHOD-P METHOD)
 ; ist die Methode eine Signal-Liste?
 (COND
   ; dies ist Punkt 1/1
   ; ist sie definiert, steige ab
   ((FIND-SUB-METHOD-P METHOD)
    (DESCEND-IF))
   (T (SETQ CURRENT-SIGNAL
              'SUB-METHOD-NOT-FOUND))))
   ; undefiniert
(T (COND ; normale sequentielle Methode?
     ; dies ist Punkt 1/2
     ((FIND-SUB-METHOD-P METHOD)
      (DESCEND))
```

```lisp
                        ;  ist sie definiert, steige ab
                        (T (SETQ CURRENT-SIGNAL
                                 'SUB-METHOD-NOT-FOUND)))))))
                        ; undefiniert
(COND
  ((EQ CURRENT-SIGNAL 'SUB-METHOD-FOUND)
   (SETQ CURRENT-SIGNAL OLD-SIGNAL)
   NIL)
  ((EQ CURRENT-SIGNAL 'UNCONDITIONAL-FAILURE)
   (COND
     ((EQ (GOAL-STATUS CURRENT-GOAL) 'TO-BE-SOLVED)
      (RETURN NIL))
     (T (SETQ CURRENT-SIGNAL 'CONDITIONAL-FAILURE)
        (RETURN NIL))))
  (T (DO ()()
         ; Zyklus um Punkt 2 läuft, bis nächster
         ; Methodenschritt gefunden
         (COND
           ; soll Methode wiederholt werden?
           ((EQ CURRENT-SIGNAL 'SUCCESS)
            (SUCCESS-NEXT METHOD))
           ; Methode erfolgreich?
           ((EQ CURRENT-SIGNAL 'FAILURE)
            (FAILURE-NEXT METHOD))
           ; Methode versagt?
           (T (NORMAL-NEXT METHOD)))
         (COND
           ((EQ CURRENT-SIGNAL
                'REPEAT-ON-SIGNAL-CHANGE)
            (LEAVE))
           ((EQ CURRENT-SIGNAL 'REPEAT-ON-SUCCESS)
            (LEAVE))
           ((EQ CURRENT-SIGNAL 'REPEAT-ON-FAILURE)
            (LEAVE))
           ((NOT (OR (EQ CURRENT-SIGNAL 'FAILURE)
                     (EQ CURRENT-SIGNAL 'SUCCESS))
            (ADVANCE)
            ; prüfe nächsten Methodenschritt
            (COND
              ((EQ CURRENT-SIGNAL 'SUB-METHOD-FOUND)
               (LEAVE))
              ((EQ TOP-METHOD 'TOP)
               (RETURN NIL))
              (T (ASCEND))))
              ; nächster Schritt im höheren Niveau klar?
           ((EQ TOP-METHOD 'TOP)
```

```
                          (RETURN NIL))
                        (T (ASCEND)))))
                (COND
                  ((EQ TOP-METHOD 'TOP)
                    ; Aufstieg durch die Niveaus beendet?
                    (SETQ CURRENT-SIGNAL 'SUCCESSFUL-SUBGOAL)
                    (RETURN NIL))) ))) ))) )
      ; wieder im Top-Level

(DEFUN SELECT-GOAL(GOALS)
 (COND ((EQ CURRENT-SIGNAL 'FINISHED) NIL)
         ; Problem gelöst?
       ((EQ CURRENT-SIGNAL 'SUCCESSFUL-SUBGOAL)
         (COND ((EQ (GOAL-NAME CURRENT-GOAL) 'TOP-GOAL)
                 (SETQ CURRENT-SIGNAL 'FINISHED)
                 NIL)
               (T (GOAL-SUPER-GOAL CURRENT-GOAL))))
       ((EQ CURRENT-SIGNAL 'FAILURE) TOP-GOAL)
       ((EQ CURRENT-SIGNAL 'RETRY-GOAL)
         (SETQ CURRENT-SIGNAL 'RETRY-OLD-GOAL)
         CURRENT-GOAL)
       ((EQ CURRENT-SIGNAL 'CONDITIONAL-FAILURE)
         (COND ((EQ (GOAL-NAME CURRENT-GOAL) 'TOP-GOAL) NIL)
               (T (SETQ CURRENT-SIGNAL 'RETRY-OLD-GOAL)
                  (GOAL-SUPER-GOAL CURRENT-GOAL))))
       ((EQ CURRENT-SIGNAL 'UNCONDITIONAL-FAILURE)
         (COND ((EQ (GOAL-NAME CURRENT-GOAL) 'TOP-GOAL) NIL)
               (T (SETQ CURRENT-SIGNAL 'KILL-OLD-GOAL)
                  (GOAL-SUPER-GOAL CURRENT-GOAL))))
       (T (SETQ CURRENT-SIGNAL 'NEW-GOAL)
          (CAR GOALS))))
          ; verwende das neueste Ziel

(DEFMACRO CHECK-FAILURE()
 (COND
   ((EQ CURRENT-SIGNAL 'UNCONDITIONAL-FAILURE)
     ; bei Fehler
     (COND
       ((OR (EQ (GOAL-STATUS CURRENT-GOAL) 'TO-BE-SOLVED)
            (AND (CONSP (GOAL-STATUS CURRENT-GOAL))
                 (EQ (CDR (GOAL-STATUS CURRENT-GOAL))
                     'TO-BE-SOLVED)))
         (RETURN NIL))
         ; neues Ziel suchen
       (T (SETQ CURRENT-SIGNAL 'CONDITIONAL-FAILURE)
          (RETURN NIL))))))
```

```
(DEFUN NORMAL-NEXT(METHOD)
 (COND ((AND (SYMBOLP METHOD)
             (REPEAT-ON-SIGNAL-CHANGE METHOD)
             ; ist Methode bei Signalwechsel zu wiederholen?
             (NOT (EQ OLD-SIGNAL NEW-SIGNAL)))
             ; fand Signalwechsel statt?
          (SETQ CURRENT-SIGNAL 'REPEAT-ON-SIGNAL-CHANGE))))
       ; vermerke die Situation

(DEFUN SUCCESS-NEXT(METHOD)
 (COND ((REPEAT-ON-SUCCESS METHOD)
          ; ist Methode bei Erfolg zu wiederholen? (Erfolg ist bekannt)
          (SETQ CURRENT-SIGNAL 'REPEAT-ON-SUCCESS))))
       ; vermerke die Situation

(DEFUN FAILURE-NEXT(METHOD)
 (COND ((REPEAT-ON-FAILURE METHOD)
          ; Methode bei Mißerfolg wiederholen? (Mißerfolg ist bekannt)
          (SETQ CURRENT-SIGNAL 'REPEAT-ON-FAILURE))))
       ; vermerke die Situation

(DEFUN ADVANCE()
 (SETQ CURRENT-SIGNAL 'SUB-METHOD-FOUND)
 (COND
   ((CDR SUBMETHODS)
     ; advance für sequentielle Methoden
     (COND
       ((EQ CURRENT-SIGNAL 'FAILURE)
         ; Ausstieg wegen Versagens?
         (SETQ CURRENT-SIGNAL 'NO-SUBMETHOD-FOUND))
       (T (SETQ SUBMETHODS (CDR SUBMETHODS))
          (SETQ CURRENT-SIGNAL 'SUB-METHOD-FOUND))))
         ; stelle weiter
   (T (SETQ CURRENT-SIGNAL 'NO-SUBMETHOD-FOUND))))
     ; Ende der Methode

(DEFMACRO ASCEND()
 ; zurückladen aus Keller
 '(PROGN (SETQ TOP-METHOD (CAR STATE))
         (SETQ SUBMETHODS (CADR STATE))
         (SETQ STATE (CADDR STATE))))

(DEFMACRO DESCEND()
 ; Kellern der Methodeninformation
 '(PROGN (SETQ STATE (LIST TOP-METHOD SUBMETHODS STATE))
         (SETQ TOP-METHOD METHOD)
         (SETQ SUBMETHODS (GET METHOD 'SUB-METHODS))
         (SETQ CURRENT-SIGNAL 'SUB-METHOD-FOUND)))
```

```lisp
(DEFMACRO DESCEND-IF()
 ; Kellern der Methodeninformation
 '(PROGN (SETQ STATE (LIST TOP-METHOD SUBMETHODS STATE))
         (SETQ TOP-METHOD 'METHOD)
         (SETQ SUBMETHODS (SELECT-CLAUSE (GET METHOD
                                             'SUB-METHODS)))
         ; und Auswahl der richtigen Klausel
         (SETQ CURRENT-SIGNAL 'SUB-METHOD-FOUND)))

(DEFUN SELECT-CLAUSE(C-L)
 (DO ((L C-L (CDR L)))
     ((NULL L) NIL)
     (COND
        ((MEMBER CURRENT-SIGNAL (CADAR L)) (RETURN (CDDAR L))))))

(DEFMACRO REPEAT-ON-FAILURE(M) '(EQ (GET ,M 'REPEAT) 'FAILURE))

(DEFMACRO REPEAT-ON-SUCCESS(M) '(EQ (GET ,M 'REPEAT) 'SUCCESS))

(DEFMACRO REPEAT-ON-SIGNAL-CHANGE(M)
 '(EQ (GET ,M 'REPEAT) 'CHANGE))

(DEFMACRO LEAVE()
 '(PROGN (SETQ OLD-SIGNAL NEW-SIGNAL)
         (SETQ CURRENT-SIGNAL NEW-SIGNAL)
         (RETURN NIL)))
```

Die Selektionsfunktion SELECT-METHOD ist eine genaue Rekonstruktion der
Methodenselektion von ERNST und NEWELL [3, S.47]:

```lisp
(DEFUN SELECT-METHOD(M)
 (LET ((NEW-M (CASE CURRENT-SIGNAL
                 ; Auswahl nach aktuellem Signal
                 (KILL-OLD-GOAL NIL)
                 ((NEW-GOAL RETRY-OLD-GOAL)
                   (CASE (GOAL-TYPE CURRENT-GOAL)
                     ; Auswahl nach Zieltyp
                     (TRANSFORM
                           (COND
                             ((EQ (OBJECT-TYPE (GOAL-START
                                               CURRENT-GOAL))
                                  'OBJECT-SCHEMA)
                               'TRANSFORM-METHOD)
                             (T 'TRANSFORM-SET-METHOD)))
                     (REDUCE 'REDUCE-METHOD)
                     (APPLY (COND
                              ((EQ (TYPE-OF-OPERATOR)
                                   'MOVE-OPERATOR)
```

```
                                     'MOVE-OPERATOR-METHOD)
                              (T (CASE (SITUATION)
                                  (SET-FOR-INPUT-OBJECT
                                    FORM-OPERATOR-TO-SET-METHOD)
                                  (ONE-INPUT-OPERATOR
                                    FORM-OPERATOR-METHOD)
                                  (SET-OF-PARAMETERS
                                    SET-OPERATOR-METHOD)
                                  (T 'TWO-INPUT-OPERATOR-METHOD))
                                                                )))
                 (SELECT (COND
                            ((EQ (SET-SIZE) 'LARGE)
                             'GENERATE-AND-TEST-METHOD)
                            (T 'SELECT-BEST-MEMBERS-METHOD)))))
            (SUCCESSFUL-SUBGOAL
                 (SETQ CURRENT-SIGNAL 'CONTINUE-OLD-METHOD)
                 (LIST 'REST (GOAL-PROC CURRENT-GOAL)))
            (EXTERNALLY-SPECIFIED
                      (PROG2 (PRINT 'PLEASE-GIVE-METHOD!)
                             (READ)))
            (FAILURE 'ANTECEDENT-GOAL-METHOD)
            (METHODS-EXHAUSTED
                      (COND ((TOP-GOAL? CURRENT-GOAL)
                             'TRY-OLD-GOALS-METHOD)
                            (T 'NO-METHOD)))
            (T (CASE (GOAL-TYPE CURRENT-GOAL)
                 (TRANSFORM 'EXPANDED-TRANSFORM-METHOD)
                 (SELECT (COND
                            ((EQ (SET-SIZE) 'LARGE)
                             'GENERATE-AND-TEST-METHOD)
                            (T 'SELECT-BEST-MEMBERS-METHOD)))
                 (REDUCE 'REDUCE-METHOD)
                 (T 'MOVE-OPERATOR-METHOD))))))
       (COND ((OR (EQ CURRENT-SIGNAL 'CONTINUE-OLD-METHOD)
                  (EQ CURRENT-SIGNAL 'RETRY-OLD-GOAL)
                  (EQ CURRENT-SIGNAL 'KILL-OLD-GOAL))
              NEW-M)
             (T (SETQ CURRENT-SIGNAL 'NEW-METHOD)
                NEW-M))))
```

Weitere Funktionen (Prädikate) für Methoden:

```
(DEFMACRO PRIMITIVE-METHOD-P(M)
 '(AND (SYMBOLP ,M) (GET ,M 'PRIMITIVE-METHOD)))

(DEFMACRO EXECUTE-PRIMITIVE-METHOD(M) '(FUNCALL ,M))
```

```lisp
(DEFMACRO SEQUENTIALP(M)
 '(AND (SYMBOLP ,M)
       (GET ,M 'METHOD)
       (NOT (OR (GET ,M 'PRIMITIVE-METHOD)
                (GET ,M 'SIGNAL-LIST)))))

(DEFMACRO SIGNAL-LIST-METHOD-P(M)
 '(AND(SYMBOLP ,M)(GET ,M 'SIGNAL-LIST)))

(DEFMACRO FIND-SUB-METHOD-P(M) '(GET ,M 'SUB-METHODS))
```

Funktionen für Ziele:

```lisp
(DEFSTRUCT GOAL
 NAME TYPE START END OPERATOR PROC DIFFERENCE SUPER-GOAL
 RESULT STATUS)

(DEFMACRO GOAL-SCHEMA-P(M) '(AND (CONSP ,M) (EQ (CAR ,M) 'GOAL)))

(DEFUN CONSTRUCT-GOAL(TERM)
 (SETF (GOAL-PROC CURRENT-GOAL)
       (LIST TOP-METHOD (CDR SUBMETHODS) STATE))
 ; rette Methodenzustand
 (COND ((EQ CURRENT-SIGNAL 'REDO-GOAL)
          ; das Ziel ist bereits konstruiert
          (COND ((AND (CONSP (GOAL-STATUS (CAR GOAL-CONTEXT)))
                      (EQ (CAR (GOAL-STATUS (CAR GOAL-CONTEXT)))
                       'EXHAUSTED))
                  ; das Ziel bringt nichts neues mehr
                  (SETQ CURRENT-SIGNAL 'UNCONDITIONAL-FAILURE))
                (T (SETQ CURRENT-SIGNAL 'RETRY-GOAL)
                   ; das Ziel kann noch einmal verfolgt werden
                   (POP GOAL-CONTEXT))))
       (T (SETQ CURRENT-SIGNAL 'NEW-GOAL)
          (MAKE-GOAL :NAME (SETQ GOAL-NO (1+ GOAL-NO))
                     :TYPE (CADR TERM)
                     :START (EVAL (CADDR TERM))
                     :END (EVAL (CADDDR TERM))
                     :OPERATOR (EVAL (CADR (CDDDR TERM)))
                     :PROC NIL
                     :DIFFERENCE (EVAL (CADR (CDDDDR TERM)))
                     :SUPER-GOAL CURRENT-GOAL
                     :RESULT NIL
                     :STATUS (EVAL (CADDR (CDDDDR TERM)))))))
          ; erzeuge neues Ziel

(DEFUN EVALUATE-GOAL(GOAL)
 (COND ((AND (CONSP (GOAL-STATUS GOAL))
```

```lisp
                    (EQ (CAR (GOAL-STATUS GOAL)) 'SOLVED))
              (SETQ CURRENT-SIGNAL 'SUCCESS))
              ; das Ziel ist bereits erfolgreich gelöst worden
              ((MATCH1 (GOAL-START GOAL)
                       (GOAL-END GOAL)
                       '(NIL)
                       (CADR OBJECT-STRUCTURE)
                       (CADR OBJECT-STRUCTURE)
                       'TOP-NODE)
              ; ein Ziel mit gleichem Start- und Zielzustand liegt vor
              (SETF (GOAL-STATUS GOAL)
                    (CONS 'SOLVED
                    (COND ((CONSP (GOAL-STATUS GOAL))
                           (CDR (GOAL-STATUS GOAL)))
                          (T (GOAL-STATUS GOAL)))))
              (SETQ CURRENT-SIGNAL 'SUCCESSFUL-SUBGOAL))
              (T (LET ((G-S (GOAL-SUPER-GOAL GOAL)))
                  ; vergleiche Ziel mit hierarchisch darüber liegenden Zielen
                  (SETQ CURRENT-SIGNAL
                        (DO ((G G-S))
                            ((NULL G) 'DESIRABLE-GOAL)
                            (COND ((EASIER-GOAL G GOAL)
                                   (RETURN 'FAILURE)))
                            ; das Ziel ist schwerer als ein Oberziel
                            (SETQ G (GOAL-SUPER-GOAL G))))
                  (COND
                    ((EQ CURRENT-SIGNAL 'DESIRABLE-GOAL)
                     (SETQ CURRENT-SIGNAL
                           (DO ((GL GOALS (CDR GL)))
                               ((NULL GL) (SETQ GOALS (CONS GOAL
                                                           GOALS))
                                          'DESIRABLE-GOAL)
                               (COND
                                 ((EQ G-S (GOAL-SUPER-GOAL (CAR GL)))
                                  (COND
                                    ((EASIER-GOAL (CAR GL) GOAL)
                                     (RETURN 'FAILURE)))))))))))))
                                    ; das Ziel ist schwerer als ein
                                    ; Antezedens-Ziel

(DEFUN EASIER-GOAL(G1 G2)
  (LET ((G1-T (GOAL-TYPE G1))
        (G1-D (GOAL-DIFFERENCE G1))
        (G2-T (GOAL-TYPE G2))
        (G2-D (GOAL-DIFFERENCE G2)))
     (COND
       ((EQ G1-T G2-T)
```

```lisp
                ; gleicher Zieltyp
                (COND
                  ((EQUAL G1-D G2-D) NIL)
                    ; gleiche Differenz
                  ((AND (EQ G2-T 'TRANSFORM) (NULL G2-D))
                    (EQUAL (GOAL-START G1) (GOAL-START G2))
                    ; soll gleiches Objekt transformiert werden?
                  ((NULL G2-D) NIL)
                  ((EQ (DIFFERENCE-TYPE G1-D) (DIFFERENCE-TYPE G2-D))
                    (COND
                      ; gleicher Ziel- und Differenztyp - vergleiche Niveaus
                      ((EQ (DIFFERENCE-LOCATION G1-D)
                           (DIFFERENCE-LOCATION G2-D))
                        NIL)
                      ((EQ (DIFFERENCE-LOCATION G1-D) 'TOP-NODE)
                        NIL)
                      ((EQ (DIFFERENCE-LOCATION G2-D) 'TOP-NODE)
                        T)
                      (T (< (LENGTH (DIFFERENCE-LOCATION G1-D))
                            (LENGTH (DIFFERENCE-LOCATION G2-D)))))))))))

(DEFUN RECOGNIZE-GOAL(GOAL)
  (DO ((GL ALL-GOALS (CDR GL)))
    ; Vergleiche das neue Ziel mit allen anderen Zielen
      ((NULL GL) (SETQ ALL-GOALS (CONS GOAL ALL-GOALS)))
      (COND ((OR (EQ (GOAL-NAME GOAL) (GOAL-NAME (CAR GL)))
                 (AND (EQ (GOAL-TYPE GOAL) (GOAL-TYPE (CAR GL)))
                      (EQUAL (GOAL-START GOAL)
                             (GOAL-START (CAR GL)))
                      (EQUAL (GOAL-END GOAL) (GOAL-END (CAR GL)))
                      (EQUAL (GOAL-OPERATOR GOAL)
                             (GOAL-OPERATOR (CAR GL)))
                      (EQ (GOAL-DIFFERENCE GOAL)
                          (GOAL-DIFFERENCE (CAR GL)))))
            ; zwei Ziele gelten als gleich, wenn sie den gleichen Namen
            ; haben oder wenn Typ, Startobjekt, Ziel, Operatorenliste und
            ; Differenz gleich sind
            (SETQ CURRENT-GOAL (CAR GL))
            (RETURN NIL)))))

(DEFMACRO GOAL-SOLVED?()
  `(MATCH1 CURRENT-OBJECT
           (GOAL-END CURRENT-GOAL)
           '(NIL)
           (CADR OBJECT-STRUCTURE)
           (CADR OBJECT-STRUCTURE)
           'TOP-NODE))
```

```
; ein Ziel gilt als erreicht, wenn das aktuelle Objekt mit dem
; End-Objekt übereinstimmt
```

Die Bewertungs- und Katalogisierungs-Funktionen für Objekte (Aufbau des
Diskriminationsnetzes) sind nicht ausgeführte Platzhalter:

```lisp
(DEFUN OBJECT-TYPE(O)
 (COND ((SYMBOLP O) 'SET)
       (T 'OBJECT-SCHEMA)))


(DEFUN RECOGNIZE-OBJECT(O)
 (LIST (SETQ OBJECT-NO (1+ OBJECT-NO)) O)))


(DEFMACRO EVALUATE-OBJECT(O)
 '(PROGN (SETQ CURRENT-SIGNAL 'DESIRABLE-OBJECT)
         (SETQ NEW-SIGNAL 'DESIRABLE-OBJECT)))
```

Funktionen für den Zugriff auf Objektkomponenten:

```lisp
(DEFUN ACCESS-PARTS(PART LOC STRUCT)
 (COND
   ((EQ LOC 'TOP-NODE)
     ; im obersten Niveau sofort Suche nach dem Selektor
     (LET ((SUBP (MEMBER PART STRUCT)))
         (COND ((NULL SUBP) (ERROR "CANNOT FIND PART" PART))
               (T (CADR SUBP)))))
   (T (ACCESS-PARTS PART 'TOP-NODE (ACCESS-NODE LOC STRUCT)))))


(DEFUN ACCESS-NODE(LOC STRUCT)
 (DO ((L LOC (CDR L))
      (S STRUCT (CADR (MEMBER (CAR L) S))))
     ((OR (NULL L) (EQ L 'TOP-NODE)) S)
     (COND ((NULL (MEMBER (CAR L) S))
               ; verfolge die Selektorkette
               (ERROR "CANNOT FIND SUBSTRUCTURE" STRUCT)))))


(DEFUN CHECK-PARTS(LOC STRUCT)
 (DO ((L LOC (CDR L))
      (S STRUCT (CADR (MEMBER (CADR L) S))))
     ((NULL L) S)
     (COND((NULL S)(RETURN NIL)))))
```

Funktionen für Operatoren:

```lisp
(DEFUN TYPE-OF-OPERATOR()
 (CAR (GET (GOAL-OPERATOR CURRENT-GOAL) 'OPERATORS)))


(DEFUN PLAUSIBLE-OPERATORS(DIF)
 (CDR (ASSOC DIF (GET NAME 'TABLE-OF-CONNECTIONS))))
```

```lisp
(DEFMACRO MOVE-OPERATORP(O)
 '(EQ (CAR (GET ,O 'OPERATORS)) 'MOVE-OPERATOR))
```

Funktionen für die atomaren Operationen in den Operatoren:

```lisp
(DEFMACRO NEW-OBJECT(Y)
 '(SETQ CURRENT-OBJECT
        (CONSTR-OBJECT CURRENT-NODE CURRENT-OBJECT ',Y)))


(DEFUN CONSTR-OBJECT(NODE OBJ PAT)
 ; ein Objekt ist mit dem durch das Muster beschriebenen Teil aufzubauen
 (COND ((OR (EQ NODE 'TOP-NODE) (NULL NODE))
        (COPY-TREE PAT))
        ; auf dem Top-Level wird das Muster als Objekt kopiert
       ((NULL (CDR NODE)) (COPY-OBJECT (CAR NODE) OBJ PAT))
        ; eine Ebene tiefer wird kopiert und eingebaut
       (T (COPY-OBJECT (CAR NODE)
                       OBJ
                       (CONSTR-OBJECT (CDR NODE)
                                      (ACCESS-PARTS (CAR NODE)
                                                    'TOP-NODE
                                                    OBJ)
                                      PAT))))))
        ; sonst wird der Baum kopiert und auf einer
        ; Ebene das neue Muster berücksichtigt


(DEFUN COPY-OBJECT(SEL OBJ NEW)
 (COND ((NULL OBJ) NIL)
       ((EQ (CAR OBJ) SEL)
        (CONS SEL (CONS NEW (COPY-OBJECT SEL (CDDR OBJ) NEW))))
        ; die Komponente wird ersetzt; sonst kopiert
       (T (CONS (CAR OBJ)
                (CONS (CADR OBJ)
                      (COPY-OBJECT SEL (CDDR OBJ) NEW))))))

(DEFMACRO CHANGE-PART(X Z)
 '(SETQ CURRENT-OBJECT (CONSTR-OBJECT1 ',X
                                       CURRENT-OBJECT
                                       (COND ((VARIABLEP ',Z) ,Z)
                                             ((SYMBOLP ',Z) ',Z)
                                             (T ,Z)))))
 ; kopiere das aktuelle Objekt und tausche dabei eine Komponente aus


(DEFUN CONSTR-OBJECT1(SEL OBJ NEW)
 (COND
   ((EQ CURRENT-NODE 'TOP-NODE)
    (COPY-OBJECT SEL OBJ NEW))
    ; auf dem obersten Niveau wird alles kopiert
```

```
    (T (CONSTR-OBJECT (APPEND CURRENT-NODE (LIST SEL)) OBJ NEW)))))
        ; bei Änderungen auf anderen Ebenen muß der Baum richtig
        ; herum gebaut werden.

(DEFMACRO REMOVE-PART-ELEMENT(X Y)
  ; konstruiere neues Objekt, in dem Komponentmenge reduziert ist
  '(SETQ CURRENT-OBJECT (CONSTR-OBJECT1 ',X
                CURRENT-OBJECT
                (REMOVE-ELEMENT (ACCESS-PARTS ',X
                                              CURRENT-NODE
                                              CURRENT-OBJECT)
                                (COND ((VARIABLEP ',Y) ,Y)
                                      ((SYMBOLP ',Y) 'Y)
                                      (T ,Y))))))

(DEFUN REMOVE-ELEMENT(SET OBJ)
  (COND ((SET? SET)
         (COND ((MEMBER OBJ (CADR SET))
                (LIST 'SET (REMOVE OBJ (CADR SET))))
               ; beseitige ein Element aus einer Menge
               (T SET)))
        (T (ERROR "NOT-A-SET REMOVE-ELEMENT" SET))))
```

Funktionen für Tests:

```
(DEFMACRO ONE-OF(AC)
  '(ONE-OF1 (ACCESS-PARTS ',(CAR AC) CURRENT-NODE ,(CADR AC))))

(DEFUN ONE-OF1(SET)
  (COND ((SET? SET) (CAADR SET))
        (T (ERROR "NOT-A-SET ONE-OF" SET))))

(DEFMACRO SET?(S) '(AND (CONSP ,S) (EQ (CAR ,S) 'SET)))

(DEFMACRO NOT-EMPTY(AC)
  '(NOT-EMPTY1 (ACCESS-PARTS ',(CAR AC) CURRENT-NODE ,(CADR AC))))

(DEFUN NOT-EMPTY1(SET)
  (COND ((SET? SET) (NOT (NULL (CADR SET))))
        (T (ERROR "NOT-A-SET NOT-EMPTY" SET))))

(DEFMACRO IS-IN(X Y)
  ; prüfe Enthaltensein auf passender Objektebene
  '(OR (AND (NOT (DIFFERENCEP ',X))
            (CONSP ,Y)
            (EQ (CAR ,Y) 'SET) (MEMBER ',X (CADR ,Y)))
       (AND (DIFFERENCEP ',X)
```

```
              (CONSP ,Y)
              (EQ (CAR ,Y) 'SET)
              (MEMBER (ACCESS-PARTS ',X CURRENT-NODE CURRENT-OBJECT)
                      (CADR ,Y)))))

(DEFMACRO IS(X Y) '(EQ ',X ,Y))

(DEFMACRO HOLDS(EXPR BIND)
 ; HOLDS prüft die Gültigkeit einer Bedingung nach Einsetzen
 '(HOLDS1 (ACCESS-PARTS ',EXPR CURRENT-NODE CURRENT-OBJECT)
         ',BIND))

(DEFUN HOLDS1(EXPR BND)
 (EVAL (SUBLIS (MAKE-BND BND) EXPR)))

(DEFUN MAKE-BND(B)
 ; erzeuge Bindungen aus den Objektkomponenten
 (COND ((NULL B) B)
       (T (CONS (CONS (CAAR B)
                      (ACCESS-PARTS (CADAR B)
                                    CURRENT-NODE
                                    CURRENT-OBJECT))
                (MAKE-BND (CDR B)))))))
```

Der GPS-Mustervergleicher arbeitet nur mit einfachen Mustern – es gibt nur
Mustervariablen. Beim Vergleich muß das Programm sich in der Objektstruktur
orientieren können, um die Differenz festzuhalten, wenn das Objekt nicht auf
das Muster paßt.

```
(DEFMACRO MATCH(OBJ PATT)
 '(MATCH1 ,OBJ
          ',PATT
          '(NIL)
          (CADR OBJECT-STRUCTURE)
          (CADR OBJECT-STRUCTURE)
          'TOP-NODE))

(DEFUN MATCH1(OBJ PATT BND S CS N)
 (COND
   ((NULL S) BND)
     ; ganze Struktur gesehen
   ((EQ (CAR OBJ) (CAR PATT))
     ; gleicher Selektor
     (COND
       ((EQUAL (CADR OBJ) (CADR PATT))
         (MATCH1 (CDDR OBJ) (CDDR PATT) BND (CDDR S) CS N))
         ; gleiche Komponente
       ((EQ (CADR PATT) '@)
```

```
          (MATCH1 (CDDR OBJ) (CDDR PATT) BND (CDDR S) CS N))
          ; Deckelement
      ((PATTVARP (CADR PATT))
          ; Mustervariable
       (LET ((VAL (ASSOC (CADR PATT) BND)))
           (COND ((NULL VAL)
                      (MATCH1 (CDDR OBJ)
                              (CDDR PATT)
                              (CONS (CONS (CAR PATT) (CAR OBJ))
                                     BND)
                              (CDDR S)
                              CS
                              N))
                  ; noch nicht gebunden
                 ((EQUAL (CADR OBJ) (CDR VAL))
                      (MATCH1 (CDDR OBJ)
                              (CDDR PATT)
                              BND
                              (CDDR S)
                              CS
                              N))
                  ; gebunden, Wert gleich Komponente
                 (T (SETQ CURRENT-DIFFERENCE
                          (MAKE-DIFFERENCE
                                     :TYPE (CAR PATT)
                                     :LOCATION N
                                     :VALUE (CDR VAL)))
                    NIL))))
                  ; vermerke die Differenz
      ((EQ (CADR S) '<OBJECT>)
        (COND
          ((NOT (AND (CONSP (CADR OBJ))
                     (CONSP (CADR PATT))))
             (SETQ CURRENT-DIFFERENCE
                     (MAKE-DIFFERENCE :TYPE (CAR S)
                                      :LOCATION N
                                      :VALUE (CADR PATT)))
           NIL)
           ; kein Abstieg möglich
          (T (LET ((B (MATCH1 (CADR OBJ)
                              (CADR PATT)
                              BND CS CS
                              (COND
                                ((EQ N 'TOP-NODE)
                                   (LIST (CAR PATT)))
                                (T (APPEND N
```

```lisp
                                        (LIST (CAR PATT)))))))))
                          ; vergleiche ein Niveau tiefer
                  (COND
                    ((NULL B) NIL)
                    (T (MATCH1 (CDDR OBJ)
                               (CDDR PATT)
                               B
                               (CDDR S)
                               CS
                               N)))))))
        ((TYPE-VAR? (CADR PATT))
          (COND ((GOOD-TYPE? (CADR OBJ) (CADR PATT))
                 (MATCH1 (CDDR OBJ)
                         (CDDR PATT)
                         BND
                         (CDDR S)
                         CS
                         N))
            ; trifft Typvariable auf korrekten Typ?
            (T (SETQ CURRENT-DIFFERENCE
                     (MAKE-DIFFERENCE :TYPE (CAR S)
                                      :LOCATION N
                                      :VALUE (CADR PATT)))
               NIL)))
            ; nein - vermerke Differenz
        (T (SETQ CURRENT-DIFFERENCE
                 (MAKE-DIFFERENCE :TYPE (CAR S)
                                  :LOCATION N
                                  :VALUE (CADR PATT)))
           NIL)))
            ; verschiedene Komponenten - vermerke Differenz
  (T (ERROR "COMPARISON OF TWO DIFFERENT STRUCTURES"
            (LIST OBJ PATT)))))
  ; Vergleich verschiedener Strukturen

(DEFMACRO TYPE-VAR?(X) '(AND (SYMBOLP ,X) (GET ,X 'TYPES)))

(DEFUN GOOD-TYPE?(X TYP)
 (LET ((TY (GET TYP 'TYPES)))
     (MEMBER X TY :test #'EQUAL)))

(DEFMACRO VARIABLEP(X) '(AND (SYMBOLP ,X) (GET ,X 'VARIABLE)))

(DEFMACRO PATTVARP(X)
 '(AND (SYMBOLP ,X) (EQ (ELT (SYMBOL-NAME ,X) 0) #@)))

(DEFMACRO VAL(X) '(GET ,X 'VAL))
```

Nun die Funktionen für Differenzen:

```lisp
(DEFSTRUCT DIFFERENCE TYPE LOCATION VALUE)

(DEFMACRO DIFFERENCEP(X) '(SUPMEMB ,X DIFF-ORDERING))

(DEFUN SUPMEMB(X S)
 ; Suche auf allen Ebenen nach einem Objekt
 (COND ((NULL S) NIL)
       ((CONSP (CAR S))
         (OR (SUPMEMB X (CAR S)) (SUPMEMB X (CDR S))))
       ((MEMBER X S) T)
       (T (SUPMEMB X (CDR S)))))

(DEFUN COMPUTE-DIFFERENCE(TST)
 (COND ((EQ (CAR TST) 'MATCH) (SETQ TESTOBJ (CADDR TST)))
           ; für Objektmuster bestimmt MATCH die Differenz
       ((OR (EQ (CAR TST) 'IS)
            (EQ (CAR TST) 'IS-IN))
         (COND ((DIFFERENCEP (CAADDR TST))
                 (SETQ CURRENT-DIFFERENCE
                       (MAKE-DIFFERENCE :TYPE (CAADDR TST)
                                        :LOCATION 'TOP-NODE
                                        :VALUE (CADR TST)))
                 (SETQ TESTOBJ
                     (SHAPE-OBJ (CADR TST) (CAADDR TST)
                         (CADR OBJECT-STRUCTURE)))))
               ; Differenz für einfaches Enthaltensein
               (T (COMPUTE-DIFF-IN-SEL (CADDR TST)
                                       (LIST 'TOP-NODE)
                                       (CADR TST)
                                       NIL))))
       ((EQ (CAR TST) 'HOLDS)
         (SETQ CURRENT-DIFFERENCE 'UNSOLVABLE))
       (T (SETQ CURRENT-DIFFERENCE 'UNSOLVABLE))))
         ; andere Unterschiede nicht als Differenz aufnehmbar

(DEFUN COMPUTE-DIFF-IN-SEL(TRM LOC VAL DIFF)
 Suche hierarchisch tiefer liegende Differenzen
 (COND ((NOT (CONSP TRM))
         (COND
            ((NULL DIFF) (SETQ CURRENT-DIFFERENCE 'UNSOLVABLE))
            (T (SETQ CURRENT-DIFFERENCE
                     (MAKE-DIFFERENCE
                             :TYPE DIFF
                             :LOCATION LOC
                             :VALUE (LIST 'SET
```

```
                                                      (LIST VAL)))))))
         ((LOCATIONP (CAR TRM))
           (COMPUTE-DIFF-IN-SEL  (CADR TRM)
                                 (NCONC LOC (LIST (CAR TRM)))
                                 VAL DIFF))
         ((DIFFERENCEP (CAR TRM))
           (COMPUTE-DIFF-IN-SEL (CADR TRM) LOC VAL (CAR TRM)))
         ((= (LENGTH TRM) 2)
           (COMPUTE-DIFF-IN-SEL (CADR TRM) LOC VAL DIFF))
         (T (SETQ CURRENT-DIFFERENCE NIL))))

(DEFUN LOCATIONP(X)
 (LET ((TST (MEMBER X (CADR OBJECT-STRUCTURE))))
     (COND ((NULL TST) NIL)
           (T (EQ (CADR TST) '<OBJECT>)))))


(DEFUN SHAPE-OBJ(VAL SEL STR)
 ; Konstruiere ein Objektmuster
 (COND ((NULL STR) NIL)
       ((EQ (CAR STR) SEL)
          (CONS SEL (CONS VAL (SHAPE-OBJ VAL SEL (CDDR STR)))))
       (T (CONS (CAR STR)
                (CONS '@ (SHAPE-OBJ VAL SEL (CDDR STR)))))))

(DEFUN COMPARE-TYPES(T1 T2)
 ; vergleiche den Rang von Differenzen mittels der Differenzenordnung
 (COND ((EQ T1 T2) '=)
       (T (DO ((TL DIFF-ORDERING (CDR TL)))
              ((NULL TL) (ERROR 'INVALID-DIFFERENCE T1))
              (COND ((CONSP (CAR TL))
                     (LET ((R (DO ((TL1 TL (CDR TL1)))
                                  ((NULL TL1) NIL)
                                  (COND ((EQ (CAR TL1) T1)
                                         (RETURN '<))
                                        ((EQ (CAR TL1) T2)
                                         (RETURN '>))))))
                       (COND
                         (R (RETURN R))))
                    ((EQ (CAR TL) T1) (RETURN '<))
                    ((EQ (CAR TL) T2) (RETURN '>)))))))

(DEFUN COMPARE-LOCS(L1 L2)
 ; Vergleich zweier Selektorketten auf Präzision
 (COND ((EQUAL L1 L2) '=)
       ((CONSP L1)
          (COND ((CONSP L2)
                 (COND ((= (LENGTH L1) (LENGTH L2)) '=)
                       ((> (LENGTH L1) (LENGTH L2)) '<)
```

```
                              (T '>)))
                    (T '<)))
          (T '>)))
```

Die iterative Behandlung der Teilziele ist von ERNST und NEWELL übernommen. Ein rekursiver Eintritt in den Methodeninterpreter nach Bewertung des
Teilziels läge aber nahe. Der Leser wird ermutigt, übungshalber das Programm
umzuschreiben.

7.4.3 Syntaktische Verarbeitung von Problembeschreibungen

Funktionen zur Vorverarbeitung von Problemen:

```
(DEFMACRO PROBLEM(NAME &rest LST)
 '(PROBLEM-SCAN ',NAME ',LST))


(DEFUN PROBLEM-SCAN(NAME LST)
 (DO ((DECLS LST (CDR DECLS)))
        ; verarbeite die Deklarationen nacheinander
   ((NULL (CDDR DECLS))
     (SETF (GET NAME 'DIFF-ORDERING) (CADAR DECLS))
          ; vorletzte Komponente ist die Differenzenordnung
     (SETF (GET NAME 'TABLE-OF-CONNECTIONS) (CADADR DECLS)))
          ; und danach steht die Relationstafel
   (LET ((WHAT (CAAR DECLS)))
          ; benenne Deklarationstyp
     (DO ((DS (CDAR DECLS) (CDR DS)))
          ; verarbeite jede Einzeldeklaration
       ((NULL DS) NIL)
       (SETF(GET (CAAR DS) WHAT) (CADAR DS))
            ; vermerke die Deklaration
       (COND
         ((EQ WHAT 'CONSTANTS)
           (SETF (SYMBOL-VALUE (CAAR DS)) (CAAR DS)))
           ; Weise Konstanten ihre Namen zu
         ((EQ WHAT 'FUNCTIONS)
           (EVAL '(DEFMACRO ,(CAAR DS) (X) '(GET ,X 'VAL)))
           (DO ((PAIRS (CDAR DS) (CDR PAIRS)))
             ((NULL PAIRS) NIL)
             (SETF (GET (CAAR PAIRS) (CAAR DS))
                 (CADAR PAIRS))))
           ; speichere Funktion paarweise ab
         ((EQ WHAT 'RELATIONS)
           (EVAL '(DEFMACRO ,(CAAR DS) (X) '(GET ,X 'VAL)))
           (DO ((PAIRS (CDAR DS) (CDR PAIRS)))
             ((NULL PAIRS) NIL)
             (SETF (GET (CAAR PAIRS) (CAAR DS))
```

```
                         (CADAR PAIRS))))
                      ; speichere Relation paarweise ab
             ((AND (EQ WHAT 'TYPES)
                   (EQ (CAAR DS) 'OBJECT))
              (COND ((AND (CONSP (CADAR DS))
                          (EQ (CAADAR DS) 'STRUCTURE))
                     ; Definiere alle Zugriffsfunktionen
                     (DO ((PARTS (CAR (CDADAR DS))
                                 (CDDR PARTS)))
                         ((NULL PARTS) NIL)
                         (EVAL '(DEFUN ,(CAR PARTS) (OBJ)
                                   (CADR (MEMBER
                                           ',(CAR PARTS)
                                           OBJ)))))))))))))
      (DO ((OPS (CDR (ASSOC 'OPERATORS LST)) (CDR OPS))
           (LST NIL (NCONC LST (LIST (CAAR OPS)))))
          ; sammle alle Operatoren auf
          ((NULL OPS) (SETF (GET NAME 'OPERATORS) LST)
                      NAME)))
                      ; halte sie am Problemnamen fest
```

Funktionen zur Aktivierung des Problemlösers:

```
(DEFMACRO SOLVE(NAME ARG GOAL)
 (LET ((OBJ-D (GET 'OBJECT 'TYPES)))
   ; erzeuge einen GPS-Aufruf
   '(GPS ',NAME
         'TRANSFORM
         ; der Problemtyp
         ',(COND
             ((EQ (CADR ARG) '!)
              ; Notation im List-Modus?
              (BUILD-OBJ (CADDR ARG)
                      ; forme um in Strukturen (1.: die Listenform,
                      (CADR OBJ-D)
                      ; 2.: die Struktur aus der Objektdeklaration
                      (CADDDR OBJ-D)))
                      ; 3.: das Umformrezept (auch von dort)
             (T (CADR ARG)))
                 ; echte Struktur gegeben
         ',(COND ((EQ (CAR GOAL) 'GOAL) (CADR GOAL)))
             ; das Ziel
         (GET ',NAME 'OPERATORS)
             ; die Operatoren
         (GET ',NAME 'DIFF-ORDERING)
             ; die Differenzenordnung
         ',OBJ-D)))
```

```
           ;  die Objektstruktur

(DEFUN BUILD-OBJ(SHORT STRUCT RECIPE)
   ; baue um für rekursive Verarbeitung
  (BUILD-OBJ1 SHORT STRUCT RECIPE STRUCT))


(DEFMACRO BUILD-STRUCT(SHORT STRUCT)
 '(BUILD-OBJ1 ,SHORT ,STRUCT WHAT STRUCT))


(DEFUN BUILD-OBJ1(GIVEN USED WHAT STRUCT)
 (COND ((NULL USED) NIL)
           ; Struktur beendet?
         ((EQ (CADR USED) '<object>)
           ; rekursive Strukturbeschreibung?
          (COND ((NULL GIVEN)
                   ; Listenform verarbeitet – Rekursion beendet?
                 (CONS (CAR USED)
                       (CONS NIL
                             ; aktueller Selektor hat NIL als Wert
                             (BUILD-STRUCT GIVEN (CDDR USED)))))
                ; konstruiere Strukturniveau fertig
             (T (CONS (CAR USED)
                   ; aktueller Selektor hat rekursive Struktur als Wert
                   (CONS (BUILD-STRUCT GIVEN STRUCT)
                         (BUILD-STRUCT GIVEN (CDDR USED)))))))
                ; Strukturaufbau im Niveau
        ((MEMBER (CAR USED) WHAT)
          ; der Wert steht in der Listenbeschreibung
         (CONS (CAR USED)
               (CONS (CAR GIVEN)
                   ; also übernimm den Wert
                   (BUILD-STRUCT (CDR GIVEN) (CDDR USED)))))
         ; Strukturaufbau im Niveau
        (T (CONS (CAR USED)
                 (CONS NIL
         ; der Wert steht nicht in der Liste – also nimm NIL
                       (BUILD-STRUCT GIVEN (CDDR USED))))))))
        ; Strukturaufbau im Niveau
```

7.5 Übungsaufgaben

U7.1 Implementiere GPS mit einem rekursiven Zielverfolger!

U7.2 Programmiere verschiedene Probleme in GPS!

U7.3 Erweitere die angegebene Beschreibung des krypto-arithmetischen Problems um weitere Spezialoperatoren!

7.6 Literatur

[1] R.B. Banerji: GPS and the Psychology of the Rubik Cubist – A Study in Reasoning about Actions, in: A. Elithorn, R. Banerji (eds.): Artificial and Human Intelligence. North-Holland Publ., Amsterdam etc., 1984

[2] E. Charniak, D. McDermott: Artificial Intelligence. Addison-Wesley, Reading etc., 1985

[3] G.W. Ernst, A. Newell: GPS – A Case Study in Generality and Problem Solving. Academic Press, New York etc., 1969

[4] J.R. Quinlan, E.B. Hunt: The Fortran Deductive System. Dept. of Psychology, University of Washington, Seattle, 1968

Der Advice Taker als Interpreter für Programme im Prädikatenkalkül – Lokig-orientierte Programmierung (1)

8.1 Der Advice Taker

1958 machte sich J.MCCARTHY systematische Gedanken, wie ein "intelligenter" Rechner zu programmieren sei. Die damalige Situation analysierend, notierte er (in [16]), daß zu dieser Zeit Maschinen durchweg anweisungs-orientiert programmiert wurden ("instructed ... in the form of a sequence of imperative sentences"), im Unterschied zum Menschen, der instruiert werde mittels *beschreibender Sätze* (declarative sentences) über die Situation, in welcher Handlungen erforderlich seien. Nur wenige Befehle seien erforderlich, die besagen, was beabsichtigt ist.

Die Vorteile dieses deklarativen Stils der Programmierung[1] seien:

1. Man kann vorhandenes Wissen erfolgreich einbeziehen.

2. Beschreibende Sätze haben *logische Konsequenzen*. Man könnte Vorkehrungen treffen, daß die Maschine alle genügend einfachen logischen Konsequenzen dessen verfügbar hat, mit dem sie versorgt wurde und dessen, was sie schon (vorher) gespeichert hatte.

3. Die Bedeutung von Beschreibungen ist *weniger von der Ordnung abhängig* wie jene von Befehlen.

4. Der Effekt einer Beschreibung ist weniger vom aktuellen Zustand des Systems abhängig, so daß der Programmierer weniger über ihn wissen muß.

Demgegenüber könne eine imperativ beschriebene Prozedur schneller ausgeführt werden (weil sie komplett vorliegt) und ihre Ausführung müsse nicht auf Vorwissen von seiten der Maschine beruhen.

Es ist offensichtlich, daß MCCARTHY einen neuen Programmierstil im Auge hatte.

Das Programm, das auf diese Art programmiert (instruiert, belehrt) werden sollte, blieb bisher nur ein Projekt. Der "Advice Taker", wie es genannt wurde, wäre ein Interpreter für die neuartige Programmierweise geworden. Es

---

[1] MCCARTHY verwendet den Terminus *instruction*.

beschäftigte McCARTHY lange Zeit – wenn nicht noch heute. Allerdings konzentrierte sich der Autor mehr auf die Beschreibungs- (Programmier-) Formalismen und auf den Bereich des mit ihnen Ausdrückbaren als auf die programmtechnische Realisierung.

Erst Ende der sechziger Jahre hat C.GREEN die Ideen McCARTHY's wiederaufgegriffen, als er während der Arbeit an seinem Frage-Antwort-System QA-3 [9] zu der Auffassung gekommen war, daß die Prädikatenlogik als Programmiersprache anzusehen sei und ein Beweiser als Interpreter dieser Sprache. Allerdings ist seine Stimme verhallt und erst als A.COLMERAUER[7], J.P.HAYES[10] und R.KOWALSKI[13,14] Anfang der siebziger Jahre erneut zu der Erkenntnis gelangt waren, daß es eine prozedurale Interpretation der Prädikatenlogik gebe und daß diese effizient implementierbar sei, hat dies Wirkung gehabt (vgl. [12]).

Was 1958 utopisch anmutete, ist heute auf andere Art alltäglich – Programmierer gehen schon fast routinemässig mit Formeln um. Weil meist allein die anweisungs-orientierten Programme als "Programme" gelten, wird die Verwendung der formalen Logik zum Programmentwurf "Spezifizieren" genannt. Unsere These ist, daß sich diese Aktivität als Programmieren bezogen auf ein besonderes Verarbeitungsmodell besser verstehen läßt.

In der KI ist logisches Programmieren heute eine Alltäglichkeit [1]. Allein mit LISP-Kenntnissen kann ein KI-Fachmann nicht als Experte gelten. Der Leser sei auf das grundlegende Buch [8] von M.GENESERETH und N.NILSSON verwiesen, in dem die Durchdringung der KI mit logischen Aspekten dargestellt wird.

8.2 Logik-orientierte Programmierung: Verarbeitungsmodell, Programmierstil und Programmiersprache

Logik-orientierte Programmierung bedeutet Programmierung mittels Sprachen der formalen Logik. Das intendierte Verarbeitungsmodell spiegelt einen entsprechenden logischen Kalkül.

Ein Programm in einer formalen logischen Sprache ist schlicht eine endliche Menge von Formeln – "Axiome" könnte man sie nennen.

Wie wir noch ausführen werden, haben die Formeln primär ihre Bedeutung durch die Interpretation im semantischen Bereich (TARSKI'sche Semantik). Doch wenn zum logischen Programm (der Axiomenmenge) eine weitere Formel tritt, dann kann diese aus den Axiomen *folgen* oder nicht. Und die Aufforderung zur Prüfung dieser Beziehung ist das einzige imperative Element, das ein logisches Programm enthält (enthalten sollte).

Enthält die zusätzliche Formel aber noch freie Variablen (ist also ein Aussagenschema), dann kann die Ableitbarkeit der Formel von Belegungen der Variablen abhängig sein. Belegungen, die die Ableitbarkeit garantieren, sind natürlich sehr interessant.

Was "berechnet" also ein logisches Programm? Zunächst den *Wahrheitswert* einer weiteren Formel, die wir als *Aktivierung* des Programms auffassen können. Das Verarbeitungsmodell wird durch einen Interpreter verwirklicht, der die *Ableitbarkeit* – das ist die durch syntaktische Mittel modellierte Folgerungsbeziehung – der Aktivierungsformel aus den Axiomen unter Bezugnahme auf die Regeln eines logischen Kalküls zu zeigen versucht. In den meisten bisher realisierten Fällen ist der Interpreter so ausgelegt, daß er anstrebt, dies durch Nachweisen eines *Widerspruchs* zwischen der Negation der Aktivierungsformel und den Programmformeln zu verwirklichen.

Die typische formale Sprache, in dem logische Programme geschrieben werden, ist die der Prädikatenlogik erster Ordnung – wir werden jedoch gleich sehen, daß der Advice Taker in einer höheren Prädikatenlogik programmiert werden sollte.

Für den Prädikatenkalkül 1. Ordnung kann es nun **kein allgemeines Entscheidungsverfahren** geben, d.h. keinen Interpreter für logische "Programme", der jede Aktivierungsformel erfolgreich verarbeiten kann. Obwohl man sich – vielleicht zu naiv und ohne Beachtung aller möglichen Konsequenzen – einen universellen Beweiser (oder anders gesprochen: einen perfekten Interpreter für logische Programme) gut vorstellen kann, kann es diesen aus prinzipiellen Gründen nicht geben. Man muß sich bei der Verwendung selbst eines idealen Beweisers damit abfinden, daß sich logisch korrekte Programme nicht immer zur "Abarbeitung" jeder Aktivierungsformel eignen: Die Verarbeitungsdauer läßt sich nicht prognostizieren.

Doch ein Programmierer kann sich eine derartige Situation auch so zurecht legen, daß er einen Programmierfehler begangen hat. Dieser ist allerdings schwer zu finden – vielleicht kann man Axiome herausheben, mit denen der Beweiser (Interpreter) große Schwierigkeiten hat. Der Programmierer wird umzuformulieren versuchen und eine neue Programmvariante benutzen.

Nun hat meist ein Programmierer im konkreten Fall auch keinen idealen Interpreter (d.h. einen logischen Beweiser, der die theoretisch mögliche Grenze erreicht) zur Hand. Er arbeitet vielmehr mit einem ihm mehr oder weniger vertrauten Interpreter – einem Verarbeitungsprogramm, dessen Leistungsfähigkeit meist weit unter der theoretischen Grenze liegt. Mit der Kapazität dieses Interpreters muß er auszukommen suchen.

Die Aktivierungsformel enthält meist freie Variable – die eigentlich als implizit existenz-quantifiziert anzusehen sind. In diesen Fällen erwartet man von dem logischen Programm nicht nur die Feststellung der Ableitbarkeit, sondern auch die Übergabe solcher Variablenwerte, für die die Ableitbarkeit nachgewiesen werden kann. Meist gibt es eine ganze Menge solcher Werte, die – in Verbindung mit den Variablen – als Bindungen gleich serienweise resultieren.

Prädikatenlogische Formeln bestehen typischerweise aus quantifizierten und mit logischen Konnektoren verknüpften *Atomformeln*. Die Atomformeln sind wiederum aufgebaut aus Prädikatensymbolen und Termargumenten. Wir können hier aus Platzgründen keine Einführung in den Prädikatenkalkül geben (siehe etwa [11,4]). Zur Notation muß folgendes genügen:

(1) *Variablen-*, *Funktions-* und *Prädikatensymbole* sind Zeichenketten, die den Bezeichnern üblicher Programmiersprachen entsprechen. Man kann in der Notation systematische Unterschiede dekretieren: Variablensymbole bestehen nur aus kleinen Buchstaben, Funktionssymbole beginnen mit einem

großen Buchstaben, nach dem nur noch kleine Buchstaben oder Ziffern folgen, Prädikatensymbole bestehen nur aus großen Buchstaben.

Beispiele: Variablensymbole: `x, x1, variable`.
Funktionssymbole: `Square, Volumen, Zustand`.
Prädikatensymbole: `GLEICH, AT, WALKABLE`.

(2) Zu jedem Funktionssymbol gehört eine *Stelligkeit*, d.h. die Zahl der Argumente.

(3a) Ein Variablensymbol ist ein *Term*.

(3b) Ein Funktionssymbol der Stelligkeit 0 ist ein Term (wir nennen solch einen Term auch *Konstante*).

(3c) Hat ein Funktionssymbol F die Stelligkeit n und sind die Zeichenketten $t_1, \cdots, t_n$ Terme, so ist auch $F(_t1, \cdots, t_n)$ ein Term.

Beispiele: `x, I, Go(x,y,Walking)`

(4) Zu jedem Prädikatensymbol gehört eine Stelligkeit.

(5a) Ein Prädikatensymbol der Stelligkeit 0 ist eine *Atomformel*.

(5b) Hat ein Prädikaktensymbol P die Stelligkeit n und sind die Zeichenketten $t_1, \cdots, t_n$ Terme, so ist $P(t_1, \cdots, t_n)$ eine Atomformel.

(6a) Eine Atomformel ist ein *Literal*.

(6b) Ist A eine Atomformel, so ist $\neg A$ ein Literal.

(7a) Literale sind *Formeln* der Prädikatenlogik.

(7b) Ist F eine Formel, so ist auch $(\neg F)$ eine Formel.

(7c) Sind F und G Formeln, so sind auch $(F \wedge G)$, $(F \vee G)$, $(F \rightarrow G)$ und $(F \leftrightarrow G)$ Formeln.

(8) Ist F eine Formel und x eine Variable, so sind auch $(\forall x . F)$ und $(\exists x . F)$ Formeln.

Klammern können durch Prioritätsregeln eingespart werden.

Die Semantik der Prädikatenlogik ergibt sich durch *Interpretation* der Prädikaten-, Funktions- und Konstantensymbole. Bei einer Interpretation wird ein Universum, d.h. eine Menge von Objekten ausgewählt. Dann wird jedem Konstantensymbol der Prädikatenlogik ein Objekt des Universums zugeordnet. Jedem Funktionssymbol wird eine Funktion in dem Universum zugeordnet. Jedem Prädikatensymbol wird eine Relation über dem Universum zugeordnet. In einem Universum können natürlich verschiedene derartige Zuordnungen vorgenommen werden, deshalb spricht man von "Interpretationen über" dem Universum.

Formeln ohne freie Variablen kann bei einer Interpretation ein Wahrheitswert zugeordnet werden. Wenn eine prädikatenlogische Formel (bzw. eine Menge

von Formeln) bei einer Interpretation zu einer wahren Aussage (zu wahren
Aussagen) über das Universum geworden ist, sagt man, die Interpretation sei
ein *Modell* der Formel (Formelmenge). Wenn eine Formel (-menge) über einem
Universum ein Modell besitzt, heißt sie *erfüllbar*; wenn alle Interpretationen
Modelle sind, *allgemeingültig*.

Wenn die Modelle einer Formel auch Modelle einer anderen Formel (oder
Menge von Formeln) sind, sperchen wir davon, daß die erste Formel aus der anderen Formel (Formelmenge) *folgt*. Eine derartige Beziehung zwischen Formeln
ist sehr wichtig. Es ist nun grundlegend für die Logik, daß diese *semantische*
Beziehung sich *syntaktisch* modellieren läßt. Man kann Regeln definieren, die
eine *Ableitungsbeziehung* zwischen Formeln etablieren.

Zu den wie oben definierten Formeln der Prädikatenlogik können ganz verschiedene Regelmengen treten (s. [11]). Kann man mit der Regelmenge das (semantische) Folgern syntaktisch algorithmisch modellieren, so ist ein Prädikatenkalkül definiert. Dabei ist natürlich die Absicht, alle Folgerungen ableiten zu
können. Eine Regelmenge mit dieser Eigenschaft heißt *vollständig*. Aristoteles'
Syllogistik stellt ein unvollständiges Regelsystem dar. Die von B.RUSSELL und
A.WHITEHEAD in den "Principia Mathematica" verwendeten Regeln sind für
die Prädikatenlogik 1. Ordnung vollständig, wie K.GÖDEL 1930 bewies. Auch
die Resolutionsregel (s. Kap. 10) bildet die Basis eines vollständigen Kalküls.
H.HERMES gibt in [11] einen Kalkül mit 11 Regeln. Wir begnügen uns zunächst
mit einer *Ableitungsregel*, dem **Modus Ponens**, werden aber schnell sehen, daß
die Regel allein nicht ausreicht.

Wie schon gesagt, dienen die Regeln dazu, aus gegebenen Formeln weitere
abzuleiten. Im Falle des Modus Ponens werden zwei Ausgangsformeln benötigt:

$$\frac{a,\ a \rightarrow b}{b}$$

Die Existenz dieser Regel hat zu einer Verwechslung bzw. Zusammenlegung
verschiedener Begriffe im Bereich der KI geführt: Implikationen – d.h. prädika-
ten-logische Formeln – und Regeln – d.h. Rechenregeln von Kalkülen – werden
oft identifiziert. Implikationen sind aber keine Regeln, wenn auch in der Umgangssprache keine sorgfältige Unterscheidung vorgenommen wird. Doch häufig
muß in der wissenschaftlichen Sprache ein Alltagsbegriff durch Ausgliederung
präzisiert werden. Implikationen sind, wie wir sehen, mit Regeln eng verknüpft.
Während aber Implikationen Elemente der formalen Sprache sind, in denen auf
beiden Seiten des logischen Konnektors *Formeln* stehen, ist eine Regel kein Element dieser formalen Sprache. Strukturell enthält eine Regel einen *Bedingungs-*
und einen *Aktionsteil*. Wegen der Verschiedenheit der Kalküle gibt es auch sehr
verschiedene Regeln. Wir wollen hier auf den Unterschied zwischen monotonen
und nicht-monotonen Regeln hinweisen. Liegen die Voraussetzungen des Modus Ponens vor und kann aus einer Formel *a* und der Implikation $a \rightarrow b$ die
Formel *b* geschlossen werden, so gelten *a*, $a \rightarrow b$ und *b* alle gleichzeitig. Der
Modus Ponens ist monoton. Bei einer nicht-monotonen Regel kann aber die
Ausführung der Aktion die Bedingung ungültig machen.

Mit einer Implikation werden demgegenüber unterschiedliche Geltungszeiten

der Teilaussagen überhaupt nicht erfaßt! Eine Klassenbildung in monotone und
nicht-monotone Implikationen macht gar keinen Sinn.

8.2.1 Ein frühes Verarbeitungsmodell

MCCARTHY dachte sich für den Advice Taker ein Verarbeitungsmodell, in
dem Ausdrücke intern (als Listenstrukturen) repräsentiert sind. Einige dieser
Ausdrücke werden als logische Formeln in einem gewissen logischen System betrachtet , das einem universellen POST'schen kanonischen System entspreche.
Es habe eine einzige Schlußregel, eine Kombination von Substitution für Variablen mit dem Modus Ponens. Dabei sollten nicht zuviel Spezialfälle von schon
deduzierten allgemeinen Aussagen erzeugt werden.

Die Maschine erzeuge unmittelbar eine Menge *direkter Folgerungen.* MC-
CARTHY stellte sich diese Menge zunächst als die Menge der Aussagen vor,
die durch Ableitungen in einem Schritt erzeugt werden. Er erwähnt, daß diese
Sicht später zu erweitern (zu präzisieren) sei, so daß auch andere Folgerungen
von Interesse gezogen werden könnten.

Die Erzeugung der direkten Konklusionen wird nach Ansicht von MCCARTHY
rein mechanisch vonstatten gehen können – nur die Auswahl der Prämissen sei
ein Prozeß, der Intelligenz benötige, denn die Ableitungsroutine sollte niemals
auf alle vorliegenden Formeln angewendet werden.

Die Maschine verfüge – neben den logischen Formeln – noch über Repräsentationen für Individuen (Objekte verschiedener Art), Funktionen und Programme.

Der logische Ableitungsmechanismus solle kombiniert werden mit einem Aus-
führungsapparat: Wenn imperative Ausdrücke deduziert werden, werden diesen
entsprechende Handlungen vollzogen. ([16, S.80-81])

8.2.2 Programmieren mit einem Gemisch von Logik und Anweisungen

Um die Art der intendierten Programmierung deutlicher werden zu lassen, hat
MCCARTHY auch ein Beispielprogramm für folgendes Problem angegeben: Angenommen, ich säße zu Hause an meinem Schreibtisch und wolle auf dem Flugplatz sein. Mein Auto sei auch zu Hause. Die Lösung des Problems ist natürlich,
zum Auto zu gehen und zum Flugplatz zu fahren:

```
(1)    AT(I, Desk)
(2)    AT(Desk, Home)
(3)    AT(Car, Home)
(4)    AT(Home, County)
(5)    AT(Airport, County)
(6)    AT(x, y) ∧ AT(y, z) → AT(x, z)
(8)    WALKABLE(x) ∧ AT(y, x) ∧ AT(z, x) ∧ AT(I, y) →
                        CAN(Go(y, z, Walking))
(9)    DRIVABLE(x) ∧ AT(y, x) ∧ AT(Car, y) ∧ AT(I, Car) →
                        CAN(Go(y, z, Driving))
(10)   WALKABLE(Home)
```

```
(11) DRIVABLE(Conty)
(12) DID(Go(x, y, z)) → AT(I, y)
(13) WANT(AT(I, Airport))
(14) (x → CAN(y)) ∧ (DID(y) → z) → CANACHULT(x, y, z)
(15) CANACHULT(x, y, z), CANACHULT(z, u, v) →
                        CANACHULT(x, Prog(y, u), v)
(16) x ∧ CANACHULT(x, y, z) ∧ WANT(z) → DO(y)
```

Wir analysieren die Formeln näher:

Das AT-Prädikat soll eine Formalisierung von *bei* sein: AT(x, y) soll bedeuten, daß *x bei y ist*. (Um dieses Prädikat hat es in der Diskussion 1958 großen Streit gegeben.)

Die Formeln (1) bis (5) sind die die Situation beschreibenden Prämissen. (6) soll die Transitivität von AT ausdrücken.

Die Implikationen (8) und (9) beschreiben Möglichkeiten des Gehens oder Fahrens. Go ist dabei eine Funktion von drei Veränderlichen und soll eine allgemeine Ortsveränderung formalisieren: Die ersten beiden Argumente müssen Objekte sein (*von – nach*), das dritte Argument ist eine Konstante, die die Fortbewegungsart beschreibt. Wir sehen in den Beispielen die Konstanten Walking und Driving.

(10) und (11) sind wieder spezifische Fakten. Die Formel (12) beschreibt eine Eigenschaft der Go-Funktion. Die Formel (13) stellt das Problem selbst dar.

Die übrigen Formeln ermöglichen Folgerungen für solche WANT-Probleme. Bei freier Interpretation kann man in ihnen die Beschreibung eines Compilers sehen, der aus einer Problembeschreibung (hier die Formeln (1) - (13)) ein Programm erzeugt, das zur Problemlösung ausgeführt werden kann.

Die Formeln (14) und (15) beschreiben das CANACHULT-Prädikat. (14) ist eine Formel höherer Ordnung, die das Simulieren der Aktionsausführung ersetzt durch den Transport in die Ebene der Ausführungsmöglichkeit. CANACHULT soll symbolisieren, daß in der durch x beschriebenen Situation die Aktion y ausgeführt werden kann und dadurch die durch z beschriebene Situation erzeugt wird. (15) drückt so etwas wie eine Transitivität von CANACHULT aus, durch die einfache Programmsequenzen erzeugt werden.

(16) schließlich verknüpft Situation, Prozedur und Aktion. Hier verwundert uns die Tatsache, daß von einer Aktionssequenz zunächst nur die erste Teilaktion ausgeführt wird. MCCARTHY klärt uns nicht auf, welchen Status das Ziel (13) während der Ausführung hat. Die angebotene Lösung ermöglicht das Berücksichtigen von Fehlern, die bei der Aktionsausführung vorkommen mögen.

Insgesamt sehen wir weitgehende Verwendung der Prädikatenlogik 1. Ordnung, die allerdings in den Formeln (13), (14), (15) und (16) verlassen wird: In (13) haben wir das Prädikat 2. Ordnung WANT – das man vielleicht gar auf sich selbst anwenden kann. In (14), (15) und (16) treten Variable für logische Formeln auf. (16) ist bei näherer Betrachtung keine Implikation, sondern eine Regel, deren Bedingung eine Folge von logischen Formeln ist (die zu beweisen sind und bei deren Beweis die Variablen y und z ermittelt werden) und die einen Aktionsteil enthält.

Programmieren im Programmierstil, der für den Advice-Taker anvisiert worden ist, bedeutet demnach, möglichst weitgehend prädikatenlogische Formeln 1. Ordnung zu verwenden. Ziele und Implikationen, die allgemeine Eigenschaften von Situationen beschreiben, können in höherer Prädikatenlogik notiert werden. Darüberhinaus sind Regeln mit prädikatenlogischen Bedingungen zu verwenden, um den Advice Taker (das Aktionssteuerungssystem) zu programmieren.

KOWALSKI hat 1979 [14] das Ideal der logik-orientierten Programmierens mit der Gleichung *Algorithmus = Logik + Kontrolle* dahingehend beschrieben, daß der logik-orientierte Programmierer lediglich die logische Komponente eines Algorithmus' angeben solle. Das Kontrollproblem solle er der Maschine, d.h. dem Beweiser für die logik-basierte Programmiersprache überlassen. Damit ist die Betonung auf die deskriptive, beschreibende Problemlösung gelegt worden.

8.2.3 Eingehendere Analyse des McCarthyschen Verarbeitungsmodells

MCCARTHY hat sich 1958 vor allem mit dem Problem befaßt, wie die verschiedenen Programmteile abzuspeichern wären und zur Lösung des Problems (13) herbeizuschaffen sind. Wir hatten ausgeführt, daß der Advice Taker mit der Konstruktion von *direkten Konsequenzen* vorgeht. Von jetzt an lassen wir die mindestens ebenso wichtigen Teilaspekte der Zielverwaltung (Zielauswahl, Zielkontrolle, usw.) und der Aktionssteuerung beiseite.

Zunächst wollen wir zeigen, welche Formeln MCCARTHY als wichtige Zwischenschritte ansah:

```
(Z1) AT(I, Desk) → CAN(Go(Desk, Car, Walking))
(Z2) AT(I, Car) → CAN(Go(Home, Airport, Driving))
(Z3) DID(Go(Desk, Car, Walking)) → AT(I, Car)
(Z4) DID(Go(Home, Airport, Driving) → AT(I, Airport)
(Z5) CANACHULT(AT(I, Desk),
              Go(Desk, Car, Walking),
              AT(I, Car))
(Z6) CANACHULT(AT(I, Car),
              Go(Home, Airport, Driving),
              AT(I, Airport))
(Z7) CANACHULT(AT(I, Desk),
              Prog(Go(Desk, Home, Walking),
                   Go(Home, Airport, Driving)),
              AT(I, Airport))
(Z8) DO(Go(Desk, Car, Walking))
```

Demgegenüber besteht die gemäß der vorgeschlagenen Arbeitsweise des Advice-Taker (-Teils) zu erzeugende Menge der direkten Konsequenzen aus folgendem:

```
(K1) AT(I, Home)            ((1)+(2)+(6))
(K2) AT(Desk, County)       ((2)+(4)+(6))
(K3) AT(Car, County)        ((3)+(4)+(6))
```

```
(K4) CAN(Go(Desk, Car, Walking))      ((10)+(2)+(3)+(1)+(8))
(Ki) 216 Substitutionen in (6)        (6 Objekte für 3 Variablen)
(Kj) 216 Substitutionen in (8)        (6 Objekte für 3 Variablen)
(Kk) 216 Substitutionen in (9)        (6 Objekte für 3 Variablen)
(Kl) 216 Substitutionen in (12), unter ihnen:
     DID(Go(Desk, Car, Walking)) → AT(I, Car)
     DID(Go(Home, Airport, Driving)) → AT(I, Airport)
```

(Km)5400 Substitutionen in (14)   (5 für x, mindestens 256 für y –
                                                wenn wir uns auf die Go-Terme be-
                                                schränken, 5 für z)

(Kn) 1166400 Substitutionen in (15) (5 für x, mindestens 256 für y und u,
                                                5 für z)

(Ko) 5400 Substitutionen in (16)   (Diese könnten wir ausschließen, da
                                                (16), wie schon ausgeführt, keine Im-
                                                plikation ist, und damit auch nicht
                                                an dem Ableitungsprozeß teilhaben
                                                sollte.)

Eine Betrachtung ist unmittelbar anzustellen: Selbst wenn wir annehmen, daß das System die irrelevanten Objekte herausfiltert (ist aber die Haustür irrelevant?), dann entstehen immer noch sehr viele Kombinationsmöglichkeiten für die Substitution. Dies ist ein generelles Problem bei der mechanischen Erzeugung von Konsequenzen:

Die Mengen der Konsequenzen tendieren dazu, sehr groß zu werden und enthalten nur wenige der Deduktion wirklich dienliche Formeln.

MCCARTHY gibt als erste der abgeleiteten Formeln aber Implikationen an, die nur erzeugt werden können, wenn der Modus Ponens verallgemeinert für Implikationen mit mehreren Prämissen angewendet wird:

$$\frac{A_1,\cdots,A_k,A_1\wedge\cdots\wedge A_k\wedge A_{k+1}\wedge\cdots\wedge A_n\to B}{A_{k+1}\wedge\cdots\wedge A_n\to B} \quad \text{(für } n \geq k \geq 1)$$

Eine Implikation mit leerer Prämisse (als Resultat der Regelanwendung) identifizieren wir dabei mit der Konklusion.

Mit dieser Schlußregel ergibt sich eine noch größere Menge direkter Konsequenzen – daran zeigt sich die Unvollständigkeit des Modus Ponens als einzige Regel:

Die oben erwähnten Formeln (K1) - (Ko) und darüber hinaus:

```
(K5)    10 Implikationen aus (6), zum Beispiel:
        AT(Desk, z) → AT(I, z)
        und je 6 Substitutionen für z bzw. x.
```

...

```
(K15)   AT(y, Home), AT(z, Home), AT(I, y) →
        CAN(Go(y, I, Walking))
        und 36 Substitutionen für y und z.
```

...

```
(K51)   6 Implikationen
```

```
        WALKABLE(x), AT(z, x), AT(I,y) →
        CAN(Go(y, I, Walking))
```
in denen x und y festgelegt sind und je 6 Substitutionen für z.

...

(K87) 6 Implikationen
```
        WALKABLE(x), AT(y, x), AT(I,I)  →
        CAN(Go(y, z, Walking))
```
in denen x und z festgelegt sind und je 6 Substitutionen für y.

...

(K125)
```
WALKABLE(x), AT(Desk, x), AT(z, x) →
        CAN(Go(Desk, z, Walking))
```
und je 6 Substitutionen für x und z.

...

(K151) 2 Implikationen
```
        AT(z, Home), AT(I, y) → CAN(Go(y, z, Walking))
```
in denen x und z festgelegt sind (x=Home, z=Desk oder =Car)
und 6 Substitutionen für y.

...

usw.

Es entsteht jedenfalls eine gewaltige Menge von Konsequenzen.

Unter diesen Konsequenzen sind möglicherweise die zu eliminieren, die gewissen Prädikaten Argumente vom falschen Typ zuordnen, etwa:
```
CANACHULT(WALKABLE(Home), y, z), WANT(z)) → DO(y)
```
Nun benötigt MCCARTHY aber auch die Konsequenzen von Schlußketten, sonst würde die Schlußregelmenge nie die Konsequenz

```
CANACHULT(AT(I, Desk),
          Prog(Go(Desk, Car, Walking),
              Go(Home, Airport, Driving)),
          AT(I, Airport))
```

enthalten. Das bedeutet, daß wir Konsequenzen höherer Stufe ableiten müssen. Das "mechanische" Ableiten von Konsequenzen muß also schon jetzt als fragwürdiges Vorgehen bezeichnet werden.

MCCARTHY war zu sehr an der Verwirklichung eines konkreten Programmes interessiert, das durch Ableitung von Konsequenzen die Entwicklung der ausführenden Handlungsschritte realisieren könnte, als daß er die Bildung der gesamten Ableitungsmenge ins Auge gefaßt hätte – wenn er das Advice Taker Programm tatsächlich implementiert hätte. Er spricht in dieser Beziehung von der Gefahr des "Erstickens" oder davon, daß es zu lange dauern würde. Doch wie fokussiert deduziert werden könnte, wußte er damals nicht. Noch heute ist dies ein komplexes Problem. Vorwärts beweisende "Inferenzmaschinen" haben immer die Tendenz zur Produktion vom massenhaften und irrelevanten Konsequenzen.

Es ist interessant, zu notieren, daß Y.BAR-HILLEL, der Hauptopponent MCCARTHY's 1958, nur an der Fähigkeit existierender Maschinen zweifelte, die relevanten Fakten zu ermitteln. Noch mehr wäre die Fähigkeit bezweifelt worden, vollständige Ableitungsmengen zu speichern. Allerdings lag ja kein Programm vor, das man hätte studieren können – nicht einmal eine Prinzipskizze.

8.2.4 Die Programmiersprache für den Advice Taker – Implikationen und Regeln

Bevor wir an die eigentliche Implementation gehen, wollen wir das "logische" Programm (1)-(16) noch einmal betrachten: Wir haben zu berücksichtigen, daß ein Prädikatenkalkül höherer Stufe vorliegt. Dies wird sich in unserer Implementation niederschlagen müssen.

Die nächste Bemerkung ist, daß die Formel (16) eigentlich keine prädikatenlogische Formel ist. Es muß ohnehin verwundern, daß eine Implikation der Form

```
DO(x) -> DID(x)
```

fehlt. Wir haben es tatsächlich mit einer echten Regel zu tun, die einen (nicht-prozeduralen) Bedingungsteil und einen (prozeduralen) Aktionsteil enthält.

Die Implikation

```
x, CANACHULT(x, y, z), WANT(z) -> DO(y)
```

soll eine Aktion auslösen. Daher darf sie keine prädikatenlogische Formel sein. Also sollten wir dies durch eine gesonderte Notation ausdrücken:

```
     ASSERT(x), WANT(z)
(B)  IF(CANACHULT(z, y, z)) => DO(y)
```

Wir könnten nun die Semantik der prädikatenlogischen Formeln im konventionellen (TARSKI'schen) Sinne behandeln, ohne auf die konkrete Implementierung des Theorembeweisers eingehen zu müssen: Der Advice Taker wird entsprechend dem Befehl (B) eine Handlung vollziehen, wenn die Bedingung "wahr" ist (beweisbar unter Verwendung von Formeln aus der Menge der Axiome und Hilfssätze). Dies ist dann der Fall, wenn es eine Variablenbelegung für y gibt – x und z sind bei jedem Handlungsproblem konkret gegeben –, so daß die Bedingung aus den Axiomen (1)-(15) (bei Auslassung der in (B) vorausgesetzten Aussagen (1) und (13)) folgt. Genaugenommen wird die Folgerung der mit einem Existenzquantor bezüglich y versehenen Bedingung aus den Axiomen überprüft.

Die Bedingung des konkreten Befehls:

```
ASSERT(AT(I, Desk)), WANT(AT(I, Airport)))
IF(CANACHULT(AT(I, Desk), y, AT(I, Airport))) => DO(y)
```

enthält immer noch die Variable y.

Im allgemeinen wird man erwarten dürfen, daß in dem interessierenden Modell mehrere Belegungen von y existieren, die die Bedingung wahrmachen. Die Bestätigung unserer Bedingung darf insofern als konstruktiver Vorgang vorgestellt werden, als nicht nur ihre Wahrheit in den Modellen der Axiome erfragt wird, sondern zugleich eine Instantiierung der existenz-quantifizierten Variablen geliefert wird.

In unserem Falle ist y eine Handlung. Mögliche Belegungen sind:

```
    Prog(Go(Desk, Car, Walking),
         Go(Home, Airport, Driving))

    Prog(Go(Desk, Desk, Walking),
         Prog(Go(Desk, Car, Walking),
              Go(Home, Airport, Driving)))

    Prog(Go(Desk, Car, Walking),
         Prog(Go(Car, Car, Walking),
              Go(Home, Airport, Driving)))
```

usw.

Wir konstatieren damit:

Logik-orientierte Programmierung (erster Art) findet statt durch Formulierung von Bedingungen von Aktionen und ihren Voraussetzungen als prädikatenlogische Formelsysteme. Wenn die Bedingungen existenz-quantifizierte Variable enthalten, dann kann erwartet werden, daß Konstanten geliefert werden, mit denen Versionen der Bedingungen ohne Existenzquantoren formulierbar sind, die aus den Programmformeln folgen. Konkrete Werte sind im allgemeinen nicht vorauszusehen.

8.3 Programmieren für den Advice Taker

8.3.1 Einfache Beispiele

Addition zweier Zahlen ist gar kein Problem:
```
(= (+ a b) c)
```
bzw.
```
(= (+ a b) c) -> (PLUS a b c)
```
Zusammenhängen von Listen:
```
(= (append NIL b) b)
```
und
```
(= (append a b) c) -> (= (append (cons x a) b) (cons x c)))
```
Als weiteres Beispielprogramm geben wir das in der KI wohlbekannte Affe-Banane-Problem [17].

Wir nehmen an, der Advice Taker sei als Modell eines Affen gedacht. Dieser sehe Bananen an der Decke des Raumes hängen und möchte sie gerne haben:

Die Ausgangssituation ist:
```
(A1)  AT(Bananas, Ceiling)
```

Das Ziel ist:
```
(A2)  WANT(HAVE(Bananas))
```

Die erforderlichen Axiome sind:
```
(A3)  AT(x, Ceiling)  →  Place(Under(x))
(A4)  Place(U)  →  CAN(Move(U, Box)
```

```
(A5)  CAN(Climb(box))
(A6)  AT(x, Under(y))  →  ABOVE(x, y)
(A7)  ABOVE(Box, U)  ∧  ON(Box)  →  CAN(Reach(U))
(A8)  DID(Move(U, Box))  →  AT(Box, U)
(A9)  DID(Climb(Box))  →  ON(Box)
(A10) ABOVE(Box, U)  ∧  DID(Climb(Box))  →
         ON(Box)  ∧  ABOVE(Box, U)
(A11) DID(Reach(x))  →  HAVE(x)
(A12) = (14) oben (8.2.2),
(A13) = (15) oben (8.2.2),
(A14) = (16) oben (8.2.2).
```

8.3.2 Ein logisches Programm für das krypto-arithmetische Problem

Wir wollen nun die Anwendung auf unser kryptoarithmetisches Problem versuchen. Mit der OR-Verknüpfung kann die systematische Suche erreicht werden:

```
(= x 0) ∨ (= x 1) ∨ (= x 2) ∨ (= x 3) ∨ (= x 4) ∨ (= x 5)
∨ (= x 6) ∨ (= x 7) ∨ (= x 8) ∨ (= x 9)  →  (VALUE x)


(VALUE a) ∧
(VALUE b) ∧ (/= a b) ∧
(VALUE c) ∧ (/= a c) ∧ (/= b c) ∧
(VALUE d) ∧ (/= a d) ∧ (/= b d) ∧ (/= c d) ∧
(VALUE e) ∧ (/= a e) ∧ (/= b e) ∧ (/= c e) ∧ (/= d e)
(VALUE f) ∧ (/= a f) ∧ (/= b f) ∧ (/= c f) ∧ (/= d f) ∧ (/= e f)
(VALUE g) ∧ (/= a g) ∧ (/= b g) ∧ (/= c g) ∧ (/= d g) ∧ (/= e g)
∧ (/= f g) ∧
(VALUE h) ∧ (/= a h) ∧ (/= b h) ∧ (/= c h) ∧ (/= d h) ∧ (/= e h)
∧ (/= f h) ∧ (/= g h) ∧
(VALUE i) ∧ (/= a i) ∧ (/= b i) ∧ (/= c i) ∧ (/= d i) ∧ (/= e i)
∧ (/= f i) ∧ (/= g i) ∧ (/= h i)
(VALUE j) ∧ (/= a j) ∧ (/= b j) ∧ (/= c j) ∧ (/= d j) ∧ (/= e j)
∧ (/= f j) ∧ (/= g j) ∧ (/= h j) ∧ (/= i j)
→ (VALUES a b c d e f g h i j)
```

Die Gleichungen stellen wir in eine Axiomformel hinein:

```
(VALUES a b c d e f g h i j) ∧
 (EQL (+ (+ (* 10 a) b) (+ (* 100 c) (* 10 d) e))
      (+ (* 1000 f) (* 100 g) (* 10 h) d))
 → (SOLVED a b c d e f g h i j))
```

Die Bedingung (mit impliziter Existenzquantifizierung für alle Variablen):

```
(SOLVED a b c d e f g h i j)
```

Für den verwendeten Beweiser formulieren wir die Axiome wie folgt:

```
(implications '((-> (and (values a b c d e f g h i j)
                         (eql (= (+ (+ (* 10 a) b)
                                    (+ (* 100 c) (* 10 d) e))
                                 (+ (* 1000 f) (* 100 g) (* 10 h)
                                              d))
                         (solved a b c d e f g h i j))
               (-> (or (= x 0) (= x 1) (= x 2) (= x 3) (= x 4)
                       (= x 5) (= x 6) (= x 7) (= x 8) (= x 9))
                   (value x))
               (-> (and (value a)
                        (value b) (/= a b)
                        (value c) (/= a c) (/= b c)
                        (value d) (/= a d) (/= b d) (/= c d)
                        (value e) (/= a e) (/= b e) (/= c e)
                                  (/= d e)
                        (value f) (/= a f) (/= b f) (/= c f)
                                  (/= d f) (/= e f)
                        (value g) (/= a g) (/= b g) (/= c g)
                                  (/= d g) (/= e g) (/= f g)
                        (value h) (/= a h) (/= b h) (/= c h)
                                  (/= d h) (/= e h) (/= f h)
                                  (/= g h)
                        (value i) (/= a i) (/= b i) (/= c i)
                                  (/= d i) (/= e i) (/= f i)
                                  (/= g i) (/= h i)
                        (value j) (/= a j) (/= b j) (/= c j)
                                  (/= d j) (/= e j) (/= f j)
                                  (/= g j) (/= h j) (/= i j))
                        (values a b c d e f g h i j))
   ))
```

Wir brauchen auch noch ein einfaches Gleichheitsaxiom:

```
(axioms '((= x x)))
```

Aus technischen Gründen sind die Variablen zu deklarieren:

```
(setq varlist '(x a b c d e f g h i j))
```

8.4 Implementation des Advice Takers

8.4.1 Der vorwärts arbeitende "Interpreter"

Nun zur Implementation des "Interpreters". Das IF-THEN-Kommando löst eine
Roboter-Aktion aus. Anschließend wird die Axiombasis passend verändert (etwa
durch Aufnahme von DID(y)-Formeln).

Die erste Variante eines Interpreters für eine logik-basierten Programmiersprache (der ein Beweiser für die Bedingungen ist) möge auf der Generierung

von Folgerungen beruhen – wie MCCARTHY sich das 1958 vorgestellt hat. Folgerungen können nur aus Implikationen abgeleitet werden. Wir teilen daher die Axiombasis auf in Implikationen und sonstige Formeln (dies sind insbesondere Atomformeln (Literale) der Form $P(x_1, x_2, \cdots, x_n)$ mit $n \geq 0$).

Die im Befehl aufgeführten Nebenbedingungen über die Situation und das Ziel werden in die Axiomenbasis aufgenommen (nur zeitweise). Dann wird solange abgeleitet, bis eine Folgerung mit der Zielformel CANACHULT(...y...) übereinstimmt:

```
(DEFUN GENERATE-PLAN(ASSERT GOAL)
  ; ASSERT ist eine Prämisse, GOAL von der Form (WANT ...)
  (LET ((PLAN (GENSYM)))
          ; wir erzeugen eine Variable für den Handlungsplan...
      (COND ((MATCH ASSERT (CADR GOAL) '((NIL))) NIL)
             ; ist die Zielsituation bereits vorhanden, ist der Plan leer
            (T (ACHIEVE (LIST 'CANACHULT
                              ASSERT
                              PLAN
                              (CADR GOAL))
          ; sonst: leite eine Formel mit der Planvariablen!
                       GOAL
                       ASSERT
                       (COPY-SEQ IMPLICATIONS))) )))


(DEFUN ACHIEVE(FORMULA GOAL ASSERT IMPLS)
  (DECLARE (SPECIAL IMPLS))
  (LET ((ALL-AXS (CONS GOAL
                       (CONS ASSERT
                             (APPEND AXIOMS
                                     (COPY-SEQ IMPLS))))))
     (DECLARE (SPECIAL ALL-AXS))
     (DO ((A-L ALL-AXS (CDR A-L))
          (BND NIL (MATCH FORMULA (CAR A-L) '(((NIL))))))
         ((NOT (NULL BND)) (CAR BND))
        ; wenn die zu beweisende Formel durch Substitution aus einem
        ; Axiom abgeleitet werden kann, beenden wir das Deduzieren
        (DECLARE(SPECIAL A-L))
        (COND ((NULL A-L)
               (COND
                 ((GENERATE-CONSEQS IMPLS ALL-AXS)
                  NIL)
                 (T (RETURN "Cannot generate a plan!")))))))))

(DEFUN GENERATE-CONSEQS(IS AS)
  (DO ((IL IS (CDR IL))
       (CHANGE NIL))
      ((NULL IL) CHANGE)
```

```lisp
     (GENERATE-CONSEQ (CADAR IL) (CADDAR IL) AS)))
   ; erzeuge aus jeder Implikation Konsequenzen erster Stufe.

(DEFUN GENERATE-CONSEQ(ANTE SUCC AS)
  (DO ((AL AS (CDR AL)))
     ((NULL AL) NIL)
     ; verwende nacheinander die Axiome
     (COND
        ((EQ (CAR ANTE) 'AND)
           ; eine Prämisse einer Implikation mit mehrfachen Prämissen
           ; wird betrachtet.
           (GEN-IMPLICATIONS (CAR AL) ANTE SUCC))
        (T (LET ((BND (MATCH ANTE (CAR AL) '(((NIL)))))))
              (COND
                 ((NULL BND) NIL)
                 (T (MODUS-PONENS (CAR BND) SUCC)))))))))
                    ; ein einfacher Modus Ponens scheint möglich

(DEFUN GEN-IMPLICATIONS(AX ANTE SUCC)
  (DO ((PL (CDR ANTE) (CDR PL)))
     ((NULL PL) NIL)
     ; keine Prämissen mehr...
     (LET ((BND (MATCH (CAR PL) AX '(((NIL))))))
           ; Um auch die erweiterte Schlußregel zu ermöglichen, versu-
           ; chen wir nacheinander die durch AND verknüpften Prämis-
           ; sen einer Implikation durch ein Axiom zu instantiieren.
        (COND
          (BND
            ; Wenn das gelingt, wird diese eine Prämisse entfernt. So
            ; ergibt sich sukzessive die Möglichkeit zum Modus Ponens.
            (COND
              ((NULL (CDDDR ANTE))
                ; wenn die Implikation zwei (durch AND verknüpfte)
                ; Prämissen hat und die eine davon die Instanz eines
                ; Axioms ist, erzeugen wir eine neue Implikation mit
                ; nur einer Prämisse (Substitutionen für Mustervariab-
                ; len werden ausgeführt).
                (RECORD-IMPL
                       (SUBST-IN-PAT (CAR BND)
                                     (LIST '->
                                           (COND
                                             ((EQUAL (CADR ANTE)
                                                     (CAR PL))
                                              (CADDR ANTE))
                                             (T (CADR ANTE)))
                                           SUCC))))
              (T (RECORD-IMPL
```

```
                    (SUBST-IN-PAT (CAR BND)
                                  (LIST '->
                                        (REMOVE-PR (CAR PL)
                                                   ANTE)
                                        SUCC)))))))))))
```
; *Die durch AND verknüpften Prämissen werden nach-*
; *einander behandelt, und, falls als Instanz eines Axioms*
; *darstellbar, entfernt, d.h. es wird eine neue Implikation*
; *erzeugt, die eine Prämisse weniger hat.*

```
(DEFUN MODUS-PONENS(SUB HYP SUCC)
 (LET ((NEWAX (SUBST-IN-PAT SUB SUCC)))
```
; *wenn die Ableitungsregel ein einfacher Modus Ponens war, substi-*
; *tutiere die Variablenbindungen in die Konklusio.*
```
     (COND ((MEMBER NEWAX ALL-AXS :test #'EQUAL) NIL)
```
; *wenn die Konklusio bereits ein bekanntes Axiom darstellt,*
; *können wir sie ignorieren. Statt der "Gleichheit" kann*
; *auch "Strukturgleichheit" abgeprüft werden*
```
           (T (SETQ A-L (NCONC ALL-AXS (LIST NEWAX)))
              (SETQ CHANGE T)))))
```

```
(DEFUN RECORD-IMPL(IM)
 (COND ((MEMBER IM IMPLS :test #'equal) NIL)
```
; *wirklich neue Implikationen werden in die Axiomenmenge und*
; *in die Implikationenmenge aufgenommen.*
```
       (T (SETQ A-L (NCONC ALL-AXS (LIST IM)))
          (NCONC IMPLS (LIST IM))
          (SETQ CHANGE T))))
```
; *Ansonsten nehmen wir die Konklusio als neues Axiom auf und*
; *zeigen eine erfolgreiche Ableitung an.*

```
(DEFUN REMOVE-PR(HYP ANTE)
 (COND ((NULL ANTE) NIL)
       ((EQ HYP (CAR ANTE)) (CDR ANTE))
```
; *beseitige eine instantiierte Hypothese*
```
       (T (CONS (CAR ANTE) (REMOVE-PR HYP (CDR ANTE))))))
```

Die Ähnlichkeit des hier angegebenen Programmes mit dem Interpreter für
die operator-basierte Programmiersprache sollte offensichtlich sein. Beide fügen
neu erzeugte Ausdrücke (Probleme im einen Fall, logische Formeln als Axiome
im anderen Fall) hinten an die dynamisch gegebene Ausdrucksmenge an.

Von der Analogie her scheinen wir also berechtigt, von einer "Breitensuche"
nach der Zielformel sprechen zu können. Der Unterschied ist nur der, daß der
operator-orientierte Interpreter über die Agenda *Unterprobleme* behandelt, die
vom Ausgangsproblem abgeleitet worden sind – also direkt oder indirekt zur
Problemlösung beitragen. Der Interpreter für die prädikatenlogik-basierte Programmiersprache dagegen erzeugt neue Fakten (Axiome) ohne sich um deren

Relevanz für die Beantwortung der Bedingungsfrage (ob die Zielformel wahr
oder falsch ist) zu kümmern.

Weil der Problemlöser vom Problem ausgeht (z.B. vom zu beweisenden Theorem) und Teilprobleme erzeugt, sprechen wir auch von "Rückwärtsarbeit".
Diese manifestierte sich auch in der Logic Theory Machine, wo die verwendeten
Operatoren zur Zergliederung des Theorems dienten. Weil der einfache Beweiser das Problem (das Ziel) nur insofern beachtet, als er neu erzeugte Formeln
mit ihm vergleicht, andererseits aus den Axiomen ständig neue Tautologien
ableitet, sprechen wir in diesem Falle von "Vorwärtsarbeit".

Diese können wir leicht für das Transportproblem erkennen:
AXIOM ist:

```
    ((AT DESK HOME)
     (AT CAR HOME)
     (AT HOME COUNTY)
     (AT AIRPOIRT COUNTY)
     (WALKABLE HOME)
     (DRIVABLE COUNTY))
```

IMPLICATIONS ist:

```
    ((-> (AND (AT X Y) (AT Y Z))
         (AT X Z))
     (-> (AND (WALKABLE X)
              (AT Y X)
              (AT Z X)
              (AT I Y))
         (CAN (GO Y Z WALKING)))
     (-> (AND (DRIVABLE X)
              (AT Y X)
              (AT Z X)
              (AT CAR Y)
              (AT I CAR))
         (CAN (GO Y Z DRIVING)))
     (-> (DID (GO X Y Z))
         (AT I Y))
     (-> (AND (-> X (CAN Y))
              (-> (DID Y) Z))
         (CANACHULT X Y Z))
     (-> (AND (CANACHULT X Y Z)
              (CANACHULT Z U V))
         (CANACHULT X (PROG Y U) V)) )
```

Da der Interpreter den Mustervergleicher aus Kapitel 5 verwendet, müssen
alle Variablen als Mustervariablen notiert werden, d.h. statt X ist & (X) zu
schreiben. Der Interpreter wird aktiviert mit:

```
    (GENERATE-PLAN '(AT I DESK) '(WANT (AT I AIRPORT)))
```

Machen wir ein Protokoll der Ableitungen, dann erhalten wir:

```
 1.  (-> (AT DESK Z) (AT I Z))
 2.  (-> (AT X I) (AT X DESK))
 3.  (-> (AT HOME Z) (AT DESK Z))
 4.  (-> (AT X DESK) (AT X HOME))
 5.  (-> (AT HOME Z) (AT CAR Z))
 6.  (-> (AT X CAR) (AT X HOME))
 7.  (-> (AT COUNTY Z) (AT HOME Z))
 8.  (-> (AT X HOME) (AT X COUNTY))
 9.  (-> (AT COUNTY Z) (AT AIRPORT Z))
10.  (-> (AT X AIRPORT) (AT X COUNTY))
11.  (-> (AND (WALKABLE DESK) (AT Z DESK) (AT I I))
         (CAN (GO I Z WALKING)))
12.  (-> (AND (WALKABLE DESK) (AT Y DESK) (AT I Y))
         (CAN (GO Y I WALKING)))
21.  (-> (AND (WALKABLE COUNTY) (AT Y COUNTY) (AT I Y))
         (CAN (GO Y AIRPORT WALKING)))
22.  (-> (AND (AT Y HOME) (AT Z HOME) (AT I Y))
         (CAN (GO Y Z WALKING)))
23.  (-> (AND (DRIVABLE DESK) (AT Z DESK) (AT CAR I) (AT I CAR))
         (CAN (GO I Z DRIVING)))
34.  (-> (AND (AT Y COUNTY) (AT Z COUNTY) (AT I CAR) (AT CAR Y))
         (CAN (GO Y Z DRIVING)))
35.  (-> (-> (DID (GO Y Z WALKING)) Z)
         (CANACHULT (AND (WALKABLE X) (AT Y X) (AT Z X) (AT I Y))
                    (GO Y Z WALKING)
                    Z))
```

Wir stoppen hier, weil wir hier in Schwierigkeiten kommen. Im letzten Schritt
haben wir mit der Implikation

```
(-> (AND (-> X (CAN Y))
         (-> (DID Y) Z))
    (CHANACHULT X Y Z))
```

gearbeitet. Deren Prämissen sind selbst wieder Implikationen. Alle Implikationen haben aber die Eigenschaft, daß sie selbst Variablen enthalten. Es mag
auch sonst erzeugte Axiome geben, die Variablen enthalten! Die Probleme sind
zweifach: Einerseits wird der Mustervergleich fragwürdig, andererseits gibt es
Variablenkonflikte.

Wenn wir darauf beharren, die aktuelle Prämisse als Muster des Axioms anzusehen, schließen wir Axiome aus, die eigentlich verwendbar sind. Zum Beispiel
wird die Prämisse

```
(-> (DID (GO Y Z WALKING)) X)
```

durch eine Instanz des Axioms

```
(-> (DID (GO X Y Z)) (AT I Y))
```

erfüllt und zwar durch

```
   (-> (DID (GO X Y WALKING)) (AT I Y)).
```

Der Mustervergleich wäre aber nicht erfolgreich, weil WALKING im Muster eine
Konstante ist. Konstanten aber werden durch schlichten Identitätsvergleich
geprüft.

Wenn der Mustervergleich darin besteht, daß durch Substituierung geeigneter
Ausdrücke für Mustervariablen im Muster Objekt und Muster gleich werden,
so geht es nun darum, durch Substitution in Muster und Objekt zwei gleiche
Ausdrücke zu erzeugen. Diesen Vorgang nennt man "Unifikation".

Die Unifikation wird in Stoyan/Görz [21] besprochen. Dort (auf S.249) sind
folgende Programme angegeben:

```
(DEFUN UNIFY(L1 L2 SUBS)
 (COND ((NULL L1) SUBS)
       ((VARIABLEP (CAR L1))
         (COND ((EQ (CAR L1) (CAR L2))
                 (UNIFY (CDR L1) (CDR L2) SUBS))
               ((OCCUR (CAR L1) (CAR L2) SUBS)
                NIL)
               (T (UNIFY (SUBST (CAR L2) (CAR L1) (CDR L1))
                         (SUBST (CAR L2) (CAR L1) (CDR L2))
                         (CONS (CONS (CAR L1) (CAR L2)) SUBS)))))
       ((VARIABLEP (CAR L2)) (UNIFY L2 L1 SUBS))
       ((CONSTANTP (CAR L1))
         (COND ((EQ (CAR L1) (CAR L2)
                 (UNIFY (CDR L1) (CDR L2) SUBS))
               (T NIL)))
       ((CONSTANTP (CAR L2)) NIL)
       ((EQ (CAAR L1) (CAAR L2))
         (UNIFY (APPEND (CDAR L1) (CDR L1))
                (APPEND (CDAR L2) (CDR L2))
                SUBS))
       (T NIL)))

(DEFUN OCCUR(V EX SUBS)
 (COND ((NULL EX) NIL)
       ((EQ V EX) T)
       ((VARIABLEP EX)
         (LET ((VAL (ASSOC EX SUBS)))
              (COND (VAL (OCCUR V (CDR VAL) SUBS))
                    (T NIL))))
       ((CONSTANTP EX) NIL)
       ((OCCUR V (CAR EX) SUBS) T)
       (T (OCCUR V (CDR EX) SUBS))))
```

Wir benötigen an dieser Stelle diesen allgemeinen Unifikationsalgorithmus eigentlich noch nicht, weil Muster (Prämisse) und Axiom völlig voneinander unabhängig sind und die Variablen im Axiom – alle Axiome mit Variablen sind

implizit mit Allquantoren für diese Variablen versehen – jederzeit umbenannt
werden können.

Daß dies auch erforderlich ist, sehen wir am Resultat (35): Wir erleben eine
Variablenkollision, weil beide Z aus verschiedenen Formeln stammen – bei Wei-
terverwendung aber gleich behandelt würden.

Das Programm ist demnach so zu ändern, daß die Aufrufe von MATCH ersetzt
werden durch solche von COMPARE, dabei sind als drittes Argument anstelle der
Initialbindung die gemeinsam in Axiom und Hypothese vorkommenden freien
Variablen mitzugeben.

```
(DEFUN COMPARE(HYP AX VARS)
 (COND (VARS
         (LET ((REN-BND (NEW-VARIABLES VARS)))
             (UNIFY (SUBLIS REN-BND AX) HYP '((NIL)))))
       (T (UNIFY AX HYP '((NIL))))))

(DEFUN FREE-VARS-IN(EX)
 (COND ((NULL EX) NIL)
       ((VARIABLEP EX) (LIST EX))
       ((CONSTANTP EX) NIL)
       (T (UNION (FREE-VARS-IN (CAR EX))
                 (FREE-VARS-IN (CDR EX))))))

(DEFUN NEW-VARIABLES(VL)
 (DO ((L VL (CDR L))
      (BL NIL (CONS (CONS (CAR VL) (VARIABLE (GENSYM)))
                    BL)))
     ((NULL L) BL)))
```

Es fehlen noch die Prädikate VARIABLEP und CONSTANTP sowie die Funktion
VARIABLE zum Erzeugen neuer Variabler. Eine Lösung ist:

```
(DEFMACRO VARIABLEP(X) '(MEMBER ,X VARIABLELIST))

(DEFMACRO CONSTANTP(X) '(ATOM ,X))

(DEFMACRO VARIABLE(X)
 '(PROG2 (SETQ VARIABLELIST (CONS ,X VARIABLELIST)) ',X))
```

Der die Ableitungsmenge erzeugende Interpreter ist nun nicht sonderlich effizient. Es besteht darüber hinaus die Gefahr, daß er unendlich lange arbeitet
– weil die Ableitungsmenge unendlich groß sein kann. Allein ein Axiom (eine
Implikation)

```
(-> X (-> Y X))
```

würde ein derartiges Verhalten auslösen.

8.4.2 Der rückwärts arbeitende "Interpreter"

Mehr Effizienz erhalten wir, wenn wir – ähnlich wie im operator-orientierten Interpreter – rückwärts arbeiten.

Wir geben zunächst ein Programm, das F.BLACK 1963 [3] für diesen Zweck erarbeitet hat, ändern aber Funktionsbezeichnungen und Variablennamen. Programmbeispiele waren Flughafenproblem, Affe-Banane Problem, Mikado-Problem u.a. Es ist nicht besonders effizient, weil vor der Erfindung des Resolutionsprinzips geschrieben, aber erfüllt seinen Zweck.

Zunächst zeigen wir, wie das Affe-Banane-Programm für diesen Interpreter notiert werden muß :

```
(SETQ LIBRARY NIL)
(SETQ CORPUS '(
   (((PLACE U)) . (CAN1 MONKEY (MOVE MONKEY BOX U)))
   (() . (CAUSE1 (MOVE P V U) (AT V U)))
   (() . (CAN1 MONKEY (CLIMBS MONKEY BOX)))
   (() . (CAUSE (AT V U)
               (CLIMBS P V)
               (AND (AT V U) (ON P V))))
   (() . (PLACE (UNDER BANANAS)))
   (() . (CAN (AND (AT BOX (UNDER BANANAS))
               (ON MONKEY BOX))
             MONKEY
             (REACH MONKEY BANANAS)))
   (() . (CAUSE1 (REACH P X) (HAS P X)))
   (((CAN1 P A) (CAUSE1 A C)) . (CANULT P C))
   (((CAN1 P A) (CAUSE C1 A C2) (CANULT P C1)) . (CANULT P C2))
   (((CAN C1 P A) (CAUSE1 A C2) (CANULT P C1)) . (CANULT P C2))
))
```

Wir sehen nach einer Aktionsbibliothek – die in unserem Falle leer ist – eine Liste von Axiomen, die alle als Implikationen ohne Konnektor -> notiert sind. Erstes Paarelement ist jeweils die Prämissenliste, zweites Paarelement die Konklusion. Wir müssen die verwendeten Variablen kennen:

```
(SETQ VARIABLELIST '(X Y Z U V P A C C C1 C2))
```

Und so wird der Interpreter aufgerufen:

```
(SOLUTION '(CANULT MONKEY (HAS MONKEY BANANAS)))
```

Nun der Interpreter:

```
(DEFUN SOLUTION(GOAL)
 (COND ((MEMBER (CAR GOAL) LIBRARY) (EVALFORM GOAL))
         ; kann für die Zielformel ein Aktionsprogramm gefunden werden,
         ; so arbeite es ab
       (T (FIND-AXIOM CORPUS GOAL NIL))))
         ; sonst muß der Beweis versucht werden.
```

```
(DEFUN FIND-AXIOM(AX-L GOAL PROOF-L)
 (COND
   ((NULL AX-L) PROOF-L)
          ; gibt es kein Axiom mehr, so steht das Resultat fest
   (T (LET ((GOAL-INST (MATCH GOAL (CAR AX-L))))
            ; paßt die Konklusio? (bzw. der Fakt)
          (COND ((NULL (EQ GOAL-INST 'NOMATCH))
                   ; paßt ...
                   (SETQ PROOF-L (NCONC (CHECK-AXIOM GOAL-INST)
                                         PROOF-L))))
            ; notiere das Axiom
          (FIND-AXIOM (CDR AX-L) GOAL PROOF-L)))))
          ; suche nach anderen Lösungen

(DEFUN CHECK-AXIOM(IMP)
 (CHECK-AXIOM1 (ANTECEDENT IMP) (CONSEQUENT IMP)))
 ; zerlege das Axiom

(DEFUN CHECK-AXIOM1(ANTE CONSE)
 (COND ((NULL ANTE) (LIST CONSE))
         ; handelt es sich um einen Fakt - so ist er selbst sein Beweis
       (T ; sonst ist es eine Implikation.
          (BACK-CHAIN (CAR ANTE)
                  ; Bearbeite nun die 1. Prämisse
                  (CONS (CDR ANTE) CONSE)
                  ; konstruiere die Restimplikation
                  (VARIABLES (CONS (CDR ANTE) CONSE))
                  ; bestimme die Variablen im Rest
                  (SOLUTION (CAR ANTE))
                  ; beweise die 1. Prämisse
                  NIL))))
                  ; noch sind keine Beweise aufgelaufen

(DEFUN BACK-CHAIN(P1 R-IMPL VARS P1-PROOFS PROOFS)
 (COND
   ((NULL P1-PROOFS) PROOFS)
     ; sind keine Beweise für die Prämisse mehr da, müssen die
     ; akkumulierten Beweise reichen
   (T (BACK-CHAIN P1
                 R-IMPL
                 VARS
                 ; der nächste Beweis für die gleiche Prämisse
                 (CDR P1-PROOFS)
                 (NCONC (CHECK-AXIOM
                               (SUBLIS (PAIRLIST
                                              P1
```

```
                                 (RELEASE VARS
                                     (CAR P1-PROOFS)))
```
;   *verwende die mit dem Beweis gegebene*
;   *Bindungsliste*
```
                        R-IMPL))
```
;   *beweise benötigte Form der Implikation*
```
PROOFS)))))
```
;   *sammle die Beweise*

```
(DEFUN MATCH(GOAL IMPL)
 (COND ((NULL (MATCH1 GOAL (CONSEQUENT IMPL))) 'NOMATCH)
```
;   *paßt die Formel auf die Konklusio?*
```
       (T (SETQ IMPL (RELEASE (VARIABLES GOAL) IMPL))
```
;   *ja – benenne Variablen um*
```
          (LET ((BND (PAIRLIST (CONSEQUENT IMPL) GOAL)))
```
;   *erzeuge instantiierende Bindungen*
```
             (COND ((SMOOTH BND) (SUBLIS BND IMPL))
```
;   *Bindungen ok? – Bilde Instanz*
```
                   (T (ERROR "Wrong bindings - MATCH" BND))))))))

(DEFUN MATCH1(F1 F2)
 (COND ((AND (ATOM F1)
             (ATOM F2)
             (EQ F1 F2)) T)
       ((VARIABLE F2) T)
       ((VARIABLE F1) T)
       ((OR (ATOM F1)
            (ATOM F2)) NIL)
       (T (AND (MATCH1 (CAR F1) (CAR F2))
               (MATCH1 (CDR F1) (CDR F2)))))))

(DEFUN RELEASE(VARS F)
 (LET ((NVARS (NEWVARIABLES (LENGTH VARS) NIL)))
    (SUBLIS (PAIRLIST NVARS VARS) F)))
```

VARIABLES sammelt alle in einer Formel vorkommenden freien Variablen auf:

```
(DEFUN VARIABLES(X)
 (COND ((VARIABLE X) (LIST X))
```
;   *ist X selbst eine Variable, dann nimm sie*
```
       ((ATOM X) NIL)
```
;   *ist X eine Konstante, so kann es keine Variable sein*
```
       (T (UNION (VARIABLES (CAR X))
                 (VARIABLES (CDR X)))))))
```
;   *sammle die Variablen im ersten Term und im Rest*

```
(DEFUN NEWVARIABLES(NR VL)
 (COND ((ZEROP NR) NIL)
```

```
            (T (LET ((U (NMEMBERL VL VARIABLELIST)))
                  (CONS (CAR U)
                        (NEWVARIABLES (1- NR)
                                      (CONS (CAR U) VL)))))))

(DEFUN PAIRLIST(X Y)
  (COND ((AND (ATOM X) (ATOM Y) (EQ X Y))
            NIL)
            ; zwei gleiche Konstanten werden übergangen
         ((VARIABLE Y) NIL)
            ; eine Variable im Objekt wird übergangen
         ((VARIABLE X) (LIST (CONS X Y)))
            ; ordne der Variablen im Muster die Teilformel im Objekt zu
         (T (NCONC (PAIRLIST (CAR X) (CAR Y))
                   (PAIRLIST (CDR X) (CDR Y))))))
            ; hänge Bindungslisten zusammen

(DEFUN SMOOTH(X)
 (COND ((NULL X) T)
           ; eine leere Bindungsliste ist sauber
        (T (LET((Y (ASSOC (CAAR X) (CDR X)) ))
               ; suche Variable in der Restbindungsliste
            (COND ((NULL Y) (SMOOTH (CDR X)))
                    ; kommt die Variable kein zweites Mal vor,
                    ; so ist diese Bindung ok.
                  ((EQUAL (CDR Y) (CDAR X)) (SMOOTH (CDR X)))
                    ; ist dort dieselbe Bindung? wenn ja - ok
                  (T NIL))))))
                    ; nicht "saubere" Bindungsliste

(DEFUN NMEMBERL(U Y)
 (COND ((NULL U) NIL)
       ((NULL (MEMBER (CAR U) Y))U)
       (T (NMEMBERL (CDR U) Y))))
```

Wie die Aktionen angestoßen werden, interessiert uns nur am Rande.

```
(DEFUN EVALFORM(X)
 (EVALFORM1 (REVERSE X) NIL))


(DEFUN EVALFORM1(X U)
 (COND ((NULL X) (EVAL U))
       ((CDR X)
          (EVALFORM1 (CDR X)
                     (CONS (LIST 'QUOTE
                                 (CAR X))
                           U)))
       (T (EVALFORM1 (CDR X)
                     (CONS (CAR X) U)))))
```

Wichtiger sind die Funktionen für den Datenzugriff:

```
(DEFUN ANTECEDENT(X)(CAR X))

(DEFUN CONSEQUENT(X)(CDR X))

(DEFUN VARIABLE(X)
 (AND (SYMBOLP X) (MEMBER X VARIABLELIST)))
```

Der Interpreter von BLACK hat ähnliche Nachteile wie der λ-Kalkül-Interpreter in Kapitel 4: Er führt viele Substitutionen aus. Eine erhebliche Verbesserung bringt die Beschränkung auf Substituierbarkeit, d.h. die Verwaltung der möglichen Argumente von SUBLIST. Das bedeutet, daß man statt Formeln mit vollzogener Substitution nur Bindungslisten als Ergebnis liefern sollte.

Ein weiterer erheblicher Mangel ist die systematische Suche nach allen Beweismöglichkeiten. Zwar sichert dies den Beweis – aber auf Kosten der Effizienz. Besser ist es, nur den jeweils ersten Beweis weiterzuverarbeiten und erst, wenn er sich als unbrauchbar erwiesen hat, nach einem anderen zu suchen.

Schließlich ist auch die sequentielle Suche durch alle Axiome nicht sehr geschickt, wo doch von Anfang an feststeht, welche Axiome für welche Formeln (hier immer Atomformeln) brauchbar sind.

Dies sind Kritikpunkte an der Effizienz. Doch darüberhinaus verwirklicht MATCH1 auch keine echte Unifikation.

Wir werden demzufolge einen verbesserten logischen Interpreter erhalten, wenn wir

1. statt in Formeln zu substituieren nur die Bindungslisten liefern,

2. statt alle Beweisformeln zu liefern nur die erste passende Bindungsliste zurückgeben und dazu genügend Daten, um die nächste Lösung effizient zu bestimmen,

3. alle Axiome nach dem Prädikatensymbol der unterstützten Atomformel ordnen,

4. die Formeln mit einer Unifikationsprozedur vergleichen.

Die Axiomverwaltung für die letzte Verbesserung geschieht vor der eigentlichen Interpretation:

```
(DEFUN AXIOMS(AXS)
 (COND ((NULL AXS) NIL)
       (T (ADDPROP (CAAR AXS) 'AXIOMS (CAR AXS))
          ; jedes Axiom wird zum Haupt-Prädikatensymbol assoziiert
          (AXIOMS (CDR AXS)) )))

(DEFUN IMPLICATIONS(IMPLS)
 (SETQ ALL-IMPLICATIONS IMPLS)
 (DO ((IS IMPLS (CDR IS)))
    ((NULL IS) NIL)
```

```lisp
     ; alle Implikationen verarbeitet ...
     (ADDPROP (PRED (CONSEQ (CAR IS))) 'IMPLICATIONS (CAR IS))))
     ; jedes Axiom wird zum Haupt-Prädikatensymbol assoziiert

(DEFMACRO ADDPROP(SYM IND PROP)
 '(SETF (GET ,SYM ,IND) (CONS ,PROP (GET ,SYM ,IND))))


(DEFMACRO CONSEQ(I) '(CADDR ,I))

(DEFMACRO ANTEC(I) '(CADR ,I))

(DEFMACRO PRED(X) '(CAR ,X))

(DEFSTRUCT INFO NAME BIN AX IM REDO)
```

Damit wird der Interpreter für die logik-basierte Sprache:

```lisp
(DEFUN GENERATE-PLAN(ASSERT GOAL)
 (GENSYM 0)
 (AXIOMS (LIST ASSERT GOAL))
 ; nimm Voraussetzung und Ziel als Axiome vorübergehend an
 (LET ((FO (PROVE (LIST 'CANACHULT ASSERT 'X (CADR GOAL))))))
 ; beweise, daß das Ziel erreichbar ist
    (REMPROP (CAR ASSERT) 'AXIOMS)
    (REMPROP (CAR GOAL) 'AXIOMS)
    ; entferne Ziel und Voraussetzung wieder
    (CADDR FO)))
    ; der Plan ist Wert der Variablen


(DEFUN PROVE(FORMULA)
 (LET ((RES (COND ((EQ (CAR FORMULA) '->)
                   (PROVE-IMPL FORMULA
                   ; beweise Zielformel ...
                               (CONSEQ FORMULA)
                               (GET (CAR (CONSEQ FORMULA))
                                    'AXIOMS)
                               (GET (CAR (CONSEQ FORMULA))
                                    'IMPLICATIONS)
                               NIL))
                  (T (PROVE2 FORMULA)))))
    (COND (RES (SUBLIS (INFO-BIN RES) FORMULA))
          ; Beweis erfolgreich - substituiere Variablen
          (T (LIST 'FAIL 'FAIL 'FAIL)))))
          ; Beweis scheitert

(DEFUN PROVE1(FO AX IM REDO)
 (COND
   ((AND (CONSP FO)
```

```lisp
      (MEMBER (PRED FO) '(> < >= <= /= eql)))
   ; eine Atomformel mit primitiven Relationen
   (COND
     ((OR REDO (EQ AX 'REDO)) NIL)
        ; kann nicht alternativ bewiesen werden
     ((FUNCALL (PRED FO) (EVAL (CADR FO)) (EVAL (CADDR FO)))
        (MAKE-INFO :BIN '((NIL)) :AX 'REDO :IM NIL :REDO NIL))
        ; Relation erfüllt ? - produziere Resultat
     (T NIL))))))
        ; nicht erfüllt
((AND (CONSP FO) (EQ (PRED FO) 'OR))
   ; durch OR verknüpfte Formeln
   (DO ((FOL (COND ((AND REDO (INFO-REDO REDO)) AX)
                     ; setze die Alternativenliste - beim Wiederholen
                     (AX (CDR AX))
                     ; - im Falle erste Formeln unbeweisbar sind
                     (T (CDR FO)))
                     ; - sonst: auf die Liste aller Formeln
             (CDR FOL)))
       ((NULL FOL) NIL)
       ; keine Formel beweisbar
       (LET ((RES (COND ((AND REDO (INFO-REDO REDO))
                           (PROG1 (PROVE3 (CAR FOL) REDO)
                           ; beweise erste Teilformel erneut
                                  (SETQ REDO NIL)))
                           ; beseitige alte Wiederholungsinfiormation
                        (T (PROVE2 (CAR FOL))))))
                        ; beweise erste Teilformel
         (COND (RES
                 (RETURN (MAKE-INFO :BIN (INFO-BIN RES)
                                    :AX FOL :IM NIL :REDO RES
                                    )))))))
         ; Beweis erfolgreich - konstruiere Ergebnis
(REDO (LET ((RES (CHECK-IMPL FO
                              (INFO-IM REDO)
                              (INFO-AX REDO)
                              (INFO-REDO REDO)
                              (EQ (CAR (ANTEC (CAR IM)))
                                  'AND))))
         ; Beweis-Wiederholung nur für Implikationen
         (COND (RES (MAKE-INFO :BIN (INFO-BIN RES) :AX NIL
                               :IM IM :REDO RES))
               ; bei erfolgreicher Wiederholung - Ergebnis bauen
               (T (PROVE1 FO AX (CDR IM) NIL)))))
         ; wenn die Wiederholung gescheitert ist - versuche
         ; andere Implikationen
```

```lisp
(AX (LET ((BIN (UNIFY FO (NEW-INSTANCE (CAR AX)) '((NIL)))))
    ; soll ein Axiom verwendet werden - versuche, ob es paßt
    (COND (BIN (MAKE-INFO :BIN (USE-FOR FO BIN)
                          :AX (CDR AX) :IM IM :REDO NIL))
          ; paßt es, so konstruiere Ergebnis
          (T (PROVE1 FO (CDR AX) IM NIL)))))
    ; paßt es nicht, so nimm andere Axiome
(IM (LET ((RES (CHECK-IMPL FO (CAR IM) NIL NIL
                           (EQ (CAR (ANTEC (CAR IM))) 'AND))))
    ; soll eine Implikation verwendet werden,
    ; so versuche die Rückverkettung
    (COND
        (RES (MAKE-INFO :BIN (INFO-BIN
                                 RES)
                        :AX NIL :IM IM
                        :REDO RES))
        ; war sie erfolgreich, so kon-
        ; struiere Ergebnis
        (T (PROVE1 FO AX (CDR IM) NIL
                         )))))
        ; nicht erfolgreich - andere
        ; Implikationen
(T NIL)))
; keine Axiome oder Implikationen verfügbar

(DEFUN CHECK-IMPL(FO IMPL BIN REDO A?)
 (COND
   (A? (CHECK-ANDIMPL FO BIN IMPL REDO))
   ; durch UND verknüpfte Prämissen
   (REDO
    ; Wiederholung - starte neuen Versuch
    (LET ((RES (PROVE3 IMPL REDO)))
       (COND
         (RES
           (MAKE-INFO :BIN (USE-IN FO (INFO-BIN RES) BIN)
                      :AX BIN :IM IMPL :REDO RES))
         ; erfolgreich - konstruiere Ergebnis
         (T NIL))))
         ; gescheitert - die Implikation bringt nichts mehr
   (T (LET ((IMPL (NEW-INSTANCE IMPL)))
      ; erster Versuch - bilde neue Instanz
      (LET ((BIN (UNIFY FO (CONSEQ IMPL) '((NIL)))))
         ; vergleiche Konklusion mit Formel
         (COND
           (BIN
             ; Implikation brauchbar
             (SETQ IMPL (SUBLIS BIN (ANTEC IMPL)))
```

```
              ; rette Prämisse für Wiederholung
              (LET ((RES (PROVE2 IMPL)))
                 ; beweise Prämisse
                 (COND
                   (RES
                     (MAKE-INFO :BIN (USE-IN FO
                                             (INFO-BIN RES)
                                             BIN)
                                     :AX BIN :IM IMPL
                                     :REDO RES))
                   ; bewiesen - konstruiere Resultat
                   (T NIL))))
                 ; nicht bewiesen
           (T NIL)))))))
              ; paßt nicht - Implikation unbrauchbar

(DEFUN CHECK-ANDIMPL(FO BIN IMPL REDO)
 (COND
   (REDO
     (LET ((RES (PROVE-LIST IMPL REDO)))
        ; Wiederversuch starten
        (COND
          (RES
            (MAKE-INFO :BIN (USE-IN FO (INFO-BIN RES) BIN)
                       :AX BIN :IM IMPL :REDO RES))
          ; erfolgreich - konstruiere Resultat
          (T NIL))))
        ; nicht erfolgreich
   (T (LET ((IMPL (NEW-INSTANCE IMPL)))
        ; erster Versuch - bilde neue Instanz
        (LET ((BIN (UNIFY FO (CONSEQ IMPL) '((NIL))) ))
           ; Implikation brauchbar?
           (COND
             (BIN
               (SETQ IMPL (SUBLIS BIN (CDR (ANTEC IMPL))))
               ; brauchbar - rette Prämisse für Wiederholung
               (LET ((RES (PROVE-LIST IMPL NIL)))
                  ; versuche Beweis aller Prämissen
                  (COND
                    (RES
                      (MAKE-INFO :BIN (USE-IN FO
                                             (INFO-BIN RES)
                                             BIN)
                                      :AX BIN :IM IMPL
                                      :REDO RES))
                    ; erfolgreich - konstruiere Resultat
                  (T NIL)))
```

```
                              ; gescheitert – nicht beweisbar
                  (T NIL)))))))
                      ; Implikation nicht brauchbar

(DEFUN PROVE-LIST(PREMISES REDO)
  (COND (REDO (PROVE-LIST-1 (CAR PREMISES)
                            (INFO-AX REDO)
                            (INFO-IM REDO)
                            (INFO-REDO REDO)
                            (CDR PREMISES)))
        ; zum Wiederversuch
        ((EQ (PRED (CAR PREMISES)) '->)
         ; erste Prämisse ist eine Implikation
         (COND
           ((CONSP (CONSEQ (CAR PREMISES)))
            (PROVE-LIST-1 (CAR PREMISES)
                          (GET (PRED (CONSEQ (CAR PREMISES)))
                               'AXIOMS)
                          (GET (PRED (CONSEQ (CAR PREMISES)))
                               'IMPLICATIONS)
                          NIL
                          (CDR PREMISES)))
            ; normale Konklusio – starte ihren Beweis
           ((VARIABLE? (CONSEQ (CAR PREMISES)))
            (PROVE-LIST-1 (CAR PREMISES)
                          NIL
                          ALL-IMPLICATIONS
                          NIL
                          (CDR PREMISES)))
            ; offene Konklusio – beweise Implikation
           (T NIL)))
            ; sonst – unbeweisbar
        (T (PROVE-LIST-1 (CAR PREMISES)
                         (GET (PRED (CAR PREMISES)) 'AXIOMS)
                         (GET (PRED (CAR PREMISES)) 'IMPLICATIONS)
                         NIL
                         (CDR PREMISES)))))
        ; erster Beweis einer normalen Prämissenliste

(DEFUN PROVE-LIST-1(FO AX IM REDO PS)
  (COND
    ((CONSP REDO)
      ; Wiederholung eines der Prädikate
      (LET ((RES1 (PROVE-LIST (COND
                                ((CAR REDO)
                                 (SUBLIS (INFO-BIN (CAR REDO))
                                         PS))
```

```lisp
                        (T PS))
                      (CADR REDO))))
; versuche erneuten Beweis der Prädikatenrestliste
(COND
  ((NULL RES1)
     ; wenn dies scheitert ...
     (LET ((RES (COND ((EQ (PRED FO) '->)
                         (PROVE-IMPL FO
                                     (CONSEQ FO)
                                     AX
                                     IM
                                     (CAR REDO)))
                       (T (PROVE3 FO (CAR REDO))))))
       ; versuche erneuten Beweis des Prädikats
       (COND
         (RES
           (LET ((AX (INFO-AX RES))
                 (IM (INFO-IM RES))
                 (BI (INFO-BIN RES))
                 (REDO1 (INFO-REDO RES)))
             (LET ((RES1 (PROVE-LIST (SUBLIS BI PS)
                                     NIL)))
               ; wenn es glückt, beweise Restliste
               (COND
                 (RES1 (MAKE-INFO :BIN
                                  (USE-IN (CONS FO PS)
                                  (INFO-BIN RES1)
                                  BI)
                                  :AX AX :IM IM
                                  :REDO
                                  (LIST RES RES1)))
                 ; gelingt das auch, baue Resultat
                 (T (PROVE-LIST-1 FO AX IM REDO1 PS
                    )))))))))
                       ; gelingt das nicht, versuche
                       ; anderen Beweis des Prädikats
         (T (MAKE-INFO :BIN (USE-IN (CONS FO PS)
                                    (INFO-BIN RES1)
                                    (INFO-BIN (CAR REDO
                                    )))
                       :AX AX :IM IM
                       :REDO (LIST (CAR REDO) RES1))))))
     ; kann die Restliste gleich bewiesen wer-
     ; den, muß die Prämisse nicht erneut
     ; bewiesen werden.
  (T (LET ((RES (COND ((EQ (PRED FO) '->)
```

```lisp
                              (PROVE-IMPL FO (CONSEQ FO) AX IM REDO))
                           (T (PROVE1 FO AX IM REDO)))))
          ; beim ersten Versuch: beweise Prämisse
          (COND
            (RES
                ; gelingt dies ...
                (COND
                  ((NULL PS)
                      ; und ist es die letzte Prämisse
                      (MAKE-INFO :BIN (INFO-BIN RES) :AX AX :IM IM
                                                     :REDO RES))
                      ; so konstruiere das Ergebnis
                  (T (LET ((AX (INFO-AX RES))
                           (IM (INFO-IM RES))
                           (BI (INFO-BIN RES))
                           (REDO1 (INFO-REDO RES)))
                        (LET ((RES1 (PROVE-LIST (SUBLIS BI PS)
                              NIL)))
                            ; kann Rest auch bewiesen werden ...
                            (COND
                              (RES1
                                (MAKE-INFO :BIN
                                            (USE-IN (CONS FO PS)
                                                    (INFO-BIN RES1)
                                                    BI)
                                            :AX AX :IM IM :REDO
                                            (LIST RES RES1))
                            ; so konstruiere das Resultat
                            (T (PROVE-LIST-1 FO AX IM REDO1 PS))
                                        )))))))))
                      ; kann der Rest nicht bewiesen werden,
                      ; so suche nach einem anderen Beweis
                      ; für die Prämisse

(DEFUN PROVE-IMPL(IMPL FO AX IM REDO)
  (COND
    (AX (LET ((BIN (UNIFY FO (CAR AX) '((NIL)))))
            ; gibt es direkt eine struktur-gleiche Konsequenz?
            (COND
              (BIN (MAKE-INFO :BIN BIN :AX (CDR AX) :IM IM :REDO
                                                          NIL))
                  ; ja - konstruiere Resultat
              (T (PROVE-IMPL IMPL FO (CDR AX) IM NIL)))))
                  ; nein - versuche weiter
    (IM (LET ((I (NEW-INSTANCE (CAR IM))))
            ; suche eine Implikation mit gleicher Konklusio und ähnlichen
            ; Prämissen
```

```
    (LET ((BIN (COND ((CONSP FO)
                      (UNIFY FO (CONSEQ I) '((NIL))))
                     ; gleiche Konklusio?
                     ((VARIABLE? FO)
                      (LIST (CONS FO (CONSEQ I))))
                     ; paßt alles ?
                     (T NIL))))
                     ; Implikation nicht brauchbar
      (COND
        (BIN (LET((P1 (SUBLIS BIN (ANTEC IMPL)))
                  (P2 (SUBLIS BIN (ANTEC I))))
              ; gleiche Prämissen an
              (COND
                ((EQ (PRED P1) 'AND)
                 ; zu beweisende Implikation hat mehrere
                 ; Prämissen
                 (COND ((EQ (PRED P2) 'AND)
                        ; für die Vergleichsimplikation
                        ; gilt dies auch
                        ...?...)
                        ; in diesem Falle müssen alle
                        ; Permutationen geprüft wer-
                        ; den - ein zu ergänzender Fall!
                       (T ...?...)))
                        ; die Vergleichsimplikation hat
                        ; nur eine Prämisse
                ((EQ (PRED P2) 'AND)
                 (DO ((PRL (CDR P2) (CDR PRL))
                      ; hat die Implikation nur eine Prämis-
                      ; se und die Vergleichsimplikation
                      ; mehrere, so müssen die Fehlenden
                      ; bewiesen werden.
                      (REST NIL))
                     ((NULL PRL)
                      (PROVE-IMPL IMPL FO NIL (CDR IM)
                                  REDO))
                      ; scheitern diese Beweise, so taugt die
                      ; Vergleichsimplikation nichts
                     (LET ((B (UNIFY (CAR PRL)
                                     P1
                                     '((NIL)))))
                       ; eine Prämisse sollte gleich sein
                       (COND
                         (B (LET ((RES (PROVE-LIST
                                        (APPEND
                                         (SUBLIS B
```

```lisp
                                       REST)
                                (SUBLIS B
                                 (CDR
                                  PRL)))
                              NIL)))
                   ; Rest beweisbar?
                   (COND
                    (RES
                     (RETURN
                      (MAKE-INFO
                       :BIN
                       (USE-IN IMPL
                        (USE-IN I
                         (INFO-BIN
                          RES)
                         B) BIN)
                       :AX NIL
                       :IM (CDR IM)
                       :REDO RES)))
                    (T (SETQ REST
                         (NCONC
                          REST
                          (LIST
                           (CAR
                            PRL)
                    )))))))
                   ; diesmal hat's noch
                   ; nicht geklappt
           (T (SETQ REST
                (NCONC REST
                       (LIST (CAR
                              PRL)
            )))))))
           ; Prämissen verschieden
   (T (LET ((RES (UNIFY P1 P2
                       '((NIL)))))
      ; jeweils nur eine Prämisse
      (COND
       (RES
        (MAKE-INFO
             :BIN (USE-IN IMPL
                         RES
                         BIN)
             :AX NIL :IM (CDR IM)
             :REDO NIL))
       ; die sind gleich - baue Wert
```

```
                                        (T (PROVE-IMPL IMPL FO NIL
                                              (CDR IM) NIL)))))))))
                                    ; nicht gleich - Vergleichs-
                                    ; implikation unbrauchbar
                    (T (PROVE-IMPL IMPL FO AX (CDR IM) NIL))))))
                      ; verschiedene Konklusionen - Vergleichsimplikation
                      ; unbrauchbar
        (T NIL)))
          ; keine Implikationen mehr

(DEFUN USE-IN(FO NEW OLD)
  (DO ((V-L (FREE-VARS-IN FO) (CDR V-L))
      ; liefere Bindungen nur für die Ausgabevariablen
        (RES NIL (LET ((V (ASSOC (CAR V-L) OLD)))
                    ; gibt es eine alte Bindung?
                    (COND
                      (V (CONS (CONS (CAR V-L)
                                      (SUBLIS NEW (CDR V)))
                              RES))
                        ; im Wert sollen nur Ausgabevariable enthalten sein
                      (T (LET ((V (ASSOC (CAR V-L) NEW)))
                            ; gibt es eine neue Bindung?
                            (COND (V (CONS V RES))
                                    ; übernimm sie
                                  (T RES)))))))))
      ((NULL V-L) (COND (RES RES)
                        (T '((NIL)))))))
      ; alle Variablen berücksichtigt

(DEFUN NEW-INSTANCE(FO)
  (SUBLIS (NEW-VARIABLES (FREE-VARS-IN FO)) FO))
  ; ersetze alle freien Variablen durch frische Kopien


(DEFUN DSSOC(EL L)
  (DO ((LI L (CDR LI)))
      ; suche in einer Bindungsliste
      ((NULL LI) NIL)
      (COND ((EQL EL (CDAR LI)) (RETURN (CAR LI))))))
      ; ob eine Variable als Wert vorkommt

(DEFUN USE-FOR(FO BI)
  (DO ((V-L (FREE-VARS-IN FO) (CDR V-L))
      ; liefere Bindung nur für Ausgabevariablen
        (RES NIL (LET ((V (ASSOC (CAR V-L) BI)))
                    ; gibt es eine Bindung?
                    (COND
                      (V (LET ((VA (SUBLIS BI (CDR V))))
                            ; im Wert sollen nur Ausgabevariablen
```

```
                              ; enthalten sein
                              (COND ((EQ VA (CAR V-L)) RES)
                                    ; ignoriere identische Bindungen
                                    (T (CONS (CONS (CAR V-L) VA)
                                             RES)))))
                                    ; nimm interessante Bindungen
                         (T (LET ((V (DSSOC (CAR V-L) BI)))
                                 ; ist eine Ausgabevariable Wert?
                                 (COND
                                    (V (CONS (CONS (CAR V-L) (CAR V))
                                             RES))
                                    ; konstruiere umgekehrte Bindung
                                    (T RES))))))))))
      ((NULL V-L) (COND (RES RES)
                        (T '((NIL)))))))
                        ; bleiben keine Werte für Ausgabevariable übrig,
                        ; liefere Scheinbindung
```

Makros für Aufrufe von PROVE1:

```
(DEFMACRO PROVE2(FORMULA)
 '(PROVE1 ,FORMULA
          (GET (CAR ,FORMULA) 'AXIOMS)
          (GET (CAR ,FORMULA) 'IMPLICATIONS)
          NIL))


(DEFMACRO PROVE3(FORMULA REDO)
 '(PROVE1 ,FORMULA
          (INFO-AX ,REDO)
          (INFO-IM ,REDO)
          (INFO-REDO ,REDO)))
```

Im Vergleich mit BLACK's Interpreter geht dieses Programm auch rückwärts
vor, versucht aber eine mögliche Beweiskette gleich bis zu den Axiomen durch-
zugehen. Wir können dies mit der *Tiefensuche* vergleichen. Wie wir schon
vermerkt haben, sichert demgegenüber die Breitensuche den Beweis. Wenn es
unendliche Beweisketten gibt (und Implikationen, die transitive Prädikate beschreiben – wie etwa das **at**-Prädikat – lösen schnell solche aus), dann kann die
Tiefensuche nicht erfolgreich ablaufen.

Wie die anderen Programmierstile, so wird auch der logik-orientierte Programmierstil durch schlechte Implementationen beeinträchtigt (bzw. für un-
praktisch gehalten). Die Programmierer lernen, welche Programmkonstrukte
effizient abgearbeitet werden und bevorzugen sie unter Vernachlässigung anderer, die konzeptionell vorteilhafterer sind.

Vor Erfindung des Resolutionsprinzips konnte der logik-orientierte Programmierstil nicht durch effizient implementierte Sprachen (z.B. die Prädikatenlogik
1. Stufe) unterstützt werden.

8.5 Übungsaufgaben

U8.1 Erstelle eine Programmierumgebung für den logischen Interpreter!

U8.2 Formuliere alle Komponenten des kryptoarithmetischen Expertenwissens mit Hilfe logischer Formeln!

U8.3 Rekonstruiere BLACK's Interpreter! Ermögliche die Ausgabe von Beweisen!

U8.4 Der zuletzt dargestellte rückwärts arbeitende Interpreter kann das Flugplatzproblem nicht lösen, weil das Transitivitätsaxiom für AT versagt: es löst einen Zyklus aus. Analysiere das Problem und entwickle eine Lösung!

8.6 Literatur

[1] I. Balbin, K. Lecot: Logic Programming – A Classified Bibliography. Wildgrass Books Pty. Ltd., Fitzroy, Australien, 1985

[2] W. Bibel: Programmieren in der Sprache der Prädikatenlogik. TU München, 1975

[3] F. Black: A Deductive Question-Answering System. Harvard PhD. Thesis, 1963 (auch in: M. Minsky: Semantic Information Processing, MIT Press, Cambridge, 1968)

[4] K.H. Bläsius, G. Bürkert: Deduktionssysteme. Oldenbourg, München, 1987

[5] C. Chang, R.C. Lee: Symbolic Logic and Mechanical Theorem Proving. Academic Press, New York etc., 1973

[6] E. Charniak, C.K. Riesbeck, D.V. McDermott: Artificial Intelligence Programming. Hillsdale, NJ, 1980, Kap. 13: "Deductive Information Retrieval"

[7] A. Colmerauer, H. Kanoui, R. Pasero, P. Roussel: Un Systeme de Communication Homme-Machine en Francais. Rapport de Recherche CRI 72-18, Groupe Intelligence Artificielle, Universite Aix-Marseille II, Juni 1973

[8] M.R. Genesereth, N.J. Nilsson: Logical Foundations of Artificial Intelligence. Morgan Kaufmann Pub. Inc., Los Altos, 1987

[9] C.C. Green: The Application of Theorem Proving to Question-Answering Systems. Stanford University, PhD Thesis, AIM 96 (STAN-CS-138-69), Stanford, 1969

[10] P.J. Hayes: Computation and Deduction. MFCS 1973, Akademie der CSSR, Prag, 1973

[11] H. Hermes: Einführung in die mathematische Logik – Klassische Prädikatenlogik. Teubner, Stuttgart, 1976

[12] R.A. Kowalski: The Early Years of Logic Programming. Comm. ACM, Vol. 31 (1988), No. 1, S. 38-43

[13] R.A. Kowalski: Predicate Logic as Programming Language. Proc. IFIP 1974, Amsterdam, 1974

[14] R.A. Kowalski: Algorithm = Logic + Control. Comm. ACM, Vol. 22 (1979), No. 7, S. 572–595

[15] R.A. Kowalski: Logic for Problem Solving. North Holland Publ., New York, 1979

[16] McCarthy: Programs With Common Sense. Proc. Symp. on the Mechanization of Thought Processes. Nat. Phys. Lab., Teddington, 1958

[17] McCarthy: Situations, Actions, and Causal Laws. Stanford University, AIM 2, Stanford, 1963 (auch in: M. Minsky: Semantic Information Processing, MIT Press, Cambridge, 1968)

[18] R.C. Moore: Reasoning from Incomplete Knowledge in a Procedural Deductive System. MIT AI-TR 347, Cambridge, 1975

[19] N. Nilsson: Problem-Solving Methods in Artificial Intelligence. McGraw-Hill, New York, 1971

[20] J.A. Robinson: Logic – Function and Form. Edinburgh University Press, Edinburg, 1979

[21] H. Stoyan, G. Görz: LISP – Eine Einführung in die Programmierung. Springer, Berlin etc., 1984

PLANNER: Ziel-orientierte Programmierung als Variante der logik-orientierten Programmierung (2)

9.1 PLANNER-Einführung: Rückwärtsarbeit als ziel-orientierte Implikationsauswahl

Würden wir das Protokoll erstellen lassen, wenn unser logischer Interpreter auf das Flughafenproblem angewandt wird, erhielten wir etwa folgendes:

```
zu beweisen: CANACHULT(AT(I,Desk),y,AT(I,Airport))
benutze:     x -> CAN(y), DID(y) -> z -> CANACHULT(x,y,z)
versuche:    AT(I,Desk)->CAN(y)
nimm als Voraussetzung: AT(I,Desk)
zu beweisen: CAN(y)
benutze:     DRIVABLE(x), AT(y,x), AT(z,x), AT(Car,y), AT(I,Car)
             -> CAN(Go(y,z,Driving))
versuche:    DRIVABLE(x)
zu beweisen: DRIVABLE(x)
bewiesen:    DRIVABLE(County)
versuche:    AT(y,County)
zu beweisen: AT(y,County)
bewiesen:    AT(Home,County)
versuche:    AT(z,County)
zu beweisen: AT(z,County)
bewiesen:    AT(Home,County)
versuche:    AT(Car,Home)
zu beweisen: AT(Car,Home)
bewiesen:    AT(Car,Home)
versuche:    AT(I,Car)
zu beweisen: AT(I,Car)
benutze:     DID(Go(x,Car z)) -> AT(I,Car)
versuche:    DID(Go(x,Car,z))
zu beweisen: DID(Go(x,Car,z))
kein Beweis möglich
zu beweisen: AT(I,Car)
kein Beweis möglich
```

```
zu beweisen: AT(z,County)
bewiesen:    AT(Airport,County)
versuche:    AT(Home,County)
...

kein Beweis möglich.
benutze:     CANACHULT(AT(I,Desk),y,z),
             CANACHULT(z,u,AT(I,Airport)
             -> CANACHULT(AT(I,Desk),  PROG(y,w),  AT(I,Airport))
versuche:    CANACHULT(AT(I,Desk),y,z)
...
versuche:    CANACHULT(AT(I,Car),u,AT(I,Airport))
benutze:     AT(I,Car) -> CAN(U),
             DID(u) -> AT(I,Airport)
             -> CANACHULT(AT(I,Car),u,AT(I,Airport))
versuche:    AT(I,Car) -> CAN(u)
nimm als Voraussetzung: AT(I,Car)
...
bewiesen: ...
```

Von den Schwächen der Formulierung abgesehen, kann uns dieses Protokoll
verschiedenes lehren:

1. Die *aktivierten* Implikationen werden in dem Programm nicht genau bezeichnet. Der *logische Interpeter* sucht selbständig nach passenden Implikationen (oder Axiomen). Man muß sich die Frage stellen, *ob die Implikation
   das Analogon zur Funktion im funktions-orientierten Programmierstil ist.*
   Betrachtet man die Formulierungen, so kommt man wohl zum Resultat,
   daß alle Axiome und Implikationen, die zu einem gegebenen Zeitpunkt
   für ein Prädikat relevant sind, gemeinsam der Funktion entsprechen. Betrachtet man die modulare Notation, so könnte man dagegen jede einzelne
   Implikation als Funktion ansehen, die einen Beweisbeitrag erbringt.

2. Es gibt Implikationen, die nicht auf diese Art benutzt werden sollten:
   Wenn die Prämisse selbst eine Implikation und als solche weder (als Axiom
   oder unter Verwendung von anderen Implikationen) beweisbar ist, noch
   durch Annahme ihrer Prämissen bewiesen werden kann, dann können nur
   Abbrüche bei der Interpretation resultieren. Es muß möglich sein, für diese
   Implikationen spezielle Axiome für die Implikationsverknüpfung vorzuge-
   ben. Die wie Funktionen aktivierten Implikationen treten nie als derartige
   Axiome auf.

3. Der Ablauf der Interpretation zeigt, daß die Verfolgung von unpassen-
   den Implikationen zu Abbrüchen führt: Für zu beweisende Formeln werden so lange Alternativen ausprobiert, bis alle zu Abbrüchen geführt haben. Die Alternativen sind die relevanten Axiome oder Implikationen.
   Wenn ein Beweisabbruch zu realisieren ist, dann muß zum letzten Versuch zurückgegangen werden, bei dem noch Alternativen bereitliegen. Die

Bindungen, die durch den evtl. erfolgreichen Beweisversuch der vorigen Alternative erzeugt worden sind, müssen entfernt werden. Der Zustand muß so sein, als ob die neue Alternative überhaupt die erste war. Damit ist das *Backtracking* angesprochen, das 1965 von S.GOLOMB und L.BAUMERT erstmalig [20] dargestellt worden ist.

4. Zum Beweis einer Implikation suchen wir zunächst nach passenden Implikations-Axiomen. Sind diese nicht vorhanden (oder fallen sie wegen Backtracking aus), dann werden die Prämissen der Implikation als temporäre Axiome installiert und die Konklusion zu beweisen versucht. Dabei kann es Konflikte mit den Grundaxiomen bzw., wegen der impliziten Verschachtelung, mit früher angenommenen Axiomen geben. Zum Beispiel kann nicht gleichzeitig `AT(I,Desk)` und `AT(I,Car)` wahr sein; mit `AT(I,Car)` und `AT(I,Home)` haben wir jedoch keine Schwierigkeiten, falls `AT(Car,Home)` gilt.

Zu beachten ist, daß es sich hierbei typischerweise um *Situationsänderungen* handelt, die vom Beweiser hypothetisch angenommen werden. Davon sind die durch Aktionen gegebenen Situationsänderungen abzuheben.

Als eine Lösung bietet es sich an, alle diese vorübergehenden Elemente einer Situation in einem komplexeren Prädikat zusammenzufassen. Da Situationen immer konkret angegeben sind, d.h. keine Situationsschemata auftauchen sollten, bedeutet die Unverträglichkeit zweier Situationen, daß es kein Backtracking durch Situationsaxiome (nacheinander, so als ob sie gleichwertige Alternativen sind) geben darf. Dies könnte sinnvoll dadurch erreicht werden, daß ein Prädikat mit konstanten Argumenten nicht durch alle Axiome mit demselben Prädikat hindurchgeschoben wird – durch das Backtracking – sondern dann als unbeweisbar abgewiesen wird. Dadurch wird die Rückkehr zu Prädikaten erzwungen, die Variable als Argumente haben.

Die Lösung, durch C.HEWITT 1969 vorgebracht, geht so vor, daß die unverträglichen Axiome *explizit aus der Axiombasis entfernt werden*. HEWITT entwickelte seit 1967 die ziel-basierte Programmiersprache PLANNER, die, neben logischen Komponenten, Anweisungen zur Manipulation einer Datenbasis von elementaren logischen Formeln (*Assertionen*) enthielt. PLANNER ist Gegenstand dieses Kapitels.

Ohne Zweifel hätte Hewitt, auf jeden Fall seit 1969, jede Spekulation, PLANNER sei eine *logik-basierte* Sprache, weit von sich gewiesen. Noch 1975 drückte er seine Ablehnung des Prädikatenkalküls (den er "Quantificational Calculus" nennt) aus [23]. "Wissen wird besser ausgedrückt durch ... skeptische Pläne die sich aktiv gegen ihren Mißbrauch wehren ..." (als durch Axiome). "Gegenwärtig gibt es keine guten Wege, Klassen von Axiome zu debuggen, während es eine gut eingeführte und sich schnell entwickelnde Technologie zum Debuggen von Prozeduren gibt." [23, S.196] Heute müssen wir fragen, wo denn diese Technologie geblieben ist.

9.2 Ziel-orientierte Programmierung: Verarbeitungsmodell, Programmierstil und Programmiersprache

9.2.1 Das PLANNER-Verarbeitungsmodell

Wir hatten oben bereits ein einfaches Beispiel präsentiert. Zusammengefaßt hat man sich die Verarbeitung etwa wie folgt vorzustellen: Ein PLANNER-Programm besteht aus einer Reihe von *Theoremen* (dies können Implikationen sein), Assertionen (genauer: Kommandos zur Aufnahme von Assertionen (Fakten) in die Datenbasis) und aus einem Ziel(-kommando). Das Ziel ist im allgemeinen ein *Muster*. Durch einfache Suche (mit *Mustervergleich*) in der Assertionbasis wird zunächst versucht, eine dem Ziel äquivalente Assertion zu finden. Gelingt dies nicht, so werden die Theoreme der Reihe nach aktiviert, deren Zielbeschreibung (*Consequent-Muster*) auf das Ziel paßt. Dabei werden, wenn in der Zielanweisung empfohlen, bestimmte Theoreme vorgezogen. Ein aktiviertes Theorem wird *Unterziele* (das sind i.a. die Prämissen) aufstellen, die mit Mustern formuliert sind. Diese Unterziele werden nun wie das globale Ziel bearbeitet. Kann eine Assertion gefunden werden, die auf das Unterziel paßt, dann wird ein *Entscheidungspunkt* gesetzt und das Theorem weiter verarbeitet. Kann ein Unterziel nicht erfolgreich erreicht werden – weil keine passenden Assertionen und auch keine relevanten Theoreme vorhanden oder erfolgreich einsetzbar sind – dann wird ein *FAIL* ausgelöst, und der Entscheidungspunkt erneut betreten. Dies geschieht durch schrittweises Rückgängigmachen der Änderungsaktionen, die seit dem Entscheidungspunkt ausgeführt wurden – deshalb auch die Bezeichnung "chronologisches Backtracking". Am Entscheidungspunkt angekommen – angenommen wird, daß nun der gleiche Zustand herrscht wie vorher, nur daß die vorher verfolgten Alternativen nicht mehr bereitstehen – wird entweder der Mustervergleich in einer anderen Variante ausgeführt oder nach einer anderen Assertion oder einem passenden Theorem gesucht.

Dieser recht einfache Prozeß wird durch die *Einbettung* von LISP-Programmen und die expliziten Änderungen der Assertionbasis verkompliziert.

9.2.2 Ziel-orientiertes Programmieren

Ziel-orientierte Programmierung ist eine Variante der logik-orientierten Programmierung, die von einer Implementation ausgeht, bei der die Implikationen durch Beweisen der Prämissen verarbeitet werden. Die zum Beweis einer Formel relevanten Implikationen (und Axiome) werden durch Mustervergleich (oder Unifikation) mit der Konklusion, dem *Ziel*, ausgewählt. Erweist sich eine Implikation als nicht geeignet, wird nach Backtracking eine andere ausgewählt.

Die beim Beweis einer Implikation hypothetisch angenommenen Prämissen werden in die Axiommenge aufgenommen. Der Programmierer hat für Konsistenz der Axiommenge zu sorgen. Erweist sich die Implikation, in der die hypothetischen Annahmen gemacht werden, für den ihr zugedachten Zweck als ungeeignet, werden die Prämissen automatisch (durch das Backtracking) wieder entfernt.

Durch diese Veränderungen in der Axiommenge bekommt der ziel-orientierte Stil einen Anteil von befehls-orientierter Programmierung.

Die mit der Veränderung der Axiommenge verbundenen Operationen lassen sich vereinfachen durch Aufnahme von Elementen *ereignis-orientierter* Programmierung. Diese Elemente können mit Mitteln gestaltet werden, die denen der ziel-orientierten Programmierung analog sind. Dadurch lassen sich die restlichen Implikationen aus der Axiommenge entfernen (ersetzen).

Consequent-Theoreme auf der einen Seite und *Antecedent-Theoreme* sowie *Erasing-Theoreme* auf der anderen Seite unterscheiden sich durch die Aktivierungstechnik: Während durch den *Goal-Ausdruck* alle Consequent-Theoreme zusammengefaßt werden, deren Muster auf das rufende Muster passen, jedoch nur eines dieser Theoreme wirklich aktiviert wird (je nach dem Ablauf des Backtrackings), werden durch *Assert-* bzw. *Erase-Ausdrücke* alle relevanten Antecedent-Theoreme bzw. Erasing-Theoreme auch aktiviert. Das heißt, das Ereignis der Datenbasisänderung löst die Aktivierung der Assert- und Erasing-Theoreme aus.

Antecedent-Theoreme dienen zur direkten Schlußfolgerung aus abgeleiteten und in die Datenbasis aufgenommenen Folgerungen. Wir wissen von dem Versuch, die logik-basierte Programmiersprache durch Konstruktion der Ableitungsmenge zu implementieren, daß solche Theoreme sehr gefährlich sind: Wenn sie die Ableitung von Formeln erlauben, die zu einer erneuten Aktivierung desselben Theorems führen können, arbeiten sie unendlich lange und füllen den Speicher mit immer neuen Formeln.

9.2.3 Eine ziel-basierte Programmiersprache

MicroPLANNER ist eine Teilsprache der ziel-basierten Sprache PLANNER. Sie wurde wirklich implementiert, enthielt aber keinen allgemeinen Mustervergleicher, der die Aufgaben der erforderlichen Unifikation hätte erfüllen können. Die Muster wurden so verglichen, daß sich für die Theoremvariablen praktisch die Parameter-Übergabetechnik der algorithmischen Sprache ALGOL60 ergab: Wenn im Theoremmuster eine Variable stand, konnte im Zielmuster ein Term oder eine Variable stehen. Der Term wurde als Konstante betrachtet (in dem Sinne, daß er keine Variablen enthielt, die den Mustervergleich beeinträchtigten) – und sein Wert der Theoremmustervariablen zugeordnet. Das entspricht dem *Call-by-value*. Wenn im Zielmuster jedoch ebenfalls eine Variable auftrat, wurde so etwas wie eine *Call-by-name* Parameterübergabe realisiert, das heißt, Werte konnten nach außen weitergegeben werden.

MicroPLANNER erlaubt also nur ganz einfache Muster: Listen, die Konstante oder Variable zweifacher Art enthalten dürfen: $? und $< sind die Präfixe. Diese bezeichnen entweder normale Variablen (deren Wert verwendet wird, wenn er bekannt ist) oder Variablen, deren Wert sich bei jeder Benutzung ändern kann.

Der PLANNER-Bestandteil, in LISP eingebettet, wird durch eine Reihe von Prozeduren (Funktionen) benutzbar, die alle mit dem Präfix TH beginnen.

Es stehen bereit:

THAMONG – eine Prozedur zur Auswahl von Variablenwerten.

> **Argumente:** Eine Variable und ein Term.
>
> **Semantik:** Hat die Variable schon einen Wert, so muß dieser unter den Werten sein, die der Term anbietet. Ist das nicht der Fall, so wird ein FAIL ausgelöst. Hat die Variable noch keinen Wert, so werden ihr nacheinander (wenn der THAMONG-Ruf durch Backtracking wiederholt betreten wird) die durch den Term angebotenen Werte zugewiesen. Steht kein Wert mehr bereit, so wird ein FAIL ausgelöst.

THAND – eine Prozedur zur Kopplung von Aktionen: Sind nicht alle erfolgreich, so wird ein FAIL ausgelöst.

THANTE – eine Prozedur zur Definition und Einführung von Antecedent-Theoremen.

> **Argumente:** Ein Theoremname, optional der Vermerk **THNOASSERT**, eine Variablenliste, ein Zielmuster und darauf folgende Prozedurrufe, die den *Theoremkörper* darstellen.
>
> **Semantik:** Benennt das angegebene Theorem mit dem Namen und führt es in die Datenbasis ein, wenn nicht **THNOASSERT** notiert wurde.

THAPPLY – eine Prozedur zur Aktivierung eines bestimmten Theorems.

> **Argumente:** Ein Theoremname und ein Objekt.
>
> **Semantik:** Vergleicht das Theoremmuster mit dem Objekt. Paßt es, so wird das Theorem aktiviert.

THASSERT – eine Prozedur zur Erweiterung der Datenbasis.

> **Argumente:** Ein Muster oder ein Theoremname sowie Emfehlungen.
>
> **Semantik:** Ist ein Theoremname angegeben, so wird das entsprechende Theorem in die Theorembasis aufgenommen. Ist ein Muster angegeben, so wird es durch Verwendung der gerade gültigen Variablenbindungen instantiiert und so in die Datenbasis gestellt. Ist das aufzunehmende Objekt schon vorhanden, wird ein FAIL ausgelöst. Die Empfehlungen können sein:
>
> - **THPROP**-Emfehlungen
> - **THPSEUDO**-Empfehlungen
> - **THTBF**-Empfehlungen
> - **THUSE**-Empfehlungen
>
> Wird die Prozedur durch Backtracking wieder erreicht, so wird das Aufgenommene wieder entfernt.

THASVAL – eine Prozedur zur Feststellung, ob eine Variable bereits einen Wert hat.

Argument: Eine Variable.

Semantik: Hat die Variable einen Wert, so arbeitet die Prozedur erfolgreich, hat sie keinen, so wird ein `FAIL` ausgelöst.

`THBKPT` – eine Prozedur für die Protokollierung des Programmablaufs.

`THCOND` – eine Prozedur zum Abfragen von Aktions-Erfolgen.

Argumente: Listen von Aktionstermen.

Semantik: Die ersten Aktionen in den Aktionslisten werden nacheinander ausgeführt. Die erste Aktion darunter, die erfolgreich erledigt werden kann, stoppt den Auswahlprozeß. Anschließend werden die restlichen Aktionen aus der Aktionstermliste abgearbeitet. Versagt eine davon, so wird das `THCOND` mit `FAIL` verlassen.

`THCONSE` – eine Prozedur zur Definition und Einführung von Consequent-Theoremen.

Argumente: Ein Theoremname, optional der Vermerk `THNOASSERT`, eine Variablenliste, ein Zielmuster und darauf folgende Prozedurrufe, die den Theoremkörper darstellen.

Semantik: Benennt das angegebene Theorem mit dem Namen und führt es in die Datenbasis ein, wenn nicht `THNOASSERT` notiert wurde.

`THDATA` – eine Prozedur zur Eingabe von Assertionen und Theoremen.

`THDBF` – eine Empfehlung zur Einschränkung der akzeptablen Objekte aus der Datenbasis.

`THDO` – eine Prozedur zur sequentiellen Ausführung von Aktionen. Versagt eine der Aktionen (mit "einfachem `FAIL`"), dann wird dies ignoriert.

`THDUMP` – eine Prozedur zum Retten des MicroPLANNER-Zustandes.

`THERASE` – eine Prozedur zur Beschränkung der Datenbasis.

Argumente: Ein Muster oder ein Theoremname sowie Emfehlungen.

Semantik: Ist ein Theoremname angegeben, so wird das entsprechende Theorem aus der Theorembasis entfernt. Ist ein Muster angegeben, so wird es durch Verwendung der gerade gültigen Variablenbindungen instantiiert und dieses Objekt aus der Datenbasis entfernt. Ist das zu entfernende Objekt nicht vorhanden, wird ein `FAIL` ausgelöst. Wird die Prozedur durch Backtracking erneut erreicht, so wird das Beseitigte wieder aufgenommen.

`THERASING` – eine Prozedur zur Definition und Einführung von Erasing-Theoremen.

Argumente: Ein Theoremname, optional der Vermerk `THNOASSERT`, eine Variablenliste, ein Zielmuster und darauf folgende Prozedurrufe, die den Theoremkörper darstellen.

> **Semantik:** Benennt das angegebene Theorem mit dem Namen und führt
> es in die Datenbasis ein, wenn nicht `THNOASSERT` notiert wurde.

`THFAIL` – eine Prozedur zum Auslösen des Backtracking.

> **Argumente:** Optional ein Symbol und in Abhängigkeit vom 1.Argument
> evtl. zwei weitere Objekte.
>
> **Semantik:** 1. ohne Argumente. Backtracking zum letzten Entscheidungs-
> punkt.
>
>> 2. mit Argument `THPROG`. Verläßt nächst umfassendes `THPROG` mit
>> `FAIL`.
>>
>> 3. mit Argument `THEOREM`. Verläßt aktuelles Theorem mit `FAIL`.
>>
>> 4. mit Argument `THMESSAGE`. Backtracking bis zur letzten `THMESSAGE`-
>> Anweisung, auf deren Muster das 2. Argument paßt.
>>
>> 5. mit Argument `THTAG`. Backtracking zu einer Marke.

`THFAIL?` – eine Prozedur zum Reagieren auf Backtracking.

> **Argumente:** Ein LISP-Term und eine MicroPLANNER-Aktion.
>
> **Semantik:** Wird bei normaler Abarbeitung ignoriert. Wird der Prozedur-
> ruf bei Backtracking erreicht und der LISP-Term zu einem von `NIL`
> verschiedenen Wert ausgewertet, so wird die Aktion (2. Argument)
> ausgeführt.

`THFINALIZE` – beschneidet den Entscheidungsbaum durch Entfernen von Entscheidungspunkten.

> **Argumente:** Wie `THFAIL` (Es sind immer Argumente anzugeben.)
>
> **Semantik:** Bis zu dem angegebenen Punkt werden alle Entscheidungs-
> punkte entfernt:
>
>> 1. mit Argument `THPROG`: Alle Entscheidungspunkte des umfassenden
>> `THPROG`.
>>
>> 2. mit Argument `THEOREM`: Alle Entscheidungspunkte des aktuellen
>> Theorems.
>>
>> 3. mit Argument `THMESSAGE`: Alle Entscheidungspunkte bis zur letz-
>> ten `THMESSAGE`-Anweisung, auf deren Muster das 2. Argument
>> paßt.
>>
>> 4. mit Argument `THTAG`: Alle Entscheidungspunkte bis zur angegebe-
>> nen Marke.

`THFIND` – Funktion zum Finden von Datenobjekten aus der Datenbasis.

`THFLUSH` – Abräumprozedur zum Beseitigen angegebener Eigenschaften von
allen existierenden Atomsymbolen.

`THGO` – transparente (d.h. rückgängig zu machende) Transferprozedur zwischen
Ausdrücken in `THPROG`s.

`THGOAL` – wichtigste MicroPLANNER Prozedur; errichtet einen Entscheidungspunkt.

Argumente: Ein Muster (Ziel-Aussage), Empfehlungen.

Semantik: Sucht nach Objekten, die dem Muster in der Datenbasis entsprechenden oder löst die Aktivierung passender Consequent-Theoreme aus. Bei Backtracking wird die Suche fortgesetzt, als ob die vorher gefundene Variante nicht existiert hätte.

`THMATCH` – Prozedur zum Mustervergleich zweier LISP-Objekte. Dabei wird ein Entscheidungspunkt gesetzt.

`THMESSAGE` – Prozedur zum Anhalten des Backtracking.

Argumente: Deklarationen, ein Muster, eine Folge von Aktionen.

Semantik: Bei normaler Ausführung wird ein Entscheidungspunkt für das Backtracking gesetzt. Hält das Backtracking an dieser Stelle an (weil das Muster paßt), dann wird die Aktionenfolge wie in einem `THPROG` ausgeführt.

`THNODB` – Empfehlung zum Unterlassen der Suche in der Datenbasis.

`THNOHASH` – Prozedur zur sparsamen Datenbasisorganisation. Schließt die Berücksichtigung bestimmter Komponenten bei der Abspeicherung aus.

`THNOT = (THCOND (`*argument* `(THFAIL)) ((THSUCCEED)))`

`THOR` – Prozedur zur Kopplung von Aktionen. Ist wenigstens eine Aktion erfolgreich, so ist die Kopplung erfolgreich. Bei Backtracking wird die vorher erfolgreiche Aktion als Fehlschlag betrachtet und der Aktionenrest betrachtet.

`THPROG` – Prozedur zur Aktionenplanung und -anordnung

Argumente: Deklarationen, Aktionen und Marken.

Semantik: Für den Bereich des `THPROG` werden die angegebenen Variablenbindungen erzeugt und dann die Aktionenstruktur abgearbeitet. `THGO`s realisieren einen Transfer (offen für Backtracking) zu Marken, `THRETURN` etabliert einen (ebenfalls für das Backtracking offenenen) erfolgreichen Austritt aus dem `THPROG`.

`THPROP` – eine Empfehlung zur Errichtung einer Eigenschaftsnotiz für ein neu aufgenommenes Objekt in der Datenbasis.

`THPSEUDO` – Empfehlung zur Aktivierung von Antecedent-Theoremen (ohne daß das Objekt wirklich in die Datenbasis gestellt wird).

`THPUTPROP` – transparente Variante der LISP-Prozedur.

`THREMPROP` – transparente Variante der LISP-Prozedur.

`THRESTRICT` – Prozedur zur Einschränkung der Wertebereiche einer Variablen.

Argumente: Eine Variable, LISP-Prädikate.

Semantik: Nach Ausführung des `THRESTRICT`-Rufs paßt die Variable nur noch auf Objekte, die den angegebenen Prädikaten genügen.

`THRETURN` – Prozedur zum erfolgreichen Beenden eines `THPROG`.

`THRPLACA` – transparente (d.h. rückgängig zu machende) Variante der LISP-Prozedur.

`THRPLACD` – transparente Variante der LISP-Prozedur.

`THSETQ` – Mischung aus PLANNER-Zuweisungsprozedur und transparenter Variante der LISP-Prozedur. Führt gleichzeitig mehrere Zuweisungen aus.

`THSTATE` – Prozedur, die Teile der Datenbasis auflistet.

`THSUCCEED` – verläßt nächstumfassendes Konstrukt mit Erfolg.

Argumente: Wie bei `THFAIL`.

Semantik: 1. ohne Argumente. Verläßt nächstumfassendes Konstrukt mit Erfolg.
2. mit Argument `THPROG`. Wie `THRETURN`.
3. mit Argument `THEOREM`. Verläßt aktuelles Theorem erfolgreich.
4. mit Argument `THTAG`. Wie `THGO`.

`THTBF` – eine Empfehlung zur Auswahl von Theoremen.

`THUNIQUE` – Zustandsfilterprozedur.

Argumente: Terme.

Semantik: Wurde vorher `THUNIQUE` mit identischen Argumenten aufgerufen, so resultiert ein `FAIL`.

`THUSE` – eine Empfehlung zur Verwendung bestimmter Theoreme.

`THVAL` – Auswertungsprozedur von MicroPLANNER.

Argumente: Ein MicroPLANNER-Term (oder Prozedurruf) und eine Bindungsliste. Nicht transparent für das Backtracking.

`THVSETQ` – nicht transparente PLANNER-Zuweisungsprozedur.

9.3 Programmieren in MicroPLANNER

Wir verwenden durchweg die MicroPLANNER-Abkürzungen:

```
$?x für (THV x)
$R  für THRESTRICT
$G  für THGOAL
$T  für (THTBF THTRUE)
```

Für Aufgaben wie Addition und Listenzusammenhängen dürfte der normale MicroPLANNER-Programmierer LISP-Terme verwenden:

```
(thsetq x (+ a b))

(thsetq y (append u v))
```

Da MicroPLANNER keine Notation für Listen bereitstellt, sind die Theoreme sehr unelegant. Wir brauchen jeweils eins für eine Kombination von Variablen, die mit Werten belegt sind. Folgendes Theorem behandelt den Fall, daß x und z – das sind die erste Argumentliste und die Resultatliste – bekannt sind:

```
(thconse append
 (x y z rx rz)
 (append ($R $?x consp) $?y ($R $?z consp))
 (thasval $?x)
 (thasval $?z)
 (thmatch (car $?x) (car $?z))
 (thsetq $?rx (cdr $?x))
 (thsetq $?rz (cdr $?z))
 ($G (append $?rx $?y $?rz) $T))
```

Eine Assertion wird verwendet:

```
(thassert (append nil $?x $?x))
```

9.3.1 Ein einfaches Beispiel: Das Flughafen-Problem

```
(thassert (at desk home))
(thassert (at home county))
(thassert (at airport county))
(thassert (drivable county))
(thassert (walkable home))
(thassert (canachult i $?x car $?y nil i $?x car $?y))
(thconse combine-backwards
  (x1 x2 x3 y1 y2 y3 z1 z2 z3 h1 h2)
  (canachult sit i $?x1 car $?x2 h sit i $?y1 car $?y2)
  ($G (canachult sit i $?z1 car $?z2 $?h1 sit i $?y1
                                 car $?y2) $T)
  ($G (canachult sit i $?x1 car $?x2 $?h2 sit i $?z1
                                 car $?z2) $T)
  (thassert (did $?h1))
  (thassert (did $?h2)))
(thconse combine-forwards
  (x1 x2 x3 y1 y2 y3 z1 z2 z3 h1 h2)
  (canachult sit i $?x1 car $?x2 h sit i $?y1 car $?y2)
  ($G (canachult sit i $?x1 car $?x2 $?h2 sit i $?z1
                                 car $?z2) $T)
  ($G (canachult sit i $?z1 car $?z2 $?h1 sit i $?y1
```

```
                                            car $?y2) $T)
  (thassert (did $?h1))
  (thassert (did $?h2)))
(thconse one-step-walk
  (canachult sit i $?x1 car $?x2 $?h sit i $?y1 car $?y2)
  ($G (can go $?x1 $?y1 walking) $T))
(thconse one-step-drive
  (canachult sit i car car $?x2 $?h sit i $?y1 car $?y2)
  ($G (can go $?x2 $?y2 driving) $T))
(thconse can-did
  (x1 x2 y1 y2 h)
  (sit i $?y1 car $?y2))
  ($G (sit i $?x1 car $?x2) $T)
  ($G (canachult sit i $?x1 car $?
                    $?h
                    sit i $?y1 car $?y2) $T)
  ($G (can $?h) $T)
  (thassert (did $?h)))
(thante did
  (x y z h)
  (did $?h)
  (thcond ((thmatch $?h (go $?x $?y walking))
           (therase (sit i $?x car $?z))
           (thassert (sit i $?y car $?z)))
          ((thmatch $?h (go $?x $?y driving))
           (therase (sit i car car x)))
           (thassert (sit i car car y)))))))))
(thante situation
  (x)
  (sit i $?x car $?y))    ; aufpassen! nur wenn $?x nicht = car!
  (thassert (at i $?x))
  (thassert (at car $?y)))
(thante in-car
  (x)
  (sit i car car $?x)
  (therase (at i car))
  (thassert (at i $?x)))
(thconse can-walk
  (x y z u)
  (can go $?y $?z waliking))
  ($G (walkable $?x) $T)
  ($G (at $?y $?x) $T)
  ($G (at $?z $?x) $T)
  ($G (sit i $?y car $?u)))
(thconse can-drive
  (x y z)
```

```
(can go $?y $?z driving))
($G (drivable $?x) $T)
($G (at $?y $?x) $T)
($G (at $?z $?x) $T)
($G (sit i car car $?y)))
```

Das Programm starten wir mit:

```
(thassert (sit i desk car home))
($G (sit i airport car $?x) $T)
```

Der Grund für das Unterlassen der Verwendung eines Consequent-Theorems für die Implikation

$$DID(Go(x,y,z)) \rightarrow AT(I,y)$$

in unserer Formulierung ausgedrückt durch zwei Implikationen

```
(-> (AND (SIT (I X) (CAR Z))
         (DID (GO X Y WALKING)))
    (SIT (I Y) (CAR Z)))
(-> (AND (SIT (I CAR) (CAR X))
         (DID (GO X Y DRIVING)))
    (SIT (I CAR) (CAR Y)))
```

ist das Problem, das Muster für diese Implikationen so zu formulieren, daß die Teilliterale in den PLANNER-Zielmechanismus nicht einbezogen werden – es sind schlicht Musterbestandteile. In MicroPLANNER sind ohnehin strukturierte Muster nicht gestattet. So können wir also derartige Axiome nicht in die Datenbasis aufnehmen und die flankierende Aktion, in CAN-DID das Ziel

```
($G (-> (and (sit i x1 car x2))
        (did h))
    (sit i y1 car y2)) $T)
```

statt

```
(thassert (did $?h))
($G (sit i y1 car y2) $T).
```

aufzunehmen, macht auch keinen Sinn.

Der oben genannte Zielausdruck wäre zu vervollständigen durch Änderungen in der Datenbasis.

```
(therase (sit i x1 car x2))
(thassert (sit i y1 car y2))
```

9.3.2 Ein PLANNER-Programm für krypto-arithmetische Probleme

Wir verwenden wieder das Beispiel

```
   AB +  CDE =  FGHD
    *    /      -
   FG *  HA =  HAG
   ----------------
   ABG +  ED =  ADD
```

beschränken uns aber (des Umfangs wegen) auf eine Additionsgleichung. Das
Programm für die erste Zeile starten wir mit:

```
(thprog (a b c d e f g h res)
  ($G (krypto ($?a $?b) + ($?c $?d $?e) =
              ($?f $?g $?h $?d)
              (0 1 2 3 4 5 6 7 8 9) $?res 0) $T)
  (threturn (list $?a $?b $?c $?d $?e $?f $?g $?h)))
```

Die Theoreme werden in umgekehrter Reihenfolge berücksichtigt. Zunächst die
für die Auswahl von Ziffern:

```
(thconse choose-next
  (bind v)
  (choose $?v from ($R $?bind consp))
  (thsetq $?bind (cdr $?bind))
  ($G (choose $?v from $?bind) $T))

(thconse choose-first
  (bind v)
  (choose $?v from ($R $?bind consp))
  (thmatch '($?v) (list(car $?bind))))
```

Die 32 Theoreme, die Fälle beschreiben, in denen alle Zahlen gleichlang sind,
beschließen die Theoremliste. In diesen Theoremen können wir 13 Aktionen
(Teilziele) abheben:

1. Die Frage nach einem Wert bei der ersten Ziffer im ersten Operanden.

2. Die Frage nach einem Wert bei der ersten Ziffer im zweiten Operanden.

3. Die Frage nach einem Wert bei der ersten Ziffer im Resultat.

4. Die Beschaffung der ersten Ziffer im ersten Operanden.

5. Die Beschaffung der ersten Ziffer im zweiten Operanden.

6. Die Beschaffung der ersten Ziffer im Resultat.

7. Die Beschaffung des Wertes der ersten Ziffer des ersten Operanden.

8. Die Beschaffung des Wertes der ersten Ziffer des zweiten Operanden.

9. Die Kontrolle des Wertes der ersten Ziffer des Resultats.

10. Die Beschaffung des Restes des ersten Operanden.

11. Die Beschaffung des Restes des zweiten Operanden.

12. Die Beschaffung des Restes des Resultat.

13. Die Etablierung des Unterziels für die Reste.

Für die Prüfungen 1.–3. benötigen wir folgende abenteuerliche Konstruktion – weil die Variablen in der Datenstruktur für den schwachen Mustervergleicher unerreichbar sind:

```
(thval (list 'thasval (car $?...)) thalist)
```

Die Aktionen 4.–9. dienen der Wertbeschaffung. Zunächst wird die Variable, dann mittels MATCH der Wert beschafft:

```
(thsetq $?f... (car $?...))
(thmatch (list $?f... '($?vf...))
```

Anstelle der Beschaffung in Schritt 9. wird direkt das Bestehen der Gleichung überprüft.

Die Aktionen 10.–11. dienen der Vorbereitung der Variablen für die Zielaufstellung. Sie sind ebenso wie die Aktionen 1.–3. erforderlich, weil MicroPLANNER keine schöne Listendekompositionsnotation kennt.

```
(thsetq $?r... (cdr $?...))
```

Das Ziel schließlich fordert die Gültigkeit der Gleichungen für die Reste:

```
($G (krypto $?ro1 + $?ro2 = $?rr $?bi $?bo ...) $T))
```

Die 32 Theoreme können in 4 Gruppen eingeteilt werden, je nachdem, welcher Übertrag vorgefunden oder im Unterziel erwartet wird. In einer Gruppe werden folgende Fälle berücksichtigt:

1. Alle aktuellen Ziffern sind bekannt.

2. Die erste Ziffer im ersten Operanden ist nicht bekannt.

3. Die erste Ziffer im zweiten Operanden ist nicht bekannt.

usw. bis

8. Alle aktuellen Ziffern sind unbekannt.

Wenn in einem Theorem nur eine Ziffer unbekannt ist, dann sind statt einer der Aktionen 7.–9. drei Aktionen erforderlich (Verfügbarkeitstest, Wertzuweisung, Belegtanzeige):

```
(thcond ((member ... $?bi) (thsucceed)))
(thmatch (list ...) (list $?...))
(thsetq $?b1 (remove ... $?bi))
```

Sind dagegen n Ziffern unbekannt, müssen $n - 1$ Ziffern durch Probieren ausgewählt werden. Dazu wird statt des gerade angegebenen Verfügbarkeitstest ein Auswahlziel aufgestellt:

```
($G (choose $?f...from $?bi) $T)
```

Die Formulierung aller 32 Theoreme würde erheblichen Platz kosten. Wir geben je ein Theorem aus jeder Gruppe. Zunächst ein Theorem aus der Gruppe von Fällen, in denen ein Übertrag produziert werden muß und ein Übertrag ankommt.

```
(thconse eqlength-all-different-all-assigned-11
 (op1 op2 res ro1 ro2 rr bi bo fo1 vfo1 fo2 vfo2 fr)
 (krypto $?op1 +
         ($R $?op2 (lambda(x) (= (length x) (length $?op1))))
         =
         ($R $?res (lambda(x) (= (length x) (length $?op2))))
         $?bi $?bo 1)
 (thval (list 'thasval (car $?op1)) thalist)
 (thval (list 'thasval (car $?op2)) thalist)
 (thval (list 'thasval (car $?res)) thalist)
 (thsetq $?fo1 (car $?op1))
 (thsetq $?fo2 (car $?op2))
 (thsetq $?fr (car $?res))
 (thmatch (list $?fo1) '($?vfo1))
 (thmatch (list $?fo2) '($?vfo2))
 (thmatch (list (+ -9 $?vfo1 $?vfo2)) (list $?fr))
 (thsetq $?ro1 (cdr $?op1))
 (thsetq $?ro2 (cdr $?op2))
 (thsetq $?rr (cdr $?res))
 ($G (krypto $?ro1 + $?ro2 = $?rr $?bi $?bo 1) $T))
```

Nun eines der Theoreme, die sich auf Spalten beziehen müssen, in denen zwar ein Übertrag produziert wird, aber keiner ankommt. Wir nehmen an die erste Ziffer des ersten Operanden sei unbekannt:

```
(thconse eqlength-all-different-first-unassigned-01
 (op1 op2 res ro1 ro2 rr bi bo b1 fo1 fo2 vfo2 fr vfr)
 (krypto $?op1 +
         ($R $?op2 (lambda(x) (= (length x) (length $?op1))))
         =
         ($R $?res (lambda(x) (= (length x) (length $?op2))))
         $?bi $?bo 1)
 (thval (list 'thasval (car $?op2)) thalist)
 (thval (list 'thasval (car $?res)) thalist)
 (thnot (thval (list 'thasval (car $?op1)) thalist))
 (thsetq $?fo1 (car $?op1))
 (thsetq $?fo2 (car $?op2))
 (thsetq $?fr (car $?res))
 (thmatch (list $?fo2) '($?vfo2))
 (thmatch (list $?fr) '($?vfr))
 (thcond ((member (- $?vfr -10 $?vfo2) $?bi) (thsucceed)))
 (thmatch (list (- $?vfr -10 $?vfo2)) (list $?fo1))
 (thsetq $?b1 (remove (- $?vfr -10 $?vfo2) $?bi))
```

```
(thsetq $?ro1 (cdr $?op1))
(thsetq $?ro2 (cdr $?op2))
(thsetq $?rr (cdr $?res))
($G (krypto $?ro1 + $?ro2 = $?rr $?b1 $?bo 0) $T))
```

Nun folgt eines der Theoreme, die Konstellationen beschreiben, in denen kein
Übertrag produziert werden soll und ein Übertrag einläuft. Wir nehmen das
Theorem, das den Fall beschreibt, wenn beide Operandenziffern unbekannt
sind:

```
(thconse eqlength-all-different-res-assigned-10
 (op1 op2 res ro1 ro2 rr bi bo b1 b2 fo1 vfo1 fo2 fr vfr)
 (krypto $?op1 +
         ($R. $?op2 (lambda(x) (= (length x) (length $?op1))))
         =
         ($R $?res (lambda(x) (= (length x) (length $?op2))))
         $?bi $?bo 0)
 (thnot (thval (list 'thasval (car $?op1)) thalist))
 (thnot (thval (list 'thasval (car $?op2)) thalist))
 (thval (list 'thasval (car $?res)) thalist)
 (thsetq $?fo1 (car $?op1))
 (thsetq $?fo2 (car $?op2))
 (thsetq $?fr (car $?res))
 (thmatch (list $?fr) '($?vfr))
 ($G (choose $?fo1 from $?bi) $T)
 (thmatch (list $?fo1) '($?vfo1))
 (thsetq $?b1 (remove $?vfo1 $?bi))
 (thcond ((member(- $?vfr1 $?vfo1) $?b1) (thsucceed)))
 (thmatch (list (- $?vfr1 $?vfo1)) (list $?fr))
 (thsetq $?b2 (remove (- $?vfr1 $?vfo1) $?b1))
 (thsetq $?ro1 (cdr $?op1))
 (thsetq $?ro2 (cdr $?op2))
 (thsetq $?rr (cdr $?res))
 ($G (krypto $?ro1 + $?ro2 = $?rr $?b2 $?bo 1) $T))
```

Das folgende Theorem stammt aus der Gruppe der Fälle ohne jeden Übertrag.
Wir nehmen den Fall, in dem alle Ziffern unbekannt sind:

```
(thconse eqlength-all-different-all-unassigned-00
 (op1 op2 res ro1 ro2 rr bi bo b1 b2 b3 fo1 vfo1 fo2 vfo2 fr)
 (krypto $?op1 +
         ($R $?op2 (lambda(x) (= (length x) (length $?op1))))
         =
         ($R $?res (lambda(x) (= (length x) (length $?op2))))
         $?bi $?bo 0)
 (thnot (thval (list 'thasval (car $?op1)) thalist))
 (thnot (thval (list 'thasval (car $?op2)) thalist))
 (thnot (thval (list 'thasval (car $?res)) thalist))
```

```
(thsetq $?fo1 (car $?op1))
(thsetq $?fo2 (car $?op2))
(thsetq $?fr (car $?res))
($G (choose $?fo1 from $?bi) $T)
(thmatch (list $?fo1) '($?vfo1))
(thsetq $?b1 (remove $?vfo1 $?bi))
($G (choose $?fo2 from $?b1) $T)
(thmatch (list $?fo2) '($?vfo2))
(thsetq $?b2 (remove $?vfo2 $?b1))
(thcond ((member (+ $?vfo1 $?vfo2) $?b2) (thsucceed)))
(thmatch (list (+ $?vfo1 $?vfo2)) (list $?fr))
(thsetq $?b3 (remove (+ $?vfo1 $?vfo2) $?b2))
(thsetq $?ro1 (cdr $?op1))
(thsetq $?ro2 (cdr $?op2))
(thsetq $?rr (cdr $?res))
($G (krypto $?ro1 + $?ro2 = $?rr $?b3 $?bo 0) $T))
```

Wenn Ziffern gleich sind, muß weniger probiert werden. Deshalb sind auch nicht
so viele Teilaktionen erforderlich. Nur am Ende muß das Unterziel vorbereitet
und aufgestellt werden. 8 Fälle sind zu behandeln, je nachdem, wie der Übertrag
ausfällt, welche Ziffern gleich sind, und ob die Ziffer bekannt ist.

Wir zeigen das Theorem für den Fall, daß die Ziffer im ersten Summand gleich
der Resultatsziffer ist, der Übertrag 1 ist und die Ziffer im zweiten Summanden
bekannt ist:

```
(thconse eqlength-first-and-res-equal-9assigned
 (op1 op2 res ro1 ro2 rr bi bo)
 (krypto $?op1 +
        ($R $?op2 (lambda(x) (= (length x) (length $?op1))))
        =
        ($R $?res (lambda(x) (and (equal (car x) (car $?op1))
                                  (= (length x)
                                     (length $?op1)))))
        ($R $?bi (lambda(x) (not (member 9 x))))
        $?bo 1)
(thval (list 'thasval (car $?op2)) thalist)
(thmatch '(9) (list (car $?op2)))
(thsetq $?ro1 (cdr $?op1))
(thsetq $?ro2 (cdr $?op2))
(thsetq $?rr (cdr $?res))
($G (krypto $?ro1 + $?ro2 = $?rr $?bi $?bo 1) $T))
```

Und nun das Theorem für den Fall, daß die Ziffer im zweiten Summanden
gleich der Resultatsziffer ist, kein Übertrag transportiert wird, und die Ziffer
im ersten Summanden unbekannt ist:

```
(thconse eqlength-second-and-res-equal-0unassigned
 (op1 op2 res ro1 ro2 rr bi bo b1)
```

```
(krypto $?op1 +
         ($R $?op2 (lambda(x) (= (length x) (length $?op1))))
         =
         ($R $?res (lambda(x) (and (equal (car x) (car $?op2))
                                   (= (length x)
                                      (length $?op1)))))
         ($R $?bi (lambda(x) (zerop (car x))))
         $?bo 0)
(thnot (thval (list 'thasval (car $?op1)) thalist))
(thmatch '(0) (list (car $?op1)))
(thsetq $?b1 (cdr $?bi))
(thsetq $?ro1 (cdr $?op1))
(thsetq $?ro2 (cdr $?op2))
(thsetq $?rr (cdr $?res))
($G (krypto $?ro1 + $?ro2 = $?rr $?b1 $?bo 0) $T))
```

Wenn die Summanden unterschiedlicher Länge sind, kann meist eine Zahl sofort
bestimmt werden. Die vier Fälle sind ähnlich denen mit beiden Summanden.
Wir geben das Theorem für den Fall, daß die Resultatsziffer unbekannt ist, kein
Übertrag produziert wird, aber einer zu berücksichtigen ist:

```
(thconse second-longer-digits-differ-+1-op-assigned
 (op1 op2 res ro2 rr bi bo b1 fo2 vfo2 fr)
 (krypto $?op1 +
         ($R $?op2 (lambda(x) (> (length x) (length $?op1))))
         =
         ($R $?res (lambda(x) (and (= (length x) (length $?op2))
                                   (not (equal (car x)
                                               (car $?op2))))))
         $?bi $?bo 0)
(thval (list 'thasval (car $?op2)) thalist)
(thnot (thval (list 'thasval (car $?res)) thalist))
(thsetq $?fo2 (car $?op2))
(thsetq $?fr (car $?res))
(thmatch (list $?fo2) '($?vfo2))
(thcond ((member (1+ $?vfo2) $?bi) (thsucceed)))
(thmatch (list (1+ $?vfo2)) (list $?fr))
(thsetq $?b1 (remove (1+ $?vfo2) $?bi))
(thsetq $?ro2 (cdr $?op2))
(thsetq $?rr (cdr $?res))
($G (krypto $?op1 + $?ro2 = $?rr $?b1 $?bo 1) $T))
```

Sind Ziffern gleich und kein Übertrag, so muß ausgewählt werden:

```
(thconse second-longer-same-digits-unassigned
 (op1 op2 res ro2 rr bi bo b1 fb vfb)
 (krypto $?op1 +
         ($R $?op2 (lambda(x) (> (length x) (length $?op1))))
```

```
                =
              ($R $?res (lambda(x) (and (= (length x) (length $?op2))
                                         (equal (car x) (car $?op2)))))
            $?bi $?bo 0)
    (thnot (thval (list 'thasval (car $?op2)) thalist))
    (thsetq $?fd) (car $?op2))
    ($G (choose $?fd) from $?bi) $T)
    (thmatch (list $?fd)) '($?vfd)))
    (thsetq $?b1 (remove $?vfd) (cdr $?bi)))
    (thsetq $?ro2 (cdr $?op2))
    (thsetq $?rr (cdr $?res))
    ($G (krypto $?op1 + $?ro2 = $?rr $?b1 $?bo 0) $T))
```

Nun eines der so fruchtbaren Theoreme, wenn Überträge zu berücksichtigen
sind, die Ziffern sich unterscheiden und ein Summand länger ist als der andere:

```
(thconse second-longer-digits-differ-both-unassigned
 (op1 op2 res ro2 rr bi bo b1)
 (krypto $?op1 +
            ($R $?op2 (lambda(x) (> (length x) (length $?op1)))))
            =
            ($R $?res (lambda(x) (= (length x) (length $?op2)))))
            ($R $?bi (lambda(x) (and (zerop (car x))
                                     (member 9 x))))
            $?bo 1)
    (thnot (thval (list 'thasval (car $?op2)) thalist))
    (thnot (thval (list 'thasval (car $?res)) thalist))
    (thmatch '(0) (list (car $?res)))
    (thmatch '(9) (list (car $?op2)))
    (thsetq $?b1 (remove 9 (cdr $?bi)))
    (thsetq $?ro2 (cdr $?op2))
    (thsetq $?rr (cdr $?res))
    ($G (krypto $?op1 + $?ro2 = $?rr $?b1 $?bo 1) $T))
```

Ist die Summe länger als die Summanden, kann die Ziffer mit dem Wert 1
bestimmt werden:

```
(thconse res-longest-assigned
 (op1 op2 res rr bi bo b1)
 (krypto $?op1 + $?op2
            =
            ($R $?res (lambda(x) (> (length x) (length $?op2)))))
            ($R $?bi (lambda(x) (not (member 1 x))))
            $?bo 0)
    (thval (list 'thasval (car $?res)) thalist)
    (thmatch '(1) (list (car $?res)))
    (thsetq $?rr (cdr $?res))
    ($G (krypto $?op1 + $?op2 = $?rr $?bi $?bo 1) $T))
```

```
(thconse res-longest-unassigned
 (op1 op2 res rr bi bo b1)
 (krypto $?op1 + $?op2
         =
         ($R $?res (lambda(x) (> (length x) (length $?op2))))
         ($R $?bi (lambda(x) (member 1 x)))
         $?bo 0)
 (thnot (thval (list 'thasval (car $?res)) thalist))
 (thmatch '(1) (list (car $?res)))
 (thsetq $?b1 (remove 1 $?bi))
 (thsetq $?rr (cdr $?res))
 ($G (krypto $?op1 + $?op2 = $?rr $?b1 $?bo 1) $T))
```

Wenn die Summe mit einem Summand identisch ist, kann der andere nur 0
sein:

```
(thconse one-digit-first-and-res-equal-assigned
 (op1 op2)
 (krypto $?op1 +
         ($R $?op2 (lambda(x) (null (cdr x)))) = $?op1
         ($R $?bi (lambda(x) (not (zerop (car x)))))
         $?bo 0)
 (thval (list 'thasval (car $?op2)) thalist)
 (thmatch '(0) (list (car $?op2)))
 (thsetq $?bo $?bi))


(thconse one-digit-first-and-res-equal-unassigned
 (op1 op2 bi bo)
 (krypto $?op1 +
         ($R $?op2 (lambda(x) (null (cdr x))))
         = $?op1
         ($R $?bi (lambda(x) (zerop (car x))))
         $?bo 0)
 (thmatch '(0) (list (car $?op2)))
 (thsetq $?bo (cdr $?bi)))


(thconse zero-last-assigned
 (op1 op2)
 (krypto ($R $?op1 (lambda(x) (null (cdr x))))
         + $?op2 = $?op2
         ($R $?bi (lambda(x) (not (zerop (car x)))))
         $?bo 0)
 (thval (list 'thasval (car $?op1)) thalist)
 (thmatch '(0) (list (car $?op1)))
 (thsetq $?bo $?bi))


(thconse zero-last-unassigned
```

```
(op1 op2 bi bo)
(krypto ($R $?op1 (lambda(x) (null (cdr x))))
        + $?op2 = $?op2
        ($R $?bi (lambda(x) (zerop (car x))))
        $?bo 0)
(thmatch '(0) (list (car $?op1)))
(thsetq $?bo (cdr $?bi)))
```

Das folgende Theorem sichert, daß nur die Fälle betrachtet werden müssen, in denen der 1. Summand der kürzere ist:

```
(thconse first-longer
 (op1 op2 res bi bo ca)
 (krypto $?op1 +
         ($R $?op2 (lambda(x) (< (length x) (length $?op1))))
         = $?res $?bi $?bo $?ca)
 ($G (krypto $?op2 + $?op1 = $?res $?bi $?bo $?ca) $T))
```

Das erste Theorem sichert den Abbruch der Bestimmung der Ziffern:

```
(thconse all-nil
 (bi bo)
 (krypto nil + nil = nil $?bi $?bo0)
 (thsetq $?bo $?bi))
```

Es ist hochinteressant, dieses Programm mit dem PROLOG-Programm im nächsten Kapitel zu vergleichen. (Tatsächlich haben wir das MicroPLANNER-Programm aus dem PROLOG-Programm entwickelt.) Beide Programme sind nicht identisch, weil in MicroPLANNER keine tief verschachtelten Terme verwendet werden können, sondern nur flache Terme (ein Niveau). Deshalb müssen wir in MicroPLANNER "Kopfstände" machen, um an die Ziffernvariablen zu kommen.

Dann fehlt uns die Unifikation – das Matchen ist nur ein schwacher Ersatz. Wir können zum Beispiel nicht zwei Terme matchen, wenn in dem einen eine Variable mehrfach auftritt und im anderen überall verschiedene Variablen stehen.

```
(F $?x $?x $?x)        (F $?a $?b $?c)
```

Weil der Interpreter die Variablen nicht baumförmig miteinander verknüpft, sondern linear, werden hierbei nur x und c identifiziert. (Der Vergleich ist korrekt, wenn eine der Variablen gebunden ist.)

Wenn alle beteiligten Variablen ungebunden sind, wird später der x-Wert nur c zugewiesen.

Aus Platzgründen können wir in diesem Abschnitt nicht zeigen, wie seinerzeit tatsächlich mit MicroPLANNER umgegangen wurde. Das in [1] abgedruckte Programm zeigt ein wenig den anscheinend üblichen konfusen Stil.

9.4 MicroPLANNER – Eine Implementation von PLANNER

Die Daten in MicroPLANNER heißen "Assertionen", die Programmteile "Theoreme". Sie sind gemeinsam in der Datenbasis abgespeichert. Da das Retrieval der Daten kritisch ist für die Effizienz der Implementation, ist die Datenbasis in *Buckets* aufgegliedert. Jedem Symbol aus einem Muster wird ein Bucket zugeordnet. Ein Bucket ist eine Datenstruktur, die folgende Komponenten enthält:

- Typ (`ASSERTION` oder `THEOREM`)

- Stelle des Symbols im Muster

- Länge des Musters

- Anzahl der Muster im Bucket

- Muster

So wird das Datum (`AT I DESK`) als Resultat einer Aktivierung der Dateneingabefunktion `THASSERT` in folgende Buckets aufgeteilt:

```
(ASSERTION (1 (3 1 (AT I DESK))))
(ASSERTION (2 (3 1 (AT I DESK))))
(ASSERTION (3 (3 1 (AT I DESK))))
```

Diese sind in den P-Listen der Symbole abgelegt. Wird etwa (`AT DESK HOME`) hinzugefügt, dann sind `DESK` die folgenden Buckets zugeordnet:

```
(ASSERTION (3 (3 1 (AT I DESK)))
           (2 (3 1 (AT DESK HOME))))
```

Kommt desweiteren (`ISA DESK FURNITURE`) hinzu, dann ergibt sich:

```
(ASSERTION (3 (3 1 (AT I DESK)))
           (2 (3 2 (AT DESK HOME)
                   (ISA DESK FURNITURE))))
```

Bei der Suche nach einem Datum geht man also über ein Symbol an die zugeordneten Buckets, aus diesen wird das kürzeste Bucket ausgesucht, bei dem das Symbol an der richtigen Stelle steht.

Der Mustervergleich wird in MicroPLANNER für den Datenzugriff und den "Prozedur"-aufruf verwendet. Beim Datenzugriff wird in der Datenbasis nach einer Assertion gesucht, das auf das Muster paßt. Dabei können Variable gebunden werden.

Kern des MicroPLANNER-Interpreters ist der Backtrack-Mechanismus. Wir erläutern ihn an einem Beispiel.

Die Datenbasis enthalte an Daten:

```
(HUMAN TURING)
(HUMAN SOCRATES)
(GREEK SOCRATES)
```

An Theoremen:

```
(THCONSE
  (Y)
  (FALLIBLE $?Y)
  ($G (HUMAN $?Y)))
```

Wir werten aus:

```
(THPROG
  (X)
  ($G (FALLIBLE $?X) $T)
  ($G (GREEK $?X)))
```

Dies ist eine Und-Verknüpfung zweier Aussagen und bedeutet: "X ist fehlbar und X ist Grieche."

Die Auswertung beginnt mit dem THPROG. Die erste interessante Aktion ist die Bindung von X, die aber noch kein konkreten Wert beinhaltet. Nun wird das erste Teilziel ausgewertet. In der Datenbasis wird nach Assertionen der Form (FALLIBLE x) gesucht. Solche gibt es nicht, also wird nach entsprechenden Theoremen gesucht. Wir finden das Consequent-Theorem, das oben erwähnt wurde. Nun wird das Theoremmuster (FALLIBLE $?Y) mit dem Rufmuster (FALLIBLE $?X) verglichen und Y an X gebunden. Dazu wird Y das Element der Assoziationsliste, in dem die Bindung von X beschrieben ist, zugeordnet. Das Muster paßt und der Körper des Theorems wird ausgewertet. Hier steht ein Zielausdruck. Wiederum wird in der Datenbasis nach Assertionen gesucht, diesmal der Form (HUMAN x). Es wird der Eintrag (HUMAN TURING) gefunden. Der Mustervergleich klappt und Y erhält den Wert TURING. Damit wird dieser Wert auch X zugeordnet. Ergebnis der Theoremauswertung ist demnach (FALLIBLE TURING). Nun wird das nächste Ziel im THPROG-Körper ausgewertet, es ist – wegen des Wertes von X: (GREEK TURING). Wir finden weder eine Assertion noch ein Theorem und müssen das Ziel aufgeben.

Das System verfolgt das Ziel (FALLIBLE $?Y) weiter und betrachtet die Bindung von Y an TURING für nicht geschehen. In der Datenbasis wird weiter gesucht und die Assertion (FALLIBLE SOCRATES) gefunden. Erneut wird Y gebunden, weil der Mustervergleich erfolgreich abläuft, diesmal also mit SOCRATES, und auch X erhält diesen Wert. Ergebnis der Theoremauswertung ist jetzt (FALLIBLE SOCRATES) und das Ziel (GREEK SOCRATES) wird im THPROG-Körper angegangen. Dieses Ziel kann durch Suche in der Datenbasis erfolgreich erreicht werden. Da kein Ergebnis nach außen gegeben wird, ist das Ergebnis der THPROG-Auswertung THNOVAL.

Wir können nun die Implementierung beginnen. Wir sehen, daß die gesamte Syntax schlicht eine Teilmenge von LISP ist. Es sind also LISP-Funktionen zu programmieren, die die MicroPLANNER-Grundfunktionen darstellen.

Aus Platzgründen geben wir nicht die Funktionen an, die die Datenbasis verwalten. Der Aufbau der Buckets sollte rekonstruierbar sein. Man beachte, daß eine Aufnahmeaktion zum FAIL führt, wenn das Aufzunehmende bereits in der Datenbasis enthalten ist. Das gleiche gilt für Beseitigungsaktionen, wenn das zu Beseitigende nicht in der Datenbasis vorhanden ist.

THMATCHLIST sucht Assertionen oder Theoreme in der Datenbasis, die auf ein Muster passen und liefert das kürzeste Bucket.

```
(DEFUN THMATCHLIST(THTB THWH)
 ; THTB ist das Muster, THWH eine Information über dessen Art
 (LET ((THAL (LENGTH THTB)))
         ; Länge des Musters
     (DO ((THB1 THTB (CDR THB1))
          (THB2 (CAR THTB) (CADR THB1))
          ; aktuelles Item
          (THNF 1 (1+ THNF))
          ; Zähler für Musterposition
          (THL1 NIL)
          (THL2 NIL)
          (THA1 NIL)
          (THRN NIL)
          (THA2 NIL)
          (THRVC NIL)
          (THL 1000))
          ; Länge des längsten Buckets
         ((NULL THB1)
          (COND (THL2 (APPEND THL1 THL2))
                (T THL1)))
         ; Muster durchgearbeitet - liefere Bucket
         (COND
           ((AND (SYMBOLP THB2)
                 (NOT (EQ THB2 '?)))
            ; betrachte nur Symbole ...
            (COND
              ((NOT (EQ (GET THB2 THWH) 'THNOHASH))
               ; Chance auf ein brauchbares Bucket
               (SETQ THA1 (THMATCHLIST1 THB2 THWH THNF THAL))
               ; bilde das Bucket
               (SETQ THRN (CADR THA1))
               ; die Bucketlänge
               (SETQ THA1 (CDDR THA1))
               ; die Einträge
               (COND
                 ((EQ THWH 'THASSERTION)
                  (COND
                    ((EQ THRN 0) (RETURN NIL))
                     ; im Falle der leeren Assertion hat das Suchen
                     ; keinen Zweck mehr
                    ((> THL THRN)
                     (SETQ THL1 THA1)
                     (SETQ THL THRN))))
                  ; dies ist brauchbar; merke es vor
```

```
                    (T (SETQ THA2 (THMATCHLIST1 'THVRB THWH
                                                THNF THAL))
                    ; suche nach Theoremen, die eine Variable an
                    ; der richtigen Stelle haben
                    (SETQ THRVC (CADR THA2))
                    (SETQ THA2 (CDDR THA2))
                    (COND ((<= (+ THRVC THRN) THL)
                              ; vergleiche die Summe der Element-
                              ; anzahl im Atombucket und der Ele-
                              ; mentanzahl im Variablenbucket mit
                              ; der kleinsten Zahl bisher
                              (SETQ THL (+ THRVC THRN))
                              (SETQ THL1 THA1)
                              (SETQ THL2 THA2))))))))))))
                    ; merke dieses Bucket vor

(DEFUN THMATCHLIST1(FROM THWH THNF THAL)
 (LET ((X (GET FROM THWH)))
          ; hole Bucket
     (COND
        ((NULL X) '(0 0))
          ; nimm Ersatz
        (T (LET ((Y (ASSOC THNF (CDR X) :test #'EQUAL)))
                  ; richtige Position?
              (COND
                 ((NULL Y) '(0 0))
                   ; nein, nimm Ersatz
                 (T (LET ((Z (ASSOC THAL (CDR Y) :test #'EQUAL)))
                           ; richtige Länge?
                     (COND ((NULL Z) '(0 0))
                               ; nein, nimm Ersatz
                       (T Z)))))))))))
                   ; Bucket gefunden
```

Zentrale logische Funktion ist `THGOAL`:

```
(DEFMACRO THGOAL(&rest THA) '(THGOAL1 ',THA))

(DEFUN THGOAL1(THA)
 ; THA hat die Form: (Muster Empfehlung)
 ; das Muster ist entweder explizit oder Wert einer Variablen oder
 ; THVAL von $E
 (LET ((THY NIL) (THY1 NIL) (THZ NIL) (THZ1 NIL) (THA1 (CDR THA))
       (THA2 (THVARSUBST (CAR THA) T)))
          ; THA1 enthält die Empfehlungen, THA2 das eigentliche Muster
     (DECLARE (SPECIAL THY1 THZ1 THA1 THA2))
     (COND
        ((OR (NULL THA1)
```

```
                (AND (NOT (AND (EQ (CAAR THA1) 'THANUM)
                               (SETQ THA1 (CONS (LIST 'THNUM
                                                      (CADAR THA1))
                                            (CONS (LIST 'THDBF
                                                        'THTRUE)
                                                  (CDR THA1)))))))
                     (NOT (AND (EQ (CAAR THA1) 'THNODB)
                               (PROGN (SETQ THA1
                                            (CDR THA1))
                                      T)))
                     (NOT (EQ (CAAR THA1) 'THDBF))))
           (SETQ THA1 (CONS (LIST 'THDBF 'THTRUE)
                            THA1)))))
     (SETQ THA1 (MAPCAN #'THTRY THA1))
     ; hänge Theoreme und Assertionen, die den Emfehlungen genügen, an
     ; die Empfehlungen
     (COND
       ((NULL THA1) NIL)
       (T (THPUSH THTREE (LIST 'THGOAL THA2 THA1))
          (RPLACD (CDDAR THTREE) 262143)
          ; keine Begrenzung für Alternativenzahl
          NIL))))
     ; standardmäßiges FAIL zur Besichtigung der Alternativen
```

Wir kommen nun zu Funktionen, mit denen der MicroPLANNER-Programmierer arbeitet. Zu den wichtigsten Grundfunktionen gehört THPROG.

```
(DEFMACRO THPROG(&rest THA) '(THPROG1 ',THA))


(DEFUN THPROG1(THA)
 (THBIND (CAR THA))
 ; binde Variablen
 (THPUSH THTREE (LIST 'THPROG THA NIL NIL))
 ; bereite Backtrack-Information vor
 (THPROGA))


(DEFUN THPROGA()
 (LET ((X (CDAR THTREE)))
     (COND ((NULL (CDAR X)) (THPOPT) 'THNOVAL)
             ; keine PROG-Anweisung
           ((ATOM (CADAR X))
             ; Marke
             (SETQ THEXP (LIST 'THTAG (CADAR X)))
             (RPLACA X (CDAR X))
             THVALUE)
             ; wird durch THTAG verarbeitet; Weiterstellen des Werts
           (T (SETQ THEXP (CADAR X))
```

```
            (RPLACA X (CDAR X))
            THVALUE))))
            ; sonst wird nächster Ausdruck mitgeteilt und weitergestellt
```

THSETQ erlaubt die Änderung von Variablenwerten ohne die Mustervergleichs-
und Zielkonstrukte.

```
(DEFMACRO THSETQ(VAR VAL) '(THSETQ1 ',VAR ',VAL))

(DEFUN THSETQ1(VAR VAL)
  (COND ((SYMBOLP VAR)
         (THPUSH THTREE (LIST 'THMUNG
                              (LIST 'SETQ
                                    VAR
                                    (LIST 'QUOTE
                                          (EVAL VAL)))))
         (SETQ THVALUE (EVAL VAL))
         (SETF (SYMBOL-VALUE VAR) THVALUE))
        (T (LET ((THML NIL))
             (DECLARE (SPECIAL THML))
             (SETQ THVALUE (THVAL VAL THALIST))
             (THRPLACAS (CDR (THSGAL VAR)) THVALUE)
             (THPUSH THTREE (LIST 'THMUNG THML))))))
```

Nur mit THRETURN bekommt man Werte aus dem THPROG, die von THNOVAL
verschieden sind.

```
(DEFMACRO THRETURN(X) '(THSUCCEED1 '(THPROG ,X)))
```

Die Verknüpfungsoperationen:

```
(DEFMACRO THAND(&rest THA)
  (COND ((NULL THA) T)
        (T '(PROGN (THPUSH THTREE (LIST 'THAND ,THA NIL))
             (SETQ THEXP ',(CAR THA))))))

(DEFMACRO THNOT(THA)
  '(SETQ THEXP (LIST 'THCOND
                     (LIST ',THA '(THFAIL THAND))
                     '(T (THSUCCEED)))))

(DEFMACRO THOR(&rest THA)
  (COND ((NULL THA) NIL)
        (T '(PROGN (THPUSH THTREE (LIST 'THOR ,THA))
             (SETQ THEXP ',(CAR THA))))))
```

Die MicroPLANNER-Auswertefunktion verarbeitet LISP-ähnliche Terme:

```
(DEFUN THVAL(THEXP THALIST)
  (DECLARE (SPECIAL THALIST))
```

```lisp
(THPUSH THLEVEL (LIST THTREE THALIST))
(LET ((THTREE NIL) (THBRANCH NIL) (THABRANCH NIL)
      (THOLIST NIL) (THVALUE 'THNOVAL))
  (DECLARE (SPECIAL THABRANCH THBRANCH THOLIST THTREE
                                              THVALUE))
    (DO ((THE THEXP1 THEXP)
          ; der aktuell auszuwertende Ausdruck
          (THEXP NIL NIL)
          ; der nächste auszuwertende Ausdruck
          (THMESSAGE NIL NIL))
          ; aus dem Programm gekommende Nachricht
        (NIL)
        (DECLARE (SPECIAL THEXP THMESSAGE))
        (SETQ THVALUE (EVAL THE))
        ; werte den MicroPLANNER-Term aus
        (DO () ; reagiere auf die Situation danach
            ((AND THMESSAGE
                  (EQ (CAR THMESSAGE) THTREE))
             ; ist eine Nachricht da, deren Anfang der aktuelle Baum ist?
             (SETQ THEXP (CADR THMESSAGE))
             (SETQ THMESSAGE NIL))
            (COND
              (THEXP (RETURN NIL))
              ; Existiert ein nächster Ausdruck?
              ; – die Situation ist klar für nächsten Auswertezyklus
              ((NULL THVALUE)
               (COND
                 ((NULL THTREE)
                  ; ist der Baum abgearbeitet?
                  (SETQ THLEVEL (CDR THLEVEL))
                  (RETURN-FROM THVAL NIL))
                  ; gib FAIL nach außen
                 (T (SETQ THEXP (GET (CAAR THTREE) 'THFAIL))
                  (COND
                    (THEXP
                      (SETQ THVALUE
                            (FUNCALL (PROG1 THEXP
                                        (SETQ THEXP
                                             NIL)))))
                    (T (THERT "Bad fail - THVAL"))))))
              (T ; Verarbeitung war erfolgreich
                (COND ((NULL THBRANCH)
                        ; ist Zustand gerettet?
                        (SETQ THBRANCH THTREE)
                        (SETQ THABRANCH THALIST)))
                        ; rette Baum und A-Liste
```

```
                        (COND
                          ((NULL THTREE)
                             ; ist der Baum abgearbeitet?
                             (SETQ THLEVEL (CDR THLEVEL))
                             (RETURN-FROM THVAL THVALUE))
                             ; gib Erfolg nach außen
                        (T (SETQ THEXP (GET (CAAR THTREE) 'THSUCCEED))
                          (COND
                            (THEXP
                              (SETQ THVALUE
                                    (FUNCALL (PROG1 THEXP
                                                    (SETQ THEXP
                                                          NIL)))))
                          (T (THERT "Bad succeed - THVAL" )))))
                                                              ))))))
```

Der Mustervergleicher:

```
(DEFUN THMATCH(&rest THX)
  (LET((THOLIST (COND ((> (LENGTH THX) 2) (CADDR THX))
                      (T THALIST)))
       (THALIST (COND ((> (LENGTH THX) 3) (CADDDR THX))
                      (T THALIST))))
     (DECLARE (SPECIAL THALIST THOLIST))
     (THMATCH1 (CAR THX) (CADR THX))))


(DEFUN THMATCH1(THX THY)
   ; THX - Muster, THY - Objekt
  (COND ((EQ (CAR THX) 'THEV)
         (SETQ THX (THVAL (CADR THX) THOLIST))))
  (LET ((THML NIL))
     (DECLARE (SPECIAL THML))
        ; THML nimmt die Variablenbindungen auf
     (COND ((AND (EQ (LENGTH THX) (LENGTH THY))
            ; Muster und Objekt gleicher Länge?
             (CATCH 'MATCH1 (MAPC #'THMATCH2 THX THY)))
            (COND (THML (THPUSH THTREE (LIST 'THMUNG THML))))
            T)
           (T (EVLIST THML)
            ; Auflösung der nun unnötigen Bindungen
            NIL))))
```

Die Funktion `THMATCH2` ist die zentrale Mustervergleichsfunktion. Sie vergleicht immer nur zwei separate Dinge – Musterelement und Objektelement.

```
(DEFUN THMATCH2(THX THY)
   ; THX - Musterelement, THY - Objektelement
  (COND ((AND (CONSP THX) (EQ (CAR THX) 'THEV))
```

```
         (SETQ THX (THVAL (CADR THX) THOLIST))))
         ; hole Mustervariablenwert aus alter A-Liste,
         ; falls vorher ausgewertet werden soll
(COND ((AND (CONSP THY) (EQ (CAR THY) 'THEV))
       (SETQ THY (THVAL (CADR THY) THALIST))))
       ; hole Objektvariablenwert aus neuer A-Liste,
       ; falls vorher ausgewertet werden soll
(COND
   ((EQ THX '?) T)
    ; ? paßt auf alles
   ((EQ THY '?) T)
   ((OR (THVAR? THX)
        (THVAR? THY)
        (AND (CONSP THX) (EQ (CAR THX) 'THRESTRICT))
        (AND (CONSP THY) (EQ (CAR THY) 'THRESTRICT)))
    ; ist eines der Objekte eine Variable?
    (LET ((XPAIR (COND
                    ((THVAR? THX) (THASSOC THX THOLIST))
                     ; x ist eine einfache Variable
                    ((AND (CONSP THX) (EQ (CAR THX) 'THRESTRICT))
                     ; x ist eine eingeschränkte Variable
                     (COND
                        ((EQ (CAR THX) '?)
                         (PROG1 (CONS '?
                                      (CONS 'THUNASSIGNED
                                            (COPY-LIST (CDDR
                                                        THX))))
                           ; eine simulierte Bindungszelle für ?
                           (SETQ THX '(THNV ?))))
                           ; ersetze ?
                        (T (LET ((U (THASSOC (CADR THX)
                                             THOLIST)))
                             ; hole alte Einschränkungen für x
                             (THRPLACDS (CDR U)
                                        (THUNION (CDDR U)
                                                 (CDDR THX)))
                             ; konstruiere aktuelle Einschränkungen
                             (SETQ THX (CADR THX))
                             ; die Variable
                             U))))))
                             ; die Bindungszelle
          (YPAIR (COND
                    ((THVAR? THY) (THASSOC THY THALIST))
                     ; y ist eine einfache Variable
                    ((AND (CONSP THY)
                          (EQ (CAR THY) 'THRESTRICT))
```

```
                        ; x ist eine eingeschränkte Variable
                        (COND
                          ((EQ (CAR THY) '?)
                           (PROG1 (CONS '?
                                        (CONS 'THUNASSIGNED
                                              (COPY-LIST (CDDR
                                                          THY))))
                             ; eine simulierte Bindungszelle für ?
                             (SETQ THY '(THNV ?))))
                             ; ersetze ?
                          (T (LET ((U (THASSOC (CADR THY)
                                      THALIST)))
                                  ; hole alte Einschränkungen für x
                             (THRPLACDS (CDR U)
                                        (THUNION (CDDR U)
                                                 (CDDR THY)))
                             ; baue aktuelle Einschränkungen
                             (SETQ THY (CADR THY))
                             ; die Variable
                             U))))))
                             ; die Bindungszelle
  ; XPAIR und YPAIR sind nun die Bindungszellen für die
  ; Variablen samt den Einschränkungen
  (COND
    ((AND XPAIR
          ; x eine Variable?
          (OR (EQ (CAR THX) 'THNV)
              (AND (EQ (CAR THX) 'THV)
                   (EQ (CADR XPAIR) 'THUNASSIGNED)))
          ; und noch nicht mit Wert belegt?
          (THCHECK (CDDR XPAIR)
                   (COND (YPAIR (CADR YPAIR))
                         (T THY))))
          ; Einschränkungen sind mit denen von y verträglich?
     (COND
       (YPAIR
        (THRPLACAS (CDR XPAIR)
                   (CADR YPAIR))
        ; dann beide Variablen miteinander verbinden
        ; dies ist falsch: nur lineare Verbinungen!
        (COND ((CDDR YPAIR)
               (THRPLACDS (CDR XPAIR)
                          (THUNION (CDDR XPAIR)
                                   (CDDR YPAIR))))))
        ; vereinige die Einschränkungen
       (THRPLACDS YPAIR (CDR XPAIR)))
```

```
                      ; identifiziere y mit x
          (T (THRPLACAS (CDR XPAIR) THY))))
          ; ist y keine Variable, so weise es als Wert dem x zu
            ((AND YPAIR
                    ; y eine Variable?
                    (OR (EQ (CAR THY) 'THNV)
                        (AND (EQ (CAR THY) 'THV)
                             (EQ (CADR YPAIR) 'THUNASSIGNED)))
                    ; und noch nicht mit Wert belegt?
                    (THCHECK (CDDR YPAIR)
                             (COND (XPAIR (CADR XPAIR))
                                   (T THX))))
                    ; Einschränkungen sind mit denen von x verträglich?
                 (COND
                   (XPAIR
                     (THRPLACAS (CDR YPAIR)
                                (CADR XPAIR)))
                     ; dann beide Variablen miteinander verbinden
                     (T (THRPLACAS (CDR YPAIR) THX))))
            ((AND XPAIR
                    ; x eine Variable?
                    (EQUAL (CADR XPAIR)
                           ; und der Wert ...
                           (COND (YPAIR (CADR YPAIR))
                               ; mit dem von y gleich (y Variable)?
                               (T THY))))
                               ; bzw. mit y selbst gleich
               T)
               ; dann ist der Vergleich erfüllt
            ((AND YPAIR
                    ; y eine Variable?
                    (EQUAL (CADR YPAIR) THX))
                    ; und der Wert gleich x
               T)
               ; dann ist der Vergleich erfüllt
            (T (THROW 'MATCH1 NIL)))))
               ; sonst sind zwei Variable verschieden
      ((EQUAL THX THY) T)
        ; zwei Werte sind gleich
      (T (THROW 'MATCH1 NIL))))
        ; zwei Werte sind verschieden
```

THASSOC liefert die Bindungszelle einer Variablen in der A-Liste.

```
(DEFUN THASSOC(X Y)
  (SETQ THXX X)
  (OR (ASSOC (CADR X) Y :test #'EQUAL)
      (PROG2 (PRINT THXX) (THERT "Thunbound - THASSOC")))))
```

```
(DEFUN THCHECK(THPRO THX)
 (COND
   ((OR (NULL THPRO)
        (EQ THX 'THUNASSIGNED))
     T)
   (T (DO ((THL THPRO (CDR THL)))
          ((NULL THL) T)
          (COND ((NOT (FUNCALL (CAR THL) THX)) (RETURN NIL)))))))
```

Die Arbeit mit den Theoremen ist durch die Empfehlungslisten gesteuert.
THAPPLY wendet Theoreme an.

```
(DEFUN THAPPLY1(THM THB DAT)
 (COND ((AND (THBIND (CADR THB))
             (THMATCH1 DAT (CADDR THB)))
        ; paßt das Theoremuster aufs Ziel?
        (THPUSH THTREE '(THEOREM))
        ; alle Theoreme sehen wie THPROGS aus und arbeiten auch so
        (THPUSH THTREE (LIST 'THPROG (CDDR THB) NIL (CDDR THB)))
        ; baue (noch leere) Backtrack-Information auf
        (THPROGA)
        T)
        ; signalisiere Erfolg
       (T (SETQ THALIST THOLIST) (THPOPT) NIL)))
        ; wenn das Muster nicht paßt, löse ein FAIL aus
```

THTRY bildet eine Liste von auszuführenden Aktionen, die auf den Backtrack-
Baum gebracht wird. Wenn an diese Stelle ein Backtracking zurückfällt, wird
die erste Aktion aus dieser Liste ausgeführt.

```
(DEFUN THTRY(X)
 (COND ((ATOM X) NIL)
         ; atomare Empfehlungen zählen nicht
       ((EQ (CAR X) 'THTBF)
         ; Theorem-Base-Filter?
        (COND ((NOT THZ1)
               (SETQ THZ1 T)
               (SETQ THZ (THMATCHLIST THA2 'THCONSE))))
        (COND (THZ (LIST (LIST 'THTBF (CADR X) THZ)))
               ; 2. Element gewöhnlich THTRUE
              (T NIL)))
       ((EQ (CAR X) 'THDBF)
         ; Data-Base-Filter?
        (COND ((NOT THY1)
               (SETQ THY1 T)
               (SETQ THY (THMATCHLIST THA2 'THASSERTION))))
        (COND (THY (LIST (LIST 'THDBF (CADR X) THY)))
```

```
                (T NIL)))
          ((EQ (CAR X) 'THUSE)
            ; THUSE-Anweisungen in THTBF THTRUE übersetzen
            (LIST (LIST 'THTBF 'THTRUE (CDR X))))
          ((EQ (CAR X) 'THNUM) (LIST X))
          (T (PRINT X)
            (THTRY (THERT "Unclear recommendation - THTRY")))))
```

THTRY1 versucht die nächste Empfehlung aus dem Backtrack-Baum für das aktuelle Ziel anzuwenden:

```
(DEFUN THTRY1()
  (LET ((THY (CDDAR THTREE)) (THZ (CAR THTREE)) (THW NIL))
     (RPLACD THY (1- (CDR THY)))
     ; zähle Alternativen
     (DO ((THX NIL))
         ((OR (NULL (CAR THY))
              (ZEROP (CDR THY))) NIL)
         ; keine Alternativen mehr
         (SETQ THX (CAAR THY))
         ; beschaffe nächste Alternative
         (CASE (CAR THX)
             ; dies ist eine ...
             (THNUM (RPLACD THY (CADR THX))
             ; Veränderung der Versuchszahl
                    (RPLACA THY (CDAR THY)))
             (THDBF (DO ((XVAL NIL))
             ; Assertionalternative
                        ((NULL (CADDR THX))
                          (SETQ THOLIST THALIST)
                          (RPLACA THY (CDAR THY)))
                        (SETQ THOLIST THALIST)
                        ; A-Liste vor Match
                        (SETQ THW (CAADDR THX))
                        (SETQ XVAL (AND (FUNCALL (CADR THX) THW)
                                        (THMATCH1 (CADR THZ)
                                                  (CAR THW))))
                        ; Alternative brauchbar?
                        (RPLACA (CDDR THX) (CDADDR THX))
                        ; Alternative versucht
                        (COND (XVAL (RETURN-FROM THTRY1 THW)))))
                        ; brauchbar
             (THTBF (DO ((THEOREM NIL))
             ; Theoremalternative
                        ((NULL (CADDR THX)) (RPLACA THY (CDAR THY)))
                        ; alle verbraucht ..
                        (SETQ THEOREM (CAADDR THX))
```

```
                    (SETQ THW (GET THEOREM 'THEOREM))
                    ; hole nächstes Theorem
                    (COND
                      ((NOT (AND THW (EQ (CAR THW) 'THCONSE)))
                        (PRINT THEOREM)
                        (THERT "Bad theorem - THTRY1")))
                        ; es ist unbrauchbar
                    (COND
                      ((LET ((XVAL (AND (FUNCALL (CADR THX)
                                                 (CAADDR THX))
                                        (THAPPLY1 THEOREM
                                                  THW
                                                  (CADR THZ)))))
                                  ; aktiviere Theorem
                        (RPLACA (CDDR THX) (CDADDR THX))
                        ; beseitige Alternative
                        XVAL)
                      ; Theorem erfolgreich?
                      (RETURN-FROM THTRY1 T)))))))))
                      ; ja
```

Das Backtracking wird dadurch realisiert, daß im Backtrack-Baum Eintragungen gemacht werden, in denen die arbeitende Funktion vermerkt ist. Ist ihre Arbeit erfolgreich, so wird eine Funktionsvariante aktiviert, deren Namen mit T aufhört. Scheitert sie oder kommt das Backtracking mit Versagen zurück, dann wird die Funktionsvariante aktiviert, deren Namen mit F aufhört.

```
(SETF (GET 'THAND 'THSUCCEED) 'THANDT)

(SETF (GET 'THAND 'THFAIL) 'THANDF)

(DEFUN THANDT()
  (COND ((CDADAR THTREE)
         (THBRANCH)
         (SETQ THEXP (CADR (CADAR THTREE)))
         (RPLACA (CDAR THTREE) (CDADAR THTREE)))
        (T (THPOPT))))

(DEFUN THANDF()
  (THBRANCHUN)
  NIL)

(SETF (GET 'THASSERT 'THSUCCEED) 'THASSERTT)

(SETF (GET 'THASSERT 'THFAIL) 'THASSERTF)

(DEFUN THASSERTF()
  (THREMOVE (COND ((ATOM (CADAR THTREE)) (CADAR THTREE))
```

```
                        (T (CAADAR THTREE)))))
 (THPOPT)
 NIL)

(DEFUN THASSERTT() (PROG1 (CADAR THTREE) (THPOPT)))

(DEFMACRO THCOND(&rest THA)
 '(PROGN (THPUSH THTREE (LIST 'THCOND ',THA NIL))
         (SETQ THEXP ',(CAAR THA))))

(SETF (GET 'THCOND 'THSUCCEED) 'THCONDT)

(SETF (GET 'THCOND 'THFAIL) 'THCONDF)

(DEFUN THCONDF() (THOR2 NIL))

(DEFUN THCONDT()
 (RPLACA (CAR THTREE) 'THAND)
 (RPLACA (CDAR THTREE) (CAADAR THTREE))
 THVALUE)

(SETF (GET 'THEOREM 'THSUCCEED) 'THPOPTV)

(SETF (GET 'THEOREM 'THFAIL)'THPOPTV)

(DEFMACRO THERASE(&rest THA) '(THASS1 ',THA NIL))

(SETF (GET 'THERASE 'THSUCCEED) 'THERASET)

(SETF (GET 'THERASE 'THFAIL) 'THERASEF)

(DEFUN THERASET() (PROG1 (CADAR THTREE) (THPOPT)))

(DEFUN THERASEF()
 (COND ((ATOM (CADAR THTREE)) (THADD (CADAR THTREE) NIL))
       (T (THADD (CAADAR THTREE) (CDADAR THTREE))))
 (THPOPT)
 NIL)

(DEFUN THOR2(P)
 (COND
   (THMESSAGE (THPOPT) NIL)
   ((AND (CADAR THTREE)
         (CDADAR THTREE))
     (RPLACA (CDAR THTREE) (CDADAR THTREE))
     (SETQ THEXP (COND
```

```
                    (P (PROG1 (CAADAR THTREE)
                              (COND
                                   ((NULL (CADAR THTREE)) (THPOPT)))))
                    (T (CAR (CAADAR THTREE)))))))
   (T (THPOPT) NIL)))


(SETF (GET 'THGOAL 'THSUCCEED) 'THGOALT)


(SETF (GET 'THGOAL 'THFAIL)'THGOALF)
```

Die Funktion THGOALF wird aktiviert, wenn ein Ziel andere Alternativen produzieren muß . Die Hauptarbeit erledigt THTRY1. Wenn es NIL liefert, sind
die Alternativen ausgegangen. Durch den Wert NIL wird dies THVAL migeteilt.
THPOPT beseitigt den Entscheidungspunkt für dieses Ziel.

```
(DEFUN THGOALF()
  (COND (THMESSAGE (THPOPT) NIL)
        ((THTRY1))
        (T (THPOPT) NIL)))


(DEFUN THGOALT()
  (PROG1 (COND ((EQ THVALUE 'THNOVAL)
                  (LIST (THVARSUBST (CADAR THTREE) NIL)))
               (T THVALUE))
         (THPOPT)))


(DEFUN THMUNGF()
  (EVLIS (CADAR THTREE))
  (THPOPT)
  NIL)


(SETF (GET 'THMUNG 'THSUCCEED) 'THPOPTV)


(SETF (GET 'THMUNG 'THFAIL) 'THMUNGF)


(DEFUN THPOPTV()
  (SETQ THTREE (CDR THTREE))
  THVALUE)


(SETF (GET 'THPROG 'THSUCCEED) 'THPROGT)


(SETF (GET 'THPROG 'THFAIL) 'THPROGF)


(DEFUN THPROGF() (THBRANCHUN) NIL)


(DEFUN THPROGT() (THBRANCH) (THPROGA))


(SETF (GET 'THREMBIND 'THSUCCEED) 'THREMBINDT)
```

```
(SETF (GET 'THREMBIND 'THFAIL) 'THREMBINDF)

(DEFUN THREMBINDT()
 (SETQ THALIST (CADAR THTREE))
 (THPOPT)
 THVALUE)

(DEFUN THREMBINDF()
 (SETQ THALIST (CADAR THTREE))
 (THPOPT)
 NIL)
```

THBRANCHUN wird durch THPROGF bei fehlgeschlagenen Aktionen aktiviert:

```
(DEFUN THBRANCHUN()
 (LET ((X (CADDAR THTREE)))
        ; stelle Backtrack-Information bereit
     (COND ((NULL X) (THPOPT) NIL)
             ; keine weiteren Entscheidungspunkte im THPROG
           (T (RPLACA (CDAR THTREE) (CADDAR X))
              (RPLACA (CDDAR THTREE) (CDR X))
              (SETQ THALIST (CADAR X))
              ; setze A-Liste zurück
              (SETQ THTREE (CAAR X))
              ; setze den Baum zurück
              T))))
              ; signalisiere möglichen Backtrack-Schritt
```

THBRANCH wird von THPROGT aus aktiviert, wenn erfolgreich zurückgegangen
wird. Die erste Backtrack-Informatiom im Baum bezieht sich auf THPROG.

```
(DEFUN THBRANCH()
 (COND ((NULL (CDADAR THTREE)) NIL)
         ; Ende des THPROG-Körpers erreicht?
       ((EQ THBRANCH THTREE) (SETQ THBRANCH NIL))
         ; keine interessante Information vorhanden
       (T (RPLACA (CDDAR THTREE)
                (CONS (LIST THBRANCH THABRANCH (CADAR THTREE))
         ; rette Info über letzte erfolgreiche Aktion –
         ; alten Baum und alte A-Liste
                      (CADDAR THTREE)))
       (SETQ THBRANCH NIL))))
       ; THVAL wird über Erfolg dieser Anweisung informiert
```

THSUCCEED ist die Erfolgsfunktion.

```
(DEFMACRO THSUCCEED(&rest a) '(THSUCCEED1 ',a))
```

```
(DEFUN THSUCCEED1(THA)
 (COND
   ((NOT THA) T)
   (T (SETQ THBRANCH THTREE)
      (SETQ THABRANCH THALIST)
      (DO ()
         ((NULL THTREE)
           (PRINT THA)
           (THERT "Overpop - THSUCCEED"))
         (COND
           ((EQ (CAAR THTREE) 'THREMBIND)
             (SETQ THALIST (CADAR THTREE))
             (THPOPT))
           ((EQ (CAAR THTREE) (CAR THA))
             (THPOPT)
             (RETURN (COND ((CDR THA) (EVAL (CADR THA)))
                           (T 'THNOVAL))))
           ((AND (EQ (CAR THA) 'THTAG)
                 (EQ (CAAR THTREE) 'THPROG))
             (LET ((THX (MEMBER (CADR THA)
                                (CADDDR (CAR THTREE)))))
                 (COND
                   (THX (RPLACA (CDAR THTREE) (CONS NIL THX))
                        (RETURN (THPROGT)))
                   (T (THPOPT)))))
           (T (THPOPT)))))))
```

THFAIL löst explizit das Backtracking aus

```
(DEFMACRO THFAIL(&rest THA) '(THFAIL1 ',THA))
```

```
(DEFUN THFAIL1(THA)
 (COND
   ((NOT THA) NIL)
   (T (LET ((THA1 (CASE (CAR THA)
                    ('THEOREM 'THPROG)
                    ('THTAG 'THPROG)
                    ('THINF (SETQ THINF T) 'THINF)
                    ('THMESSAGE
                         (SETQ THMESSAGE (CADR THA)) 'THINF)
                    (T (CAR THA)))))
         (COND
           ((EQ THA1 'THINF) NIL)
           (T (DO ((THTREE1 THTREE (CDR THTREE1)))
                  ((NULL THTREE1) (PRINT THA)
                                  (THERT "Not found - THFAIL"))
                  (COND
                    ((EQ (CAAR THTREE) THA1)
```

```
                              (COND
                                ((EQ (CAR THA) 'THTAG)
                                  (COND
                                    ((MEMBER (CADR THA)
                                          (CADDDR (CAR THTREE)))
                                     (DO ((THX (CADDAR THTREE1)
                                                        (CDR THX)))
                                         ((NULL THX) NIL)
                                         (COND
                                           ((EQ (CAADDR (CAR THX))
                                                (CADR THA))
                                            (SETQ THMESSAGE
                                                  (LIST (CAAR THX)
                                                        (COND
                                                          ((CDDR THA)
                                                           (CADDR
                                                                THA)))))
                                            (RETURN NIL))))
                                    (COND (THMESSAGE (RETURN NIL))))
                                  (T NIL))
                                (T (SETQ THMESSAGE
                                         (LIST (CDR THTREE1)
                                               (COND
                                                 ((CDR THA)
                                                  (CADR THA)))))
                                (RETURN NIL))))))))))))
```

Die *transparenten* – weil rückgängig zu machenden – LISP-Funktionen:

```
(DEFUN THPUTPROP(S V I)
  (THPUSH THTREE '(THMUNG ((SETF (GET ',S ',I) ',(GET S I)))))
  (SETF (GET S I) V))

(DEFUN THRPLACA(X Y)
  (LET ((THML NIL))
     (DECLARE (SPECIAL THML))
     (THRPLACAS X Y)
     (THPUSH THTREE '(THMUNG ,THML))
     X))

(DEFUN THRPLACAS(X Y)
  (THPUSH THML (LIST 'THURPLACA X (CAR X)))
  (RPLACA X Y))

(DEFMACRO THURPLACA(L CA) '(RPLACA ',L ',CA))

(DEFUN THRPLACD(X Y)
  (LET ((THML NIL))
```

```
      (DECLARE (SPECIAL THML))
      (THRPLACDS X Y)
      (THPUSH THTREE '(THMUNG ,THML))
      X))

(DEFUN THRPLACDS(X Y)
 (THPUSH THML (LIST 'THURPLACD X (CAR X)))
 (RPLACD X Y))

(DEFMACRO THURPLACD(L CA) '(RPLACD ',L ',CA))
```

Es fehlen noch die Funktionen, die mit Variablen umgehen:

```
(DEFMACRO THVAR?(X)
 '(AND (CONSP ,X) (MEMBER (CAR ,X) '(THV THNV))))

(DEFMACRO THV(X) '(THV1 ',X))

(DEFUN THV1(X)
 (SETQ THXX X)
 (SETQ X (CADR (OR (ASSOC X THALIST)
                   (PROG2 (PRINT THXX)
                          (THERT "Thunbound - THV1")))))
 (COND ((EQ X 'THUNASSIGNED)
        (PRINT THXX)
        (THERT "Thunassigned - THV1"))
       (T X)))

(DEFMACRO THASVAL(X)
 '(LET ((Y (THASSOC ',X THALIST)))
     (AND Y (NOT (EQ (CADR Y) 'THUNASSIGNED)))))

(DEFUN THSGAL(X)
 (OR (ASSOC (CADR X) THALIST)
     (LET ((Y (LIST (CADR X) 'THUNASSIGNED)))
        (SETQ THALIST (CONS Y THALIST))
        Y)))

(DEFMACRO THUNION(L1 L2) '(UNION ,L1 ,L2))
```

THPURE testet, ob ein Muster Variablen ohne Wert enthält:

```
(DEFUN THPURE(X)
 (DO ((L X (CDR L)))
     ((NULL L) T)
     (COND ((THVAR? (CAR L)) (RETURN NIL)))))
```

THVARSUBST substituiert in einem Muster die Variablen durch ihre Werte:

```
(DEFUN THVARSUBST(THX THY)
 ; THX ist das Muster - Ziel oder Assertion oder Theoremname
 (COND ((EQ (CAR THX) 'THEV)
            (SETQ THX (THVAL (CADR THX) THALIST)))
            ; das wirkliche Muster muß erst ermittelt werden
        ((THVAR? THX) (SETQ THX (EVAL THX))))
            ; eine einzelne Variable wird als implizies EVAL gewertet
 (COND ((ATOM THX) THX)
            ; ein Atom - es gibt nichts zu substituieren
        (T (DO ((LX THX (CDR LX))
                (RES NIL (NCONC RES (LIST (THVARS2 (CAR LX)
                                                   THY)))))
            ; elementweise wird die Substitution ausgeführt.
            ((NULL LX) RES)))))

(DEFUN THVARS2(X THY)
 ; X ist das Objekt aus dem Muster
 (COND ((ATOM X) X)
            ; Konstante bleibt Konstante
        (T (COND ((EQ (CAR X) 'THEV)
                    (SETQ X (THVAL (CADR X) THALIST)))))
            ; werte auszuwertenden Teil aus
 (COND ((NOT (THVAR? X)) X)
            ; liegt keine Variable vor, kann nicht substituiert werden
        (T (LET ((A (THASSOC X THALIST)))
                (COND ((EQ (CADR A) 'THUNASSIGNED) X)
                        ; hat noch keinen Wert
                      ((AND THY
                            (EQ (CAR X) 'THNV))
                       (THRPLACA (CDR A) 'THUNASSIGNED)
                       ; THY ist nicht NIL in den Fällen, in denen
                       ; THVARSUBST von THGOAL gerufen wird,
                       ; denn wenn dieselbe Variable mehrfach auftritt,
                       ; soll der alte Wert nicht ein zweites Mal
                       ; geliefert werden
                       X)
                     (T (CADR A)))))))))
            ; gib den Wert zurück

(DEFUN THBIND(A)
 ; beim Betreten eines Theorems oder THPROGs sind Variable zu binden
 (SETQ THOLIST THALIST)
 ; retten der alten A-Liste
 (COND
   ((NULL A) T)
      ; nichts zu tun
   (T (DO ((L A (CDR L)))
```

```
        ((NULL L) (THPUSH THTREE (LIST 'THREMBIND THOLIST)))
                T)
        ; fertig - baue Backtrack-Info mit der alten A-Liste auf
        (THPUSH THALIST
                ; erweitere A-Liste um neue Bindungszelle
                (COND
                  ((SYMBOLP (CAR L))
                    (LIST (CAR L) 'THUNASSIGNED))
                    ; ein einfaches Symbol gilt als nicht-initialisiert
                  ((EQ (CAAR L) 'THRESTRICT)
                    (NCONC (THBI1 (CADAR L)) (CDDAR L)))
                    ; eine etwaige Einschränkung wird mit in die
                    ; Zelle aufgenommen
                  (T (LIST (CAR L) (EVAL (CADAR L)))))))))))
                    ; andernfalls ist der Anfangswert gegeben -
                    ; ermittle ihn und baue Bindungszelle
```

Schließlich einige kleine Hilfsfunktionen:
THPUSH stellt neue Info in einen Keller.

```
(DEFMACRO THPUSH(STACK NEW) '(SETQ ,STACK (CONS ,NEW ,STACK)))


(DEFMACRO THPOPT() '(SETQ THTREE (CDR THTREE)))


(DEFUN THTRUE (X) T)


(DEFUN EVLIS(TL)
  (DO ((L TL (CDR L)))
     ((NULL L) NIL)
     (EVAL (CAR L))))
(DEFUN THBI1(X)
  (COND ((ATOM X) (LIST X 'THUNASSIGNED))
        (T (LIST (CAR X) (EVAL (CADR X))))))
```

Normalerweise ist MicroPLANNER noch mit einem ganzen eignen Toplevel verbunden, in dem die Macro-Zeichen gesetzt werden und eine READ-THVAL-PRINT-
Schleife abläuft. Auf die Darstellung dieser einfachen Funktionen verzichten wir
hier[1]. Der aufgelistete Interpreter arbeitet auch ohne diese Funktionen, in den
MicroPLANNER-Programmen muß man dann aber auf die Abkürzungen verzichten.

9.5 Die Geschichte von PLANNER – Ein Versuch

HEWITT studierte seit 1963 am MIT Mathematik. Dort hörte er von den Aktivitäten der KI-Forscher und befaßte sich mindestens seit 1966 mit den aktuellen Arbeiten von M.MINSKY, J.MCCARTHY sowie A.NEWELL und dessen Kollegen. Insbesondere die in Cambridge durchgeführten Arbeiten, wie die

---

[1] Wichtig ist die Initialisierung der Konstanten THTREE, THLEVEL und THINF mit NIL!

F.BLACK's [3] zur Realisierung des Advice Takers von MCCARTHY [31] und T.EVANS' Analogie-Programm [14] beeindruckten ihn stark.

Zu jener Zeit konzentrierte sich ein guter Teil der KI-Forschung auf die Entwicklung und Bewertung von heuristischen Programmen zur Baumsuche. Heuristische Suche, so sahen es die KI-Wissenschaftler damals, sei das Hauptmittel, um Intelligenz simulieren zu können. Diese Ansicht ist leicht aus MINSKY's Überblicksarbeit "Steps towards Artificial Intelligence" [34] als auch den konkreteren Projekten gewidmeten Forschungen von J.SLAGLE [39] und der Gruppe um NEWELL zu erkennen.

Neben die Spielprobleme als Bewährungsproben für Intelligenz simulierende Programme war schon seit geraumer Zeit – durch MCCARTHY's Ideen zur Realisierung des Advice Takers wesentlich beflügelt – das Theorem-Beweis-Problem getreten. BLACK hatte in seiner Dissertation einen rückwärts arbeitenden Theorembeweiser vorgelegt, der allerdings nicht sonderlich effizient war. SLAGLE hatte mit seinem System DEDUCOM ähnliches versucht. Obwohl 1965 das von J.ROBINSON bereits 1963 ausgearbeitete Resolutionsverfahren in einer Veröffentlichung beschrieben worden war, glaubte man am MIT unter MINSKY's Einfluß nicht an die Zweckmäßigkeit dieser Idee. Man suchte vielmehr nach problem-angepaßten Heuristiken für das Theorembeweisen und blieb ganz im Rahmen des Konzepts der heuristischen Suche. Es war nur natürlich für den Mathematiker HEWITT, hier ein Arbeitsthema zu vermuten.

HEWITT hat MINSKY's Ablehnung von Theorembeweisern, die das Resolutionsprinzip verwenden, d.h. auf syntaktischen Methoden basieren, übernommen. Die Auseinandersetzung mit GPS von NEWELL, C.SHAW und H.SIMON, mit dem ja immerhin einfache Theoreme bewiesen worden waren, und mit dem Theorembeweiser von BLACK führte HEWITT zur Auffassung, daß ein flexibles Baumsuchprogramm geeignet sein könnte.

Eine weiteres wichtiges Konzept hat offensichtlich HEWITT stark angesprochen – der Mustervergleich. Dieser war seinerzeit geradezu ein Modethema – zeigte er doch die Symbolverarbeitung in Reinkultur –, und HEWITT hat insbesondere die Mittel von CONVERT ([21], vgl. Kap. 5) für die Beschreibung komplexer Strukturen hoch eingeschätzt. Inwieweit HEWITT wußte, daß zum Vergleich logischer Formeln die Verallgemeinerung zur Unifikation erforderlich ist, muß offen bleiben. Diese Bevorzugung des Mustervergleichs ist auf die lokale Tradition am MIT zurückzuführen, wo nach Bobrow's METEOR eine Reihe von Mustervergleichssprachen entwickelt wurden (A.GUZMAN's CONVERT, W.TEITELMAN's FLIP). HEWITT's MATCHLESS sollte den Gipfel erreichen – ist aber mit seiner barocken Fülle von Möglichkeiten so überladen worden, daß die Harmonie und Übersichtlichkeit verloren ging.

HEWITT kannte die von MCCARTHY angesprochene Auffassung von der zweifachen Verwendbarkeit von logischen Formeln, daß diese einerseits schlicht Zusammenhänge zwischen formalen Aussagen beschreiben (deklarativer Aspekt) andererseits auch als Anweisungen dafür angesehen werden könnten, wie man beim Beweisen vorzugehen habe (imperativer, prozeduraler Aspekt). Insbesondere logische Implikationen kann man demzufolge mehrfach interpretieren:

- als Beschreibung eines formalen Zusammenhangs zwischen Formeln,

- als Anweisung, bei Etablierung von Prämissen die Konklusion zu etablieren,

- als Anweisung, wenn die Konklusion als Ziel erreicht werden soll, die Prämissen als Unterziele anzugeben.

HEWITT hat noch 1966 wichtige Schlußfolgerungen gezogen: Der Prädikatenkalkül schien ihm für die Operationalisierung des imperativen Aspekts nicht gut geeignet zu sein. Demzufolge war eine angepaßte Programmiersprache zu entwickeln. Die Methodensprache von GPS mit ihren Ziel-Anweisungen ist als ein wichtiger Schritt vorwärts anzusehen. Jedoch sollten diese Anweisungen in eine andere Hierarchie-Ebene führen.

Die von HEWITT vorgeschlagene Lösung beruht auf der Verwaltung einer Basis einfacher Assertionen und auf der Verwandlung von logischen Formeln in prozedur-ähnliche *Theoreme*. Der normalerweise rückwärts laufende Beweisprozeß wird durch Durchmustern der Assertionbasis (sequentieller Mustervergleich mit den Assertionen) und der Theoreme am Leben gehalten. Die Theoremprozeduren können ausgewählt werden über eine muster-basierte *Absichts-Deklaration*.

So sollte die Sprache PLANNER die erforderlichen Primitiva enthalten, um die verschiedenen Rollen von deklarativen Ausdrücken, imperativen (Befehlen), Zielen und Deduktionen bearbeiten zu können. HEWITT dachte zunächst offensichtlich an einen Theorembeweiser, der mathematische Theoreme beweisen sollte. Später bezog er die Planung von Roboteraktionen in den Anwendungsbereich ein, als deutlich wurde, daß zu diesem Zweck Theorembeweiser einsetzbar sind (bekanntes Beispiel: STRIPS! [16]).

9.5.1 PLANNER 1967

In seiner ersten Arbeit [29] vom Juli 1967 präsentiert HEWITT in der für ihn typischen Form eine erste PLANNER-Variante. Diese umfaßt die Beschreibung der für die Formulierung der Ziele und Absichten so wichtige Mustervergleichssprache MATCHLESS und einen Satz von Grundfunktionen für PLANNER selbst.

Bei letzterer fällt auf, daß HEWITT weit über das von der Logik her erforderliche Maß prozedurale Elemente einbaut: Aktionen zur Manipulation der Assertionbasis sind genauso verfügbar wie alle Funktionen von LISP, von denen wiederum einige für das erforderliche Backtracking transparent gemacht wurden.

Mit der Anlehnung an LISP ist HEWITT einerseits weit über die arme rein sequentielle Methodensprache von NEWELL und Mitarbeitern (s. Kap. 7) hinausgekommen, andererseits aber hat er für die logische Programmierung fremde und unerwünschte Sprachelemente aufgenommen. Von großer Wichtigkeit ist der durch die LISP-Kontrollstruktur mitgetragene Ziel-Unterziel-Baum.

HEWITT bezeichnet MATCHLESS67 als Kreuzung von SNOBOL und CONVERT.

Muster sind in MATCHLESS Listen von Musterelementen. Diese umfassen verschiedene Sorten von Mustervariablen sowie Deckelementen:

\$ ist ein typabhängiges Deckelement für Atome,
= ist ein typabhängiges Deckelement für Listenstrukturen,
* ist ein Segmentdeckelement.

Die Variablen sind durch *Präfix*-Buchstaben ebenfalls typisiert. Hinzu kommt ein *Modus*, d.h. eine Verwendbarkeitsart. CONST-Variablen passen nur auf Elemente, die dem Variablenwert gleich sind, VAR-Variablen haben zunächst keinen Wert und passen zu jedem (typkompatiblen) Element – dieses wird ihnen als Wert zugewiesen und anschließend sind sie im CONST-Modus. GENERIC-Variablen haben auch zunächst keinen Wert und passen zu jedem (typkompatiblen) Wert. Im Unterschied zu den VAR-Variablen bleiben sie im GENERIC-Modus und nehmen also immer den letzten Wert an. Um eine Variable v in den CONST-Modus zu setzen mit einem Wert w bedient man sich der Funktion MSETQ:

    (MSETQ v w)

PLANNER67:

1. Funktionen für die Kontrolle von Unterzielen und das Rücksetzen zu früheren Entscheidungspunkten:

FAIL verursacht ein FAIL.

FINISHED signalisiert das Ende der Theoremverwendung.

GOAL wenn das erste Argument beweisbar ist, dann wird der Term erfolgreich beendet. Andernfalls resultiert ein FAIL. Ein zweites Argument beeinflußt die Auswahl von Theoremen (eine Liste von relevanten Theoremen kann als 3. Argument gegeben werden).

PROVEABLE wenn das erste Argument beweisbar ist ohne die Löschung von Assertionen (mit ERASE), dann wird der Term erfolgreich beendet. Andernfalls resultiert ein FAIL. Ein zweites Argument beeinflußt die Auswahl von Theoremen (eine Liste von relevanten Theoremen kann als 3. Argument gegeben werden).

STATEFINISHED nicht beschrieben.

THAND nicht beschrieben. Möglicherweise nur dann erfolgreich, wenn alle Teilterme erfolgreich sind.

THCOND nicht beschrieben. Möglicherweise wie COND, aber Bedingungen werden auf Erfolg getestet. Wenn Bedingung FAILt, dann wird nächste Bedingung geprüft. Ist keine Bedingung erfolgreich, dann wird THCOND erfolglos verlassen.

THFAIL verursacht den Abbruch der Theoremverwendung mit FAIL.

THIMPLIES nicht beschrieben.

THPROG wie PROG, aber: wenn ein FAIL auftritt, veranlaßt das THPROG die erneute Ausführung der letzten PLANNER-Funktion und versucht dort einen anderen Teil des Suchbaumes aufzubauen.

2. Transparente LISP-Funktionen

   `THGO` Sprung, der rückgängig gemacht werden kann.

   `THRETURN` veranlaßt Wertübergabe bei Verlassen des `THPROG`s. kann rückgängig gemacht werden.

   `THRPLACA RPLACA`, das rückgängig gemacht werden kann.

   `THRPLACD RPLACD`, das rückgängig gemacht werden kann.

   `THSET SET`, das rückgängig gemacht werden kann.

3. Funktionen zur Manipulation der Assertionbasis:

   `ASSERT` das erste Argument wird in die Assertionbasis aufgenommen unter Beifügung des 2. Arguments (der Prämisse). Ein drittes Argument beeinflußt die Auswahl von weiterarbeitenden Theoremen (eine Liste von relevanten Theoremen kann als 4. Argument gegeben werden).

   `ERASE` löscht das 1. Argument (wenn es eine löschbare Assertion repräsentiert) und alle von ihm abhängenden Assertionen (in denen es als Prämisse auftaucht). Ein zweites Argument beeinflußt die Auswahl von Theoremen, die bezüglich der Assertionsbeseitigung sensitiv sind (eine Liste von Theoremen kann als 3. Argument gegeben werden).

   `HYPOTHESIZE` veranlaßt die Aufnahme der Argumentassertion in die Assertionbasis mit der Prämisse "Hypothese".

   `DISCHARGE` beseitigt letzte Hypothese.

   `ERASEABLE` deklariert eine Assertion als löschbar.

   `UNERASEABLE` deklariert eine Assertion als nicht löschbar.

4. Prädikate bezüglich der Datenbasis und der Kontrollstruktur:

   `FAILP` wenn diese Funktion während eines `FAIL`-Zustandes aktiviert wird, führt sie ihr Argument aus.

   `PROVED` nicht beschrieben. Möglicherweise nur erfolgreich, wenn Assertion-Argument in Datenbasis.

   `UNPROVED` nicht beschrieben. Möglicherweise nur erfolgreich, wenn Assertion-Argument nicht in Datenbasis.

5. Deklarationen:

   `ANTECEDENT` Deklaration der Theorem-Voraussetzung; Muster, das mit der aktuellen Assertion verglichen wird.

   `CONSEQUENT` Deklaration der Theorem-Konsequenz; Muster, das mit dem aktuellen Ziel verglichen wird.

Die Kernidee der Sprache besteht in der Auszeichnung von Implikationen, die bei einem Beweis wirklich verwendet werden sollen, als sog. Consequent-Theoreme.

Die Struktur eines solchen Theorems ist:

```
(THPROG (<lokale Variablen>)
  (CONSEQUENT <Muster>)
  <Anweisungen>...)
```

Die entscheidende Komponenten ist das Consequent-Muster. Es beschreibt die
Konsequenz der Implikation, das Resultat – also gewissermaßen das Ziel.

Das Consequent-Theorem wird über diese Zielbeschreibung aktiviert – nicht
über seinen Namen. Es ist diese Abarbeitungsvorstellung, die der zielorien-
tierten Programmierung zu Grunde liegt. Wenn ein Ziel verfolgt wird – als
Auswirkung des Ziel-Ausdrucks – werden potentiell alle Theoreme aktiviert,
die zu dem Ziel relevant sind. Diese Relevanz wird in PLANNER durch Mustervergleich entschieden. Der Mustervergleich ist die kritische Stelle der ziel-
orientierten Programmierung: Wir hatten die *Unifikation* als Operation ken-
nengelernt, die für den Beweis logischer Theoreme (Formeln) unumgänglich ist
– das Besondere dabei ist, daß zwei Muster verglichen und passend gemacht
werden: Beide dürfen Variable enthalten. Beim Mustervergleich ist nur eines
der zu vergleichenden Argumente ein Muster – das andere ist ein Objekt, in
dem keine Variablen (bezogen auf den Mustervergleich) auftreten können.

Für die Beschreibung des Abarbeitungsmodells verwendet 1967 HEWITT kein
einziges Mal den Terminus *Backtracking*. Statt dessen charakterisiert er eine
Sackgasse wie folgt: "...das System bemerkt, daß es in Schwierigkeiten ist ...
Daher beschließt es, daß es ein Fehler war, zuerst ... zu beweisen ..."

Man darf seine Zweifel haben, ob eines der Beispiele, das in [29] angegeben
worden ist, erfolgreich abgearbeitet werden konnte.

Folgendes Beispiel, in dem eine Analogie zwischen zwei Figuren ermittelt
werden soll, zeigt recht gut, wie PLANNER 1967 entwickelt war:

```
(ANALOGOUSBA (THPROG ($B $A $TYPEB)
 (CONSEQUENT (ANALOGOUSBA $B $A))
 (PROVED (TYPE $B $TYPEB))
 (PROVED (TYPE $A $TYPEB))
 (FINISHED)))


(ANALOGOUSAC (THPROG ($A $C $PREDICATE *ARGSA1 *ARGSA2
                                      *ARGSC1 *ARGSC2)
 (CONSEQUENT (ANALOGOUSAC $A $C))
 (THCOND ((PROVED (TESTANALOGOUSAC $A $C)) (FINISHED)))
 (PROVED (AOBJECT $A))
 (PROVED (COBJECT $C))
 (THCOND ((PROVED (TESTANALOGOUSAC $A (=NOT= $C))) (FAIL)))
 (ASSERT (TESTANALOGOUSAC $A $C))
 (PROVED (RELATION $PREDICATE))
 (PROVED ($PREDICATE *ARGSA1 $A *ARGSA2))
 (PROVED ($PREDICATE *ARGSC1 $C *ARGSC2))
 (PROVEABLE (CORANALOGOUSAC (*ARGSA1) (*ARGSC1)))
 (PROVEABLE (CORANALOGOUSAC (*ARGSA2) (*ARGSC2)))
 (FINISHED)))
```

```
(CORANALOGOUSAC (THPROG ($A *A $C *C)
 (CONSEQUENT (CORANALOGOUSAC ($A *A) ($C *C)))
 (THCOND ((PROVED (TESTANALOGOUSAC $A $C)) (THGO REST)))
 (PROVEABLE (ANALOGOUSAC $A $C))
 REST
 (PROVEABLE (CORANALOGOUSAC (*A) (*C)))
 (FINISHED)))
```

Die Assertionen:

```
(TYPE TRIANGLE)
(TYPE RECTANGLE)
(TYPE CIRCLE)
(TYPE ELLIPSE)
(RELATION INSIDE)
(RELATION LEFTOF)
(COBJECT C1)
(TYPE C1 RECTANGLE)
(COBJECT C2)
(TYPE C2 ELLIPSE)
(AOBJECT A1)
(TYPE A1 TRIANGLE)
(AOBJECT A2)
(TYPE A2 CIRCLE)
(BOBJECT B1)
(TYPE B1 TRIANGLE)
(BOBJECT B2)
(TYPE B2 CIRCLE)
(INSIDE A1 A2)
(INSIDE C1 C2)
(LEFTOF B1 B2)
(CORANALOGOUSAC () ())
```

Bei Vorgeben des Ziels (ANALOGOUSAC A1 $X) soll sich vermutlich etwa folgendes ereignen:

1. Die Assertionbasis wird nach einer passenden Assertion abgesucht. Keines kann gefunden werden.

2. Das Theorem ANALOGOUSAC wird ausgewählt, weil dessen Consequent-Muster paßt. Dabei wird $C mit $X identifiziert.

3. Der THCOND-Term wird erfolgreich verlassen, weil eine Assertion (TESTANA-LOGOUSAC A1 $C) weder in der Assertionbasis ist noch durch ein Theorem abgedeckt wird.

4. Der Term (PROVED (AOBJECT $A)) wird erfolgreich abgearbeitet.

5. Der Term (PROVED (COBJECT $C)) wird erfolgreich abgearbeitet: Der Wert von $C ist C1.

6. Der `THCOND`-Term wird erfolgreich verlassen, weil keine Assertion (`TESTANA-`
`LOGOUSAC A1 $Y`) in der Assertionbasis ist, d.h. auch keines mit `$Y` verschieden von `C1`.

7. Eine Assertion (`TESTANALOGOUSAC A1 C1`) wird in die Assertionbasis aufgenommen.

8. Der Term (`PROVED (RELATION $PREDICATE)`) wird erfolgreich verlassen,
weil die Assertion (`RELATION INSIDE`) in der Assertionbasis gefunden
wird. Der Wert von `$RELATION` wird `INSIDE`.

9. Der Term (`PROVED ($RELATION *ARGSA1 $A *ARGSA2)`) wird erfolgreich
verlassen, weil die Assertion (`INSIDE A1 A2`) gefunden wird. Der Wert
von `*A1` ist das leere Segment, der Wert von `*A2` das Segment (`A2`).

10. Der Term (`PROVED ($RELATION *ARGSC1 $C *ARGSC2)`) wird erfolgreich
verlassen, weil die Assertion (`INSIDE C1 C2`) gefunden wird. Der Wert
von `*C1` ist das leere Segment, der Wert von `*C2` das Segment (`C2`).

11. Das Unterziel (`CORANALOGOUSAC () ()`) wird etabliert. Nach Suche in der
Assertionbasis ist es erfolgreich erreicht.

12. Das Unterziel (`CORANALOGOUSAC (A2) (C2)`) wird etabliert. Es gibt keine
passende Assertion, also wird das Theorem `CARANALOGOUSAC` aktiviert.

13. Der `THCOND`-Term wird erfolgreich verlassen, weil keine Assertion (`TESTANA-`
`LOGOUSAC A2 C2`) gefunden werden kann.

14. Das Unterziel (`ANALOGOUSAC A2 C2`) wird aufgestellt. Es gibt keine passende Assertion, also wird das Theorem `ANALOGOUSAC` aktiviert.

15. Der `THCOND`-Term wird erfolgreich verlassen, weil eine Assertion (`TESTANA-`
`LOGOUSAC A2 C2`) nicht gefunden werden kann.

16. Beide `PROVED`-Terme ...

17. ... werden erfolgreich verlassen.

18. Der `THCOND`-Term wird erfolgreich verlassen...

19. Die Assertion (`TESTANALOGOUSAC A2 C2`) wird in die Assertionbasis gestellt.

20. Der `PROVED`-Term wird erfolgreich verlassen, `$RELATION` wird `INSIDE`.

21. Beide `PROVED`-Terme werden erfolgreich verlassen. `*ARGSA1` wird (`A1`),
`*ARGSA2` wird (), `*ARGSC1` wird (`C1`) und `*ARGSC2` wird ().

22. Das Unterziel (`CORANALOGOUSAC (A1) (C1)`) wird etabliert. Es führt zur
Aktivierung des Theorems `CORANALOGOUSAC`.

23. Im `THCOND` dieses Theorems wird diesmal die Bedingung erfüllt. Wir gehen
...

24. nach **REST** und errichten das Unterziel (CORANALOGOUSAC () ()). Dieses wird unmittelbar erreicht – wir verlassen das bei 22 betretene Theorem.

25. Das Unterziel (CORANALOGOUSAC () ()) wird etabliert. Dieses wird unmittelbar erreicht – wir verlassen das bei 14. betretene Theorem.

26. Damit ist das Ziel (ANALOGOUSAC A2 C2) erreicht.

27. Wir etablieren das Ziel (CORANALOGOUSAC () ()), das unmittelbar erreicht wird. Damit kann das bei 12. betretene Theorem erfolgreich verlassen werden.

28. Damit ist das Ziel (CORANALOGOUSAC (A2) (C2)) erreicht. Wir verlassen das bei 2. betretene Theorem, $ X behält die über $ C vermittelte Bindung zu C1.

HEWITT hatte sich – neben der Implementierung natürlich – 1967 zwei Ziele vorgegeben: Einmal wollte er ein Subsystem SCHEMATIZE mit PLANNER realisieren, um Theorie-Strukturen für das Finden von "Beweis-Inseln", Beweiszirkel und ähnliches für die Problemlösung fruchtbar zu machen. Zum zweiten wollte er den Somawürfel mit einem PLANNER-Programm zusammenbauen können.

9.5.2 PLANNER 1969

Von diesen Anwendungs-Zielen ist 1969 nicht mehr die Rede. HEWITT gibt eine Skizze des aktuellen PLANNER-Systems durch Beschreibung der Mustervergleichssprache und des eigentlichen PLANNERS [27].

MATCHLESS69

Die Typisierung der Variablen ist erhalten geblieben, doch sind nun die Variablen zu deklarieren. Aus dem Symbolnamen der Variablen geht jetzt der Verwendungszweck hervor:

Eine $_-Variable bekommt einen Wert, wenn sie mit einem typ-kompatiblen Element verglichen wird. Eine $$-Variable paßt nur auf ihren Wert. Eine $?-Variable paßt auf jedes (typkompatible) Element, wenn die Variable noch keinen Wert hat. Dabei wird ihr dieses Element als Wert zugewiesen. Danach paßt sie nur noch auf Elemente, die gleich (EQUAL) diesem Wert sind.

Musterkomponenten können durch Operatoren verknüpft sein. Verfügbar sind: *Disjunktion* (eines der verknüpften Untermuster muß passen), *Konjunktion* (alle Untermuster müssen passen), *Negation* (das Untermuster darf nicht passen), *Repetition* (KLEENE-Stern – eine Folge von gleichartigen Elementen paßt). Muster können mit ' ' quotiert werden. Die Definition eigener Musterfunktionen ist möglich: Diese produzieren bei Aktivierung das Muster, mit dem der Vergleich stattfindet. Als Abstraktor für Musterfunktionen wird κ (statt λ für normale Funktionen) verwendet.

PLANNER69

1. Manipulation der Assertionbasis:

   assert fügt 1. Argument in Assertionbasis und befolgt Empfehlungen für weitere Folgerungen (2. Argument). Das 1. Argument wird entfernt, wenn eine empfohlenen Folgerungen versagt (**FAILt**) oder wenn der Term beim Backtracking wieder erreicht wird.

   assert-consequent fügt Konsequenz des umfassenden Consequent-Theorems in die Assertionbasis ein, empfohlene Folgerungen (Argument) werden versucht.

   defth Definition von Theoremen.

   erase beseitigt die erste (auf das Muster 1. Argument) passende Assertion, die in der Assertionbasis gefunden wird, errichtet einen Entscheidungspunkt und versucht, die empfohlenen Aktionen (2. Argument) zu erledigen. (Wird es beim Backtracking wieder erreicht, so wird die beseitigte Assertion zurück gebracht und eine andere zu entfernen versucht.)

   permanent-assert wie **assert**, doch nicht **FAIL**-sensitiv (wird nicht rückgängig gemacht).

   temporary-assert wie **assert**; Assertion wird beseitigt, wenn das aktuelle Problem (Unterziel ?) gelöst wurde.

   update ändert Assertionbasis entsprechend dem (Zustands-)Argument.

2. Zieletablierung:

   conclude-from führt zum Versuch, aus dem ersten Argument nach den im 2. Argument notierten Empfehlungen Folgerungen abzuleiten.

   for-proved verarbeitet die im 1. Argument niedergelegten Deklarationen, wertet den Ausdruck (3. Argument) für jede Instanz aus, mit der das Ziel (2. Argument) erreicht werden konnte.

   goal etabliert neues Unterziel (1. Argument) und initiiert Suche in Assertionbasis zur Erreichung des Ziels (Funktion proved?). Hat das keinen Erfolg, so wird nach den Empfehlungen (2. Argument) nach passenden Theoremen zur Zielverfolgung gesucht und diese angewendet.

   proveable liefert eine Liste aller Instanzen, mit denen das Ziel (1. Argument) unter Beachtung der Empfehlungen (2. Argument) erreicht werden kann.

   proved? versucht Ziel durch Suche in der Assertionbasis zu erreichen. Wird es durch Backtracking erneut erreicht, so wird die nächste passende Assertionsinstanz geliefert.

   proven liefert Liste aller passenden Assertionen aus der Assertionbasis.

3. Auslösen von FAILs:

   blkfail erzeugt ein **FAIL** und verläßt damit den aktuellen Block.

fail erzeugt ein **FAIL**

failto erzeugt ein **FAIL** und geht zur Marke (Argument) zurück.

genfail erzeugt einfachen Fehler.

thfail erzeugt ein **FAIL** und verläßt das aktuelle Theorem.

4. Aktionen zur Beschneidung des Entscheidungsbaums:

blkfinalize beendet alle Aktionen, die in dem aktuellen Block begonnen wurden.

finalize-from beendet alle Aktionen, die seit dem Passieren der Marke (Argument) begonnen wurden.

thfinalize sorgt für die Beendigung aller Aktionen, die bei der Bearbeitung des aktuellen Theorems begonnen wurden.

5. Aktionen zur Beendigung von Zielverfolgungen:

end veranlaßt das Verlassen des aktuellen Theorems.

goal-end verursacht die Aufgabe des aktuellen Theorems und des aktuellen Ziels ohne daß dieses in die Assertionbasis aufgenommen wird.

6. Funktionen für Kontrolle und sonstige Zwecke:

goals liefert Liste der aktiven Ziele.

state liefert aktuellen Zustand

thand wie **AND**, bezogen auf Zielerreichung bzw. **FAIL**.

thcond wie **COND**, bezogen auf Ziellerreichung bzw. **FAIL**.

thor wie **OR**, bezogen auf Zielerreichung bzw. **FAIL**.

thprog wie **PROG**, kann Backtracking unterstützen.

thrplaca wie **RPLACA**, kann aber rückgängig gemacht werden.

thval Auswertung eines Ausdrucks (1. Argument) in Bindungsumgebung (2. Argument) und Zustand (3. Argument).

Die Arbeit [27] bietet gegenüber der 2 Jahre älteren [29] wenig neues. Die Beispiele sind immer noch nicht überzeugend. Mit der Formel des "pattern directed information retrieval system" für die Arbeit mit der Assertionbasis hat HEWITT die Verhältnisse recht klar umrissen. Die Funktionen der Gruppe 4 deuten auf eine Implementation hin: Es geht offensichtlich um die sparsame Repräsentation des Entscheidungsbaumes.

Für die Entwicklung der Grundideen der ziel-orientierten Programmierung ist es recht erhellend zu konstatieren, daß HEWITT noch 1969 als Beispiele vornehmlich in PLANNER aufgeschriebene logische Formeln angab.

Das Theorem:

$$\forall ac(\forall x(\texttt{ELEMENT x a}) \rightarrow (\texttt{ELEMENT x c})) \rightarrow (\texttt{SUBSET a c})$$

wird so zum Beispiel geschrieben als:

```
(DEFTH name (CONSEQUENT (((A PTR) (C PTR)))
(SUBSET $?a $?c)
(THPROG()
  (THPROG (((x (ARBITRARY)) PTR))
      (HYPOTETICAL (ELEMENT $ $ x $?a)
                   (ELEMENT $ $ x $?a)))
  (ASSERT-CONSEQUENT ?))))
```

9.5.3 PLANNER 1971

Mit fortschreitender Entwicklung wurde PLANNER immer stärker geprägt
von Implementationsdetails. Die Einsicht (oder Furcht?) in mangelnde Effizienz führte zum Aufnehmen von primitiven Funktionen für die explizite Steuerung des Backtrackings. Da diese hauptsächlich ihrer Seiteneffekte wegen angewandt wurden, tauchten im ziel-orientierten Programmierstil immer mehr
befehls-orientierte Elemente auf. Diese bereits 1969 sichtbare Tendenz wird nun
verstärkt durch den Ausbau der Musterbeschreibungssprache zu einer vollen
Programmiersprache.

HEWITTs Dissertation [24] beschreibt PLANNER auf eine wohl unbewältigba-
re Weise. Viele der erwähnten Funktionen von PLANNER71 blieben unbe-
schrieben, von den beschriebenen hat fast jede mehrere optionale Argumente,
kaum eine ist in dieser Hinsicht vollständig beschrieben. Die Sprache ist offensichtlich in einem wilden Wachstum begriffen. So viele gute Ideen müssen
streng geordnet werden, um ihren Wert zeigen zu können. MATCHLESS71
präsentiert sich (bzw. wird präsentiert) in gleicher Weise. Zugleich können wir
viele neue Ideen versteckt vorfinden. Wir können hier unmöglich eine Entwir-
rung dieses Knotens versuchen. Es ist wohl kein Zufall, daß HEWITT selbst kein
Backtracking versucht hat, sondern sich durch ein globales Herausspringen aus
der Affäre gezogen hat. Zwar hat er noch eine Zeitlang den Namen verwendet – bei der Verfolgung der neuen objekt-orientierten Ideen – aber die Sache
war nach 1973 abgeschlossen. Aus der genialen Idee der logik-orientierten Programmierung war leider ein überladenes Durcheinander geworden, das heute
vergessen ist – obwohl die Grundideen in anderer Form weiterleben.

Zu der Unverständlichkeit hat HEWITT ungewollt beigetragen durch die Absicht, als PhD-Thesis mehr als nur eine Sprachbeschreibung abzuliefern. Die
Kapitel, die lose um die Sprachbeschreibung (Kapitel 4 und 5) gruppiert sind,
helfen wenig beim Bemühen PLANNER und seinen Wert (wir sind von ihm
überzeugt!) zu verstehen – mit Ausnahme des Beispiel-Kapitels 6.

MATCHLESS71 hat so viel Eigenleben entfaltet, daß es als eigenständige Programmiersprache anzusehen ist. Die Syntax verdankt viel der um diese Zeit ent-
stehenden LISP-ähnlichen Programmiersprache MUMBLE [37] (später MDL
[12,17]). In [24] wird MATCHLESS als funktions-basierte muster-gesteuerte
Programmiersprache beschrieben. Bei der Funktionsdefinition kann ein Aufrufmuster für die muster-gesteuerte Aktivierung angegeben werden.

Eine Typhierarchie für Datenobjekte wird angegeben, die zur Mehrzahl weder erklärt noch durch die Angabe von Syntax und relevanten Grundfunktio-

nen verarbeitbar gemacht werden. Die Folge der in Abschnitt 4.5 beschriebenen Grundfunktionen enthält neben typ-spezifischen Selektorfunktionen auch Funktionen, die in ganz andere Zusammenhänge gehört hätten – wie beispielsweise die CLOSURE-Funktion. Zugriff zu Listenkomponenten erfolgt über Komponentennummern, die als Funktionsbezeichnungen erlaubt sind.

Mustervergleich findet entweder bei Benutzung entsprechender Grundfunktionen (IS?, MATCH, _) oder beim muster-gesteuerten Funktionsaufruf (Grundfunktion CALL) statt.

Die Musterelemente sind erneut gewechselt worden: Muster enthalten nun Konstante, Variable, Terme, Listen und Vektoren. Die Variablen und die Terme werden syntaktisch in einfache und Segmentterme bzw. -listen unterschieden.

	Variablenpräfix	Term-Begrenzer
einfach		\$<\$ ... \$>\$
Segment	!	{ ... }

Die Wertzuweisung zu den Variablen wird durch 5 Präfixe, die "Zuweisungspräfixe", gesteuert:

Vergleich mit?	Zuweisung?	Wert permanent?	Notation
lokaler Wert	nein	nein?	.
globaler Wert	nein	nein?	,
Objektelement	ja	wenn Muster paßt	_
lokaler Wert	ja	ja	:
lokaler Wert	ja	ja?	?
Objektelement			

In den Mustern können wiederum Musterterme ausgewertet werden, so daß das Ergebnis zum eigentlichen Vergleich verwendet wird. Der Programmierer kann entsprechende Funktionen definieren, die als "Actors" bezeichnet werden.

Im Abschnitt 4.6 seiner Dissertation beschreibt HEWITT eine große Zahl vordefinierter Actors.

Die für das anweisungs-orientierte Programmieren in MATCHLESS erforderlichen Kontrollstrukturen werden ähnlich wie in LISP mit Funktionen realisiert. (HEWITT spricht auf S. 72 von "funktionalen Prozeduren" und zeigt damit sowie den vielfältigen Kontrollfunktionen das zeitgenössisch schwache Verständnis für funktions-orientierte Programmierung. MATCHLESS71 sollte Funktionen für Bedingungsabfrage und -verknüpfung, nicht-lokale Exits, Blöcke, Zyklen und Prozeß-Steuerung enthalten.

MATCHLESS71 kann als LISP-ähnliche Sprache bewertet werden, in der das symbiotische Gleichgewicht von anweisungs- und funktions-orientierten Anteilen deutlich zu Gunsten der ersteren verschoben ist. Daran ändert auch die Erweiterung des Auswertungsbegriffes nichts, nach dem nun Listen und Vektoren ausgewertet werden, indem die Komponenten ausgewertet werden. Die muster-orientierten Elemente und die bereits in MATCHLESS angelegte Möglichkeit zum Verwenden von Primitiva für das Backtracking sind deutlich von der anweisungs-orientierten Programmierung her gesehen.

Man mag sich angesichts dieser Ausdruckskraft fragen, was PLANNER71 zusätzlich noch enthalten konnte. Dies sind natürlich die zentrale Datenbasis für die Assertionen die Theoreme und die Zielausdrücke. Diese ähneln weitgehend den entsprechenden Sprachelementen von 1969.

So sind die wichtigen Consequent-Theoreme nun zu definieren mit:

(**CONSEQUENT** *type activation-name declarations consequent-pattern body*)

(*type* und *activation-name* sind optional. *type* ist nirgends erklärt. *activation-name* soll für Testzwecke nützlich sein. *declarations* beschreibt die verwendeten Variablen-Typangaben, *consequent-pattern* das eigentliche Zielmuster und *body* den Körper der PLANNER-Anweisungen.)

9.5.4 MicroPLANNER

MicroPLANNER wurde von G.SUSSMAN, T.WINOGRAD und E.CHARNIAK 1970 implementiert. Wie Sussman berichtet, entwarf und programmierte er die wesentlichen Teile innerhalb von 2 Wochen für Winograd, der den PLANNER-Formalismus für die Realisierung seines SHRLDU-Programmes verwenden wollte. Sussman stellt den in die MicroPLANNER-Implementation geflossenen Aufwand als sehr gering dar. Angesichts mancher Fehler ist man versucht, ihm zu folgen. Die AI-Memos 203 [44] und 203A [43] beschreiben diese Teilsprache. Da wir MicroPLANNER als Beispielsprache für den ziel-orientierten Programmierstil schon genauer beschrieben haben, geben wir hier nur einen Überblick.

Die Musterbeschreibungssprache war geradezu minimiert. Mit Mustern konnten nur einfache Listen beschrieben werden, deren Elemente Atome sind. Dies genügte natürlich für die Beschreibung einfacher Atomformeln ohne Termargumente. Nur zwei Präfixe für Variablen waren implementiert: $? und $_. Beim Vergleich mit Variablen des ersten Typs wurde ein beim Mustervergleich oder anders zugewiesener Wert berücksichtigt, während im anderen Falle neu zugewiesen wurde. Weshalb die $_-Variablen den Ausleseprozeß überstanden haben, ist heute schwer nachzuvollziehen. Ein Nutzen ist kaum vorstellbar. Demgegenüber fällt der Verzicht auf die Listen-Dekompositions-Notationen von HEWITT sehr schwer.

Ein interessantes Hilfsmittel sind die Restriktionen für die Variablen: Typforderungen und andere Einschränkungen können harmonisch mit dem Mustervergleich verbunden werden.

Die Implementation des Mustervergleichs im MicroPLANNER-System ist nahezu identisch mit der von uns oben angegebenen. Eine Erweiterung auf tiefer verschachtelte Terme wäre wenig problematisch, wenn man etwa die Einschränkung machte, daß eine Variable nie auf einen Term mit Variablen (auch verschiedenen) passen könne. Bei reiner Verwendung der $?-Variablen hätte man von Unifikation sprechen können, wenn Termkomponenten in den Mustern erlaubt gewesen wären. Der festgestellte Fehler im Mustervergleichsalgorithmus, der auf der Konstruktion von linearen Variablenketten beruht, obwohl Variablenbäume hätten gebildet werden müssen, schränkt die Formulierungsmöglichkeiten weiter erheblich ein.

In den eigentlichen PLANNER-Komponenten liegt MicroPLANNER bemerkenswert dicht an HEWITT's Ideen. Natürlich sind viele Abstriche an der barocken Fülle gemacht worden, und die Notation ist ökonomisiert.

Wegen der Defizite im Mustervergleich kann man um die Verwendung von LISP-Operationen in MicroPLANNER-Programmen kaum herumkommen. Dies ist der Grund für die obskuren Programme – reine ziel-orientierte Programmierung erfordert ausdrucksstarke Zielbeschreibungen.

MicroPLANNER ist weltweit benutzt worden. Am MIT ist insbesondere die Verwendung in WINOGRADS SHRDLU [45,46] hervorzuheben, in dem natürlichsprachliche Eingaben in MicroPLANNER-Programme übersetzt und interpretiert wurden. Auch S.FAHLMAN hatte sein System BUILD zunächst in Micro-PLANNER realisiert, bevor er CONNIVER verwendete [15]. Welche der Anwendungen (s. auch [2]) aus heutiger Sicht als "Spiel" zu bewerten, und welche ernstzunehmen sind, ist allerdings schwer abschätzbar.

Zunächst ist durch den Einsatz von MicroPLANNER anscheinend eine erhebliche qualitative Verbesserung der Programmiereffizienz erreicht worden. MINSKY und PAPERT berichten ([36]) begeistert, daß WINOGRAD's System zum Sprachverstehen so erweitert werden konnte, daß es "mechanische Manipulationsprobleme" sehr gut bearbeiten konnte. Dies sei wegen "der deduktiven Kapazität" und anderer Eigenschaften dieser neuen Sprache möglich gewesen, und die Resultate seien so interessant, daßman entschieden habe, sie zum Neuaufbau und zur Vereinheitlichung von Programmen verschiedener Projekte zu benutzen. In [35] sprechen beide explizit von einem *neuen Programmierstil*, der mit MicroPLANNER Einzug gehalten habe.

Doch schon zwei Jahre später vor die Begeisterung vorbei, und erste Kritik war zu vernehmen ([42]). Allerdings steht eine tiefschürfende Analyse noch aus.

Verglichen mit PROLOG[2] (s. Kap. 10) schneidet MicroPLANNER nicht nur in der Implementation schlecht ab. MicroPLANNER-Systeme waren für ihre Ineffizienz bekannt, PROLOG wird dagegen compiliert. Auch von der Ausdruckskraft der Sprache steht PROLOG deutlich besser da: Es gibt kaum eine MicroPLANNER-Operation, die PROLOG nicht bietet. Zusätzlich aber enthält PROLOG eine bequeme Listennotation und ist auf volle Unifikation verpflichtet. Nicht unwesentlich ist der ideologische Unterbau: Während Micro-PLANNER die Ablehnung der Prädikatenlogik versinnbildlicht und damit die ziel-orientierte Programmierung als Durcheinander mit der anweisungs- und funktions-orientierten Programmierung erschwert, ist PROLOG ohne das formal-logische Flair, das Klarheit und Sauberkeit verheißt, nicht denkbar. Zwar kann man kryptische Programme mit Stildurcheinander auch in PROLOG schreiben, und beim Kampf um Effizienz mag es, öfter als im Theoriebuch dargestellt, zu schändlichen Kompromissen kommen; doch gilt das sicher nicht als fein – die Tendenz zum wahren ziel-orientierten Programmierstil ist unübersehbar.

9.5.5 Das Ende von PLANNER

In der Entwicklung der PLANNER-Sprachen wurde deutlich immer mehr das anweisungs-orientierte Element betont. Man mag sich fragen, wieso HEWITT

---

[2] Darlington wies schon 1972 auf die Ähnlichkeit des PLANNER-Verarbeitungsmodells und der SL-Resolution hin [8].

überhaupt jemals seine muster-gesteuert aufrufbaren Prozeduren als "Theoreme" bezeichnet hat. Die Tatsache, daß selbst HEWITT seine Sprachen als Theorembeweiser bezeichnet hat [29], hilft uns wenig weiter. Auch die Begründung für den Namen, der "... aus dem Bedürfnis verwendet wurde, einen Formalismus zu definieren, in dem es einfach ist, Pläne von Aktionen auszudrücken ..." ([24, S.200] kann nur wenig befriedigen, denn dies gilt sicher für jede anweisungs-basierte Programmiersprache.

Offensichtlich können die Assertionen der Datenbasis als in der Prädikatenlogik formulierte Faktenaussagen (Atomformeln) interpretiert werden, die mit Listenstrukturen repräsentiert sind, und die "Theoreme" als Implikationen, deren rechte Seiten (selbst Atomformeln) die Aufrufmuster sind. Doch muß man demgegenüber auf die (mit vielen Sprachelementen verfügbare gemachten) Möglichkeiten hinweisen, in die Datenbasis beliebige Datenstrukturen abzulegen und durch Muster zu beschreiben, sowie in den Theoremen beliebige Anweisungsfolgen, unter denen ein paar Zielausdrücke sind, zusammenzufassen. Die Entscheidung, Kontrollstruktur und Datenbasisverwaltung explizit zu machen und dem Programmierer aufzuladen, dürfte als wesentliches Moment der Bewegung von einer sauberen und harmonischen ziel-basierten Programmiersprache zu einer unschönen Mixtur verschiedenster Komponenten anzusehen sein. Man kann sich schlechterdings kein effizientes PLANNER-Programm vorstellen, das verständlich ist.

Merkwürdigerweise haben die Nutzer und Implementatoren sich doch weitgehend auf den ziel-basierten Kern beschränkt und die Bezeichnungsweisen "Assertionen" und "Theoreme" in ihrer Zielrichtung auf die logik-orientierte Programmierung verstanden. Die Reaktion auf PLANNER war nämlich eindeutig: "Wir brauchen keinen Theorembeweiser, sondern wir brauchen eine Programmiersprache" schrieben D.MCDERMOTT und SUSSMAN 1971 [42]. Obwohl noch für Jahre in den Kreisen von europäischen KI-Fans bewundert [7,19,18,30], war PLANNER seit 1972 von der Bildfläche verschwunden. Doch es zeigte sich, daß die so entschieden vorgebrachte Ablehnung der ziel-orientierten Variante der logischen Programmierung auf einer zu schwachen theoretischen Basis stand. Als PROLOG mehr und mehr Anhänger fand, wunderten sich die KI-Programmierer, für die diese Art zu programmieren erledigt war. Diese Verwunderung belegt die Arbeit von MCDERMOTT [32] (vgl. auch [13]) – aber es gab viele Projekte, in denen die Sprachen PROLOG und LISP verglichen wurden (von bemerkenswerten Ergebnissen hat man nie gehört).

HEWITT hatte noch Ende 1971 für die Weiterentwicklung von PLANNER große Pläne geschmiedet [25]. Doch die Implementatoren wollten nicht mehr. Ihre eigene Sprache CONNIVER, die nun deutlich und gewollt anweisungs-basiert definiert wurde, war aber auch nicht viel erfolgreicher. "Haarige" Kontrollstrukturen – bereits von HEWITT beglückt in PLANNER registriert und nun in CONNIVER neben den baumstrukturierten Umgebungen der Kern – sind nun einmal nicht leicht verständlich. Eine Programmiersprache, in der Programme nur dem Experten verständlich sind, kann sich aber nicht durchsetzen.

So ist PLANNER wohl nie vollständig implementiert worden. In Moskau wurde um 1974 an einer Implementation gearbeitet[38]. Ob sie vollendet wurde, ist unbekannt.

P.HAYES hat 1975 sehr einsichtig festgestellt, daß mit CONNIVER ein Schritt zurück gemacht worden war [22]. Damit meint er insbesondere, daß sie dem Programmierer Zugriff zu den Implementationprimitiva gewährten, anstatt ihm eine sinnvolle Menge an primitiven Kontrollmöglichkeiten in einem expliziten Repräsentationsschema bereitzustellen, das auf deduktive Kontrolle bezogen sei. Für uns liegt dieser Rückschritt mehr im Rückzug aus einem nicht-befehls-orientiertem Verarbeitungsmodell, was in der Idee von SUSSMAN und McDERMOTT zum Ausdruck kommt, ein Programmierer solle sein Problem richtig analysieren und dann ein Programm für es entwickeln statt das Problem zu beschreiben und einem Problemlöser zu übergeben. Beide Kritiker hatten wohl übersehen, daß auch die Problembeschreibung in verschiedensten Qualitätsstufen erfolgen kann.

So ist der Untergang von PLANNER, dieser wunderlichen Mischung von logik-orientierter, funktions-orientierter und anweisungs-orientierter Programmierung, nicht erstaunlich: Der uneleganten Sprache, mit ihrem Wildwuchs in der Musterbeschreibungsebene und dem offen liegenden Zugriff in die Innereien, konnte nicht die Zukunft gehören. PROLOG mit seinen wenigen und doch leistungsfähigen Konzepten ist zwar ebenfalls dem durch die Implementatoren und Liebhaber fürsorglich geförderten Aufblähen verfallen, doch ist der Rückzug in einen harmonischen Sprachkern immer möglich.

PLANNER kam zu früh – wenn man so will. Man hatte noch nicht verstanden, daß Programmieren ein weiteres Spektrum von Aktivitäten umfaßt, als das Schreiben von GOTOs. Heute würde man aber PLANNER – so wie es war – nicht mehr entwickeln. Auswuchernde Sprachen sind aber auch heute weltweit im Entstehen und werden wohl immer die Leidenschaft von Sprachentwicklern sein.

9.6 Übungsaufgaben

U9.1 Verändere die Zugriffe auf den Backtrack-Baum durch Einführung von Strukturdefinitionen und Beseitigung der C-A-D-R-Ketten!

U9.2 Vollende die MicroPLANNER-Implementation durch Implementation der fehlenden Funktionen!

U9.3 Entwickle eine ausreichende Programmierumgebung!

U9.4 Drücke möglichst viel Wissen, das für das krypto-arithmetische Problem relevant ist, in PLANNER aus!

9.7 Literatur

[1] B.G. Baumgart: MicroPLANNER Alternate Reference Manual. Stanford AI Lab., Operating Note No. 67, Stanford University, April 1972

[2] K. Biss, R.T. Chien, F. Stahl, S.J. Weissman: Semantic Modelling for Deductive Question-Answering. IEEE Trans. on Computers, Vol. C-25 (1976), No. 4, S. 358-366

[3] F. Black: A Deductive Question Answering System. Ph.D. Thesis, Harvard University, Cambridge, 1962, auch in: M. Minsky (ed.): Semantic Information Processing. MIT Press, Cambridge, 1968

[4] J.A. Campbell (ed.): Implementations of PROLOG. Ellis Horwood, Chichester, 1984

[5] D.J.M. Davies: POPLER – Implementation of a POP-2-based PLANNER, in: [4]

[6] D.J.M. Davies: Representing Negation in a PLANNER System. Proc. AISB Summer Conf., Brighton, 1974, S. 26-36

[7] L. Cettolin: On Genealogical Information Retrieval by MicroPLANNER Programming. Istituto di Elettrotecnica ed Elettronica dei Politecnico di Milano, Mailand, 1974

[8] J.L. Darlington: Deductive Plan Formation in Higher-Order Logic, in: B. Meltzer, D. Michie: Machine Intelligence 7, Edinburgh University Press, Edinburgh, 1972

[9] D.J.M. Davis: Representing Nagation in a PLANNER System. Proc. AISB Summer Conference, University of Sussex, 1974

[10] D.J.M. Davies: POPLER 1.5 Reference Manual. TPU Reportt No. 1, Edinburgh, 1973

[11] D.J.M. Davies: POPLER – A POP-2 - PLANNER. Report MIPR-89, Machine Intelligence and Perception, Edinburgh, 1971

[12] M. Dornbrook, M. Blank: The MDL Programming Language Primer. MIT, LCS, 181

[13] M. Dowson: A Note on MicroPLANNER, in: [4]

[14] T. Evans: A Program for the Solution of a Class of Geometric Analogy Intelligence Test Questions, in: M. Minsky (ed.): Semantic Information Processing. MIT Press, Cambridge, 1968

[15] S.E. Fahlman: A Planning System for Robot Construction Tasks. MIT, AI TR 283, Cambridge, 1973

[16] R.E. Fikes, P.E. Hart, N.J. Nilsson: STRIPS – A New Approach to the Application of Theorem Proving to Problem Solving. Artificial Intelligence, Vol. 2 (1971), No. 3/4, S. 189-208

[17] S.W. Galley, G. Pfister: The MDL Programming Language. MIT, Lab. for Computer Science, Cambridge, 1979

[18] G. Gini, M. Gini: Programming a Robot by Goal-Oriented Languages. Int. Kybernetik Kongress, 1976, Bukarest

[19] G. Gini, M. Gini: Cognitive Information Retrieval by Goal-Oriented Languages. Istituto di Elettrotecnica ed Elettronica dei Politecnico di Milano, Mailand, 1975

[20] S.W. Golomb, L.D. Baumert: Backtrack Programming. Journ. ACM, Vol. 12(1965), No. 4, S. 516-524

[21] A. Guzman, H. McIntosh: CONVERT. Comm. ACM, Vol. 9(1966), No. 8, S. 604-615

[22] P.J. Hayes: Some Problems and Non-Problems in Representation Theory. Proc. AISB, Sussex, 1974

[23] C. Hewitt: How to Use What You Know. 4. IJCAI Tbilissi, 1975

[24] C. Hewitt: Description and Theoretical Analysis (Using Schemata) of PLANNER: A Language for Proving Theorems and Manipulating Models in a Robot. MIT, Dept. EE, PhD Thesis, AI-TR 258, Cambridge, April 1972

[25] C. Hewitt: PLANNER Implementation Proposal to ARPA. MIT AI Memo 250, Cambridge, Dezember 1971

[26] C. Hewitt: Procedural Embedding of Knowledge in PLANNER. 2. IJCAI 1971, London, September 1971

[27] C. Hewitt: PLANNER – A Language for Proving Theorems in Robots. 1. IJCAI 1969, Washington, Mai 1969

[28] C. Hewitt: PLANNER: A Language for Manipulating Models and Proving Theorems in a Robot. MIT, Project MAC, MAC-M-386, AI Memo 168, Cambridge, Oct. 1968 (Revisions 1969 - 1970)

[29] C. Hewitt: PLANNER – A Language for Proving Theorems. MIT AI Memo 137, Cambridge, Juli 1967

[30] J. Laubsch: Organisation eines semantischen Gedächtnismodells mit MicroPLANNER, in: G.Veenker (Hrsg.): Zweites Treffen der GI Fachgruppe "Künstliche Intelligenz" (GWAI 1975), Bericht Nr. 13, Universität Dortmund, 1975

[31] J. McCarthy: Programs With Common Sense. Mechanization of Thought Processes, Proc. of the Symposium on the National Physics Laboratory, Teddington, 1958

[32] D.V. McDermott: The PROLOG-Phenomenon. SIGART Newsletter, 1976

[33] D.V. McDermott, G.J. Sussman: The CONNIVER Reference Manual. MIT AI Memo 259, Cambridge, Mai 1972

[34] M. Minsky: Steps Towards Artificial Intelligence. Proc. IRE, Vol. 49, Januar 1961, S. 8-30 (auch in: E. Feigenbaum, J. Feldman (eds.): Computers and Thought. McGraw Hill, New York etc, 1963, S. 406-452)

[35] M. Minsky, S. Papert: Proposal to ARPA for Research on Artificial Intelligence at MIT, 1971-1972. MIT, AI Memo 245, Cambridge, 1971

[36] M. Minsky, S. Papert: Proposal to ARPA for Research on Artificial Intelligence at MIT, 1970-1971. MIT, AI Memo 185, Cambridge, 1970

[37] G. Pfister: A Muddle Primer. MIT, Tech. Rep. SYS.11.01, Proj. MAC, DM/CGS, Mai 1972

[38] V.N. Pilshikov: PLANNER-BESM-6 System – Implementation Methods. Proc. 4th IJCAI 1975, Tbilissi, 1975, S. 575-520

[39] J. Slagle: Experiments with a Deductive Question-Answering Program. Comm. ACM Vol. 8(1965), No. 12, S. 792

[40] G.J. Sussman: Why Conniving is Better Than Planning. MIT AI Memo 255, Cambridge, Februar 1971

[41] G.J. Sussman, D.V. McDermott: From CONNIVER to PLANNER – a Generic Approach. Proc. AFIPS 1972 SJCC, Vol. 36, Montvale, 1972

[42] G.J. Sussman, D.V. McDermott: Why Conniving is Better Than Planning. MIT AI Memo 255 A, Cambridge, April 1972

[43] G.J. Sussman, T. Winograd, E. Charniak: Micro-PLANNER Reference Manual. MIT AI Memo 203 A, Cambridge, Dezember 1971

[44] G.J. Sussman, T. Winograd: Micro-PLANNER Reference Manual. MIT AI Memo 203, Cambridge, Juli 1970

[45] T. Winograd: Procedures as a Representation for Data in a Computer Program for Understanding Natural Language. MIT MAC TR-84, Cambridge, Februar 1971

[46] T. Winograd: Understanding Natural Language. Academic Press, New York, 1972

Kapitel 10

PROLOG – Logik-orientierte Programmierung (3)

10.1 PROLOG

1963 fand ein wichtiger Durchbruch auf dem Gebiete des Theorembeweisens statt: J.A.ROBINSON erfand das *Resolutionsprinzip*, d.h. die Verwendung einer Beweisregel für die Prädikatenlogik, die allein eine vollständige Schlußregelmenge darstellte und sich für maschinelle Beweise hervorragend eignete. Damit war ein neues logisches Verarbeitungsmodell ermöglicht, an dessen effizienter Realisierung man seitdem arbeitet.

Eine Programmiersprache für dieses Verarbeitungsmodell ist PROLOG. PROLOG ist eine logik-orientierte Programmiersprache, die die Verwendung einer Teilmenge der logischen Formeln zuläßt – der Menge der HORN-Klauseln. Als Vorläufer von PROLOG wurde etwa 1970 in Marseille ein Formalismus, der aus Rewrite-Regeln und Musterbeschreibungselementen bestand, als Kern eines Frage-Antwort-Systems für Französisch [21], des SYSTEM Q [59], entwickelt.

Die Erfahrungen mit diesem System und das Studium der Robinsonschen Arbeit [61] fürte zur Kontaktaufnahme mit R.KOWALSKI, zum Kennenlernen von dessen (gemeinsam mit D.KUEHNER) Arbeiten über SL-Resolution, eine spezielle Beweistechnik. Gemeinsam diskutierte man die Möglichkeiten, studierte man die Vorteile der Horn-Logik und entwickelte man erste Programme: A.COLMERAUER ging mehr in die Richtung auf eine Programmiersprache und konzipierte Listenmanipulationsprogramme, KOWALSKI dachte mehr ans prinzipielle und entwarf Programme (d.h. Horn-Klauseln) für die Addition und die Fakultät[16,42].

Die Datierung des ersten Interpreters ist etwas unklar. So beziehen sich H.COELHO, J.COTTA und L.PEREIRA [15] auf eine PROLOG-Implementation von 1970, aber dies wird wohl nur ein Theorembeweiser unbekannter Qualität gewesen sein. J.ROBINSON [59] nimmt als Jahr 1971. J.LLOYD [48] schreibt, 1972 habe P.ROUSSEL einen Interpreter in ALGOL-W geschrieben – aus diesem Programm sei 1973 ein verbessertes System von G.BATTANI und H.MELLONI in FORTRAN weiterentwickelt worden. Dies scheint auch die Quintessenz von [16] zu sein, wo noch hervorgehoben wird, daß die verbesserte Version nach einem Aufenthalt ROUSSELs in Edinburgh angegangen wurde. Der erste PROLOG-Interpreter ist so offensichtlich vor der eigentlichen Sprachdefinition durch ROUSSEL [63] programmiert worden – eine nicht unübliche Situation bei der Entwicklung von Programmiersprachen. COLMERAUER selbst gibt in [19] als Entwicklungsjahr 1973 an. Ein Manual zu diesem System, das recht bald verteilt und benutzt wurde – so in Waterloo schon 1974 – ist erst 1975 geschrieben worden [61]. F.KLUZNIAK [39] gibt einen gewissen Eindruck von diesem System und seiner Bootstrap-Technik.

Als Autoren von PROLOG werden meist COLMERAUER, H.KANOUI, R.PASERO und ROUSSEL angegeben. Wer welchen Beitrag geleistet hat, ist heute schwer festzustellen.

Betrachtet man die Zeit, zu der PROLOG entstand, so fällt diese recht genau in die Periode, da PLANNER scheiterte. Insofern ist das Entstehen dieser Sprache ein erstaunlicher Vorfall. In der KI-Literatur ist dieser scheinbare Widerspruch bisher kaum verarbeitet worden [24,48]. Während PLANNER (und damit MicroPLANNER) aus der Ablehnung syntax-basierter Beweisverfahren für den Prädikatenkalkül – darunter durchaus auch das Resolutionsverfahren – entstanden ist, so basiert PROLOG gerade auf diesem.

Die in den USA, zum Beispiel am MIT, nachweisbare Ablehnung ([33]) führte in den USA dazu, daß die in dieselbe Richtung (wie PROLOG) verlaufenden Arbeiten am SRI nicht fruchtbar werden konnten. Dort hatte bereits 1969 C.GREEN [29] festgestellt, daß die Prädikatenlogik als Programmiersprache anzusehen sei, und der Beweiser als Interpreter, und er hatte auch versucht, um einen Resolutionbeweiser so etwas wie ein Programmiersystem aufzubauen. Leider aber war sein Beweiser nicht sehr gut, so daß einigermaßen große Programme nicht abgearbeitet werden konnten. (Diese Tatsache hat auch zu der negativen Bestätigung der vorgefaßten Bewertung der Logik durch die AI-Gruppe am MIT beigetragen und bestärkte G.SUSSMAN, E.CHARNIAK, D.McDERMOTT und andere in ihrer Ablehnung des logischen Programmierens.)

Wie ROBINSON [58] vermerkte, kam PROLOG im richtigen Moment. Die Resolutionsregel war als Beweisregel etabliert [60] und die Forschungen zur Beherrschung von Beweisern, die mit dieser Regel arbeiteten, hatten zu ermutigenden Resultaten geführt. In den wenigen Jahren zwischen 1969 und 1972 habe sich, so ROBINSONs Ansicht, die Situation in Bezug auf die Effizienz der besten Resolutionsbeweiser gewandelt, und es war COLMERAUER, der dies ausnutzte. Strategien, wie die *SL-Resolution*, die in PROLOG-Interpretern verwendet wird, sind bis zu dieser Zeit entwickelt worden.

Zu dem langfristigen Erfolg hat sicher neben dieser eleganten Knappheit der Sprache gegenüber dem Durcheinander von MicroPLANNER wesentlich beigetragen, daß D.WARREN 1977 das Compilationsproblem löste. Heute gibt es recht effiziente Systeme [54].

Von vielen Autoren wird heute PROLOG-Programmierung mit der Erstellung von Expertensystemen identifiziert. Wir meinen, daß ein unkonventionelles Programm noch keine neue Verarbeitungsqualität erreichen muß. Von großer Bedeutung ist jedoch die Umstellung in der Programmierung, denn die Ablaufplanung tritt deutlich zurück hinter den Aspekten der begrifflichen Ordnung.

Es gibt inzwischen eine große Reihe von PROLOG-Lehrbüchern. Wir verweisen schon an dieser Stelle auf sie [12,14,15,31,36,38], denn im Rahmen dieses Buches kann die Vielfalt der PROLOG-Programmierung nur im Grundsätzlichen behandelt werden.

COLMERAUER und seine Kollegen haben PROLOG zu PROLOG-II weiterentwickelt, indem das Verarbeitungsmodell durch Einführung (und damit Verfügbarmachen) der verzögerten Programmausführung von der reinen Logik fortbewegt wurde. Die in vielen Implementationen vorzufindende Abweichung von den logischen Forderungen, die sich in der inkorrekten Unifikationsverwirklichung äußert, wurde kodifiziert und ermöglicht so die Behandlung unendlicher Bäume [29,38].

10.2 PROLOG: Verarbeitungsmodelle, Programmierstil und Programmiersprache

Wir hatten im Kapitel 8 einen groben Überblick über den Prädikatenkalkül gegeben.

PROLOG-Programme bestehen aus einfachen Axiomen und Implikationen, die nur eine Atomformel als Konklusion und mehrere durch "UND" verknüpfte Atomformeln als Prämissen enthalten dürfen. Die funktionalen Terme spielen dabei die Rolle von Datenstrukturen.

PROLOG bezieht sich also nicht auf den ganzen Kalkül: Die erlaubten Formeln dürfen keine Oder-, Nicht-, und Äquivalenzkonnektoren enthalten, die Quantifizierung ist implizit (Allquantoren für alle Variablen in den Axiomen, Existenzquantoren für die Variablen in der Zielformel), die Verschachtelung von Formeln ist praktisch verboten. Diese Teilmenge ist die *Horn-Logik*.

Ein PROLOG-Programmierer könnte sich trotz der deutlichen Einschränkungen des Formalismus strikt an logische Gewohnheiten halten: Statt zu programmieren kann er versuchen zu *modellieren*. Zu diesem Zweck stehen ihm Atomformeln zur Verfügung, mit denen er einzelne Fakten oder für eine Gesamtheit geltende Gesetze formulieren kann. Des weiteren kann er die Implikationen verwenden, um Begriffsbeziehungen (wie Teilmengen-, Element-, Teil-Ganzes u.ä.) auszudrücken. Die Logik eignet sich jedoch nicht gut für die Repräsentation von Kausalbeziehungen: Die Folge von Ereignissen ist etwas qualitativ völlig anderes als das Bestehen der Implikationsbeziehung zwischen Aussagen [11, S.454]. Erst wenn der Programmierer die Zielformel notiert, muß er auf den Boden der Tatsachen zurück: Der Zweck dieses Hinschreibens ist ja zweifellos mit der Erwartung verbunden, die Maschine werde ihm mitteilen, ob diese Formel aus den Programmformeln (Axiomen) ableitbar ist oder nicht. Außerdem wird erwartet, daß Variablenbindungen mitgeteilt werden, mit denen aus der Zielformel eine ableitbare Instanz erzeugt werden könnte.

Der PROLOG-Programmierer wird nur mühsam diese Sicht einnehmen können – obwohl sie der Verständlichkeit seiner Programme zuträglich wäre. Auch den universellen Theorembeweiser könnte er sich, bereits bei der Formulierung der Programmteile vorstellen, wie wir dies im Kapitel 8 besprochen haben.

PROLOG-Programmierer wissen aber recht genau, von welcher Art ihr Beweiser (Programminterpreter) ist: Es ist ein bestimmter *Resolutionsbeweiser*.

10.2.1 Logische und prozedurale Verarbeitungsmodelle

10.2.1.1 Resolutionsbeweiser

Wenn wir den PROLOG-Interpreter als Beweiser ansehen, dann kommen wir
zu dem zweiten logischen Verarbeitungsmodell. Der Beweiser soll eine Formel
(*Zielklausel*) relativ zu einer Menge von Axiomen (Programm) beweisen, d.h.
den Widerspruch zwischen der Negation der Formel und dem Axiomensystem[1].
Das Ziel eines Rechenvorgangs ist es dabei, wahre (ableitbare) Instanzen der
Zielklausel zu erzeugen. Das PROLOG-System verfügt über das Programm in
der Form von *Fakten* (rein positiven Klauseln):

$$F(x_1, \cdots, x_n)$$

und *Implikationen* (normalen Klauseln mit einem positivem und mehreren
negativen Teilen):

$$P_1(x_{11}, \cdots, x_{1n_i}) \wedge \cdots \wedge P_m(x_{m1}, \cdots, x_{mn_m}) \to C(x_{i1}, \cdots, x_{in_i})$$

Die Zielformel, normalerweise eine Konjunktion von Atomformeln, wird – in
ihrer negierten Form (zur Erzeugung des Widerspruchs!) – als Disjunktion mit
nur negativen Teilen (Atomformeln) berücksichtigt.

Im PROLOG-Resolutions-Modell spielen sowohl die Ordnung der Fakten und
Implikationen als auch die Ordnung der Prämissen in einer Implikation eine
äußerst wichtige Rolle: Um eine Formel

$$Q_1(t_{11}, \cdots, t_{1j_i}) \wedge \cdots \wedge Q_k(t_{k1}, \cdots, t_{kj_k})$$

zu beweisen, wird die Resolutionsregel angewandt:

Um eine Formel Q zu beweisen, wird ein Fakt Q oder eine Implikation
$P_1, \cdots, P_m \to Q$ gesucht. Kann ersterer gefunden werden, ist der Beweis fertig,
kann eine Implikation gefunden werden, so wird eine neue Zielformel (*Resolvente*) konstruiert, indem die Oder-Verknüpfung der negierten Prämissen der
Implikation als diese neue Zielformel verwendet wird (da das Literal in der
Konklusion als positiv und die Prämissen als negative Literale angesehen werden):

$$\neg Q, Q \Rightarrow \square$$
$$\neg Q, P_1 \wedge \cdots \wedge P_m \to Q \Rightarrow \neg P_1, \cdots, \neg P_m$$

Verallgemeinert für mehrere Zielliterale:

$$\neg Q_1 \vee \cdots \vee \neg Q_{i-1} \vee \neg Q_i \vee \neg Q_{i+1} \vee \cdots \vee \neg Q_n, Q_i \Rightarrow$$
$$\neg Q_1 \vee \cdots \vee \neg Q_{i-1} \vee \neg Q_{i+1} \vee \cdots \vee \neg Q_n$$
$$\neg Q_1 \vee \cdots \vee \neg Q_{i-1} \vee \neg Q_i \vee \neg Q_{i+1} \vee \cdots \vee \neg Q_n, P_1 \wedge \cdots \wedge P_m \to Q_i \Rightarrow$$
$$\neg Q_1 \vee \cdots \vee \neg Q_{i-1} \vee \neg P_1 \vee \cdots \vee \neg P_m \vee \neg Q_{i+1} \vee \cdots \vee \neg Q_n$$

Diese einfache Regel wird komplexer, wenn wir die Komponenten der Atomformeln mit einbeziehen: *Zwei Literale gelten dann als gleich, wenn sie per
Substitution gleich gemacht werden können.* Die Unifikationsprozedur (s. Kap.
8) wird benutzt, um die allgemeinste Substitution[2] dieser Art zu finden.

Ausgehend von der Zielformel werden so immer neue Unterzielformeln abgeleitet, bis eine leere Formel $\square$ entsteht. Diese ist gleichbedeutend mit einem

---

[1] Wir arbeiten also in einem Widerlegungskalkül [3].
[2] D.h. mit möglichst wenigen Konstanten.

Widerspruch. Weil dieser aus der negierten Zielformel abgeleitet werden konnte, ist damit der Beweis für die Richtigkeit der unnegierten Formel erbracht.

Die in PROLOG realisierte Resolutionsvariante ist eine Form der sog. "linearen Resolution", bei der immer eine der zur Resolution herangezogenen Formeln die Resolvente des vorhergehenden Schrittes (oder zu Anfang die Zielklausel) ist. Keine frühere Resolvente wird benutzt (nur im Falle einer Sackgasse), nie werden zwei Axiome (aus dem Programm) verknüpft. Dadurch entsteht ein Beweisbaum mit einem Hauptzweig, in dem alle abgeleiteten Formeln liegen.

Zu der damit für jeden Resolutionsschritt schon bereitgestellten einen Formel, einer Disjunktion, tritt eine weitere, die aus dem Programm stammen muß. Diese enthält genau eine Atomformel als Konklusio oder ist nur ein Fakt. Die Fakten werden den Implikationen nur dann vorgezogen, wenn sie im Programm vor diesen stehen. Diese Notationsreihenfolge hat auf die Auswahl der zweiten in einen Resolutionsschritt eingehenden Formel entscheidenden Einfluß.

Weil sogar immer das erste Literal einer Resolvente allein benutzt wird, um die zweite an dem Resolutionsschritt zu beteiligende Klausel (mit einer Auswahlfunktion, s. [47]) zu finden – d.h. in der allgemeinen Regel oben ist der Index $i = 1$ –, sprechen wir von einer Variante der L-Resolution, der SL-Resolution. Bei Beschränkung auf "definite clauses"[3] [1] ist die SLD-Resolution (auch LUSH-Resolution) gegeben. R.HILL hat 1974 gezeigt [35], daß diese Variante vollständig ist, d.h. verträglich mit der Modellsemantik der Prädikatenlogik: Für jede Auswahlregel bezüglich des Literals charakterisieren Modellsemantik und Resolutionssemantik im wesentlichen die gleiche Menge von Lösungssubstitutionen. Allerdings gilt diese Vollständigkeit[4] bei der in PROLOG angewandten Beweisstrategie nicht mehr: Weil immer das erste Literal eines Ziels zur Resolution verwendet wird (man kann dies als "Tiefensuche" bezeichnen), kann es vorkommen, daß der Beweiser in einen unendlichen Beweisteilbaum gerät, aus dem er nicht zurückfinden kann [48, S.47ff].

Von diesem Vorgang gibt es eine Reihe von weiteren Beschreibungsvarianten, d.h. im Detail verschiedene Verarbeitungsmodelle, die zu einem jeweils besonderen Programmierverhalten führen könnten.

10.2.1.2 Ziel-orientierte Formulierung

Das System arbeitet mit Klauseln

$$+\{....\}, -\{....\}.$$

In der positiven Komponente darf dabei nur ein Literal enthalten sein.

Um eine Zielklausel (die nur die negative Komponente mit eventuell mehreren Literalen aufweist) zu erreichen, sucht das System nach der ersten Klausel, deren positives Literal sich mit dem ersten Ziel-Literal unifizieren läßt. Die betreffende Klausel wird ausgewählt (die Substitution in ihr ausgeführt), und die

---

[3] "Definit" sind die Implikationen der Horn-Logik als Spezialfall von Implikationen, die eine Disjunktion von Atomformeln in der Konklusion besitzen.

[4] Wir können hier unmöglich die ganze Theorie ausbreiten. Der Leser sei auf das ausgezeichnete Buch von LLOYD [48] verwiesen.

negativen Literale aus ihr werden als neues Ziel betrachtet. Wenn diese Klausel keine negativen Literale hat, ist ein Teilziel endgültig erreicht. Wenn irgendwann für ein Teilziel keine Klauseln mit unifizierbarer positiver Komponente gefunden werden kann, dann geht der Prozeß einen Schritt zurück, betrachtet die letzte davor gemachte Zielentscheidung im nachhinein als ungültig und führt das betreffende Ziel zur Unifikation mit der nächsten Klausel.

Die Abarbeitung ist beendet, wenn alle Teilziele erreicht sind. Zu beachten ist, daß die bei der Unifikation anfallenden Substitutionen auch für die hierarchisch umfassenden Oberziele einschließlich des gesamten Ziels gelten. Dies kann man sich so vorstellen, als ob die Substitutionen aufgesammelt werden und zum Schluß auf den ursprünglichen Zielausdruck angewendet werden. In dieser Zweiteilung kommt schön die doppelte Aufgabe des Verarbeitungsmodells für PROLOG zum Ausdruck: Einerseits die Deduzierbarkeit feststellen (oder negieren), andererseits Werte – oder Terme – für die in der Zielformel vorkommenden Variablen zu bestimmen.

Es ist wichtig festzuhalten, daß Klauseln bzw. Literale in Klauseln in der Reihenfolge betrachtet werden, in der sie dem System angeboten worden sind (Literale einer Klausel also von links nach rechts), weil bei der Verfolgung eines Teilziels das erste negative Literal der ausgewählten Klausel zum neuen Unterziel gemacht wird und für dieses wiederum das erste Literal der ersten unifizierbaren Klausel usw. kann man auch von einer systematischen Suche sprechen, die zuerst in die Tiefe geht.

10.2.1.3 Beschreibung von Clocksin und Mellish

W.CLOCKSIN und C.MELLISH [14] beschreiben diesen Prozeß folgendermaßen (sie gehen von einer Klausel aus, deren positives Literal im Verlaufe der Abarbeitung unifizierbar war und deren negative Literale nun die Konjunktion neuer Teilziele darstellen):

Diese Konjunktion von (Teil-)Zielen ist in einer Reihe von links nach rechts angeordnet, getrennt durch Kommata. Jedes (Teil-)Ziel kann einen linken und einen rechten Nachbarn haben. Natürlich hat das ganz links stehende Teilziel keinen linken Nachbarn (das pos. Literal gilt nicht als Teilziel) und das ganz rechts stehende Teilziel hat keinen rechten Nachbarn.

Wenn PROLOG mit einer Konjunktion von Zielen konfrontiert ist, versucht das System diese einzeln, von links nach rechts, zu erfüllen. Wenn ein Ziel erreicht ist, dann läßt das System einen Platzanzeiger in der Datenbasis, der mit dem Ziel assoziiert ist. Man kann sich dieses als einen Pfeil vom Ziel zu dem Platz in der Datenbasis vorstellen, wo die Lösung (d.h. die lösende Klausel) steht. Außerdem werden dabei möglicherweise alle Variablen, die vorher noch unbelegt gewesen sind, belegt (oder wenigstens einige) ... Wenn eine Variable belegt wird, werden alle Vorkommen dieser Variablen in der aktuellen Zielkonjunktion auf die gleiche Art belegt.

Anschließend versucht das System, den rechten Nachbarn des gerade behandelten Teilziels zu erfüllen und beginnt mit dem Durchsuchen der Datenbasis (von Klauseln) vom Anfang an. Immer wenn ein Teilziel erfüllt ist, ist damit die Kennzeichnung der Klauseln zu der Datenbasis, die dies bewirkt hat, durch einen Platzanzeiger verknüpft. Dies dient dem Zweck, weitersuchen zu können, wenn das Teilziel auf andere Art erfüllt werden muß als vorher. Immer wenn nämlich ein Ziel nicht erreicht werden kann (wenn keine unifizierbare positive Atomformel in den Klauseln gefunden werden kann), dann geht das System zurück und versucht, den linken Nachbarn des aufgegebenen Ziels auf andere Art zu erfüllen, beginnend an der Stelle, wo der Platzanzeiger steht. Überdies muß vorher jede Variable, die durch die Erfüllung dieses Ziels belegt wurde, wieder von der Belegung befreit werden. In anderen Worten, das System muß all die Substitutionen rückgängig machen, die es nach vorheriger Erreichung dieses Ziels vollzogen hatte. Wenn nun ein Ziel, das erneut von rechts her wieder aktuell gemacht wurde, nicht wieder neu erfüllt werden kann, dann verursachen diese Versager einen Übergang nach links – solange diese Ziele unerreichbar sind. Wenn dabei auch das ganz links stehende Teilziel aufgegeben werden muß, gibt es ja keinen linken Nachbarn, der erneut versucht werden kann. In diesem Fall ist die gesamte Konjunktion von Teilzielen nicht erreichbar, der Beweisversuch scheitert.

Dieses Verfahren, demzufolge PROLOG wiederholt versucht, Teilziele in einer Konjunktion zu erfüllen oder erneut zu erreichen, heißt "Backtracking". Wir hatten darüber bereits im Zusammenhang mit ziel-orientierter Programmierung einiges gesagt (s. Kap. 9).

10.2.1.4 Unifikation in PROLOG

Es ist nun wichtig zu wissen, daß die eigentlich erforderliche Unifikation in den aktuellen PROLOG-Implementationen nicht vollzogen wird. Nicht zufällig sprechen auch CLOCKSIN und MELLISH vom "Matching". Das liegt daran, daß man davon ausgeht, daß unterschiedliche Klauseln nie Variable gemeinsam haben. Überdies nimmt man an, daß in jedem Literal jede Variable nur einmal auftritt. In diesem angenommen Falle wäre die Prüfung, ob eine Variable in dem einen Literal in einem Term, der an der ihr vergleichbaren Position in dem anderen Literal steht, unnötig. Diese Prüfung wird in der Literatur "occur check" genannt [57].

$P(x, x)$ und $P(y, f(y))$ sind nicht unifizierbar, obwohl zunächst für x y substituiert werden kann. Es gibt aber keine Substitution, durch die y gleich $f(y)$ sein kann.

Man vergleiche das Programm zur Unifikation, das bei der Darstellung des ersten "logischen Interpreters" angegeben wurde (s. Kap. 8)! PROLOG-Systeme führen den occur-check entweder überhaupt nicht aus oder nur auf explizites Verlangen (IC-PROLOG).

Es wurde schon darauf hingewiesen, daß COLMERAUER in PROLOG-II [19] definitiv auf die echte Unifikation verzichtet hat, um unendliche Bäume beschreiben zu können.

10.2.1.5 Die "prozedurale" Beschreibung von Kowalski

Kowalski [43] bezeichnet eine Klausel:

$B \leftarrow$ als "Fakt",

$B \leftarrow A_1, \cdots, A_n$ (d.i. eine Implikation $A_1 \wedge \cdots \wedge A_n \rightarrow B$)
als "Prozedurdeklaration", wobei er
B als "Kopf" oder "Name" der Prozedur bezeichnet und
$A_1, \cdots, A_n$ als "Körper".
Ein Literal A nennt er "Prozeduraufruf".
$\leftarrow A_1, \cdots, A_n$ heißt "Ziel" (ist die negierte Zielformel).

Ein Auswertungsschritt wird von KOWALSKI [43, S.107ff] folgendermaßen beschrieben:

Angenommen die aktuelle Konjunktion von Teilzielen sei
$B_1, B_2, \cdots, B_n$.

Ein Auswertungsschritt besteht in der *Ausführung* eines dieser Prozeduraufrufe. Welcher es sein sollte, wird durch eine *Abarbeitungsregel* bestimmt; dies ist eine Regel, die für jede beliebige Konjunktion von Prozeduraufrufen, die während der Auswertung angetroffen wird, eindeutig denjenigen bestimmt, der zuerst ausgeführt werden soll. Zunächst soll uns diese Regel nicht interessieren. Wir nehmen einfach an, daß eine solche effektive Regel existiert, die den Prozeduraufruf aus der Zielklausel auswählt.

Sei nun B_i der ausgewählte Prozeduraufruf. B_i habe die Form $P(t_1, \cdots, t_m)$, die t_j sind (funktionale) Terme.

Nun wird ein Versuch gemacht, diesen Aufruf auszuführen unter Benutzung einer *Prozedur*:
$$P(t'_1, \cdots, t'_m) \leftarrow A_1, \cdots, A_k$$
die eine der Prozeduren ist, die als Programmklauseln für P angegeben werden. Wir können annehmen, daß in dieser Prozedurdeklaration keine der Variablen auftritt, die in $P(t_1, \cdots, t_m)$ enthalten sind (andernfalls muß umbenannt werden).

Wenn es mehr als eine derartige Prozedur gibt, dann ist auch die Auswahl der Prozedur ein *indeterministischer Schritt* in der Auswertung. Im Normalfall ist jede der möglichen Prozeduren mit einer möglichen Verzweigung der Auswertung verbunden. Nun wird versucht, den Prozeduraufruf mit dem Kopf der ausgewählten Prozedur, d.h.
$P(t_1, \cdots, t_m)$ mit $P(t'_1, \cdots, t'_m)$ zu unifizieren.
Wenn die Unifikation nicht möglich ist, dann muß dieser Zweig des Auswertungsverlaufs aufgegeben werden. Wenn die Unifikation möglich ist, etwa unter Verwendung des allgemeinsten Unifikators θ, dann führt dieser Zweig des Auswertungsverlaufs zu einer *neuen Konjunktion* von Prozeduraufrufen, einer neuen Zielklausel:
$$\leftarrow \theta B_1, \cdots, \theta B_{i-1}, \theta A_1, \cdots, \theta A_k, \theta B_{i+1}, \cdots, \theta B_n$$
Das heißt, in der alten Zielklausel sind für B_i die Prozeduraufrufe des Körpers der benutzten Prozedurdeklaration eingesetzt worden, und alle Prozeduraufrufe sind der Substitution θ unterworfen worden. Das bedeutet also, daß die Ausgabebindungen – alle Bindungen von Variablen aus B_i – unmittelbar auf die anderen B_j übertragen werden. Die Eingabebindungen, das sind die Bindungen von Variablen aus $P(t'_1, \cdots, t'_m)$, werden auf die A_l übertragen. Man kann sich diesen Prozeß als **Datenfluß** durch die Variablen vorstellen.

Ein Sonderfall der Prozedurauswahl ist die *Auswahl eines Faktes*. Wir können ihn als Prozedur mit leerem Körper ansehen. Der Auswertungsverlauf ist dabei wie eben beschrieben. Der Unterschied besteht darin, daß keines der A_l für das B_i eingesetzt werden kann (deshalb werden Eingabevariablen nicht berücksichtigt).

Wenn es für das Literal $B(t_1, \cdots, t_m)$ keine Prozedur mit einem Kopf

$$B(t_1', \cdots, t_m')$$

geben sollte, dann muß der Zweig des Auswertungsverlaufs, der die Zielklausel

$$\leftarrow B_1, \cdots, B_i, \cdots, B_n$$

erzeugt hat, aufgeben werden.

Wenn eine Zielklausel

$$\leftarrow B$$

durch Auswahl eines Faktes

$$B' \leftarrow$$

in die leere Zielklausel überführt werden kann, dann kann dieser Zweig des Auswertungsverlaufes mit Erfolg beendet werden. Längs dieses Zweiges sind nacheinander Substitutionen $\theta_1, \cdots, \theta_s$ durch die Unifikationsprozeduren bestimmt worden. Die Hintereinanderausführung

$$\theta = \theta_1 o \theta_2 o \cdots o \theta_s$$

enthält dann die Bindungen für die Variablen der anfänglichen Zielklausel (die evtl. Fehlenden können durch identische Substitutionen hinzugefügt werden).

Diese Bindungen werden dann als Antwort ausgegeben. (Wenn die Zielklausel gar keine Variablen enthielt, ist die Antwort schlicht TRUE – vgl. K.CLARK und F.MCCABE [13])

Bei dieser Beschreibung sind zwei Auswahlschritte noch bewußt offen gelassen: Die Auswahl des Prozedurrufs und die Auswahl der Prozedur. In PROLOG wird jeweils die im Programmtext erste Alternative verwendet. Ein Programm ist aber sicher dann besonders stilrein, wenn jede beliebige Auswahl möglich wäre.

10.2.2 Logik-orientierter Programmierstil in PROLOG

Der logik-orientiert Programmierende sollte sich wenig für Auswertungs- (hier: Beweisabläufe) interessieren. Seine Aufgabe ist die Rekonstruktion von begrifflichen Zusammenhängen mit logischen Mitteln. Die Abstraktion erfolgt durch implizite Definition von Prädikaten in Systemen von Axiomen (Fakten, Implikationen), eine intellektuell hochanspruchsvolle Aufgabe, zu der der konventionelle Programmierer wegen Arbeitsüberlastung nicht kommen kann.

Der PROLOG-Programmierer schreibt Programme durch Notation

- einiger Klauseln ohne negative Literale (Fakten)
- einiger Klauseln mit positiven und negativen Literalen (Klauseln)
- einer Klausel mit nur negativen Literalen (Goal, Zielklausel).

Er weiß um die Wichtigkeit der *Ordnung* seiner Programmklauseln und der Atomformeln in den Prämissen. Er berücksichtigt das Backtracking in seinen

Überlegungen vom Programmablauf – denn die Abarbeitungsreihenfolge wird aktuell!

Dies bedeutet, daß dem Programmierer klar ist, daß *am Programmanfang* notierte Fakten oder Implikationen **vor** *später* (im Programmtext folgenden) Formeln bei der Interpretation (zum Beweisprozeß) herangezogen werden. Nicht die Eignung einer Formel (Fakt oder Implikation) begründet ihre Verwendung, sondern allein ihre syntaktische Position.

Es bedeutet ferner, daß sich der Programmierer Gedanken machen muß, in welcher *Reihenfolge* er die Prämissen in seinen Implikationen anordnet. Positioniert er Atomformeln (Prozedurrufe) früh, zu deren Beweis eine Vielfalt von unterstützenden Formeln existiert, dann muß er fürchten, daß alle diese Formeln bei etwaigem Backtracking durchprobiert werden.

Die Unifikation, die an vielen Stellen in der Belegung von Variablen resultiert, macht diese Reihenfolgeüberlegung in der Prämissenfolge noch komplexer: Das System versucht – wie dargelegt –, für die Prämissen unifizierbare Klauselköpfe zu finden. Diese unterscheiden sich aber in ihren Auswirkungen auf die Variablen. Während einige nur sinnvoll ausgewählt werden können, wenn die "rufende" Atomformel (d.i. die Atomformel im aktuellen Ziel) nur Konstanten (belegte Variablen) enthält (*konsumierende* Variablenvorkommen) enthalten andere gerade diese Konstanten bereits – etwa die Fakten (*produzierende* Variablenvorkommen). Es ist nun natürlich günstiger, früh zu produzieren, weil die konsumierenden Atomformeln die Konstanten brauchen. Man hat aber auch die Variationsbreite der Produktion zu bedenken: Eine Formel, die alternativ viele verschiedene Konstanten (nacheinander während des Backtracking) produziert, schränkt die nach ihr folgenden Atomformeln zu wenig ein. Deshalb sollten gerade Atomformeln mit produzierenden Variablenvorkommen früh notiert werden, die nur ganz wenig verschiedene Werte annehmen können. Besser noch, wenn die unterschiedlichen Werte auch zu völlig verschiedenen Alternativen der nachfolgenden Prämissen führen.

Es ist offensichtlich, daß das Wissen um die Abarbeitung der logischen Programme den Programmierstil stark beeinflussen muß. Doch zunächst zeigen wir, daß der logik-orientierte Programmierer die Eigenschaften von Relationen (bzw. mit Hilfe von Relationen die Eigenschaften von Objekten) beschreibt. Programmierer, die funktions-orientierte Wertbeschreibung gewohnt sind, müssen regelrecht eine neue Denkweise lernen – dies ist eine große Umstellung!

Wenn man etwa anweisungs-orientiert mit einer Prozedur eine Aktion ausführt, so muß man die wichtigsten Eingabe- und Ausgabepararmeter notieren. Wenn man von Seiteneffekten auf die Eingabeparameter absieht, könnte man sich auch vorstellen, die Prozedur realisiere eine Relation zwischen den Parametern.

Die Prozedur `APPEND` hat etwa drei Parameter: `L1`, `L2`, `RESULT`. Nach der Abarbeitung benennt `RESULT` eine Liste, die den zusammengehängten Parameterlisten entspricht:

```
APPEND(L1, L2, RESULT)
```

Der Prozeduraufruf symbolisiert die Anweisung, das Resultat herzustellen.

Wenn man funktions-orientiert mit einer Funktion einen Wert beschreibt, so muß man die Eingabeparameter notieren:

```
(APPEND L1 L2)
```

Der Term (d.h. Funktionsname und Argumente) beschreibt das Resultat.

Logik-orientiert muß man wiederum Ausgabeparameter wie im anweisungs-orientierten Falle notieren. Allerdings gibt es nun recht besehen den Unterschied zwischen Eingabe- und Ausgabeparametern nicht mehr. Nur bei der Abarbeitung werden möglicherweise doch einige der Parameter bereits Werte enthalten, wenn das betreffende Literal angegangen wird.

```
APPEND(L1, L2, RESULT)
```

Der Relationsausdruck soll diesmal die (zeitunabhängige) Beziehung zwischen Objekten symbolisieren.

10.2.3 PROLOG als Notation für die Horn-Logik

In der Sprache PROLOG verwendet man, wie schon mehrfach gesagt, nur Atomformeln der Prädikatenlogik (s. Kap. 8) und Implikationen, die eine Konjunktion (d.h. Und-Verknüpfung) von Atomformeln als Prämisse enthält und eine Atomformel als Konsequenz.

Ändern wir die syntaktischen Regeln des Prädikatenkalküls passend, so ergibt sich: Die Menge **F** von *Funktionssymbolen* besteht aus allen Zeichenketten, die mit einem Buchstaben beginnen und danach Buchstaben oder Ziffern enthalten (für gewisse Sonderzeichen gelten Ausnahmen). Den Funktionssymbolen wird eine Stelligkeit mit *order(f)=i* zugeordnet.

Die Menge **V** der *Variablen* besteht aus allen Zeichenketten, die mit einem großen Buchstaben beginnen und dahinter Buchstaben und Ziffern enthalten und dem Zeichen "_".

Terme sind wie folgt definiert:

1. Ist v in **V**, dann ist v ein Term.

2. Ist f in **F** und *order(f)=0*, dann ist f ein Term.

3. Ist f in **F** und *order(f)=n* und sind $t_1, \cdots, t_n$ Terme, dann ist $f(t_1, \cdots, t_n)$ ein Term.

Die Menge der Prädikatensymbole **R** besteht aus allen Zeichenketten, die mit einem kleinen Buchstaben beginnen und dahinter Buchstaben oder Ziffern enthalten.

Atomformeln sind wie folgt definiert:

(A) Ist r in **R** und *order(r)=n* und $t_1, \cdots, t_n$ Terme, dann ist $r(t_1, \cdots, t_n)$ eine Atomformel.

Fakten sind Atomformeln. *Implikationen* sind wie folgt definiert:

(I) Sind $A_1, \cdots, A_n$ und Q Atomformeln, dann ist $A_1, \cdots, A_n$->Q eine Implikation.[5]

---

[5] Die im Kapitel 8 eingeführte Notation ist: $A_1 \wedge \cdots \wedge A_n \rightarrow Q$.

Implikationen können auch als Disjunktion der negierten Prämissen und der Konklusion aufgefaßt werden (Ersetzbarkeit der Konnektoren der Aussagenlogik). Disjunktionen von Literalen bezeichnet man auch als *Klauseln* (engl. clause). Wie bekannt [32], läßt sich zu jeder Formel des Aussagenkalküls eine äquivalente Formel (eine Normalform) finden, die eine Disjunktion von Klauseln ist. Im Prädikatenkalkül besteht nicht mehr diese direkte Beziehung zur Normalform. Die in PROLOG erlaubten Formeln führen zu einzelnen Klauseln mit höchstens einem positiven Literal, den *HORN-Klauseln*. Fakten entsprechen dabei Klauseln aus einem positiven Literal allein; die Implikationen enthalten als einziges positives Literal die Konklusion (den Prozedurkopf) und die Zielformel enthält nur negative Literale.

Es gibt verschiedene Notationsweisen für den Prädikatenkalkül – schon von den Konnektoren kennt man viele Varianten. Nicht anders ist es mit PROLOG – es gibt verschiedene PROLOG-Dialekte (eine Standardisierung ist in Arbeit). Gemeinsam ist den Dialekten, daß die Implikationen umgekehrt notiert werden, um die Ziel-Unterziel-Struktur herauszuheben.

CLOCKSIN und MELLISH [14] schreiben Funktions-, Relationssymbole und Konstanten (in *Atome* und Zahlen aufgeteilt) klein, Variable (im 1. Buchstaben) groß, notieren hinter jeder Klausel einen Punkt, verwenden :- statt des Implikationspfeils und setzen vor die Zielklausel als Symbol ?-. Eine *anonyme Variable* _ ist verwendbar. Terme werden "Strukturen" genannt. Arithmetische Terme können als Ausdrücke (mit Infixoperatoren) geschrieben werden. Das Gleichheitsprädikat = sowie einige arithmetische Relationensymbole können ebenfalls infix geschrieben werden. *Listenterme* können die Konstante [] (für die leere Liste), den Infixoperator . sowie Listen (Folgen von Konstanten oder Variablen, durch Kommata getrennt, zwischen [und]) enthalten. Listen können auch je eine Restliste enthalten, wenn vor diesen ein | notiert wurde. Für Atomformeln scheint es keine Bezeichnung zu geben (wenn nicht "Ziel" oder "Fakt"). Implikationen heißen "Regeln".

Zu beachten ist, daß die Listennotation lediglich eine Abkürzung für die echte Termnotation darstellt: Variable können Teil (Element oder Rest) einer Liste sein! Dementsprechend können Substitutionen in Listen stattfinden.

Beispiele:

```
Atome: abc, a1, ...
Zahlen: 1234, ...
Variable: X, Y, Result, _, ...
Terme: f(X,a), +(1,2), 1+2, .(X, Y), ...
Listen: [a, X, c], Elemente sind a, ein mit X bezeichnetes Element und c.
        [[a, 1], [b 2], [c 3]], [X+Y, x+y],
        [X, 1 | Z], diese Liste enthält nach einem mit X bezeichneten Ele-
        ment als 2.Element die 1 und dann folgt ein mit Z bezeichneter Rest.
        [x | y], ...
Listenterme: X.Y, a.(b.(c.[])), ...
Ziele: male(albert), parents(alice,victoria,X), X=2, 2<3, ...
Fakten: male(albert)., parents(alice,X,Y)., ...
Regeln: sister_of(X,Y) :- female(X), parents(X,M,F), parents(Y,M.F).
```

In *Waterloo-Notation* verwendet man ← statt :-.

In Marseille schrieb man 1975 Funktions-, Relationssymbole und Konstanten (Atome und Zahlen) groß, Variable mußten mit einem Stern beginnen, hinter jeder Klausel wurde ein Punkt notiert, statt des Implikationspfeils wurden Vorzeichen für die Literale verwendet: Für die Prämissen ein negatives (-) und für die Konklusion ein positives (+). Ein Fakt enthielt damit nur ein positives Literal, eine Zielklausel nur negative. Es gab keine arithmetischen Terme. Die Arithemtik war mit Hilfe der Grundprädikate PLUS, MOINS, MULT, DIV und RESTE auszuführen. Listenterme konnten die Konstante NIL (für die leere Liste), und den Präfixoperator . enthalten.

Beispiele:

```
Atome: ABC, A1, ...
Zahlen: 1234, ...
Variable: *X, *Y, *RESULT, ...
Terme: F(*X,A), PLUS(1,2), .(*X, *Y), .(A ,.(B ,.(C, NIL)), ...
Ziele: -MALE(ALBERT), -PARENTS(ALICE,VICTORIA,*X),
       -EGALF(*X,2), -INF(2,3), ...
Fakten: +MALE(ALBERT)., +PARENTS(ALICE,PAT,FRED)., ...
Regeln: +SISTEROF(*X,*Y)
        -FEMALE(*X) -PARENTS(*X,*M,*F) -PARENTS(*Y,*M,*F).
```

In MicroPROLOG (SIMPLE-Syntax) schreibt man Funktions-, Relationssymbole und Konstanten (Atome und Zahlen) klein oder groß, Variable müssen mit den Buchstaben x, y, z, X, Y, Z beginnen, die Regeln werden statt des Implikationspfeils mit **if** notiert. Die Arithemtik ist mit Hilfe der Grundprädikate SUM und TIMES auszuführen. Listenterme werden schlicht als Listen (mit runden Klammern umgeben) notiert, als Grenzfall tritt die leere Liste () auf, Anfang und Rest der Liste können mit | beschrieben werden. Zweistellige Relationen können infix geschrieben werden. Der Verkehr mit dem System geschieht über ein System von Kommandos (Fakten werden mittels **add** eingegeben, Fragen (Ziele) mittels **which** gestellt). Und-Verknüpfung wird durch infix geschriebens & realisiert. (s. [12]) Die Standard-Syntax ist eine Präfix-Listennotation, die mit LISP vergleichbar ist.

Beispiele:

```
Atome: ABC, a1, ...
Zahlen: 1234, 1.23, ...
Variable: X, Y123, x1, ...
Terme: F(X A), SUM(1 2 x), (X Y), (A B C), (1 x 2|z)
Ziele: MALE(ALBERT), parents(Alice Victoria x),
       EGALF(X 2), INT(2), ...
Fakten: MALE(ALBERT), parents(Alice Pat Fred), ...
Regeln: x sister-of y if
        female(x) & parents(x X Y) & parents(y X Y)
```

In PROLOG II schreibt man Funktions-, Relationssymbole und Konstanten (Atome und Zahlen) klein. Variable müssen mit genau einem Buchstaben beginnen und dahinter Ziffern oder Apostrophe enthalten bzw. nach einem Bindestrich eine beliebige Folge von Buchstaben oder Ziffern. Die Regeln werden so notiert, daß die Konklusio (Klauselkopf) links steht, dann ein normaler Pfeil und rechts die Folge der Prämissen (ohne Kommata getrennt). Die Arithemtik ist mit Hilfe der Grundprädikate add, sub, mul, div und mod auszuführen. Terme können als Tupel, oder, wenn das erste Element ein Atom ist, auf gewöhnliche Art geschrieben werden – d.h. in diesem Fall folgt nach diesem ersten Element (der Funktionsbezeichnung) die Liste der Argumente. Listenterme werden entweder als Terme (mit dem Operator .) notiert, oder als Folgen der durch den Punkt-Operator getrennten Elemente. Die leere Liste nil schließt gewöhnlich Listen ab. Anfang und Rest einer Liste können mit Variablen und Punktoperator beschrieben werden: x.y [28].

Beispiele:

```
Atome: ABC, aa1, ...
Zahlen: 1234, 1.23, ...
Variable: x, y1'23, x1, x-victoria, ...
Terme: f(x,a), <f,x,a>, add(1,2,x), (x.y), x.y,
       (A.(B.(C.nil)))), A.B.C.nil, 1.x.2.z
Ziele: male(Albert), parents(Alice,Victoria,x),
       egalf(X,2), int(2), ...
Fakten: male(Albert);, parents(Alice,Pat,Fred);, ...
Regeln: sister-of(x,y) ->
               female(x)
               parents(x,f,m)
               parents(y,f,m);
```

PROLOG II enthält andere Grundprädikate als PROLOG, unter denen insbesondere solche zur Blockierung der Auswertung sind. Mit Hilfe des Prädikates eq kann man Teile eines Baumes mit dem ganzen Baum identifizieren – also zyklische oder unendliche Bäume darstellen.

Viele Programme lassen sich bereits unter Verwendung der Termdatenstrukturen schreiben und mittels der Unifikation in Gang setzen. Für die Arithmetik, eine programm-gesteuerte Ein-/Ausgabe und speziellere Zwecke verfügt ein gutes PROLOG-System aber über vordefinierte Prädikate.

Wir listen hier knapp die von CLOCKSIN und MELLISH beschriebenen auf:

1. Arithmetik:

   is Das zweite Argument (ein arithmetischer Ausdruck) wird ausgewertet und mit dem ersten unifiziert. Im Ausdruck verwendbare Funktoren: +, -, *, /, mod.

   = Gleichheit zweier Zahlen.

   \ = Ungleichheit zweier Zahlen.

> Vergleich von Zahlen.

< Vergleich von Zahlen.

>= Vergleich von Zahlen.

<= Vergleich von Zahlen.

2. Ein-/Ausgabe:

consult lädt Programmdatei (erweitert verfügbare Klauselmenge am Ende).

display schreibt einen Term (Argument) in den Ausgabestrom, beachtet dabei keine Infixoperatoren.

get testet, ob das Argument gleich dem nächsten Druckzeichen im Eingabestrom ist. Konsumiert das Zeichen.

get0 testet, ob das Argument gleich dem nächsten Zeichen im Eingabestrom ist. Konsumiert das Zeichen.

nl schreibt ein "end-of-line" in den Ausgabestrom.

op dient zur Deklaration von Operatoren.

put schreibt ein Zeichen in den Ausgabestrom.

read testet, ob das Argument gleich dem nächsten Term im Eingabestrom ist. Konsumiert den Term und einen abschließenden Punkt.

reconsult lädt Programmdatei (ersetzt verfügbare Klauseln zu einem Prädikat).

see eröffnet Datei und etabliert sie als Eingabestrom.

seeing testet die Identität des Eingabestroms.

seen schließt Datei und aktiviert Terminal als Eingabestrom.

skip testet, ob im Eingabestrom ein Zeichen vorkommt. Konsumiert die Zeichen bis zu diesem Zeichen.

tab schreibt eine vorgegebene Anzahl von Leerzeichen in den Ausgabestrom.

tell eröffnet Datei und etabliert sie als Ausgabestrom.

telling testet die Identität des Ausgabestroms.

told schließt Datei und aktiviert Terminal als Ausgabestrom.

write schreibt einen Term (Argument) in den Ausgabestrom, beachtet dabei Infixoperatoren.

3. Typprädikate:

atom testet, ob Argument eine Konstante (Atom, keine Zahl) ist.

atomic testet, ob Argument eine Konstante (Atom oder Zahl) ist.

integer testet, ob Argument eine Zahl ist.

nonvar testet, ob Argument keine nicht instantiierte Variable ist.

var testet, ob Argument eine nicht instantiierte Variable ist.

4. Kontrollfluß:

> **!** *Cut-Symbol* beseitigt Möglichkeiten des Backtracking.
>
> **repeat** erzeugt neue Möglichkeiten des Backtracking.
>
> **,** normale UND-Verknüpfung der Prämissen.
>
> **;** ODER-Verknüpfung.
>
> **call** testet, ob Argument, als Ziel(-literal) interpretiert, erfolgreich ist.
>
> **not** testet, ob Argument, als Ziel(-literal) interpretiert, scheitert.
>
> **true** Prädiakt ohne Argumente, wird immer erfolgreich etabliert.
>
> **fail** Prädikat ohne Argumente, löst immer Backtracking aus.

5. Testhilfen:

> **debugging** liefert Überblick über *spy-Punkte* (das sind Prädikatsnamen mit bestimmter Stelligkeit).
>
> **nodebug** beseitigt alle aktuellen spy-Punkte.
>
> **nospy** beseitigt spezifische spy-Punkte.
>
> **notrace** stellt das *Tracen* ab.
>
> **spy** etabliert spy-Punkte.
>
> **trace** stellt das Tracen an.

6. Sonstiges:

> **arg** testet, ob im Term (2. Argument) ein Argument (3. Argument) an der Position (1. Argument) vorkommt.
>
> **asserta** formt den Argumentterm in eine Klausel um und fügt ihn am Anfang der Klauselmenge ein.
>
> **assertz** formt den Argumentterm in eine Klausel um und fügt ihn am Ende der Klauselmenge ein.
>
> **clause** testet, ob Klauseln existieren, deren Konseqenz (Klauselkopf) mit dem ersten Argument und deren Prämissen (Klauselkörper) mit dem zweiten Argument übereinstimmt.
>
> **functor** testet, ob der Funktor des 1. Arguments (ein Term) mit einem Funktor (2. Argument) von der erforderlichen Stellenzahl (3. Argument) übereinstimmt.
>
> **listing** listet alle Klauseln, deren Prädikat mit dem Argument (ein Atom) übereinstimmt, in die Ausgabedatei.
>
> **name** testet, ob die Liste (2. Argument) die Liste der Zeichen ist, die den Namen des Atoms (1. Argument) bilden.
>
> **retract** beseitigt eine Klausel, die dem Argumentterm entspricht.
>
> **=..** testet, ob der Term (1. Argument) und die Liste (2. Argument) strukturell einander entsprechen.
>
> **=** testet, ob beide Argumente unifizierbar sind.

\= testet, ob beide Argumente nicht unifizierbar sind.

== testet, ob beide Argumente unifizierbar sind, mit der Bedingung, daß uninstantiierte Variable mit (passenden) uninstantiierten Variablen unifiziert werden.

\== testet, ob beide Argumente nicht unifizierbar sind, mit der Bedingung, daß uninstantiierte Variable mit (passenden) uninstantiierten Variblen unifiziert werden.

10.3 Programmieren in PROLOG

10.3.1 Einfache Beispiele

Wir beginnen mit einigen sehr einfachen Beispielen für PROLOG-Programme. Ähnliche Beispiele findet man bei COELHO, COTTA und PEREIRA [15].

1. Beispiel: APPEND

```
append(NIL,X,X)
append(U.X,Y,U.Z)  :- append(X,Y,Z)
```

Entscheidend ist, daß Terme nur eine passive Rolle spielen – die von Datenstrukturen. Alle Datenstrukturen sind als Terme, d.h. verschachtelte Anwendung von Konstruktionsfunktionen zu notieren. Die aktive Berechnung von Variablen findet nur statt, wenn sie als Argumente von Prädikaten-(Relations)-symbolen notiert sind.

So werden eigentlich zwei Zahlen keineswegs addiert, wenn irgendwo der Term 1+4 auftritt. Die Addition findet statt, wenn wir eine Additionsrelation haben, etwa

```
plus(1,4,X).
```

(Tatsächlich hat man sich im Fall der Arithmetik von diesem umständlichen Verfahren getrennt, das in der ersten PROLOG-Version noch durchgeführt wurde. Es gibt in PROLOG spezielle "Prädikate", etwa is, die die Auswertung eines Argumentterms veranlassen. Dies ist jedoch nicht für Datenstrukturoperationen vorgesehen, doch könnte man sich auch hier Erweiterungen vorstellen – Schritte in dieser Richtung werden von vielen KI-Forschern versucht, die logik-basierte und funktions-basierte Sprachen zusammenführen wollen.)

Damit ist klar, daß append(X,Y,Z) bedeutet, die Liste Z enthält einen Anfang, der gleich X ist und dahinter ein Ende, das gleich Y ist. Leichter verstehen wir dies, wenn wir sagen: Die Liste Z ist das Resultat der Zusammenfügung von X und Y.

Wir können nun das Programm lesen:

```
append(NIL,X,X)
```

bedeutet: Die Liste X ist gleich einer Zusammenfügung von nichts (NIL) mit der Liste X. (Einfacher für unseren anweisungs-orientierten Geist hört sich an: Wird eine Liste X mit NIL zusammengehängt, so ist die Liste X das Resultat.)

```
append(U.X,Y,U.Z)  :- append(X,Y,Z)
```

bedeutet: Das Ergebnis der Zusammenfügung einer Liste, die mit dem Element
U beginnt, ist eine Liste, die ebenfalls als erstes Element U hat. Für den Rest
Z dieser Liste gilt, daß er das Resultat einer Zusammenfügungsoperation des
Restes X mit der Liste Y ist (d.h. mit diesen beiden Objekten ebenfalls in der
Append-Relation stehen muß).

Wir sehen schon, daß wir, obwohl wir uns bemühen, die logischen Beziehungen der Prädikate statisch zu beschreiben, bezüglich des Zusammenhängens
mental mit Aktionen hantieren. Immerhin ist die Implikation nicht zum Abfolge-
gemuster "wenn die Listen Z und Y zusammengehängt wurden zum Resultat Z,
dann hänge U an das Resultat, wenn U vor X gehängt wurde" mißbraucht worden. Es ist interessant, logik-orientierte Programmierer über ihre Programme
sprechen zu hören (der Autor hörte 1982 KOWALSKI zu). Sie erklären sie genauso, wie sich funktions- oder anweisungs-orientierte Programmierer verständlich zu machen versuchen: Durch Bezugnahme auf Aktionen. Offenbar sind
sie es gewöhnt, programmtechnische Zusammenhänge durch Angabe von Konstruktionsvorschriften (Algorithmen) zu erklären. Das heißt, auch die Wortführer der logik-orientierten Programmierung haben das anweisungs-orientierte
Verarbeitungsmodell so tief aufgenommen, daß sie sich davon beim Sprechen
über ihre Programme nicht lösen können. Die eigentlich erwünschte statische
Erklärung müssen sie – und erst recht jeder Novize[6] – erst einüben. Die betrüb-
liche Quintessenz: **PROLOG wird gewöhnlich als exotische Notation für
anweisungs-orientierte Programme angesehen!**

Wenden wir uns wieder unserem Beispiel zu! Wenn wir das Problem

```
?- append((a.(b.NIL)),(c.(d.NIL)),Z)
```

notieren, wird sich nach der Rechnung

```
Z = (a.(b.(c.(d.NIL))))
```

ergeben.

Dabei ist dieser Wert keinesfalls eine Liste, sondern ein Term, dessen Wert
eine Liste wäre! Durch die Notation deuten wir an, daß der Term stellvertre-
tend benutzt wird. Die Situation ist so ähnlich wie in einem LISP-System mit
verzögerter Auswertung, in dem CONS-Terme nie ausgewerten werden, sondern
immer selbst Wert sind.

2. Beispiel: FRONT und LENGTH

```
front(N,X,Z)  :- length(X,N), append(X,Y,Z).
length(NIL,0).
length(Y.X,s(U))  :- length(X,U).
```

front ist die Beziehung zwischen einer Zahl N und zwei Listen X und Z, die
besteht, wenn die Liste X aus genau den ersten N Elementen von Z besteht.
length ist die Beziehung zwischen einer Liste X und der Zahl U ihrer Elemente.

---

[6] Mit Erfahrung im anweisungs-orientierten Programmieren.

Zu beachten ist, daß dieses Programm (ähnlich wie das für **append**, welches
es einschließt) zur "Berechnung" sowohl von N (wenn die beiden Listen gegeben sind) als auch von X (wenn eine Zahl N und die umfassende Liste als Z)
verwendet werden kann. Sind die beiden Daten für N und X bekannt, können
für Z die ersten n Elemente bestimmt werden (die durch einen Term X1,...,Xn
:X' dargestellt werden).

3. Beispiel: DURCHSCHNITT
   Ein Element liegt im Durchschnitt zweier Mengen (Listen), wenn es in beiden
liegt:

```
durchschnitt(U.X,U.Y,U.Z)  :- durchschnitt(X,Y,Z)
```

Wenn eine Menge leer ist, ist der Durchschnitt leer:

```
durchschnitt(NIL,Y,NIL)
durchschnitt(X,NIL,NIL)
```

Es fehlt noch der Fall, wenn das Element irgendwo in der 2. Menge liegt:

```
durchschnitt(U.X,V.Y,U.Z)  :- member(U,Y),
                              durchschnitt(X,V.Y,Z).
```

mit

```
member(U,U.X)
member(U,V.X)  :- member(U,X)
```

ist das Programm vollständig.
   Vergleiche demgegenüber das Programm aus [15, S.14]:

```
intersect([H|T],L,[H|U])  :- member(H,L),intersect(T,L,U).
intersect([\_|T],L,U)  :- intersect(T,L,U).
intersect(\_,\_,[]).

member(H,[H|\_]).
member(I,[\_|T])  :- member(I,T).
```

_ gilt dabei als anonyme Variable. Wir sehen, daß die eigentlichen "Fakten"

```
intersect([],L,[]).
intersect(L,[],[]).
```

nicht auftreten. Der benutzte Fakt ist nur erklärlich, wenn man davon ausgeht,
daß die Reihenfolge der Klauselnotierung sich auf die Reihenfolge der Verwendung auswirkt (und dies entspricht der wirklichen Verarbeitung). Dann nämlich
kann die Atomformel

```
intersect([],L,Z)
```

nur von der dritten Klausel bearbeitet werden, weil [] (Nil) weder Resultat
eines Termes [H|T] noch eines Termes [_|T] sein kann.

Auch M.GENESERETH und M.GINSBURG [26] weisen auf die zu beachtende
Reihenfolge in PROLOG-Programmen hin: "Wenn wir nicht aufmerksam darauf achten, wie die Klauseln in einem Logikprogramm benutzt werden, dann
kann es sein, daß wir sie auf eine Art schreiben, die die Ableitung der erwünschten Konklusion berechnungsmäßig komplex werden läßt. Es existiert ein grundlegendes Verhältnis zwischen dem Denkaufwand des Programmierers und dem
Verarbeitungsaufwand der Maschine. In Beachtung dieses Verhältnisses verlassen viele Programmierer die methodologische Reinheit des logik-orientierten
Programmierens und berücksichtigen Details des (logischen) Interpreters. Insbesondere verwenden die meisten PROLOG-Programmierer viel Sorgfalt auf
die Ordnung der Klauseln untereinander und auf die Ordnung der Literale innerhalb der Klauseln." [26, S.938]

GENESERETH und GINSBURG geben ein einfaches Beispiel für die Auswirkungen der Literalordnung auf die Effizienz. Die Implikation

```
grandparent(X,Z) :- parent(X,Y), parent(Y,Z).
```

wird bei Verarbeitung von

```
grandparent(karl,Z)
```

so verwendet, daß zunächst ein Kind von `Karl` gesucht wird und dann dessen
Kinder. Da Kurt (ein Kind von `Karl`) sicher nicht viele Kinder hat, geht das
verhältnismäßig schnell. Wird aber die Implikation

```
grandparent(X,Z) :- parent(Y,Z), parent(X,Y).
```

geschrieben, dann würden zunächst beliebige Kind-Eltern-Paare aufgesucht,
unter denen erst im zweiten Schritt die selektiert werden, deren Eltern `Karl`
als Elternteil haben. Da es potentiell sehr viele Kind-Eltern-Paare geben wird,
hätte diese Ordnung eine enorme Verlangsamung zur Folge.

Allerdings verschiebt sich die Situation, wenn die Zielformel

```
grandparent(X,dietrich)
```

lautet. GENESERETH und GINSBURG leiten aus diesen Zusammenhängen die
Erfordernis ab, daß der Interpreter die Ordnung seiner Ableitungen in einer
situationsabhängigen Weise bestimmen können sollte.

Uns genügt festzuhalten, daß ein bestimmtes Programm für verschiedene
Aufgabestellungen nicht gleichermaßen brauchbar ist. Daß diese Unterschied-
lichkeit der Brauchbarkeit nicht nur in relativen Effizienzverlusten, sondern in
völliger Unbrauchbarkeit gipfeln kann, ist unter PROLOG-Programmierern gut
bekannt.

D.BOBROW [4,5] gibt folgendes Beispiel: Zusammenzuhängen seien drei Listen. Wir beschreiben die Beziehung zwischen den beteiligten Listen durch das
Prädikat `append3`:

```
append3(L1,L2,L3,Result) :-
        append(L1,L2,X), append(X,L3,Result)
```

Dieses Programm arbeitet gut, wenn die drei Listen, die zusammenzuhängen sind, tatsächlich gegeben sind. Bei folgender Zielformel aber kommt das Programm zu keinem Ende:

```
append3([a|X],Y,Z,[b|W])
```

Das bedeutet, daß ein und dasselbe Programm keineswegs immer zur Ermittlung beliebiger Variablenwerte in den Zielformeln benutzt werden kann. Daß dies ein zu erwartender Zusammenhang ist, erweist sich allein bei Betrachtung nicht-symmetrischer Probleme, wie etwa dem Differentiations-Integrations-Problem: Differentiation ist einfach, Integration ist schwer. Es wäre unnatürlich, ein logisches Programm zu erwarten (für schreibbar zu halten), das sowohl zur Differentiation als auch zur Integration gleichermaßen verwendbar wäre [64]. (Es wurden verschiedene Versuche unternommen, PROLOG so zu ändern, daß der Zweck eines Programmes noch deutlicher zum Ausdruck käme. Damit ist natürlich ein weiteres Entfernen vom logik-orientierten Ideal verbunden: GENESERETH und GINSBURG [26] verwenden *Kontrollklauseln*, CLARK und McCABE [13] wollen zwischen Ein- und Ausgabevariablen unterscheiden, G.SMOLKA [64] schlägt explizite Kontrollkonstrukte vor.)

Wir übernehmen ein Programm von GENESERETH und GINSBURG [26] zur Beschreibung eines Addierers. Dieser bestehe aus zwei XOR-Gattern, zwei AND-Gattern und einem OR-Gatter.

Die Komponenten des Adders:

```
xorgate(x1):-
xorgate(x2):-
andgate(a1):-
andgate(a2):-
orgate(o1):-
```

Die Eingänge (conn beschreibt Verbindungen, in beschreibt Eingänge in einen Bauteil (s. Kap. 11)):

```
conn(in(1,adder), in(1,x1)):-
conn(in(1,adder), in(1,a1)):-
conn(in(2,adder), in(2,x1)):-
conn(in(2,adder), in(2,a1)):-
conn(in(3,adder), in(1,a2)):-
conn(in(3,adder), in(2,x2)):-
```

Die Ausgänge (durch out beschrieben):

```
conn(out(1,x2), out(1,adder)):-
conn(out(1,o1), out(2,adder)):-
```

Die inneren Verbindungen:

```
conn(out(1,x1), in(2,a2)):-
conn(out(1,x1), in(1,x2)):-
conn(out(1,a1), in(2,o1)):-
conn(out(1,a2), in(1,o1)):-
```

Beschreibung eines AND-Gliedes (i(X,Y,Z) beschreibt, daß am x.ten Eingang
des Bauteils y der Strom z anliegt – o(X,Y,Z) dasselbe für einen Ausgang):

```
o(1,X,1) :- andgate(X), i(1,X,1), i(2,X,1).
o(1,X,0) :- andgate(X), i(N,X,0).
```

Beschreibung eines OR-Gliedes:

```
o(1,X,1) :- orgate(X), i(N,X,1).
o(1,X,0) :- orgate(X), i(1,X,0), i(2,X,0).
```

Beschreibung eines XOR-Gliedes:

```
o(1,X,1) :- orgate(X), i(1,X,N), i(2,X,M), N\=M.
o(1,X,0) :- orgate(X), i(1,X,N), i(2,X,N).
```

Beschreibung von Verbindungen (verbundene Anschlüsse haben gleichen Strom):

```
i(N,Y,M) :- conn(in(L,X),  in(K,Y)),  in(N,X,M).
i(N,Y,M) :- conn(out(L,X), in(K,Y)),  o(N,X,M).
i(N,Y,M) :- conn(out(L,X), out(K,Y)), o(N,X,M).
```

Sollen konkrete Ströme in den Addierer hineinfließen, dann sind entsprechende
Fakten vorzugeben:

```
i(1,adder,1) :-
i(2,adder,0) :-
```

Der Wert an den Ausgängen wird berechnet mittels:

```
:- o(1,adder,X), o(2,adder,Y).
```

Aus der Diskussion der Implementation (bei Berücksichtigung der schon erwähnten Betrachtungen von GENESERETH und GINSBURG) werden wir noch
erkennen, daß in üblichen PROLOG-Implementationen bei bestimmten Konstellationen von Wertvorgaben – als Konstante in den Termen des Ziels – nicht
nur unterschiedliche Werte resultieren (beim Backtracking durch alle Werte-
tupel tauchen natürlich jedesmal alle möglichen insgesamt auf), sondern die
Abarbeitungszeiten auch stark unterschiedlich sein können.

Dennoch stellt die Möglichkeit, daß ein und dasselbe Programm in vielen
Fällen zur Berechnung völlig unterschiedlicher Parameter bei Vorgabe der rest-
lichen benutzt werden kann, eine wesentliche Stärke dar, die PROLOG aus der
Menge der Programmiersprachen heraushebt.

Schwächen von PROLOG sind z.B. die Einschränkung von Datenstrukturen
und von Datenstrukturoperationen auf solche, die durch Terme beschreibbar
sind. Dies sind typischerweise Terme von Konstruktionsfunktionen. Wir sahen
schon die weitgehend statische Listennotation als alternative Schreibweise derartiger Terme, die den Operator für die Listenkonstruktion unnötig macht.

Typischerweise haben PROLOG-Systeme schlechte Programmierumgebun-
gen.

Besonders problematisch ist das *Tracen*, da Variablen ständig umbenannt werden und aus den Bezeichnungen kaum Rückschlüsse auf die Herkunft-Klausel

gezogen werden können. Wie GENESERETH und GINSBURG betonen, ist das
Tracen aber für die Erzeugung von Erklärungen wichtig.

PROLOG kann sicher noch nicht als ideale logik-basierte Programmiersprache angesehen werden. Das Ideal, nach dem der Programmierer sich auf die Logik allein konzentrieren können soll und die Kontrolle dem System überlassen kann, ist keinesfalls erreicht. LLOYD [47] spricht zwei Hauptproblemkreise an:

1. Das Kontrollproblem,

2. Das Negationsproblem.

Das Kontrollproblem wird durch die allgemein bekannte Orientierung der meisten PROLOG-Systeme auf die einfache Auswahlfunktion (erstes Teilziel, erste Klausel) verbunden mit der Tiefensuche erzeugt. Daher muß der Programmierer seine Programme entsprechend ordnen. Mit dem *Cut-Operator* wird es offen sichtbar, daß der Programmierer die Kontrolle übernommen hat. Es gibt PROLOG-Systeme, die eine bessere Auswahl versuchen (IC-PROLOG [13], MU-PROLOG [50,51]). Weitere Sprachkomponenten verstärken die Kontrollschwierigkeiten und führen PROLOG in die Nähe von MicroPLANNER:

- Prädikate, die Aktionen (z.B. I/O) ausführen;

- Prädikate, die Atomformeln als Argumente haben und diese der Auswertung zuführen;

Die Schwierigkeiten mit Negation kommen darin zum Tragen, daß diese in der Horn-Logik nicht direkt ausdrückbar ist, denn es kann keine negativen Fakten geben. PROLOG-Systeme ermöglichen dennoch das Negieren von Atomformeln. Dabei wird die Negation mit der Nichtbeweisbarkeit (negation as failure) gleichgesetzt – eine sehr fragwürdige Interpretation.

10.3.2 Ein PROLOG-Programm für das krypto-arithmetische Problem

Für das Beispiel:

```
AB  +  CDE  =  FGHD
 *      /       -
FG  *  HA   =   HAG
----------------------
ABG +  ED   =   ADD
```

wollen wir schreiben:

```
?- solve([  [A,B],+,[C,D,E],=,[F,G,H,D]],
         [      *,         /,          -],
         [  [F,G],*,   [H,A],=,   [H,A,G]],
         [[A,B,G],+,   [E,D],=,   [A,D,D]]).
```

Nun folgen die Implikationen. Zunächst die Aufnahme des Rätsels und die Ableitung der sechs Gleichungen:

```
krypto([X1,OP1,Y1,=,Z1],
       [OP4,OP5,OP6],
       [X2,OP2,Y2,=,Z2],
       [X3,OP3,Y3,=,Z3],
       A,B,C,D,E,F,G,H):-
   solve(X1,OP1,Y1,Z1,[0,1,2,3,4,5,6,7,8,9],B1),
   solve(X2,OP2,Y2,Z2,B1,B2),
   solve(X3,OP3,Y3,Z3,B2,B3),
   solve(X1,OP4,X2,X3,B3,B4),
   solve(Y1,OP5,Y2,Y3,B4,B5),
   solve(Z1,OP6,Z2,Z3,B5,B6).
```

Je nach Operator müssen bestimmte Beziehungen zwischen den Operanden
gelten.

```
solve(X,+,Y,Z,Bi,Bo)  :- solve-add(X,Y,Z,Bi,Bo,0).
solve(X,-,Y,Z,Bi,Bo)  :- solve-add(Z,Y,X,Bi,Bo,0).
solve(X,*,Y,Z,Bi,Bo)  :- solve-tim(X,Y,Z,Bi,Bo).
solve(X,/,Y,Z,Bi,Bo)  :- solve-tim(Z,Y,X,Bi,Bo).
```

Bei Summen fangen wir mit den einfachen Fällen an: leere Gleichungen, zweiter
Summand kürzer als erster, Identität von Summand und Resultat.

```
solve-add([],[],[],Bi,Bi,0).

solve-add(X,Y,Z,Bi,Bo,Ca):-
   length(X,K), length(Y,L), K > L, solve-add(Y,X,Z,Bi,Bo,Ca).

solve-add([X],Y,Z,[0 | Br],Br,0) :- equal(Y,Z), X is 0.
solve-add([X],Y,Z,Bi,Bi,0)  :- equal(Y,Z), integer(X), X = 0.
solve-add(X,[Y],Z,[0 | Br],Br,0) :- equal(X,Z), Y is 0.
solve-add(X,[Y],Z,Bi,Bi,0)  :- equal(X,Z), integer(Y),Y = 0.
```

Von großem heuristischen Wert sind unterschiedlich lange Operanden. Wenn die
Summe länger als der längere der Summanden ist, liegt ein besonders günstiger
Fall vor.

```
solve-add(X,Y,[Z1 | Z],Bi,Bo,0) :-
   length(Y,L), length(Z,L), integer(Z1), Z1 = 1,
   solve-add(X,Y,Z,Bi,Bo,1).

solve-add(X,Y,[Z1 | Z],Bi,Bo,0) :-
   length(Y,L), length(Z,L), member(1,Bi), Z1 is 1, remove(1,Bi,Br),
   solve-add(X,Y,Z,Br,Bo,1).

solve-add(X,[Y1 | Y],[Z1 | Z],Bi,Bo,1) :-
   length(X,K), length(Y,L), length(Z,L), L >= K, integer(Y1),
   integer(Z1), Y1 = 9, Z1 = 0, solve-add(X,Y,Z,Bi,Bo,1).
```

```
solve-add(X,[Y1 | Y],[Z1 | Z],Bi,Bo,1) :-
   length(X,K), length(Y,L), length(Z,L), L >= K, integer(Z1),
   Z1 = 0, member(9,Bi), remove(9,Bi,Br), Y1 is 9,
   solve-add(X,Y,Z,Br,Bo,1).

solve-add(X,[Y1 | Y],[Z1 | Z],[0 | Bi],Bo,1) :-
   length(X,K), length(Y,L), length(Z,L), L >= K, integer(Y1),
   Y1 = 9, Z1 is 0, solve-add(X,Y,Z,Bi,Bo,1).

solve-add(X,[Y1 | Y],[Z1 | Z],[0 | Bi],Bo,1) :-
   length(X,K), length(Y,L), length(Z,L), L >= K, member(9,Bi),
   Z1 is 0, Y1 is 9, remove(9,Bi,Br), solve-add(X,Y,Z,Br,Bo,1).

solve-add(X,[Y1 | Y],[Z1 | Z],Bi,Bo,0) :-
   length(X,K), length(Y,L), length(Z,L), L >= K, integer(Z1),
   integer(Y1), Z1 is Y1+1, solve-add(X,Y,Z,Bi,Bo,1).

solve-add(X,[Y1 | Y],[Z1 | Z],Bi,Bo,0) :-
   length(X,K), length(Y,L), length(Z,L), L >= K, integer(Z1),
   L is Z1-1, member(L,Bi), Y1 is Z1-1, remove(L,Bi,Bm),
   solve-add(X,Y,Z,Bm,Bo,1).

solve-add(X,[Y1 | Y],[Y1 | Z],Bi,Bo,0) :-
   length(X,K), length(Y,L), length(Z,L), L >= K,
   solve-add(X,Y,Z,Bi,Bo,0).

solve-add(X,[Y1 | Y],[Z1 | Z],Bi,Bo,0) :-
   length(X,K), length(Y,L), length(Z,L), L >= K,
   solve-add(X,Y,Z,Bi,Bo,1).
```

In den folgenden Implikationen sind alle drei Zahlen gleich lang. Deshalb stehen die führenden Ziffern im Zentrum des Interesses. Zunächst werden Fälle beschrieben, in denen diese Ziffern alle gleich sind.

```
solve-add([X1 | X],[Y1 | Y],[Z1 | Z],Bi,Bo,0) :-
   length(X,K), length(Y,K), length(Z,K), X1 == Y1,
   Y1 == Z1, integer(X1), X1 = 0, solve-add(X,Y,Z,Bi,Bo,0).

solve-add([X1 | X],[Y1 | Y],[Z1 | Z],[0 | Bi],Bo,0) :-
   length(X,K), length(Y,K), length(Z,K), X1 == Y1,
   Y1 == Z1, X1 is 0, solve-add(X,Y,Z,Bi,Bo,0).

solve-add([X1 | X],[Y1 | Y],[Z1 | Z],Bi,Bo,1) :-
   length(X,K), length(Y,K), length(Z,K), X1 == Y1,
   Y1 == Z1, integer(X1), X1 = 9, solve-add(X,Y,Z,Bi,Bo,1).

solve-add([X1 | X],[Y1 | Y],[Z1 | Z],Bi,Bo,1) :-
   length(X,K), length(Y,K), length(Z,K), X1 == Y1, Y1 == Z1,
```

```
   member(9,Bi),   X1 is 9, remove(9,Bi,Br),
   solve-add(X,Y,Z,Br,Bo,1).
```

Nun beschreiben wir Situationen, in denen zwei Ziffern gleich sind. Die dritte
kann nur 0 oder 9 sein.

```
solve-add([X1 | X],[Y1 | Y],[Z1 | Z],Bi,Bo,0) :-
   length(X,K), length(Y,K), length(Z,K), X1 == Z1,
   integer(Y1), Y1 = 0, solve-add(X,Y,Z,Bi,Bo,0).

solve-add([X1 | X],[Y1 | Y],[Z1 | Z],[0 | Bi],Bo,0) :-
   length(X,K), length(Y,K), length(Z,K), X1 == Z1,
   Y1 is 0, solve-add(X,Y,Z,Bi,Bo,0).

solve-add([X1 | X],[Y1 | Y],[Z1 | Z],Bi,Bo,1) :-
   length(X,K), length(Y,K), length(Z,K), X1 == Z1,
   integer(Y1), Y1 = 9, solve-add(X,Y,Z,Bi,Bo,1).

solve-add([X1 | X],[Y1 | Y],[Z1 | Z],Bi,Bo,1) :-
   length(X,K), length(Y,K), length(Z,K), X1 == Z1,
   member(9,Bi), Y1 is 9, remove(9,Bi,Br),
   solve-add(X,Y,Z,Br,Bo,1).
```

Weitere vier Implikationen, die sich auf die Fälle beziehen, daß die führende
Ziffer im zweiten Summanden gleich der führenden Ziffer in der Summe ist,
sind leicht aus diesen abzuleiten.

Sind alle Ziffern verschieden, dann sind die Fälle wichtig, in denen einige
bereits bekannt sind. Demgemäß sind erst vier Implikationen – je nach den
Übertragskombinationen – für drei bekannte Ziffern anzugeben. Es folgen je
vier für die drei Varianten, in denen zwei Ziffern bekannt sind, dann für die drei
Varianten, in denen eine Ziffer bekannt ist und schließlich eine letzte Gruppe
von Implikationen, wenn keine Ziffer bekannt ist. Wir wollen aus jeder Gruppe
nur eine Implikation angeben. Die fehlenden sind leicht zu rekonstruieren, da
nur andere Überträge vorzusehen sind.

```
solve-add([X1 | X],[Y1 | Y],[Z1 | Z],Bi,Bo,0) :-
   length(X,K), length(Y,K), length(Z,K), integer(X1),
   integer(Y1), integer(Z1), Z1 is X1+Y1,
   solve-add(X,Y,Z,Bi,Bo,0).

solve-add([X1 | X],[Y1 | Y],[Z1 | Z],Bi,Bo,0) :-
   length(X,K), length(Y,K), length(Z,K), integer(X1),
   integer(Y1), L is X1+Y1+1, L < 10, member(L,Bi), Z1 is L,
   remove(L,Bi,Br), solve-add(X,Y,Z,Br,Bo,1).

solve-add([X1 | X],[Y1 | Y],[Z1 | Z],Bi,Bo,1) :-
   length(X,K), length(Y,K), length(Z,K), integer(Z1),
   integer(Y1), L is 10+Z1-Y1, L < 10, member(L,Bi), X1 is L,
```

```
remove(L,Bi,Br), solve-add(X,Y,Z,Br,Bo,0).

solve-add([X1 | X],[Y1 | Y],[Z1 | Z],Bi,Bo,1) :-
   length(X,K), length(Y,K), length(Z,K), integer(X1),
   integer(Z1), L is 9+Z1-X1, L >= 0, member(L,Bi), Y1 is L,
   remove(L,Bi,Br), solve-add(X,Y,Z,Br,Bo,1).
```

Ist nur eine Ziffer bekannt, muß eine andere ausgewählt werden. Wir machen
dies hier systematisch. Durch Einbringen weiterer Heuristiken könnte dieses
Suchen vermieden werden. Wir geben nur je eine Implikation.

```
solve-add([X1 | X],[Y1 | Y],[Z1 | Z],Bi,Bo,0) :-
   length(X,K), length(Y,K), length(Z,K), integer(X1),
   choose(Y1,Bi), remove(Y1,Bi,B1), L is X1+Y1, L < 10,
   member(L,B1), Z1 is L, remove(L,B1,Br),
   solve-add(X,Y,Z,Br,Bo,0).

solve-add([X1 | X],[Y1 | Y],[Z1 | Z],Bi,Bo,0) :-
   length(X,K), length(Y,K), length(Z,K), integer(Y1),
   choose(X1,Bi), remove(X1,Bi,B1), L is Y1+X1+1, L < 10,
   member(L,B1), Z1 is L, remove(L,B1,Br),
   solve-add(X,Y,Z,Br,Bo,1).

solve-add([X1 | X],[Y1 | Y],[Z1 | Z],Bi,Bo,1) :-
   length(X,K), length(Y,K), length(Z,K), integer(Z1),
   choose(X1,Bi), remove(X1,Bi,B1), L is 10+Z1-X1, L >= 0,
   member(L,B1), Y1 is L, remove(L,B1,Br),
   solve-add(X,Y,Z,Br,Bo,0).
```

Wenn noch keine der drei Ziffern bekannt ist, dann ermöglichen Gleichheiten
zwischen den Summanden eine gewisse Reduktion der Suche. Wir geben nur
die Implikation für den Fall an, in dem ein Übertrag ein- und ausläuft.

```
solve-add([X1 | X],[Y1 | Y],[Z1 | Z],Bi,Bo,1) :-
   length(X,K), length(Y,K), length(Z,K), X1 == Y1,
   choose(X1,Bi), remove(X1,Bi,B1), L is X1+X1-9, L >= 0,
   member(L,B1), Z1 is L, remove(L,B1,Br),
   solve-add(X,Y,Z,Br,Bo,1).
```

Ist nun überhaupt nichts bekannt, so müssen zwei der drei Ziffern ausgewählt
werden. Von den vier Fällen (ohne bzw. mit produziertem Übertrag und ohne
bzw. mit hereinlaufendem Übertrag) behandeln wir den ersten:

```
solve-add([X1 | X],[Y1 | Y],[Z1 | Z],Bi,Bo,0) :-
   length(X,K), length(Y,K), length(Z,K), choose(X1,Bi),
   X1 > 0, remove(X1,Bi,B1), choose(Y1,B1), Y1 > 0,
   remove(Y1,B1,B2), L is X1+Y1, L < 10, member(L,B2), Z1 is L,
   remove(L,B2,Br), solve-add(X,Y,Z,Br,Bo,0).
```

Für die systematische Suche brauchen wir choose. Durch das Backtracking
wird jeweils eine neue Zahl ausgewählt.

```
choose(X,[Z | Bi]) :- X is Z.
choose(X,[Z | Bi]) :- choose(X,Bi).
```

Wir brauchen noch zwei Prädikate: `remove` drückt die Beziehung aus zwischen
einer Liste und einer Kopie von ihr, in der ein bestimmtes Element fehlt. `equal`
stellt eine Gleichungsbeziehung von Listen dar, in denen auch unbelegte Variablen stehen können.

```
remove(El,[],[]).
remove(El,[El | S],S).
remove(El,[X | S],[X | R]) :- X <> El, remove(El,S,R).

equal([],[]).
equal([X1 | X],[Y1 | Y]) :- X1 == Y1, equal(X,Y).
```

Unser Programm ignoriert alle Multiplikationsgleichungen. Der Leser wird ermutigt, an dieser Stelle weiter zu arbeiten:

```
solve-tim(X,Y,Z,Bi,Bi).
```

10.4 Implementation von PROLOG

Es ist überraschend, wie einfach sich ein PROLOG-Interpreter schreiben läßt,
wenn man nicht allzu große Forderungen an die Effizienz stellt. Derartige höhere
Forderungen lassen sich durch die Techniken, die für die anderen "logischen Interpreter" erfolgreich eingeführt wurden (dezentrale Speicherung der Klauseln,
Zugriff über Prädikat der positiven Atomformel, usw.) sowie durch verbesserte
Unifikationsalgorithmen erreichen (vgl. auch [52]).
   Die Interface-Funktion `PROLOG` ruft eine einfache Beweisprozedur auf. Sie muß
aus dem Ergebnis die Bindungen selektieren, die sich auf die freien Zielvariablen
beziehen:

```
(DEFUN PROLOG(CL G)
 (LET ((RES (PROCESS CL G NIL)))
    (COND
      (RES
        (LET ((FV (FREE-VARS-IN G)))
            (COND
             (FV
               (DO ((VL FV (CDR VL))
                   (BL NIL
                       (CONS
                          (CONS
                            (CAR VL)
                            (LET ((EXP (CDR (ASSOC (CAR VL)
                                       RES))))
                              (DO ((V (SET-DIFFERENCE
                                      (FREE-VARS-IN EXP)
```

```
                                              FV)
                                        (SET-DIFFERENCE
                                          (FREE-VARS-IN EXP)
                                          FV)))
                                ((NULL V) EXP)
                                (SETQ EXP (SUBLIS RES
                                                  EXP)))))
                  BL)))
            ((NULL VL) BL)))
        (T T))))
    (T NIL))))
```

Die Hauptfunktion PROCESS arbeitet ein (implizit Und-verknüpftes) Ziel ab
und verwendet dazu die Liste der Klauseln und etwaige Bindungen. Kann die
erste Teilformel mit einem Klauselkopf unifiziert werden, so wird der Klau-
selrumpf vor das Restziel gestellt, im neuen Ziel die Variablen substituiert und
die Substitutionen vereinigt.

```
(DEFUN PROCESS(CL GOAL SUBS)
  (COND
    ((NULL GOAL) SUBS)
    (T (DO ((CLL CL (CDR CLL))
            (CLAUSE (COND ((EQ (CAAAR CL) (CAAR GOAL))
                           (RENAME-IN (CAR CL)))
                          (T NIL))
                    (COND ((EQ (CAAADR CLL) (CAAR GOAL))
                           (RENAME-IN (CADR CLL)))
                          (T NIL))))
           ((NULL CLL) NIL)
           (COND
             (CLAUSE
               (LET ((PSUCC (UNIFY (CAR CLAUSE) (CAR GOAL)
                                            '((NIL)))))
                 (COND
                   (PSUCC
                     (LET ((SUCC (PROCESS
                                   CL
                                   (SUBLIS PSUCC
                                           (APPEND (CDR CLAUSE)
                                                   (CDR GOAL)))
                                   (APPEND PSUCC SUBS))))
                       (COND (SUCC (RETURN SUCC)))))))))))))
```

Zur Erzeugung neuer Klauselinstanzen werden alle Variablen ausgetauscht.

```
(DEFUN RENAME-IN(CL)
  (LET ((VF (FREE-VARS-IN CL)))
    (SUBLIS (NEW-VARIABLES VF) CL)))
```

Die übrigen Funktionen übernehmen wir aus Kapitel 8.

Der Abarbeitungsbaum wird so völlig durch die rekursive Abarbeitung getragen. Es gibt nur zwei Resultate: Völliges glückliches Ende oder Scheitern an einem Unterziel. Im ersten Falle liefern wir eine Liste aller Bindungen, im zweiten Falle NIL.

Selbstverständlich gehört zu einem wirklichen PROLOG-System mehr Komfort. Man könnte sich vorstellen, daß in der Hauptfunktion noch alle freien Variablen aus dem Anfangsziel geholt werden und die Verarbeitung mit einer identischen Substitution als drittem Parameter begonnen wird. Dann könnten die wirklich interessierenden Werte durch Substitution fortgeschrieben werden. Wir geben im Folgenden ein Abarbeitungsprotokoll:

Die Klauselmenge sei:

```
(((intersect (cons X Y) Z (cons X U))
  (member X Z)
  (intersect Y Z U))
 ((intersect (cons X1 Y1) Z1 U1)
  (intersect Y1 Z1 U1))
 ((intersect nil Y3 nil))

 ((member X2 (cons X2 Y2)))
 ((member Z2 (cons U2 V2))
  (member Z2 V2)))
```

Wir sehen, daß die Klauselmenge als Liste von Klauseln notiert wird. Jede Klausel ist eine Liste von Literalen. Statt der oben verwendeten PROLOG-Notation

```
    B :-  A1, ..., An
```

bzw.

```
    B <-  A1 & ... & An
```

oder

```
    B <-  A1, ..., An
```

oder

```
    +B -A1 ... -An
```

notieren wir:

```
    (B A1 ... An).
```

Fakten schreiben wir statt

```
    B :-
```

oder

```
    B <-
```

oder

    +B

schlicht

    (B)

Auch das Ziel notieren wir als Liste von Literalen und nehmen dabei an, daß
es nicht verwechselt werden kann mit einem Element aus der Klauselliste.

Um die Verbeitung durch den Interpreter zu illustrieren, verfolgen wir schrittweise die Abarbeitung einer Beispielformel. Unser Ziel sei:

```
((intersect (cons a (cons b (cons c nil)))
            (cons c (cons d (cons a nil)))
          H))
```

1. Schritt: Die erste Klausel wird ausgewählt, das Ziel wird:

```
((member a (cons c (cons d (cons a nil))))
 (intersect (cons b (cons c nil))
            (cons c (cons d (cons a nil)))
          U))
```

An dieser Stelle hat H den Wert (cons a U)!

2. Schritt: Die fünfte Klausel wird ausgewählt. Das Ziel wird:

```
((member a (cons d (cons a nil)))
 (intersect (cons b (cons c nil))
            (cons c (cons d (cons a nil)))
          U))
```

Wir sehen, wie wichtig es ist, daß U nicht als Variable in dieser Klausel
auftritt.

3. Schritt: Die fünfte Klausel wird ausgewählt. Das Ziel wird:

```
((member a (cons a nil))
 (intersect (cons b (cons d nil))
            (cons c (cons d (cons a nil)))
          U))
```

4. Schritt: Die vierte Klausel wird ausgewählt. Das Ziel wird:

```
((intersect (cons b (cons c nil))
            (cons c (cons d (cons a nil)))
          U))
```

5. Schritt: Die erste Klausel wird ausgewählt. Das Ziel wird:

```
((member b (cons c (cons d (cons a nil))))
 (intersect (cons c nil)
            (cons c (cons d (cons a nil)))
            U))
```

Beachte den Wert U für U!

6. Schritt: Die fünfte Klausel wird ausgewählt. Das Ziel wird:

```
((member b (cons d (cons a nil)))
 (intersect (cons c nil)
            (cons c (cons d (cons a nil)))
            U))
```

7. Schritt: Die fünfte Klausel wird ausgewählt. Das Ziel wird:

```
((member b (cons a nil))
 (intersect (cons c nil)
            (cons c (cons d (cons a nil)))
            U))
```

8. Schritt: Die fünfte Klausel wird ausgewählt. Das Ziel wird:

```
((member B nil)
 (intersect (cons c nil)
            (cons c (cons d (cons a nil)))
            U))
```

9. Schritt: Es gibt keine Klausel für das erste Literal. Wir müssen das Ergebnis des 5. Schrittes rückgängig machen. Statt der ersten Klausel wählen wir die zweite aus. Das Ziel wird:

```
((intersect (cons c nil)
            (cons c (cons d (cons a nil)))
            U))
```

10. Schritt: Die erste Klausel wird ausgewählt. Das Ziel wird:

```
((member c (cons c (cons d (cons a nil))))
 (intersect nil
            (cons c (cons d (cons a nil)))
            U))
```

11. Schritt: Die vierte Klausel wird ausgewählt. Das Ziel wird:

```
(intersect nil
           (cons c (cons d (cons a nil)))
           U))
```

12. Schritt: Die dritte Klausel wird ausgewählt. Es gibt kein Ziel mehr. Wir bekommen die Bindungen:

```
((U . nil) (T3 . (cons c (cons d (cons a nil)))) (X3 . nil)
 (U . (cons c U)) (Z . (cons c (cons d (cons a nil)))
 (Y . nil) (X . c) (U1 . U)
 (Z1 . (cons c (cons d (cons a nil)))) (Y1 . (cons c nil))
 (X1 . b) (Y2 . nil) (X2 . a) (V2 . (cons a nil)) (U2 . d)
 (Z2 . a) (V2 . (cons d (cons a nil))) (U2 . c) (Z2 . c)
 (Z2 . a) (H . (cons a U))
 (Z . (cons c (cons d (cons a nil)))
 (Y . (cons b (cons c nil))) (X . a))
```

Die einzige freie Variable im Zielausdruck war H.

Der Wert nach Substitution von U (2x): (cons a (cons c nil)).

Auf diese verblüffend einfache Implementation weisen CLARK und MCCABE [13] hin, wenn sie schreiben, daß der teilweise entwickelte Zweig des *Auswertungsbaumes* als *Keller* von *Activation-Records* dargestellt werden kann. Ein solches Record besteht aus einem Zeiger auf die aktuell verwendete Programm-Klausel (d.h. CLL) und einem Zeiger auf die aktuellen Bindungen der durch diese Klausel neu eingeführten Variablen (also SUBS). Wir benötigen noch einen Zeiger auf das aktuelle Ziel, um die explizit gemachten Substitutionen beim rekursiven Aufruf zu berücksichtigen (dadurch unterscheiden wir das *nächste* Ziel – ohne Substitutionen). Ähnlich wie in der LISP-Implementation könnte man aber auf die Substitution verzichten und die Werte von Variablen in Bindungen alleine festhalten.

Das Backtracking ist damit eine Rückkehr auf tiefere Rekursionsniveaus. Man könnte es von der Rekursion trennen und explizit durch Entkellerungsoperationen realisieren.

CLARK und MCCABE schlugen für die Steigerung der Effizienz von PROLOG-Programmen vor, Ausdrucksmittel bereitzustellen, um zum Beispiel:

- Klauseln zu gruppieren (insbesondere Fakten) bzw. um

- die Abarbeitungsregel zu beeinflussen.

Durch das Indizieren können Klauseln gruppiert werden, die (im Prozedurkopf) gemeinsame Konstanten, Funktionen oder Variablen haben. Dadurch dauern Suchoperationen (nach der nächsten Klausel) nicht so lange, weil Klauseln, die nicht in der Gruppe sind, von vornherein ausscheiden.

Bezüglich der Abarbeitungsregel argumentieren die Autoren, daß es viele Fälle gibt, wo das erste Literal

```
R(X,Z) -> P(X,Y) & Q(V,Z)
```

die entscheidende Rolle spielt, wenn diese Klausel mit einem Wert für X aufgerufen wurde, weil es gewissermaßen die Bedingung darstellt, unter der der Wert für Z berechnet wird. (Wir hatten oben das Beispiel von GENESERETH

und GINSBURG besprochen). Auch wenn beide Variablen beim Aufruf gegeben
sind, kann die normale Links-Rechts-Reihenfolge günstig sein. Dies sei jedoch
unwahrscheinlich für den Fall, daß X zu berechnen sei und Z gegeben ist. Hier
resultiert ein sehr aufwendiges Backtracking, obwohl es die Möglichkeit geben
würde, die Fälle, für die Z keinen passenden Wert hat, gleich auszugliedern
bzw. den durch Q(V,Z) ermittelten Wert von V zur Einschränkung der Suche
bereits bei der Unifikation heranzuziehen.

Die Idee, die die Autoren von IC-PROLOG realisiert haben, ist nun die,
Varianten einer Klausel anzugeben, die sich nur in einigen Annotationen und
der Reihenfolge der Literale unterscheiden (bei sonst gleichem Prozedurkopf).
Die Kontrollalternativen werden durch eckige Klammern zusammengefaßt. Variablen werden als Eingabewerte mit ? versehen, als Ausgabevariable mit ↑. Es
wird vereinbart, daß Variable, die in Eingabetermen stehen, bei der Unifikation
nicht durch Variablen ersetzt werden, sondern durch Terme ohne Variablen. Variablen, die in Ausgabetermen stehen, sind dabei mit Variablen zu unifizieren.

Beispielsweise drücken die Kontroll-Alternativen

```
grandparent(x?,Z)  ->  parent(X,Y),parent(Y,Z),
grandparent(x^,Z?) ->  parent(Y,Z),parent(X,Y)
```

aus, daß immer zuerst die parent-Relation instantiiert werden sollen, die durch
die Eingabeparameter mehr eingeschränkt sind.

10.5 Übungsaufgaben

U10.1 Als Aufgabe empfehlen wir die Weiterentwicklung des PROLOG-Inter-
      preters.
U10.2 Studiere die Beispielprogramme in [15]!
U10.3 Entwickle eine PROLOG-Programmierumgebung!
U10.4 Entwickle einen PROLOG-Compiler!

10.6 Literatur

[1] K.R. Apt, M.H. van Emden: Contributions to the Theory of Logic Programming. Journ. ACM, Vol. 29 (1982), No. 3, S. 841-862

[2] G. Battani, H. Meloni: Interpreteur du langage de programmation Prolog. Rapport Interne, Groupe Intelligence Artificielle, Universite Aix-Marseilles II, September 1973

[3] K.H. Bläsius, G. Bürkert (Hrsg.): Deduktionssysteme. Oldenbourgh, München, 1987

[4] D.G. Bobrow: If PROLOG is the Answer, What is the Question? Proc. Intl. Conf. 5th Generation Computer Systems 1984, Amsterdam, 1984

[5] D.G. Bobrow: If PROLOG is the Answer, What is the Question? or What it Takes to Support AI Programming Paradigms. IEEE Trans. Software Engineering, Vol. SE-11(1985), S. 1401-1408

[6] I. Bratko: PROLOG Programming for Artificial Intelligence. Addison Wesley, Reading etc., 1986

[7] M. Bruynooghe: Intelligent Backtracking for an Interpreter of Horn Clause Logic Programs. Coll. on Math. Logic in Programming. Salgotarjan, Hungary, 1978

[8] W.D. Burnham, A.R. Hall: PROLOG Programming and Applications. Macmillan, London, 1985

[9] J.A. Campbell (ed.): Implementations of PROLOG. Ellis Horwood Ltd., Chichester, 1984

[10] M. van Caneghem: Prolog II, Version 1, manuel d'Utilisation. Rapport Interne, Groupe Intelligence Artificielle, Universite Aix-Marseille II, 1982

[11] E. Charniak, D.V. McDermott: Introduction to Artificial Intelligence. Addison Wesley, Reading, etc., 1985

[12] K.L. Clark, F.C. McCabe: micro-PROLOG – Programming in Logic. Prentice Hall, Englewood Cliffs, 1984

[13] K.L. Clark, F.C. McCabe: The Control Facilities of IC-PROLOG, in [49]

[14] W.F. Clocksin, C.S. Mellish: Programming in PROLOG. Springer, Berlin etc., 1981

[15] H. Coelho, J.C. Cotta, L.M. Pereira: How to Solve it with PROLOG. 1982

[16] J. Cohen: A View of the Origins and Development of PROLOG. Comm. ACM, Vol. 31 (1988), No. 1, S. 26-37

[17] J. Cohen: Describing Prolog by its Interpretation and Compilation. Comm ACM, Vol. 28(1985), No. 12, S. 1311-1324

[18] A. Colmerauer: PROLOG in 10 Figures. Comm ACM, Vol. 28(1985), No. 12, S. 1296-1310

[19] A. Colmerauer: PROLOG II manuel de Reference et Model Theoretique, Marseilles, März 1982

[20] A. Colmerauer: Metamorphosis Grammars, in: L. Bolc (ed.): Natural Languages Communication with Computers. Springer, New York etc. 1978

[21] A. Colmerauer, H. Kanoui, R. Pasero, P. Roussel: Un Systeme de Communication Homme-Machine en Francais. Rapport de Recherche CRI 72-18, Groupe Intelligence Artificielle, Universite Aix-Marseille II, Juni 1973

[22] J.S. Conery, D.F. Kibler: AND-Parallelism in Logic Programs. 8th IJCAI Karlsruhe, 1983, S. 539-543

[23] R. Cordes, R. Kruse, H. Langendörfer, H. Rust: PROLOG – Eine methodische Einführung. Vieweg, Braunschweig, 1988

[24] R.E. Davis: Logic Programming and PROLOG – A Tutorial. IEEE Software, Vol. 2 (1985), No. 5, S. 53-62

[25] M. Dowson: A note on Micro-PLANNER, in [9]

[26] H. Gallaire, J. Minker (eds.): Logic and Databases. New York, 1978

[27] M.R. Genesereth, M.L. Ginsburg: Logic Programming. Comm. ACM, Vol. 28 (1985), No. 9, S. 933-941

[28] M.R. Genesereth, N. Nilsson: Logical Foundations of Artificial Intelligence. M. Kaufmann Pub. Inc., Los Altos, 1987

[29] F. Giannesini, H. Kanoui, R. Pasero, M. van Caneghem: PROLOG. Addison-Wesley, Reading etc., 1986

[30] C.C. Green: The Application of Theorem Proving to Question-Answering Systems. Stanford University, AI Project, AI Memo 96, Juni 1969

[31] D. de Groot: Restricted AND-Parallelism. Proc. Intern. Conf. Fifth Generation Computer Systems 1984, S. 471-478

[32] M. Hanus: Problemlösen mit PROLOG. Teubner, Stuttgart, 1986

[33] H. Hermes: Einführung in die mathematische Logik – Klassische Prädikatenlogik. Teubner, Stuttgart, 1976

[34] C. Hewitt: How to Use What You Know. 4. IJCAI 1975, Tbilissi, S. 189

[35] R. Hill: LUSH Resolution and its Completeness. DCL Memo 78, University of Edinburgh, 1974

[36] C.J. Hogger: Introduction to Logic Programming. Academic Press, New York, 1984

[37] G. Holland: Problemlösen mit micro-PROLOG. Teubner, Stuttgart, 1986

[38] H. Kanoui: Prolog II, Version 1, manuel d'Examples. Rapport Interne, Groupe Intelligence Artificielle, Universite Aix-Marseille II, 1982

[39] H. Kleine Büning, S. Schmitgen: PROLOG – Grundlagen und Anwendungen. Teubner, Stuttgart, 1986

[40] F. Kluzniak: The 'Marseille Interpreter' – A Personal Perspective, in [9]

[41] W.A. Kornfeld: Equality for PROLOG. 8th IJCAI, Karlsruhe, 1983, S. 514-519

[42] R. Kowalski: The Early Years of Logic Programming. Comm. ACM, Vol. 31 (1988), No. 1, S. 38-43

[43] R. Kowalski: Logic for Problem Solving. North Holland Pub., Amsterdam, 1979

[44] R. Kowalski, M. van Emden: The Semantics of Predicate Logic as Programming Language. JACM, Vol. 23 (1976), No. 4, S. 733-743

[45] R. Kowalski: Algorithm = Logic + Control. Comm.ACM, Vol. 22(1979), No. 7, S. 572-595

[46] R. Kowalski: Predicate Logic as a Programming Language. IFIP-74, North Holland, Amsterdam, 1974

[47] R. Kowalski, D. Kuehner: SL-Resolution with Selection Function. Art. Intell., Vol. 2 (1971), S. 227-260

[48] J.W. Lloyd: Foundations of Logic Programming. Springer, New York etc., 1984

[49] D. McDermott: The PROLOG-Phenomenon. SIGART Newletter, 1976

[50] D. Michie (ed.): Expert Systems in the Micro Electronic Age. Edinburgh University Press, Edinburgh, 1979

[51] L. Naish: An Introduction to MU-PROLOG. Technical Report 82/2, Dept. of Computer Science, University of Melbourne, 1982

[52] L. Naish: Automatic Generation of Control for Logic Programs. Journ. Logic Programming, Vol. 2 (1985), No. 3, S. 167

[53] M. Nilsson: The World's Shortest PROLOG Interpreter? in [9]

[54] K.W. Ng, W.Y. Ma: Pitfalls in PROLOG Programming. SIGPLAN Notices, Vol. 21 (1986), No. 4, S. 75-79

[55] U. Noelke, S. Savory: PROLOG-Systeme im Vergleich. Angew. Informatik, Vol. 26 (1984), No. 3, S. 108-112

[56] L.M. Pereira, A. Porto: An Interpreter of Logic Programs Using Selective Backtracking. Universidade de Lisboa, Dept. de Informatica, Rep. 3/80, Lissabon, 1980

[57] D.A. Plaisted: The Occur-Check Problem in PROLOG. New Generation Computing, Vol. 2 (1984), No. 4, S. 309-322

[58] Proc. 1984 Symposium on Logic Programming. 1984

[59] J.A. Robinson: Logic Programming – Past, Present and Future. 5th Generation Computing, Vol. 1 (1983), No. 2, S. 107-124

[60] J.A. Robinson: The Logical Basis of Programming by Assertion and Query, in [49]

[61] J.A. Robinson: A Machine-oriented Logic Based on the Resolution Principle. JACM, Vol. 12 (1965), No. 1, S. 227-234

[62] P. Roussel: Prolog – Manuel de Reference et d'Utilisation. Rapport de Recherche CNRS, Groupe Intelligence Artificielle, Universite Aix-Marseilles II, 1975

[63] P. Roussel: Definition et Traitment de l'Egalite Formelle en Demonstration Automatique. These de 3eme Cycle, Groupe Intelligence Artificielle, Universite Aix-Marseilles II, 1972

[64] P. Schnupp: PROLOG. Hanser, München, 1986

[65] G. Smolka: Making Control and Data Flow in Logic Programs Explicit. 1984 ACM Symposium on LISP and Functional Programming. ACM, New York, 1984

[66] M.W. van Someren: Learning PROLOG from a Book. AICOM, Vol. 0 (1987), No. 1, S. 43-47

[67] R.A. Sosnowski: PROLOG Dialects – A deja vu of BASICs. SIGPLAN Notices, Vol. 22 (1987), No. 6, S. 39-48

[68] L. Sterling, E. Shapiro: The Art of PROLOG. MIT Press, Cambridge, 1986

[69] P.A. Subrahmanyam: The "Software Engineering" of Expert Systems – Is Prolog Appropriate? IEEE Trans. Software Engineering, Vol. SE-11 (1985), No. 11, S. 1391-1400

[70] D.H.D. Warren: Implementing PROLOG – Compiling Predicate Logic Programs. DAI Research Rep., No. 39, 40, University of Edinburgh, 1977

[71] D.H.D. Warren, L.M. Pereira, F.C.N. Pereira: PROLOG – The Language and its Implementation Compared With LISP. PROC. ACM Symp. Artificial Intelligence and Programming Languages. SIGPLAN Notices, Vol 12. (1977), No. 8, S. 109-115

[72] M.J. Wise: PROLOG Multiprocessors. Prentice Hall, Hemel Hampstead, 1987

Sachverzeichnis

Personenverzeichnis

Funktionsverzeichnis

Studienreihe Informatik

Herausgegeben von W. Brauer und G. Goos

P.C. Lockemann, H.C. Mayr: **Rechnergestützte Informationssysteme.** X, 368 S., 37 Abb. *1978.*

A.K. Salomaa: **Formale Sprachen.** Übersetzt aus dem Englischen von E.-W. Dieterich. IX, 314 S., 18 Abb., 5 Tab. *1978.*

F.L. Nicolet (Hrsg.): **Informatik für Ingenieure.** Unter Mitarbeit von W. Gander, J. Harms, P. Läuchli, F.L. Nicolet, J. Vogel, C.A. Zehnder. X, 187 S., 53 Abb., 20 Tab. *1980.*

A. Bode, W. Händler: **Rechnerarchitektur – Grundlagen und Verfahren.** XI, 278 S., 140 Abb., 4 Tab. *1980.*

B.W. Kernighan, P.L. Plauger: **Programmierwerkzeuge.** Übersetzt aus dem Englischen von I. Kächele, M. Klopprogge. IX, 492 S. *1980.*

A.N. Habermann: **Entwurf von Betriebssystemen – Eine Einführung.** Übersetzt aus dem Englischen von K.-P. Löhr. XII, 444 S., 87 Abb. *1981.*

T.W. Olle: **Das Codasyl-Datenbankmodell.** Übersetzt aus dem Englischen von H. Münzenberger. XXIV, 389 S. *1981.*

K.E. Ganzhorn, K.M. Schulz, W. Walter: **Datenverarbeitungssysteme – Aufbau und Arbeitsweise.** XVI, 305 S., 181 Abb., 1 Schablone als Beilage. *1981.*

B. Buchberger, F. Lichtenberger: **Mathematik für Informatiker I – Die Methode der Mathematik.** 2., korrigierte Auflage. XIII, 315 S., 30 Abb. *1981.*

F.L. Bauer, H. Wössner: **Algorithmische Sprache und Programmentwicklung.** Unter Mitarbeit von H. Partsch, P. Pepper. 2., verbesserte Auflage. XV, 513 S. *1984.*

F. Gebhardt: **Dokumentationssysteme.** 331 S., 14 Abb. *1981.*

E. Horowitz, S. Sahni: **Algorithmen – Entwurf und Analyse.** Übersetzt aus dem Amerikanischen von M. Czerwinski. XIV, 770 S. *1981.*

W. Sammer, H. Schwärtzel: **CHILL – Eine moderne Programmiersprache für die Systemtechnik.** XIII, 191 S., 165 Abb. *1982.*

P.C. Lockemann, A. Schreiner, H. Trauboth, M. Klopprogge: **Systemanalyse – DV-Einsatzplanung.** XIV, 342 S., 119 Abb. *1983.*

A. Bode, W. Händler: **Rechnerarchitektur II – Strukturen.** XI, 328 S., 164 Abb. *1983.*

H.A. Klaeren: **Algebraische Spezifikation – Eine Einführung.** VII, 235 S. *1983.*

H. Niemann: **Klassifikation von Mustern.** X, 340 S., 77 Abb. *1983.*

W. Heise, P. Quattrocchi: **Informations- und Codierungstheorie – Mathematische Grundlagen der Daten-Kompression und -Sicherung in diskreten Kommunikationssystemen.** X, 370 S., 62 Abb. *1983.*

H. Stoyan, G. Görz: **LISP – Eine Einführung in die Programmierung.** XI, 358 S., 29 Abb. *1984.*

K. Däßler, M. Sommer: **Pascal – Einführung in die Sprache; DIN-Norm 66256; Erläuterungen.** 2. Auflage. Unter Mitarbeit von A. Biedl. XIII, 248 S. *1985.*

G. Blaschek, G. Pomberger, F. Ritzinger: **Einführung in die Programmierung mit Modula-2.** VII, 279 S., 26 Abb. *1987.*

R. Marty: **Methodik der Programmierung in Pascal.** 3. Auflage. IX, 201 S., 33 vollständige Programmbeispiele. *1986.*

W. Reisig: **Petrinetze – Eine Einführung.** 2., überarbeitete und erweiterte Auflage. IX, 196 S., 111 Abb. *1986.*

J. Nievergelt, K. Hinrichs: **Programmierung und Datenstrukturen – Eine Einführung anhand von Beispielen.** XI, 149 S. *1986.*

E. Jessen, R. Valk: **Rechensysteme – Grundlagen der Modellbildung.** XVI, 562 S., 269 Abb. *1987.*

F. Stetter: **Grundbegriffe der Theoretischen Informatik.** VIII, 236 S., 39 Abb. *1988.*

H. Stoyan: **Programmiermethoden der Künstlichen Intelligenz.** Bd. 1. XV, 343 S. *1988.*

F. Puppe: **Einführung in Expertensysteme.** X, 205 S., 79 Abb. *1988.*